**História do turismo no Brasil
entre os séculos XVI e XX**

Viagens, espaço e cultura

História do turismo no Brasil entre os séculos XVI e XX

Viagens, espaço e cultura

PAULO DE ASSUNÇÃO
Doutor em História Ibérica pela Ehess-Paris,
em História Econômica e Social pela UNL
e em História Social pela USP

Manole

Copyright © Editora Manole Ltda., 2012, por meio de contrato com o autor.

Este livro contempla as regras do Acordo Ortográfico da Língua Portuguesa de 1990, que entrou em vigor no Brasil.

Projeto gráfico e diagramação: Acqua Estúdio Gráfico
Capa: Priscila Zenari
Imagem da capa: Trumpeters and travellers in the general Mines – Johan Moritz Rugendas (1802-1855)

Dados Internacionais de Catalogação na Publicação (CIP)
(Câmara Brasileira do Livro, SP, Brasil)

Assunção, Paulo de
 História do Turismo no Brasil entre os séculos XVI e XX: viagens, espaço e cultura / Paulo de Assunção. – Barueri, SP: Manole, 2012.

 Bibliografia.
 ISBN: 978-85-204-3174-0

 1. Brasil – Descrição e viagens 2. Brasil – História 3. Cultura – Brasil 4. Turismo – Brasil. 5. Turismo – História. 6. Viagens 7. Viajantes I. Título.

11-05035   CDD–306.4810981

Índices para catálogo sistemático:

1. Brasil: Turismo: História   306.4810981

Todos os direitos reservados.
Nenhuma parte deste livro poderá ser reproduzida,
por qualquer processo, sem a permissão expressa
dos editores. É proibida a reprodução por xerox.

A Editora Manole é filiada à ABDR – Associação Brasileira de Direitos Reprográficos.

1ª edição – 2012

Editora Manole Ltda.
Av. Ceci, 672 – Tamboré
06460-120 – Barueri – SP – Brasil
Tel.: (11) 4196-6000 – Fax: (11) 4196-6021
www.manole.com.br
info@manole.com.br

Impresso no Brasil
Printed in Brazil

Para que viajar? [...] As viagens são os viajantes.
O que vemos, não é o que vemos, senão o que somos.

FERNANDO PESSOA

Agradecimentos

Sou grato à Dirce Lorimier Fernandes e Mary Del Priore, que com carinho e atenção acompanharam as diferentes fases da trajetória desta pesquisa. Amizades cristalinas e sinceras.

Aos amigos que compartilharam e incentivaram a grande aventura: Kátia Maria Furtado de Mendonça Curtis, Sandra Lúcia Lopes Lima, Solange Maria Fustinoni de Magalhães, Maria Cristina Esteves, Antonio Siqueira, Marlene Matias, Maria José Giaretta, Augusto Mourão, Luis Felipe Barreto, Bernard Vincent, José Eduardo Franco, Ana Cristina Costa Gomes, o meu muito obrigado.

Aos professores e colegas da Universidade São Judas Tadeu e da Faculdade Anhanguera de São Caetano do Sul, meu agradecimento pelo apoio recebido.

Aos funcionários do Arquivo Nacional do Rio de Janeiro, da Biblioteca Nacional do Rio de Janeiro, da Biblioteca Nacional de Lisboa, do Arquivo Histórico Ultramarino, da Biblioteca da Ajuda, do Arquivo da Torre do Tombo e da Biblioteca da Academia das Ciências de Lisboa, que com paciência colaboraram de forma direta para este projeto.

Ao CNPq, pelo apoio recebido para o desenvolvimento deste projeto no Programa de Bolsas Produtividade em Pesquisa.

Aos meus pais pela dedicação constante, grandes responsáveis por todas as minhas conquistas.

Sumário

Sobre o autor, xi

Apresentação, xiii

1 | Dimensões das viagens, 1

2 | Literatura de viagem e o *Grand Tour*, 25

3 | Motivações dos viajantes, 51

4 | O espírito de aventura das viagens, 79

5 | Atrativos naturais, 115

6 | A imagem dos habitantes, 137

7 | As vilas e as cidades no olhar dos viajantes, 153

8 | Os caminhos e os transportes, 181

9 | Hospedagem e hospitalidade, 213

10 | ALIMENTOS E SABORES DO BRASIL, 237

11 | ATRATIVOS CULTURAIS, 263

PALAVRAS FINAIS, 287

REFERÊNCIAS, 293

ÍNDICE REMISSIVO, 323

Sobre o autor

Paulo de Assunção é doutor em História Ibérica pela École des Hautes Études en Sciences Sociales (Ehess-Paris, França), doutor em História Econômica e Social pela Universidade Nova de Lisboa (Portugal) e doutor em História Social pela Universidade de São Paulo. Dedicou boa parte da sua investigação a questões de história cultural e econômica, arquitetura, urbanismo e turismo. Atuou em cargos administrativos, em instituições multinacionais e de ensino superior, em especial nas áreas de Gestão Acadêmica, Modelos de Administração de Instituições de Ensino e Didática do Ensino Superior. É autor ou coautor das seguintes obras: *Padrões de qualidade para os cursos de Bacharelado em Turismo*; *Ritmos da vida: momentos efusivos da família real portuguesa no Brasil*; *Religião e religiosidade*; *Educação, história e cultura no Brasil Colônia*; *Inquisição Portuguesa: tempo, razão e circunstância*; *A construção visual entre as artes e a ciência*; *Discutindo a paisagem*; *Viagem a Istambul*; *São Paulo Imperial: a cidade em transformação*; *A metamorfose de um polvo: religião e política nos regimentos da inquisição portuguesa (séculos XVI-XIX)*; *Negócios jesuíticos: o cotidiano da administração dos bens divinos*; *Os jesuítas no Brasil Colonial*; *Patrimônio*; *A terra dos brasis: a natureza da América Portuguesa vista pelos primeiros jesuítas (1549-1596)*.

É autor de diversos artigos publicados em revistas acadêmicas nacionais e internacionais. Atualmente é professor titular do programa de graduação e pós-graduação da Universidade São Judas Tadeu e das Faculdades Anhanguera de São Caetano do Sul. É pesquisador do CNPq e da Fapesp.

Apresentação

O fenômeno turístico é extremamente complexo pela relação que estabelece com diversas áreas das ciências sociais e humanas. A categoria *turismo* é ainda um termo que necessita ser desconstruído, tendo em vista a complexidade que envolve o turismo e as práticas culturais do lazer. O turismo é uma atividade baseada em três elementos operativos: o tempo livre, o rendimento e as condições e sanções locais que permitem a atividade turística. O turismo pode ser entendido como um conjunto de técnicas baseadas em princípios científicos, as quais têm como objetivo prestar diferentes tipos de serviços às pessoas que utilizam seu tempo livre para viajar.

Em 1963, na Conferência das Nações Unidas, realizada em Roma, foi estabelecida uma série de definições que, posteriormente, foram aceitas pela Organização Mundial do Turismo (OMT). Nas discussões, o turismo foi compreendido como fenômeno socioeconômico e cultural que tem como pressuposto a deslocação de pessoas para locais fora da área em que trabalham ou vivem, por um período limitado e por motivos que não sejam profissionais. Em decorrência, o turismo pressupõe movimento de partida e de retorno ao local de origem que comporta múltiplas possibilidades de abertura, encontro e unidade.

O assunto foi alvo de diversos debates junto à OMT, em 4 de março de 1993, a qual estabeleceu uma definição a fim de unificar os critérios estatísticos para quantificar as correntes turísticas mundiais. Dessa forma, o termo *turismo* é compreendido como: "atividades realizadas pelas pessoas durante as suas viagens e estadas em lugares distintos da sua residência habitual, por um período consecutivo, inferior a um ano, com fins de lazer, negócios ou outros motivos". Essa definição permite questionar alguns elementos importantes para a compreensão do turismo. O primeiro diz respeito ao deslocamento em relação ao seu ambiente de habitação, não podendo ser considerados, na ideia do termo *turismo*, os deslocamentos ocorridos dentro do lugar de residência habitual e os que são praticados de forma rotineira. O segundo ponto é a questão da duração do deslocamento. O turismo pressupõe um determinado tempo e exclui desse conceito todo e qualquer movimento migratório. Outro aspecto que suscita uma reflexão é o motivo pelo qual o deslocamento ocorre. Nesse sentido, os movimentos de migração, que ocorrem normalmente e visam à busca de melhores oportunidades e condições de vida, não podem ser incluídos na ideia do fenômeno turístico.

Daniel Roche (2000) empreende um estudo minucioso sobre a cultura da mobilidade nas sociedades tradicionais, no espaço europeu, desde a Antiguidade até o período contemporâneo e chama a atenção para a necessidade de um maior aprofundamento dos estudos sobre os deslocamentos na história da humanidade. Para o autor, nós vivemos, atualmente, um período em que os deslocamentos, e a velocidade em que eles ocorrem, são em maior número e mais rápidos que nos séculos anteriores. Circulação de objetos e de seres humanos. O ato de viajar permitiu que se constituísse uma identidade própria envolvendo a circulação, mas teve a sua origem nos grandes movimentos de migração humana e em cada região da terra teve características específicas.

Abordar o tema viagem é complexo, pois implica considerar questões de espaço, cultura, transporte, velocidade, tempo, infraestrutura, ou seja, diversos aspectos que fazem parte do ritmo do mundo, no momento atual. Contudo, o ato de deslocar-se é empreendido pelo homem desde a Antiguidade. A busca por melhores terras, fontes de abastecimento de água ou mercadorias para suprir as necessidades básicas foi um dos elementos motivadores para locomoções. Deslocamentos terrestres e marítimos aconteceram de forma comum na região do Mar Mediterrâneo, cenário dos movimentos de diversos povos antigos.

O deslocamento físico acompanhou o processo de transformação humana desde a pré-história, sendo considerado um fenômeno complexo. O movimento de pessoas de forma desordenada, que marca o nomadismo, é seguido pela fase sedentária, que não significou ausência de deslocamento, mas sim um movimento regulado pelo meio ambiente, o qual fez que, em determinadas épocas, os homens procurassem outras localidades para obter os recursos que garantiriam a sobrevivência da comunidade. Na Idade Média, aquele que deambulava causava instabilidade e, por vezes, medo. A luta contra os indivíduos errantes tinha como objetivo fazê-los alterar seu comportamento e fixarem-se. A fixação numa localidade permitiria um controle maior. A estabilidade era desejável. O homem deveria ficar ligado à sua terra.

A expansão europeia foi responsável por alimentar uma curiosidade intelectual e científica dos povos europeus. A relação comercial de troca conduzia a uma inevitável circulação cultural. Produtos e cultura se envolviam numa sedução de troca. As viagens dos descobrimentos iniciaram o movimento de deslocamento para a América, que levaram o homem europeu a conquistar novos territórios. Num primeiro momento, os deslocamentos para as novas terras descobertas foram menos intensos, as dificuldades do mar e as precárias condições de existência eram empecilhos para muitos. Num movimento gradual, os deslocamentos da Europa para a América portuguesa e no interior desta cresceram. O território era reconhecido e conquistado e uma mobilidade intensa ocorria entre o final do século XVI e o início do século XVII.

No contexto interno da colônia portuguesa, os bandeirantes avançaram pelo território em busca de riquezas e para capturar índios, o que contribuiu também para o redesenho dos limites territoriais portugueses e que marcaria o processo de ocupação da América. Esse movimento foi decisivo para a conquista e definição do território brasileiro, que se manteve unido mesmo após a independência. O século XVIII, marcado pela exploração do ouro na região das Minas Gerais, estimulou os deslocamentos de diversas áreas da colônia e da metrópole para aquela região. A ideia de que o enriquecimento rápido era possível fez que muitos saíssem em busca do sonho dourado. Movimentos de homens e de mercadorias. Circulação de produtos e ideias. Rapidamente, a dimensão do interior conquistava uma nova perspectiva para o reino português. Os Tratados de Limites de 1750 demarcaram a extensão de uma vasta colônia na América, parcialmente desconhecida e inexplorada, território que poderia esconder mais riquezas. Na segunda metade do século XVIII, à medida que a exploração aurífera diminuía, o governo lusitano procurou agir no sentido de reconhecer melhor as potencialidades das suas colônias. O desenvolvimento da ciência e das pesquisas científicas fez que o governo enviasse exploradores científicos para o Brasil. Eram, na verdade, viajantes que tiveram como objetivo a coleta de dados e espécies para serem estudados na Europa, supondo que pudessem vir a ter algum valor econômico. Um novo motivo levava o homem a se deslocar para as terras do além-mar. A viagem transoceânica ainda exigia esforços e resistência física, mas também poderia guardar maravilhas nunca antes vistas. A atração que o mundo natural dos trópicos exercia sobre os estudiosos aumentou significativamente e com ela cresceu o número de viajantes exploradores em busca de uma natureza inexplorada, que se revelava única a cada descoberta.

O século XIX foi portador de uma série de transformações tecnológicas que impactaram os deslocamentos por todo o mundo. O navio a vapor e as estradas de ferro fizeram que a dinâmica do viajar se alterasse sensivelmente. Em seguida, o surgimento de veículos motorizados e aviões ampliou ainda mais a possibilidade de deslocamentos. O mundo passou a perder os limites, favorecendo diversos tipos de experiências culturais. O aumento da expectativa de vida e a ampliação do tempo de lazer também favoreceram o deslocamento. Esse conjunto de elementos beneficiou a circulação de pessoas num movimento inédito até então. Nas primeiras décadas do século XIX, o número de viajantes naturalistas cresceu e com eles novas imagens foram construídas sobre as terras tropicais. A transferência da corte portuguesa para o Brasil, em 1808, e a sua permanência até o ano de 1821 fizeram que o número de viajantes fosse maior, como também a quantidade de relatos daqueles que tiveram o cuidado de compreender esse momento importante da colônia lusitana. Uma nova história das terras brasileiras passou a ser escrita (Rodrigues, 1979).

O olhar dos viajantes estava ansioso por novidades e tudo parecia novo. Pessoas, plantas, animais, cores, alimentos, dentre outras coisas que faziam parte de um universo fabuloso, diferente daquele que era comum nas cidades europeias e americanas. Os naturalistas, com um registro mais objetivo e sintético, procuraram racionalmente classificar e medir. Nem sempre conseguiam explicar tudo o que viam, mas indicaram suas práticas, ao coletar e traduzir o que avistavam.

O século XIX reservaria ao Brasil outros momentos importantes. A independência de Portugal, em 1822, inaugurou uma nova fase para a jovem nação. Muitos caminhos a serem trilhados, cheios de indefinições. Todavia, era certo que as terras possuíam uma riqueza muito grande e que deveriam ser exploradas. Após a independência, o Brasil recebeu em suas terras diversos viajantes que se aventuraram pelo oceano Atlântico. Os motivos que os levaram a tal aventura variavam em função do período e dos interesses em jogo. Alguns eram movidos por ganhos e negócios próprios, outros pelos estudos de mineralogia, botânica ou zoologia, outros apenas para conhecer outras culturas e a natureza; surgia um novo momento político em que a nação começava a alinhavar mais claramente as suas relações com outras nações.

Muitos viajantes elencaram as belezas e potencialidades das terras e orientaram sobre a maneira de explorar da melhor forma possível. Esses exploradores realizaram diversos deslocamentos pelas terras brasileiras, registrando detalhes de localidades e paisagens, até então desconhecidas. Da mesma forma, os relatos forneceram uma ideia do que era a aventura do deslocamento, a mobilidade em terras onde a natureza nem sempre era hospitaleira. Direta e indiretamente, os escritos traçaram o perfil das diferentes culturas existentes no Brasil. Riquezas naturais e uma sociedade foram delineadas por muitos viajantes estrangeiros ao retornarem a seus países; outros permaneceram e registraram suas experiências, legando a todos a compreensão da dimensão delas. Muitos foram os viajantes incógnitos, poucos os conhecidos. Alguns tiveram fama reconhecida na Europa e nos Estados Unidos e legaram-nos registros sobre as terras brasileiras e as dificuldades e surpresas de suas viagens; outros, aventureiros em busca de uma melhor sorte, não tiveram oportunidade de registrar as suas peripécias. Cada um deles, com olhar atento para as terras brasileiras, tentou compreender e descrever suas singularidades, exuberância e deficiências. Da mesma forma, deram a dimensão detalhada de quais foram as suas andanças pelo território brasileiro. Caminhos, hospedagens, alimentação, transportes, recreação, dentre outros temas, faziam parte dos registros que procuravam captar a totalidade da viagem empreendida, por vezes com requinte de detalhes. Antonio Candido, ao discutir o olhar do outro sobre o Brasil, em especial o dos viajantes, destaca que "o europeu que chega se comporta geralmente como se fosse um foco absoluto. Ele detém conceitos, preconceitos e noções, mediante os quais vai organizar o mundo novo, e que é tão diverso do seu" (Leite, 1996, p. 1).

O olhar dos viajantes interferiu na construção das imagens sobre o Brasil, seu povo e sua cultura. O paradigma europeu servia aos viajantes para fazer as descrições e discutir a alteridade. Muitos viajantes mostravam uma visão eurocêntrica, na qual a ideia de civilização estava presente. Norbert Elias, em sua obra *O processo civilizador* (1994, p. 23), analisou o termo *civilização* e os seus usos no século XIX. Para o autor, a ideia de civilização expressava a

> consciência que o Ocidente tem de si mesmo. [...] Com essa palavra, a sociedade ocidental procura descrever o que lhe constitui o caráter especial e aquilo de que se orgulha: o nível de sua tecnologia, a natureza de suas maneiras, o desenvolvimento de sua cultura científica ou visão de mundo, e muito mais.

Dessa maneira, o viajante não deixou de expressar, nas suas descrições, o contexto do sistema social do qual provinha. Os costumes europeus eram tidos como mais evoluídos que aqueles encontrados nas terras brasileiras. O europeu tinha consciência de si próprio, mas só conseguia compreender alguns aspectos da cultura das outras sociedades.

Os sentidos dos viajantes poderiam enganá-los, pois a verdade poderia estar além das aparências do sensível. Muitos deles fixaram situações, procurando descrever minuciosamente o que viam, na aparência. Poucos foram os que tiveram o objetivo de ir além, com especulação da realidade. Como observa Gilles Bertrand, os relatos de viagem, publicados ou não, funcionaram como uma espécie de "palimpsestos" de futuros escritos, de descrições de geógrafos, historiadores e outros eruditos. Esses textos veicularam uma maneira de olhar os territórios e os povos que se transmitiu de geração para geração (Bertrand, 2004, p. 15).

Os relatos de viagem permitem esclarecer alguns pontos de representação coletiva, a partir de uma percepção individual. Além disso, como outros estudiosos já demonstraram, os registros são ricos sobre a interação do viajante com o cotidiano e dos habitantes entre si, revelando um jogo de saberes múltiplos e de experiências. A viagem, enquanto aprendizagem, articula vários filtros de percepção, conforme as estruturas mentais vigentes na sociedade em que elas foram construídas. O registro feito pelo viajante é uma verificação ou ilustração de aspectos considerados importantes ao seu interlocutor. Nos registros, os autores revelam seu prejulgamento sobre os habitantes e sua cultura, orientado conforme a imagem construída na Europa sobre a América. Pode-se, por conseguinte, discutir os limites da percepção e da experiência individual dos viajantes, os quais influenciam diretamente na sua forma de comunicar. Ecléa Bosi, ao analisar as ideias de Halbwachs sobre a arte de lembrar, afirma que "na maior parte das vezes, lembrar não é reviver, mas refazer, reconstruir, repensar, com imagens e ideias de hoje, as experiências do passado. A memória não é sonho, é trabalho" (Bosi,1994, p. 55). Como bem observou Miriam Leite, esse tipo de registro pode estar sujeito a desvios e generalizações, advindos do processo de reconstruir e repensar. Nesse sentido, estamos cientes de que, ao considerarmos a fala ou as experiências de diversos viajantes, sabemos que estes fixaram apenas aquilo que consideraram digno de registro a partir de uma posição individual. Isso implica afirmar que, apesar de apresentarmos fragmentos das falas dos viajantes, procuramos questionar as generalizações e evidenciar quais são os filtros e restrições interpostos pelos autores dos registros.

Os registros desses viajantes, naturalistas, artistas, comerciantes, religiosos, estudantes, aventureiros, dentre outros, apresentaram aspectos dos costumes e das peculiaridades naturais do espaço físico e, principalmente, de muitos aspectos que abrangiam o viajar e os condicionantes que envolviam os deslocamentos. Em função disso, é fundamental analisar e discutir os documentos a fim de valorizar as passagens que mais bem revelam o seu conteúdo, pois: "O discurso dos homens [...] é frequentemente apenas um amontoado de ideias feitas, de lugares-comuns, de velharia intelectual, o exutório heteróclito de restos de culturas e de mentalidades de diversas origens e de várias épocas" (Le Goff e Nora, 1988, p. 72).

Na maioria das vezes, ao retornarem para as suas terras, alguns viajantes publicavam as suas anotações sobre a viagem e as terras brasileiras. Cada um deles, com seu filtro e com os mais diversos interesses, captou momentos da vida e do processo de desenvolvimento dos locais que visitaram, tecendo comentários breves ou detalhados sobre o que viam e ouviam. Registraram de forma lapidar cenas e cenários urbanos e do interior do Brasil. Fragmentos que revelam uma leitura detalhista e instigante de um país que pouco a pouco crescia e constituía a sua identidade. Uma nação que estava sendo erguida e que, por sua extensão, exigia ou permitia grandes deslocamentos. Terras tropicais, ricas na diversidade natural e climática, que atraíam visitantes.

Verificamos que, para os viajantes naturalistas, o registro era uma necessidade, ou obrigatoriedade, por estarem a serviço de alguma instituição. Para outros, os registros eram uma expressão pessoal sobre os locais e as pessoas com quem interagiram; reproduziam as suas impressões de viagem como o testemunho de uma experiência. Nesses registros, o tom de subjetividade é mais intenso e visível, sem grandes comparações ou análises culturais ou históricas. Muitos registros possuem semelhanças entre si, o que permite compreender os filtros mentais de descrição e apreciação, que acompanhavam alguns estudos procedentes da Antiguidade Clássica, da Idade Média e Moderna.

A leitura dos relatos de viagem permite entender a criação de novas imagens sobre o Brasil, sobre a dimensão dos aspectos que envolveram o deslocamento e sobre o viajar. Lentamente, foi-se construindo uma cultura do viajar, que permitiu, no século XX, o pleno desenvolvimento da atividade turística. A viagem era uma operação complexa, não só no que dizia respeito à atividade material e às diversas situações possíveis, mas também como atividade mental e intelectual, que poderia ter os desdobramentos mais variados. Nesse sentido, nosso intuito é refletir sobre certas práticas importantes para o conhecimento da viagem em si e também sobre o conhecimento do outro, neste caso, os habitantes das terras brasileiras, com seus usos e costumes. O relato de viagem pode ser visto como um jogo de espelhos. Ao olhar para o outro, o viajante revelava a si próprio. O viajante nunca perde o vínculo com o lugar de onde veio. Ele porta consigo um conjunto de representações formadas no decorrer das suas relações com o seu grupo de origem, mesmo que em sua maioria o olhar tenha sido construído a partir do eurocentrismo. Como destaca Maria Helena Rouanet (1991, p. 17), os viajantes podem ser vistos como "um ponto de intersecção", pois ocupam uma situação intermediária entre duas realidades. Ao registrarem com detalhes o que observavam, contribuíram para clarear as informações existentes na Europa. Contudo, não se pode esquecer que esses viajantes também causavam impacto na sociedade dos trópicos, por serem portadores de novos valores, aspecto ainda pouco explorado pelos estudiosos.

Os viajantes procuraram, à custa de palavras, registrar as cenas dos acontecimentos. Apesar das ambiguidades dos registros e das contradições sobre um mesmo aspecto, é possível organizar os relatos em torno da temática do deslocamento e suas implicações, de modo que seja possível analisar este aspecto com coerência e sentido. Analisando a sequência de alguns registros, é possível observar como paulatinamente a ideia de viajar e as condições de viagem foram percebidas e registradas por estes viajantes. Para Ana Maria Belluzzo, "o interesse que a contemporaneidade encontra no reexame da contribuição dos viajantes que passaram pelo Brasil é um reconhecimento de que eles escreveram páginas fundamentais de uma história que nos diz respeito" (1994, p. 13). Os documentos fornecem e ampliam, então, uma visão detalhada sobre o viajar e os viajantes. Nos diversos discursos apresentados, é possível identificar aspectos importantes, a saber: motivação para os deslocamentos, condições dos caminhos e vias de acesso, as dificuldades da locomoção, a falta de recursos alimentares, as condições de acomodação (pousadas, hotéis), a cultura regional, as paisagens e imagens da terra, entre outros aspectos.

A paisagem pode ser compreendida como a somatória do espaço real, com a representação mental que se faz desse espaço, por excelência diversificada. Logo, a paisagem resulta de uma apreensão do olhar do indivíduo que, por meio de uma trama complexa, condiciona a leitura. As imagens fornecem, por vezes, informações fundamentais para análise de alguns aspectos do contexto social e, no decorrer do século XIX, pela sua abundância, elas acompanharam muitos relatos de viagem. Contudo, devemos salientar que as imagens fornecidas pelos viajantes nem sempre podem ser tidas como registros reais. O momento histórico em que eles elaboraram seus registros era regrado por convenções estéticas e pelos limites técnicos vigentes. Nesse sentido, devemos sempre considerar os condicionantes que envolveram o contexto da produção feita pelos artistas e viajantes. A representação artística sofre a influência da estética europeia e vai além da imagem apresentada; ela faz parte de um universo mental, cultural, social, econômico que deve ser compreendido.

Mediante o conteúdo anteriormente exposto, o objetivo deste livro é pensar e entender os elementos que envolvem o viajar e os viajantes, fazendo o entrelaçamento do diálogo de diferentes atores, na imbricação de tempos. Nesse sentido, emerge uma narrativa composta a partir de uma teia de saberes, capaz de identificar aspectos que atualmente são interessantes aos estudiosos da área do turismo, que discutem a questão dos deslocamentos. A proposta é refletir sobre o conhecimento, sobre o deslocar-se, sem definir fronteiras de saberes, mas promover uma leitura que permita a interação de informações e ressalte as formas de olhar, ver e observar como estas estão sujeitas ao tempo em que foram realizadas. Dessa forma, propomos realizar uma abordagem histórica sobre os deslocamentos, considerando aspectos sociais, econômicos e culturais do viajar e dos viajantes, que podem contribuir de forma direta para os profissionais de turismo e estudiosos refletirem sobre a estrutura do turismo no Brasil.

A apresentação de um conjunto de textos de viagem permite contrapor diversas descrições que se sobrepõem e se complementam e, ao mesmo tempo, leva a refletir sobre as representações como produto de vivências sociais. Roger Chartier alerta que as imagens são produzidas em função de um determinado contexto e, consequentemente, é fundamental conhecer os condicionantes que as geram. As clivagens culturais existentes são múltiplas e dependem da tradição cultural, da idade e do gênero (Chartier, 1990). Conforme observa Michel Foucault (1996, p. 8-9), em toda sociedade a "produção do discurso é ao mesmo tempo controlada, selecionada, organizada e redistribuída por certo número de procedimentos que têm por função conjurar seus poderes e perigos, dominar seu acontecimento aleatório, esquivar sua pesada e temível materialidade". Em vista disso, neste estudo, selecionamos, organizamos e distribuímos os temas de forma que eles fossem compreensíveis para o leitor. Assim, houve preocupação em fornecer uma contextualização dos trechos evidenciados para que se tivesse uma clara dimensão da abordagem empreendida pelo viajante.

Foi possível visitar esses registros a partir de uma dimensão temática e de categorias vinculadas ao turismo, como hoje o concebemos. Temos ciência de que as questões aqui apresentadas são definidas no decorrer do século XX e, portanto, não estavam presentes, enquanto divisões e conceitos, no texto original. Compete ao pesquisador, nas áreas do Turismo e da História, apresentar as informações dos viajantes a partir de uma dimensão temática, que possibilite a compreensão holística sobre o viajar. O objeto dessa proposta consiste precisamente em auxiliar na compreensão de como os registros de viagens, com as suas descrições, podem contribuir para o entendimento dos deslocamentos no Brasil. O conjunto de informações coletado pelos viajantes e a rica intertextualidade que muitos apresentam permitem compreender os percursos que conduzem ao entendimento do fenômeno do turismo no Brasil.

Sabe-se que é fundamental precisar a conjuntura em que os registros foram escritos, dando a dimensão do que eles desejavam expressar e como, na realidade, se passaram. Não podemos entender os registros dos viajantes a partir de conceitos contemporâneos, pois corremos o risco do anacronismo. Dessa forma, procuramos entender os problemas que envolvem o fenômeno dos deslocamentos na atualidade, visitando uma documentação sobre registros de viagens que pudessem esclarecer aspectos importantes para a nossa sociedade. Nesse sentido, olhamos o passado com uma perspectiva fornecida pelo presente e pelas condições que envolvem o homem. Conforme destacou Robert Darnton, em *O grande massacre dos gatos* (1986), o objetivo da história da cultura é o de "capturar a alteridade", principalmente quando estamos distanciados no tempo das pessoas que tiveram experiências diferentes daquelas que vivenciamos hoje. Para dar inteligibilidade ao fato, é importante compreender a série de contextos e relações empreendidas.

Ao resgatar uma série de registros produzidos no passado, sabemos que a nossa leitura a partir do presente seleciona alguns acontecimentos, valorizando aspectos em função da problemática apresentada neste trabalho. Entendemos que outras abordagens são possíveis e algumas leituras e análises já foram realizadas por estudiosos do assunto. Por conseguinte, procuramos resgatar, de forma sistematizada, alguns relatos que nos pareceram mais precisos para a compreensão da dinâmica dos deslocamentos. Procuramos intercalar a análise do texto, produzido pelos viajantes, com o contexto social, econômico e político do momento estudado. Nesse sentido, a pretensão deste trabalho é iluminar os relatos de viagem na discussão sobre a mobilidade e a circulação de pessoas. Entendemos que, para compreender os deslocamentos e a circulação humana, é fundamental a identificação de alguns padrões de cultura que permitam delinear os pensamentos e sentidos característicos de um período. Por vezes, em razão das necessidades deste estudo, optamos pela síntese, porém sem generalizar. Entendemos que o detalhe de cada experiência e relato de viagem é particular e único e assim deve ser tratado. Foi dado um tratamento às fontes consultadas, visando, dentro da diversidade delas, a uma síntese sobre o tema proposto e a fornecer ao leitor uma visão global e progressiva das condições de deslocamento e do viajar no Brasil. Para compreender cada um dos momentos, foram delineados os condicionamentos históricos, políticos e econômicos do momento da elaboração do registro e as influências e motivos que levaram a constituir o relato sobre o Brasil, principalmente daqueles que se ativeram às condições da viagem. Dessa forma, tivemos como intenção traçar um quadro registrando como se processou o ato de viajar e as principais condições que envolveram as viagens e os deslocamentos entre os séculos XVI e XX, destacando detalhes significativos para a compreensão histórica do fenômeno dos deslocamentos nas terras brasileiras; traçamos contornos que permitem compreender o valor e as relações múltiplas que envolvem a atividade turística, bem como as mudanças de atitudes perante as viagens.

Para atingir tais objetivos, mergulhamos numa pesquisa documental e bibliográfica sobre o tema. A vasta quantidade de obras que tratam da questão da viagem nos levou a selecionar os principais registros que atendessem ao tema central da pesquisa. A consulta a uma bibliografia específica em língua estrangeira foi fundamental para aprofundar os conhecimentos sobre a mobilidade dos indivíduos, como também os artigos publicados e os periódicos. Porém, não foi possível esgotar a bibliografia em face da vasta reflexão feita no contexto brasileiro e internacional sobre o tema. Procuramos apenas refletir sobre aspectos importantes que possam vir a contribuir para outros estudos nessa área do conhecimento.

A viagem deve ser vista em função das condições de infraestrutura existentes, como as condições dos caminhos, dos equipamentos de transportes, das hospedagens e de outros serviços de apoio que incluem os deslocamentos. Para tanto, concebemos este estudo da forma apresentada a seguir.

No primeiro capítulo, houve a preocupação de discutir o deslocamento humano sobre a face da terra, enfatizando o viajar desde a Antiguidade até o século XX, momento em que a atividade turística se estrutura e ganha uma dimensão importante, apontando também para alguns avanços tecnológicos que possibilitaram essa transformação. Num segundo momento, considerou-se o conjunto de registros produzidos pelos viajantes ou por autores que trataram da questão da viagem a fim de compreendermos como surge a literatura de viagens e como ela passou a ser um gênero fundamental a partir do século XVIII. Foi nosso intuito, também, apresentar outros tipos de registros como cartas náuticas, mapas e guias, que, juntamente com os relatos, fornecem uma dimensão sobre o contexto do deslocamento.

No Capítulo 3, procurou-se traçar o perfil de alguns viajantes que visitaram as terras brasileiras, suas origens e formação para que compreendêssemos, posteriormente e com clareza, a forma como registraram suas experiências, dando ênfase ou não a determinados aspectos. O objetivo do capítulo não foi apresentar todos os viajantes cujos relatos foram consultados, mas apresentar os que frequentemente foram utilizados nas reflexões.

O quarto capítulo procura resgatar a experiência da viagem, enfocando as condições em que ocorreram, principalmente os deslocamentos marítimos, enfrentados por muitos viajantes para chegar ao Brasil. Dimensões de aventuras esquecidas pelos novos meios de viajar.

No Capítulo 5, foi feita uma análise sobre os atrativos tropicais, que em parte motivaram os viajantes a deixarem suas moradias para conhecer as terras brasileiras. Paisagens e uma natureza pródiga são objetos importantes da maioria dos relatos, que julgamos conveniente resgatar para entender a imagem de um país paradisíaco.

O olhar do viajante sobre os habitantes da terra é o foco da reflexão apresentada no Capítulo 6. De forma breve, procurou-se observar como os viajantes registraram os diferentes grupos étnicos presentes na sociedade brasileira, bem como as interações, usos e costumes.

No sétimo capítulo, o espaço habitado das principais cidades e vilas é apresentado por meio dos escritos dos viajantes que, ao seguirem para as mais diferentes regiões, procuraram dar a dimensão da variedade e especificidade dos locais visitados, nuances importantes para a composição de uma visão ou imagem sobre as terras brasileiras.

Os caminhos e a locomoção são aspectos considerados no Capítulo 8, que dá uma dimensão sobre as vias terrestres e fluviais utilizadas pelos viajantes, bem como as formas de transporte experienciadas.

Em seguida, foi feita uma abordagem sobre a questão da hospedagem e da hospitalidade, ressaltando como a infraestrutura inexistente num primeiro momento passou a ser oferecida paulatinamente, com características bem específicas.

No Capítulo 10 procurou-se traçar um panorama sobre a sensibilidade dos viajantes para os sabores das terras tropicais. Registros sobre frutas e outras iguarias são flagrados pela diferença em relação à dieta alimentar europeia. Prazer e estranheza se misturavam nos relatos dos viajantes.

Por fim, é apresentado um painel das práticas de lazer e celebração religiosa notadas pelos viajantes, que fizeram questão de registrá-las. Foram destacadas aquelas práticas mais comuns, evidenciando o aspecto de uma cultura imaterial que se esvaiu no decorrer da trama social brasileira.

Não se pode esquecer de ressaltar que aqui foi apresentado o olhar de alguns viajantes, legado em textos, croquis, pinturas ou desenhos. Muitos outros viajantes não forneceram nenhum relato, mas com certeza tiveram suas impressões sobre o viajar. Cada viagem comporta intenções e expectativas, muitas delas confessas, outras silenciadas e esquecidas. Se considerarmos que os textos publicados são em número reduzido, quando comparados com a quantidade de viajantes que visitaram o Brasil, este estudo é apenas uma tentativa tímida de compreender as condições de viagem.

Resta destacar que, por mais que descrições de viagem sejam elaboradas, estas nunca se esgotarão e sempre estarão abertas a novas leituras e estudos. Não existe descrição perfeita nem definitiva; existe um registro que capta um determinado momento. O relato de viagem é sempre algo inacabado, algo que poderia ter sido e não é. Como afirma o viajante Charles James Fox Bunbury (1981, p. 17), "não foi sem certo grau de prazer e excitação que olhei pela primeira vez para uma terra tão estranha e bela e tão rica em todos os prodígios da natureza". Entendia que todos os homens cultos, ao visitarem o local, perceberiam que desde o clima até a natureza tudo era diferente e despertava um "sentimento de interesse e curiosidade". É com esse sentimento de interesse e curiosidade que nos debruçamos sobre os relatos, sem esgotarmos a discussão, mas apresentando, de fato, propostas para estudos mais aprofundados.

É certo que outros olhares são possíveis sobre esta vasta base documental deixada pelos viajantes. Os caminhos podem ser os mais diversos e conduzir a outras ramificações. As reflexões contidas neste estudo revelam uma ligação direta com questões concernentes à atividade turística. Interrogar os documentos é olhar para o passado, procurando articular elementos que são importantes para o entendimento de questões atuais. Procurou-se, assim, realizar um trabalho criterioso, ressaltando subsídios que permitam conexões com o presente e que possam ser discutidos abertamente. Tentamos dar sentido e inteligibilidade a um conjunto de informações dispersas, unidas em função de um olhar que indaga o deslocamento e a gênese do turismo no Brasil.

1 Dimensões das viagens

Abordar a questão da mobilidade, enquanto propriedade ou qualidade humana, não é algo fácil de ser empreendido, pois envolve aspectos concernentes a atitudes, comportamentos e espaços diferentes no decorrer do deslocamento humano. O ser humano, ao se deslocar, interagiu com outros espaços, pessoas e modos de pensar, trocando experiências e criando novos valores. Em decorrência, discutir a significação que o ser humano dá aos deslocamentos é uma atividade complexa, pois implica analisar a questão da leitura que se faz do outro e das diferentes culturas. Esse olhar antropológico é amplo e permite interpretações variadas sobre as práticas que envolvem o deslocamento de pessoas.

A circulação permite ao ser humano sentir a plenitude do seu ser. Os motivos que conduzem ao deslocamento podem ser de diversas ordens, principalmente se considerarmos o percurso histórico da humanidade. Os deslocamentos possibilitam o encontro de novas realidades que, por vezes, podem ser agradáveis, decepcionantes, exóticas ou talvez diferentes. Ao se deslocar, foi possível ao homem conhecer, reconhecer-se e expandir suas ideias.

As novas experiências fizeram que o ser humano retornasse a si próprio e se avaliasse. A circulação despertou-o para a reflexão e permitiu que ele pensasse sobre a realidade e o sentido do mundo, possibilitando a realização de mudanças. As andanças deram uma nova dimensão à vida, na medida em que romperam com a rotina do cotidiano. Esse movimento permitiu o exercício da liberdade, ao mesmo tempo que facultou àqueles que se deslocavam um fator de identidade e *status*.

A mobilidade humana permitiu a discussão de novas práticas sociais. Compreender o mundo e absorver a experiência, para garantir a transformação da sociedade, fez parte dos projetos de muitos que se aventuraram pelas diversas partes do mundo. A aprendizagem social se integrou ao processo pedagógico de compreensão dos hábitos materiais das sociedades. A comparação de diferentes práticas sociais possibilitou a construção de novas hipóteses e questionamentos que poderiam conduzir a transformações e ao entendimento das diferenças e semelhanças.

Num sentido amplo, a ideia de deslocamento é o ato de ir de um lugar a outro, normalmente mais afastado. A mobilidade humana fez que o homem se movimentasse pela face da terra em busca de alimentos, água, terras férteis, pois, antes de ser sedentário, empreendeu longas caminhadas no intento de conseguir o sustento diário. O sedentarismo não inibiu o ser humano quanto a deslocar-se. A ideia de ir em busca de alimentos continuou presente. Contudo, ele possui uma referência, um lugar de habitação, que permite agregar a ideia do ir e do voltar. A sedentariedade não impediu que o homem percebesse a necessidade de exploração e descoberta de recursos naturais mais favoráveis ao seu desenvolvimento e, com a aplicação de técnicas que permitissem uma produção melhor, com menos sacrifícios. A ocupação de terras férteis fez que os deslocamentos acontecessem numa outra cadência. O homem possuía agora as terras cultivadas, rebanho e habitação, motivos que justificavam o seu retorno ao lugar de moradia.

Na Antiguidade, os deslocamentos foram comuns. Apesar da tendência de alguns grupos de permanecerem nos arredores onde habitavam, havia grupos que se aventuravam nas incertezas dos deslocamentos, e as migrações foram muitas[1]. O motivo para o deslocamento estava associado à procura de bens para subsistência, ao comércio, à procura de melhores condições de vida, à religiosidade.

Na obra *Odisseia*, Ulisses, após a guerra de Troia, tenta retornar para a ilha de Ítaca, onde deixara sua família. O percurso marítimo infindável, fixado por Homero, informa como a viagem, provavelmente imaginária, teria sido marcada

---

1. Migração, do latim *migration*, significa passagem de um lugar a outro.

pela interação, pelas trocas, pela confraternização e pela narração de aventuras que ficariam para a posteridade. O texto registra perigos do mar reais e irreais e a necessidade de habilidades para vencer os desafios que o mar Mediterrâneo impunha àqueles que se aventuravam a atravessá-lo:

> Ulisses ficou satisfeito com aquele vento, quando içou a vela e sentou-se junto do leme, como um marinheiro. Ele contemplou as Plêiades e o Cocheiro que tarde se põe, e a Ursa ou Auriga, como alguns a chamam, cujas rodas giram sem parar onde estão, em face de Orion, e, única entre todas elas, jamais se banha no Oceano. Calipso advertira-o que conservasse a Ursa à sua esquerda quando navegasse pelo mar (Odisseia, livro V). (Homero, 1997, p. 63)

Conforme a concepção grega, o oceano era um grande rio que contornava os limites do mundo. Espaço intermediário entre a terra e o desconhecido, o mar era um local marcado pelo medo e aquele que se aventurasse a enfrentá-lo deveria estar preparado para aventuras terríveis. Pythéas, na sua obra *Descrição dos Oceanos*, que é desconhecida, mas citada por outros autores posteriores, viajara e chegara à Islândia. Posidônio, por sua vez, realizou uma viagem entre Rodes e Cádiz para explorar o mar e verificar distâncias.

O relevo montanhoso da Grécia impôs dificuldade nas comunicações terrestres entre as pólis (cidades-estado). Contudo, as vias de acesso aos templos religiosos, como Olímpia, Elêusis e Delfos eram visitadas frequentemente por populações das mais diferentes pólis. O isolamento das pólis não impediu que os homens se aventurassem e se deslocassem para outras regiões, distantes daquela onde haviam nascido. As estradas existentes também serviam para os comerciantes transportarem suas mercadorias em lombo de animais ou em carroças, quando o percurso o permitia. No cenário grego, sem dúvida, as vias marítimas eram mais importantes que as terrestres para as atividades comerciais. A arte náutica, desde a civilização cretense, progredira significativamente, o que conferiu aos navios melhores condições de viagem e também de capacidade de carga. Isso permitiu uma mobilidade acentuada entre pequenos e grandes negociantes que visitavam diversas áreas da bacia do Mediterrâneo. O porto de Atenas (Pireus) era um porto cosmopolita, frequentado por diversos navios com as cargas mais variadas, fato que possibilitou também a circulação de pessoas, tanto membros das tripulações, como aventureiros que desejavam conhecer outras pólis ou procurar novos desafios.

Na Grécia Clássica, a possibilidade de lazer estava diretamente ligada à riqueza das famílias. A maioria da população não possuía recursos e, portanto, não dispunha de tempo livre para o divertimento. As pessoas mais abastadas, que não necessitavam trabalhar, possuíam tempo para se dedicar à vida política e às atividades de lazer, podendo circular com maior facilidade em função dos recursos que possuíam. Heródoto, na sua obra *História*, julgava fundamental a realização de uma viagem para compreender o mundo. Naquele tempo, viajar era uma aventura que, por vezes, se confundia com expedição ou exploração, com todas as dificuldades possíveis. Uma verdadeira odisseia. O viajar era a possibilidade de o homem entrar em contato com a verdade e apagar as impressões das fábulas, conforme o seu grau de cultura. A experiência pessoal conferia autoridade ao testemunho (Greenblatt, 1996).

Os deslocamentos na Antiguidade tomavam como referência algum acidente natural, criando novos indícios de orientação aos viajantes seguintes. Porém, o avanço pelo mar exigiu novas indicações, como ilhas, por exemplo. Localizavam-se também pela direção dos astros e isto exigiu atenção à mecânica celeste. Tais conhecimentos foram se aprofundando na medida em que os homens avançavam nas suas conquistas e observações. Os registros dos astros e o estabelecimento da cartografia eram uma realidade na Grécia. Thales, ao inventar a projeção gnomônica (relógio solar), provavelmente já concebia que a Terra tivesse a forma esférica.

Aristóteles, nos seus estudos, defendia que a sombra da Terra projetada na Lua, durante um eclipse, era sempre circular. A observação do fluxo de navios no porto de Pireus fez com que ele concluísse que, quando as embarcações se afastavam, primeiramente desapareciam seus cascos e, em seguida, seus mastros. Outro elemento importante, constatado por Aristóteles, era que, na medida em que se viajava para o norte ou para o sul, novas estrelas apareciam e outras desapareciam. A configuração diferente do céu, em função da localização da embarcação, permitiu-lhe afirmar que, conforme latitudes diferentes, a configuração do céu era distinta.

Se os deslocamentos eram intensos, os registros que procuravam compreender o universo e a possibilidade de localização mais precisa também o foram. Aristarco de Samos (310 – 230 a.C.), a partir de suas observações, propôs, em suas reflexões, uma teoria heliocêntrica, que seria retomada mil anos depois e se transformaria num marco para a humanidade. Hiparco, ao observar as estrelas, fez uma série de comparações com os registros de outros observadores e criou uma carta celeste e uma esfera celeste com mais de mil estrelas, para auxiliar os navegantes nas suas viagens. Esses homens que tentavam capturar a dinâmica do movimento terrestre foram influenciados pelos registros produzidos pelos navegantes que, paulatinamente, contribuíram para a ampliação dos conhecimentos.

A atividade comercial nas margens do mar Mediterrâneo estimulou os percursos terrestres não só na Europa continental, mas também na Ásia, donde provinha grande quantidade de mercadorias para serem comercializadas em pontos específicos. Para uma atividade comercial intensa, além das melhorias nas embarcações, também foram criados recursos para que os navegadores tivessem facilidade de comunicação.

O farol de Alexandria foi uma invenção que tinha como objetivo auxiliar na localização durante a viagem pelo Mediterrâneo e que obteve difusão no período seguinte. Naqueles idos, já havia portulanos[2] que orientavam os navegadores, fornecendo instruções náuticas, que permitiam ter uma dimensão das distâncias entre os portos. Eratóstenes de Cirene (276-196 a.C.), bibliotecário da Biblioteca de Alexandria, foi o primeiro a tentar medir a esfericidade da Terra de forma científica, a partir de informações relativas às posições dos astros fornecidas pelos viajantes. Ptolomeu de Alexandria, na sua obra *Almagesto*, levando em consideração as informações que obtivera e o seu estudo sobre o universo, defendeu que os planetas se moviam com velocidades uniformes em torno da Terra.

Os registros antigos apontaram para a existência de estaleiros que faziam grandes embarcações para transporte de pessoas e mercadorias. Embarcações como o *Siracusa* e o *Coríntio* tinham conforto para viagem, com numerosas cabines e salões. Conforme observa Mário Curtis Giordani, a "sua equipagem era de 600 marinheiros e de 300 soldados navais". As embarcações tinham torres de depósito para armazenamento de armas e provimentos, caso viessem a ser atacadas por piratas (Giordani, 1984, p. 232).

Na Roma Antiga, os deslocamentos foram uma constante num império que necessitava controlar uma vasta extensão territorial abrangendo parte da Europa, Ásia e África. O movimento de conquista territorial da Península Itálica,

---

2. Portulano é uma espécie de roteiro no qual os navegadores da Antiguidade descreviam as costas marítimas dos locais que descobriam.

bem como do norte da África e de outras partes da Europa e da Ásia Menor exigiu uma predisposição para a mobilidade. Um vasto império que não poderia ser administrado sem que as condições de facilitação da mobilidade fossem atendidas, exigindo que fossem garantidas a defesa e a circulação de pessoas e bens. Condição que permitiria aos romanos afirmarem que o Mediterrâneo era um "mar nosso".

A circulação de grupos de pessoas de Roma para o litoral do mar Mediterrâneo também ocorreu com intensidade. Muitos procuraram divertimento em regiões que permitissem espairecer e esquecer os problemas do cotidiano, sendo comuns os deslocamentos de pessoas para o campo e para o litoral, em busca de locais de veraneio. As famílias abastadas de patrícios romanos deslocavam-se em determinados períodos do ano para cidades como Pompeia, Herculano e outras localidades consideradas como estâncias. Pompeia era uma das estâncias preferidas pelos romanos, suas termas destacavam-se pela infraestrutura e pela beleza dos afrescos. O sol e as águas eram grandes atrativos.

Os romanos, como os gregos, faziam visitas regulares a templos e santuários e participavam de festividades aos deuses pagãos, antes que o cristianismo se tornasse a religião oficial. O litoral, onde se localizava muitas vilas de férias, era procurado pelos romanos a fim de espairecerem, como registra Ovídio em seu livro *A arte de amar* (2001). Os banhos termais eram outros atrativos da Antiguidade. As termas de Caracalla e outras eram locais procurados pelas propriedades curativas das águas; eram comuns em diversas partes do império romano. O declínio de Roma e os ataques dos povos bárbaros fizeram com que os deslocamentos decaíssem sensivelmente. As invasões de tribos germânicas promoveram um verdadeiro caos ao império romano. As incertezas que se abateram em diversas regiões promoveram a fixação no campo e a criação de condições para a defesa do território.

No Ocidente, a consolidação do poder da Igreja e as práticas de cultos religiosos tornaram determinados locais alvo de visitação de peregrinos em busca de relíquias ou do túmulo de algum santo, prática iniciada com as visitas ao Santo Sepulcro. Dessa forma, procuravam satisfazer suas devoções, cumprir suas promessas e alcançar a remissão dos pecados. A expansão do cristianismo permitiu que novos deslocamentos acontecessem. A visão de mundo, essencialmente cristã, foi organizada de acordo com os dogmas judaico-cristãos sob um ente divino supremo que regia a totalidade do universo, sendo o homem o administrador no plano terreno. O pensamento religioso cristão, no decorrer da Alta Idade Média, criou um fértil imaginário no entorno da figura dos apóstolos e dos santos, exemplos de conduta para todos aqueles que pretendessem abraçar uma vida norteada pela fé católica. Muitos desses referenciais eram considerados como homens destemidos que se aventuraram em deslocamentos penosos para propagar a fé cristã.

Nos primeiros séculos da era cristã, a peregrinação a Jerusalém para visitação do Santo Sepulcro foi intensa. Se as perseguições aos cristãos eram uma constante, elas não impediram que a chama do cristianismo se mantivesse acesa. No decorrer do século VI d.C., as peregrinações de cristãos a Roma se intensificaram, exigindo que fosse regulamentada a entrada deles na cidade, que eles fossem cadastrados e pagassem tributos. As peregrinações aos lugares sagrados para os cristãos passaram a ser comuns. No século IX, com a descoberta da sepultura de Santiago de Compostela, o número de peregrinações para o local foi considerável. Nesse momento, alguns grupos organizados (jacobeus) realizaram o caminho de Santiago, definindo os pontos de paragem, os horários e as práticas a serem seguidas no percurso. O afluxo de pessoas para Santiago, advindas de outras regiões, fez que a troca de moedas se intensificasse, a fim de atender as necessidades dos viandantes (Livet, 2003). O francês Aymeric Picaud escreveu em 1139 sobre a vida e as histórias do apóstolo Santiago. Na sua obra, consta também um roteiro que informava o melhor percurso para ir da França para aquela região (Duchet, 1999). A tomada do Santo Sepulcro pelos turcos fez que os peregrinos passassem a visitar mais Santiago de Compostela, passando a ser uma referência comum na Europa.

O indivíduo fazia a peregrinação em busca de uma esperança espiritual. O caminho por uma rota definida permitia que o peregrino se diferenciasse do perambular errante. Ele buscava fazer um reencontro pessoal com a sua religiosidade. No fundo, após a peregrinação ou o deslocamento aos locais considerados sagrados, o homem era purgado dos seus pecados e iniciava uma nova fase na sua vida. Se a fé e a devoção moviam o peregrino, o percurso não era isento de perigos; salteadores aterrorizavam aqueles que se aventuravam pelo trajeto. Os riscos eram recompensados pela possibilidade de conhecer novos horizontes e viver a aventura.

Os deslocamentos são associados às peregrinações válidas, tanto para católicos como para muçulmanos. Conforme a cultura islâmica, o árabe deveria fazer pelo menos uma vez na vida uma peregrinação à cidade sagrada de Meca, movimento que fez ampliar a circulação à medida que a fé muçulmana se espalhou pelo norte da África e atingiu a Península Ibérica. Eram deslocamentos em nome da fé, permeados de conflitos e guerras, impondo uma mobilidade constante.

Após o ano mil, a tendência humana para deslocamentos aumentou. O movimento religioso militar, conhecido como Cruzadas, surgiu com o intuito de retomar o controle cristão sobre os locais sagrados, sendo também marcado por interesses políticos e econômicos na região. As Cruzadas podem ser vistas como grandes deslocamentos movidos por interesses espirituais, mas que também tinham interesses econômicos. Em decorrência de tais interesses, o movimento das Cruzadas revitalizou o comércio entre a Europa e o Oriente e os caminhos muito utilizados pelas caravanas que transportavam mercadorias permitiram a transformação da Europa medieval. Mercadorias, homens e ideias promoveriam uma alteração profunda no pensamento ocidental.

A diminuição das guerras no continente europeu facultou maior frequência na utilização dos caminhos por mercadores e pessoas. O aumento de circulação fez surgir uma série de pousadas que atendiam aos viajantes. Na Baixa Idade Média, o Ocidente viveu uma intensa circulação de homens, possível de ser identificada nas ações dos cavaleiros e mercadores, bem como nas peregrinações e no deslocamento de religiosos, cada vez mais comuns (Vallejo, 1994; Verdon, 1998; Cortázar, 1996 e Mollat, 1990). No decorrer da Idade Média, os religiosos empenharam-se na luta pela oferta de locais de hospedagem para acolher os peregrinos; eles estimularam a publicação de guias que ressaltassem a qualidade da acolhida (Boyer, 2005). No final do século XII, os proprietários de pousadas da cidade de Florença se reuniram para estabelecer parâmetros para a transformação da hospedagem como uma atividade comercial.

Nos caminhos, era possível encontrar toda sorte de indivíduos, como peregrinos, camponeses, mercadores, artesãos, vagabundos, cada qual em busca do seu objetivo. Os registros dessas viagens informavam sobre os percursos, mesclando aspectos religiosos e místicos (Richard, 1981; Ohler, 1998). O medo fazia parte da viagem, pois o viajar rompia com o cotidiano.

O imaginário medieval, em diversos textos, procurou ressaltar o ideal de fixação em uma vila como algo virtuoso, em face da desordem imperante pelos caminhos e a turbulência causada pelas guerras. As dificuldades que os andarilhos poderiam sofrer eram muitas. Não havia conforto pelos caminhos. Faltava hospedagem e as noites frias eram terríveis sem uma lareira para aquecer os corpos. O caminhar por estradas desconhecidas fazia do viajante um cego, num território sujeito a todo o tipo de ataques e ações de malfeitores. O viajante poderia ser alvo do azar, vindo a ser atacado por marginais.

Se, por um lado, o deslocamento era questionado, por outro, ele poderia permitir o enriquecimento e a mobilidade social. Aqueles que se arriscavam pelos caminhos, como os comerciantes, poderiam obter êxito e constituir riquezas, de modo a permitir a sua ascensão social. No decorrer dos séculos XIII e XIV, ocorreram várias expedições pela Europa que tinham como objetivo atingir áreas inexploradas pelos homens. Em 1280, Pierre III de Aragão registrou sua subida ao alto do Canigou. Em 1291, Ugolino e Vadino Vivaldi transpuseram o estreito de Gibraltar em busca das riquezas existentes na África (Boyer, 2005).

O renascimento das cidades suscitou o sonho da vida urbana. A circulação agitada, os elementos visuais e os cheiros, entre outros elementos, compõem um cenário atraente e sedutor da cidade. Nesse sentido, não foi raro o movimento espontâneo de homens e mulheres do meio rural para as cidades que se apresentavam como ilhas de prosperidade. Na medida em que as guerras diminuíam na Europa, no decorrer da Idade Média, havia melhores condições para festejos. As festas celebradas por ocasião das colheitas reuniam grupos que podiam vir de outras regiões e permitiam uma nova sociabilidade.

O renascimento agrícola, comercial e cultural, as universidades e o surgimento da imprensa guardariam um novo momento para a aventura dos deslocamentos. Uma nova percepção emergia e a experiência tinha um papel fundamental. O homem renascentista pretendia alcançar a fé por meio do conhecimento. A modernidade abriu as portas para um movimento cultural turbulento, ideias entraram em confronto, as viagens marítimas deram ensejo à reformulação das leis e das teorias e abriu novos caminhos para os deslocamentos humanos.

Por outro lado, a circulação de mercadorias tornou importantes as feiras medievais, pois a própria dinâmica da feira exigia maior locomoção de pessoas (Boyer, 1999). O ato de deslocamento não estava associado à ideia de prazer e deleite. As condições pouco favoráveis à viagem, tendo em vista as condições de transporte, falta de alimentação, entre outros problemas, faziam que os registros sobre as andanças consistissem num relato de padecimentos que se compunham com um universo mítico. O sofrimento aparece como uma constante para aqueles que precisavam se deslocar.

Os deslocamentos reservavam também prazeres, novas relações e a possibilidade de conhecer outras culturas. Os peregrinos e viajantes eram responsáveis pela divulgação de notícias nas terras em que passavam. Nas feiras, curiosos reuniam-se em torno daqueles que relatavam suas experiências, movidos pelo som de instrumentos musicais e de representações picarescas. Os relatos de viagem circulavam de forma oral, ganhando intensidades e tonalidades diferentes na medida em que os registros se espalhavam. Nesse universo mais dinâmico do que estático, há uma série de referências a santos viajantes. Dentre eles, destaca-se São Brandão que viveu no século V d.C. e teria navegado pelo oceano Atlântico em busca de uma ilha, o paraíso terrestre. Conforme a tradição, São Brandão encontrou a ilha, cheia de riquezas.

Os avanços técnicos no decorrer do século XIII a XV, tais como a bússola, o astrolábio, a vela latina, o timão na proa e novos tipos de navios permitiram que as navegações ganhassem uma nova dimensão. Esse movimento foi acompanhado pelas representações que descreviam portos e rotas náuticas conhecidas. A intensificação da circulação e da observação conduziu ao desenvolvimento tecnológico que possibilitou novos avanços. O uso dos astros passou a ser um ponto fundamental na navegação. A estrela polar (Draconis)[3] servia como uma referência e, se não fosse possível visualizá-la, os navegadores procuravam outra estrela. Com a introdução da agulha magnética na navegação e seu uso, mais intenso a partir do século V a.C., a localização da embarcação poderia ser feita com maior precisão.

No século XIII, é possível identificar registros de novos tipos de bússolas, que eram utilizadas por navegadores e por andarilhos, as quais permitiam uma localização mais exata. O peregrino Pedro de Maricourt, em sua obra *Epístola de Magnete*, de 1269, informava sobre a existência de uma bússola líquida, fixada em um eixo vertical, com dispositivo para marcações. No século XIV, Flávio Gioia (Gioja), navegante de Amalfi, aperfeiçoou a agulha magnética, introduzindo uma caixa e carta-compasso. O uso da agulha magnética exigia que instrumentos para medida de ângulo vertical fossem usados, a fim de determinar as alturas dos astros e, por conseguinte, calcular a latitude. O uso do quadrante era um instrumento para medida de ângulo vertical.

---

3. Atualmente a referência é feita pela estrela Polaris.

O contato com o Oriente permitiu a circulação de conhecimento e a introdução de outros instrumentos de medição de altura dos astros, por exemplo, a tábua da Índia. O astrolábio, inventado por Apolônio de Perga, no século III a.C., ou por Hiparco, no século II a.C., foi aperfeiçoado e difundido pelos árabes no século VIII d.C. No século XIII d.C., o instrumento passou a ser utilizado para identificar as estrelas, por meio de um disco de metal, graduado em graus, aparelhado com um dispositivo móvel de visada (alidade de pínulas). Dessa forma, pode-se notar que, até o final da Idade Média, os instrumentos de navegação disponíveis permitiam uma confiabilidade restrita na localização das embarcações em áreas pouco conhecidas.

Os avanços da tecnologia da navegação conquistaram uma ampla difusão, fazendo que as práticas de navegação se ampliassem, possibilitando também o alargamento do horizonte da cristandade. Se a fé católica se espalhava pelo mundo, o movimento do pensamento científico assumia novos contornos. O conhecimento sobre os mares acumulado por séculos passou a ser cada vez mais sistematizado. D. Henrique, o navegador, foi o agente da reunião de especialistas na vila de Sagres, para onde afluíram matemáticos, cosmógrafos, cartógrafos e especialistas da construção naval do período. O resultado desse empenho foi o avanço marítimo português vencendo o cabo Bojador, aventura feita por Gil Eanes em 1434. Aos poucos, os mapas foram sendo modificados a partir das informações dos viajantes. O infante D. Henrique pautou-se pela famosa máxima de Pompeu, *"navigare necesse est, vivere non est necesse"* (navegar é preciso, viver não é preciso). Portugal, nesse momento, assumiu um papel importante no movimento de viagens marítimas que levaram ao reconhecimento das ilhas do Atlântico e de partes da África.

Em 1472, Abraham Zacuto estabeleceu o *Almanach Perpetuum*, compôs tabelas da declinação do sol, que seriam utilizadas como referência nas viagens posteriores[4]. No decorrer do século XVI, as viagens marítimas permitiram que novos instrumentos e tábuas de medição fossem criados ou melhorados. Da mesma maneira, manuais de navegação com descrições geográficas apareceram, como a *Suma de Geographia*, de Fernandez de Encisco, publicada em 1519. Os regis-

---

[4]. O astrônomo Martin Behaim calculou uma tabela anual de declinações do sol, a partir deste astro, o que permitiu a determinação da latitude..

tros sobre viagens ganharam uma ampla difusão e rapidamente se evidenciou a importância da circulação da informação e das trocas culturais e econômicas que se empreenderam.

Em 1537, Pedro Nunes publicou o *Tratado da Sphera*, que explicava como determinar a latitude a partir da medição de duas alturas do sol. A invenção do quadrante náutico[5], do noturlábio[6] e do octante[7], bem como de outros instrumentos e tábuas astronômicas, permitiu o rápido desenvolvimento da navegação e a precisão do navegar, que seriam fundamentais para os séculos seguintes. O desconhecimento de tais técnicas permitia uma insegurança na localização da embarcação, que poderia ser agravada pelas correntezas do mar e pelos efeitos do vento. Dessa forma, a experiência e o conhecimento eram fundamentais para o êxito das expedições.

A época moderna permitiria compreender a circulação como uma ampliação do horizonte cultural europeu. A viagem concebida como um ato cultural tinha como objetivo atender à necessidade de conhecer o mundo e ir além dos limites que as dificuldades de acesso e comunicação impunham ao indivíduo. Os interesses econômicos que moveram os empreendimentos marítimos possibilitaram aos navegadores conhecerem novos locais e culturas. Permitiram a observação de outras formas de ser, sentir e estar. Tornaram possível repensar o homem europeu.

As grandes viagens marítimas do século XIV até o XVI incorporaram novos conhecimentos da África, América e Ásia. Lentamente, o mundo passou a ter contornos mais nítidos e despertar outros interesses. Os descobrimentos possibilitaram que novos registros cosmográficos fossem elaborados. As descobertas sintetizaram um conjunto de novos processos técnicos (teóricos e empíricos), astronômicos, no âmbito da arte náutica, permitiram a abertura dos olhos do mundo. O mundo passou a ser cada vez mais representado, segundo os reconhecimentos que cada viagem exploratória promovia, fazendo que as representações fantasiosas perdessem sua intensidade.

A cartografia náutica, que paulatinamente floresceu em qualidade e quantidade, permitiu a consolidação de uma consciência geográfica global. As explo-

---

5. Instrumento utilizado para a medição da distância zenital, criado por John Davis em 1590.
6. Instrumento que permitia corrigir de forma apropriada a altura da estrela Polar para obter a latitude.
7. Instrumento que mede ângulos de até ¼ da circunferência, ou 90°.

rações feitas pelos navegadores lusitanos (Diogo Cão, Bartolomeu Dias, Vasco da Gama e Pedro Álvares Cabral, entre outros), além de inaugurarem o contato com as novas civilizações da África e da Índia, apontaram para a possibilidade da união dos mares até então desconhecida, rompendo com as concepções medievais influenciadas pela Bíblia e pelos textos clássicos da Antiguidade[8].

Uma nova visão do mundo, mais próxima da realidade, e por conseguinte mais detalhada, superava os esboços cartográficos antigos. O homem dá contorno ao seu mundo, apreendendo-o, e torna-o um objeto de estudo. Os descobrimentos, ao revelarem a verdadeira dimensão do globo terrestre para a humanidade, desencadeiam um novo reordenamento das estruturas de pensamento, uma mudança histórica até então nunca vista. O palco da atuação humana era ampliado, assim como o seu conhecimento. As descobertas prepararam o caminho para uma nova ciência (Carvalho, 1947-8).

A partir da Idade Média, a ideia da esfericidade da Terra já estava consolidada. Contudo, a discussão convergiu para outro aspecto: seria o sol ou a Terra o centro do universo? Os antigos acreditavam que a Terra era estacionária e que todos os corpos celestes se moviam no seu entorno, em órbitas circulares. A invasão muçulmana na Península Ibérica permitiu o estabelecimento de escolas de Astronomia, compilando dados para a tábua astronômica Hakêmite. Nos séculos XIII e XIV, entre os astrônomos, já circulava a ideia da teoria heliocêntrica, a qual não era aceita pela Igreja.

Em 1543, Nicolau Copérnico publicou a obra *De Revolutionibus Orbium Coelestium*, na qual afirmava que a Terra girava em torno do seu eixo diariamente. Além disso, defendia que a Terra e outros astros como Mercúrio e Vênus percorriam uma órbita circular anual em torno do Sol. Os seus estudos concluíam também que havia planetas mais próximos e mais afastados do sol. Galileu Galilei, defensor das ideias de Copérnico, avançou nas pesquisas e descobriu os satélites de Júpiter e novas alternativas para a determinação da longitude da terra.

A invenção do telescópio, no início do século XVII, pelo dinamarquês Tycho Brahe (1546–1601), permitiu que as ideias de Nicolau Copérnico e Galileu Galilei sobre a teoria geocêntrica se confirmassem. Sem dúvida, os estudos empreendidos por Johannes Kepler (1571–1630), astrônomo alemão, trouxeram

....
8. Até esse período preponderavam as concepções ptolomaicas, que concebiam os mares de forma isolada.

grande impacto para os navegadores da época. O estudioso, ao estabelecer os princípios astronômicos da Lei das Áreas Iguais, a Lei das Órbitas Elípticas e a Lei da Proporcionalidade dos Quadrados das Revoluções e dos Cubos das Distâncias, permitiu que tais conhecimentos fossem incorporados aos dados astronômicos da navegação. Isaac Newton (1642 – 1727), por sua vez, ao estabelecer a Lei da Gravitação Universal, a qual considerava que um planeta exerce força de atração sobre o outro, contribuiu para uma precisão mais definida dos corpos celestes. Tal fato possibilitou que tábuas de dados astronômicos fossem atualizadas. Os deslocamentos pelo mar avançaram à medida que novas conquistas foram empreendidas e impactaram o processo de viagens. O ato de viajar acompanhava a evolução do pensamento científico e tecnológico da humanidade e contribuía para os grandes avanços que estavam por vir.

Os relatos das viagens, dentre eles as façanhas de Marco Polo pelo Oriente, invadiram a Europa e processaram uma série de novos questionamentos, desde o final da Idade Média (Pólo, 1994). As viagens, de uma maneira geral, promoviam, no âmbito da cultura, uma circulação de imagens de caráter religioso, filosófico e artístico, bem como de bens materiais que levaram os indivíduos a indagarem sobre a ordem do saber vigente e da sua própria cultura.

A Europa conhecia-se e avaliava-se em função da emergência das novas culturas, que, paulatinamente, eram identificadas, impulsionadas e expandidas pelo surgimento e desenvolvimento da imprensa. Como observou Luís Filipe Barreto (1987, p. 10), "os descobrimentos foram uma imensa explosão dos limites da terra e do mar, uma nova e maior extensão dos horizontes e modalidades de comunicação intercivilizacional". O reconhecimento de novas culturas deu ensejo à ampliação dos horizontes econômicos e a um desenvolvimento mercantil mais acentuado, promoveu alterações nos padrões comportamentais como um todo. A vida do navegante, transeunte dos mares, rompe com os modos de pensar e viver e permite a entrada de informações e outras culturas. Circulação cultural é o termo que mais bem define transações e interações ocorridas com os descobrimentos. Essa alteração ou reordenação da estrutura mental europeia, de incorporação do novo/desconhecido, processou-se de maneira morosa no seio do corpo social.

O novo adquiriu forma por meio dos conhecimentos informativos dos navegantes e viajantes. Terras, mares, culturas, o mundo natural imaginado no tridimensional pelo europeu chegava às suas mãos por vias bidimensionais; escritos, relatos, cartas e diários compunham, com os testemunhos orais, o progresso da humanidade que se iniciara com as técnicas de navegação. O olhar europeu buscava, no novo, elementos que pudessem identificar marcas comuns a ambos os universos, empreendendo aproximações e reforçando a cultura cristã como superior.

Nos séculos XVI e XVII, intensificaram-se os deslocamentos de mercadores, peregrinos, senhores e vagabundos por toda a Europa, o que exigiu a elaboração de guias de viagens. Charles Estienne, em 1552, publicou o *Guia dos Caminhos da França. As viagens de vários lugares da França* e, ainda, *De Terra Santa, da Itália e outros países*. Este editor publicou o *Guia dos Caminhos da França* conforme solicitação dos amigos, sendo o primeiro guia de itinerário de rotas comentado. No guia, ficava evidente o uso dos rios da França, principalmente porque não havia mapas adequados sobre o traçado das estradas, tampouco sobre a regulamentação dos postos de paragem. Havia, por parte do viajante, a necessidade de obter informações claras, dessa forma, o guia poderia contribuir com orientações nem sempre fáceis de serem recolhidas. No guia, era possível encontrar os entroncamentos, os bons locais para hospedagem, as especialidades gastronômicas, bem como referências gerais sobre economia, paisagem, história e curiosidades locais (Boyer, 2005). Em 1591, Théodore de Mayerne-Turquet publicou em Geneva a *Descrição sumária da França, Alemanha, Itália e Espanha com o Guia dos caminhos e postos para ir e não vir às províncias e às cidades mais famosas destas quatro regiões*[9], tendo como objetivo fornecer informações sintéticas sobre os países mencionados, bem como sobre as condições dos caminhos e cuidados que o viajante deveria ter. Esses guias são apenas exemplos de que o deslocamento era cada vez mais comum, exigindo novas informações para aqueles que não possuíssem as informações adequadas e o conhecimento suficiente para ir a um lugar relativamente afastado da sua moradia.

A viagem se revelava um elemento fundamental no processo da humanidade, que deveria ser experienciada por todos, principalmente pelos jovens. Francis Bacon, em 1612, realizou um ensaio muito elaborado intitulado *Of Travel* (*Sobre viagem*). Nesse texto, ele defendia que a viagem deveria ser um dos componentes da educação dos jovens, ao mesmo tempo em que fazia parte da experiência dos mais velhos. Essa ideia passou a ser lentamente difundida e conquistaria amplitude no século seguinte.

---

9. No original: *Sommaire description de la France, Allemagne, Italie et Espagne avec la Guide des chemins et Postes pour aller et venir par les provinces et aux villes les plus renommées de ces quatre régions.*

O viajante da segunda metade do século XVII demonstrava um interesse acentuado pela cultura clássica e por pesquisas sobre antigos povos, natureza e outras situações que permitissem o alargamento do horizonte cultural. O conhecimento fixado em diversos livros era também possível de ser assimilado por meio de viagens, ou estas poderiam dar uma dimensão mais importante ao conhecimento adquirido nas instituições de ensino e nas bibliotecas. O desejo de conhecer construções e obras antigas, atrativos naturais, usos e costumes de povos e a curiosidade foram elementos importantes no processo do *Grand Tour*[10]. Os viajantes procuraram a Itália em virtude de um conjunto de fatores: o clima mediterrânico, as universidades renomadas, as antiguidades dos romanos e do Renascimento e as ideias em voga. Estes eram elementos que atraíam aqueles que valorizavam a cultura e aspiravam ao conhecimento (Livet, 2003).

No século XVIII, os jovens da nobreza inglesa eram aconselhados a viajar pelo continente europeu, a fim de complementarem seus estudos e ampliarem os horizontes de conhecimento e cultura. A viagem, no *Grand Tour*, fazia parte de uma educação prática. O deslocamento poderia auxiliar o jovem a conquistar a liberdade e chegar a ter uma vasta experiência cultural. Esse tipo de viagem, sem uma duração predefinida, ganhou uma amplitude significativa, passando a ser conhecida como *Grand Tour*[11]. Esse movimento atendia aos interesses de desenvolver uma educação mais elaborada nos jovens que viessem a atuar nos órgãos públicos ou a representar o Estado.

Paris, Veneza, Florença e Roma passaram a constar no roteiro do *Grand Tour*, constituindo um símbolo na educação dos jovens aristocratas ingleses.

---

10. No período que se inicia no século XVI e chega até o século XIX, são estabelecidas as bases do turismo moderno. Durante esse período, originou-se o denominado *Grand Tour* (grande turismo), do qual posteriormente derivou o termo turismo.

11. Na Bíblia (Números, cap. XIII), a palavra *tur*, no hebreu antigo, estaria associada ao conceito de viagem, exploração e descoberta. Contudo, o vocábulo *tour* passa a ser utilizado na França em maior profusão no decorrer do século XII. A origem do termo é associada por alguns estudiosos ao substantivo feminino latino *turris*, que significava torre ou edifício redondo, passando o sentido original por diversas transformações. O vocábulo *tour*, de origem francesa, foi utilizado pelos ingleses para se referir ao movimento da viagem ou do deslocamento dos corpos. No século XVI, a expressão *faire le tour* já era utilizada no sentido próximo do que, hoje, é atribuído ao termo turismo. O termo *tourist*, em inglês, conforme alguns registros, surge antes do termo *turismo*, utilizado em torno de 1800. A palavra *turismo* só surgiria em 1811 na Inglaterra e ganharia difusão na França somente 30 anos depois. Nos contextos brasileiro e português, o termo *turista* teria surgido pela primeira vez em 1859, no prefácio do *Guia Luso-Brasileiro do Viajante na Europa*, que continha conselhos ao viajante, introdução e viagem do Brasil a Lisboa, de autoria de Ignácio Manuel de Lemos.

A viagem com fins educativos se tornou cada vez mais frequente, mas restrita ao universo de uma nobreza. Os condicionantes econômicos, políticos e culturais definiam roteiros dos mais diferentes e em diversos períodos do ano. Os jovens eram acompanhados de preceptores que eram responsáveis pela continuidade da educação. Essas alterações foram observadas por George B. Parks que distinguiu fases na viagem de educação dos jovens ingleses. Entre 1570 e 1620, houve a fase dos conselhos de viagem, entendida como um meio pelo qual o jovem poderia vir a conhecer melhor a cultura e a política do seu país, por comparação com outras sociedades (Parks, 1951). No período seguinte, de 1620 até o final do século XVII, observa-se que novas práticas de viagem são difundidas pela nobreza, que passa a empreender, cada vez mais, deslocamentos para realizar negócios ou para praticar lazer.

A difusão do termo *Grand Tour* deve-se a Richard Lassels. Na introdução da sua obra *The voyage of Italy or A compleat journey through Italy* (1670/1697)[12], ele definiu um roteiro maior que a visita à Itália e à Île-de-France, ao qual deu o nome de *Grand Tour*. Conforme observa Attilio Brilli, o termo cairia no uso comum muito tempo depois. A expressão poderia, naquela conjuntura, englobar uma série de elementos, como a visita parcial a diversos países, como França, Suíça, Alemanha e Itália, sendo que seu uso era mais comum para as viagens feitas por aristocratas e burgueses, principalmente por jovens ingleses, pela França e Itália. No decorrer do século XVIII, o termo identificou o deslocamento do viajante que visitava uma parte significativa do continente europeu, por um longo período. Os roteiros eram os mais diferentes e acabavam por se ampliar com novas ofertas aos viajantes. Contudo, algumas localidades eram pontos de passagem obrigatórios e o roteiro ficava sujeito às questões da política interna das nações e das guerras. A prática do *Grand Tour* que começou na Inglaterra conquistou uma amplitude significativa no período seguinte, difundindo-se pela Europa.

As viagens à Itália faziam parte do *Grand Tour* dos jovens ricos ingleses pelo continente europeu. Da mesma maneira que a viagem era importante, a leitura também o era. O que se observou foi o crescimento dos registros referentes à viagem. Se a Antiguidade despertava a atenção inicial, outras curiosidades vinham em seguida, como a sociedade, a cultura, a política, entre outros aspectos que constituem o universo de vivência da aristocracia. Para alguns pensadores, o

---
12. Ver sobre o assunto: Chaney (1985).

Grand Tour permitia ao jovem adquirir uma série de habilidades. A viagem estimulava no viajante a coragem, a necessidade de atitude e o espírito de iniciativa. Além disso, o deslocamento exigia que o jovem tivesse não só atitude de comando, como também capacidade para tomar decisões rápidas. Esses elementos acrescidos dos conhecimentos de outras culturas, bons usos de convívio social e do domínio de línguas estrangeiras eram indispensáveis para os jovens que, no futuro, comandariam os negócios familiares e assumiriam funções na administração pública ou atuariam como profissionais liberais (Brilli, 2001). O Livro V, da obra *Emílio ou Da Educação*, de Jean-Jacques Rousseau (2004), aconselhava os jovens do seu tempo a agirem como os antigos filósofos, que faziam suas descobertas a pé, olhando e indagando sobre as coisas do mundo, as culturas, não sendo necessário ler, mas ver, pesquisar (Boyer, 2005).

Sem dúvida, a prática do *Grand Tour* foi questionada sobre a possibilidade de desenvolver ou não tantas habilidades. É evidente que o universo que envolvia cada indivíduo contribuía para que tal fato ocorresse em maior ou menor intensidade. Deve-se levar em conta que o modelo de educação vigente visava ao vigor físico e ao espírito acentuado, qualidades altamente desejadas no jovem. A viagem, então, pode ser vista como uma provação para o jovem que deveria ser capaz de superar as dificuldades impostas por novos locais, caminhos e hospedagens. Os jovens que faziam o *Grand Tour* poderiam, no decorrer de sua viagem, dedicar-se aos prazeres mais variados. A experiência multicultural era importante para criar um comparativo com seu universo cultural. Marcar a identidade e as diferenças. Se possível, tolerar e conviver com estas últimas.

O jovem poderia levar consigo pranchas e telas para ele próprio fazer o registro daquilo que via. Isso era possível para aqueles que tinham recursos, pois a bagagem e o transporte de vários objetos eram dispendiosos, sendo necessário possuir habilidade para o desenho e senso estético (Brilli, 2001). O interesse europeu de registrar as cidades em desenhos intensificou-se com a expansão comercial e ganhou ampla difusão com a imprensa. As vistas das cidades passaram a compor os mapas e eram apresentadas de uma forma globalizante. Os mapas eram decorados com elementos que identificavam o espaço, principalmente fazendo menção às riquezas da terra e dos seus habitantes. Esses mesmos mapas e representações passaram a ser feitos pelos jovens ou pelos artistas que poderiam acompanhá-los. Progressivamente, novas imagens, das mais diversas localidades, passaram a circular, impulsionadas pela tipografia e pela publicação dos relatos de viagem.

Da mesma forma que o *Grand Tour* permitia a ampliação dos conhecimentos, possibilitava a liberdade do jovem, que, por vezes, era limitada. No decorrer do século XVIII, os registros informavam que jovens viajantes bebiam até altas horas, promoviam algazarras e, por vezes, ao retornarem à casa, após aventuras em bordéis, ficavam caídos pelos caminhos. Essa juventude, que deixava a sua terra natal, encontrava em outras localidades todo o tipo de pessoas e divertimento pouco adequado, sem sofrerem a pressão da família. Se o enriquecimento cultural estava presente por um lado, por outro, a vida mundana nas tavernas e prostíbulos também passava a constar nas experiências de viagem (Brilli, 2001).

No século XVIII, a viagem despontou no cenário europeu e passou a fazer parte de uma cultura urbana e cosmopolita. Há uma valorização do itinerante que pode ser observada nos romances do período. O homem precisava conhecer a sociedade em que vivia, conhecer outros usos e costumes com os quais tinha que conviver. A viagem permitia que ele compreendesse particularidades de práticas sociais, que rompesse com a barreira linguística e fosse capaz de interagir com outras formas de viver. O movimento em busca do conhecimento do "outro" era fundamental na construção da ideia de viver em comunidade, da atitude fraterna, na compreensão da diferença e na busca de princípios universais (Brilli, 2001). Porém, nem todos estavam abertos a fazerem uma reavaliação dos seus valores, por conseguinte, as suas andanças, quando há registros, revelavam que eles apenas registravam a diversidade, sem alterarem profundamente suas ideias.

Até o final do século XVIII, não havia uniformidade entre os cartógrafos quanto à medição do meridiano de referência para a medição da longitude. Os cartógrafos utilizavam ora ilhas, ora acidentes geográficos diferentes para fazerem os seus registros, dificultando ou tornando complexa a leitura dos mapas. No final do século, a fim de padronizar as referências, e para confirmar a importância do Observatório Real de Greenwich, os cartógrafos ingleses passaram a usar o seu meridiano como origem para contagem das longitudes, o qual, a partir desse momento, ficou reconhecido como meridiano de referência. Assim, novos parâmetros para uma sociedade industrial se desenvolviam rapidamente.

As viagens passaram a ser componentes culturais importantes na formação intelectual de jovens universitários nos séculos XVIII e XIX. A viagem de estudo tornou-se comum, tendo como destino os grandes centros culturais da Europa. Os jovens visitavam museus, teatros, bibliotecas, sítios arqueológicos, universidades, além de usufruírem de uma interação e experiência cultural única. Rapidamente, as práticas turísticas se diversificaram entre a aristocracia que dispunha de tempo para viajar. Os relatos de viagem e a divulgação de locais com belezas culturais e naturais estimularam os deslocamentos. Como observa Attilio Brilli, a Idade Moderna traz uma nova estrutura para as universidades europeias, de acordo com novos "parâmetros culturais do empirismo baconiano ou racionalismo cartesiano, e, por conseguinte, da ética puritana" (Brilli, 2001, p. 56). O modelo de educação que estava sendo construído entendia que a viagem e a peregrinação rápida de vila em vila eram fundamentais no movimento de uma experiência transformadora do indivíduo. Esse complexo movimento, promovido por condicionantes históricos e culturais, permitiu o surgimento do *Grand Tour*, que Brilli (2001, p. 6-7) entende ser "um dos fenômenos mais interessantes da cultura europeia moderna, onde misturam-se o efêmero e o duradouro, a fatuidade e o gosto da observação, a curiosidade e o espírito de aventura".

Havia aqueles viajantes que preferiam ter experiências cosmopolitas, tendo o seu olhar mais voltado para aspectos políticos, práticas civis, formas urbanas diferenciadas, dentre outros aspectos que eram descobertos ao se visitar uma cidade, principalmente a partir do século XVIII, quando os avanços da tecnologia foram marcantes. A Revolução Industrial promoveu transformações importantes no âmbito econômico, social e tecnológico. O crescimento da classe média, acompanhado de um enriquecimento, permitiu que novas necessidades emergissem. A revolução do transporte, advinda desse processo, conduziu ao desenvolvimento da estrada de ferro e da navegação a vapor. Em 1825, com o invento da locomotiva a vapor na Inglaterra, por Stephenson, os transportes ganharam uma nova dimensão.

Rapidamente, as linhas férreas se espalharam pelo mundo ao mesmo tempo em que os navios a vapor cruzavam os oceanos. A velocidade e a comodidade dos trens e navios a vapor levavam vantagem em relação aos antigos tipos de transportes. A estrada de ferro permitiu que o transporte terrestre fosse feito com maior comodidade, velocidade e também com maior número de viajantes e quantidade de mercadorias.

As marcas criadas pelas linhas férreas também ampliaram o número de hospedagens no entorno das estações de trem, oferecendo maior comodidade aos seus usuários. O passo seguinte foi o surgimento dos estabelecimentos que viriam a ser conhecidos como agências de viagem que, na segunda metade do século XIX, já atuavam de forma intensa no âmbito mundial. Em 1841, Thomas Cook organizou sua primeira excursão coletiva na Inglaterra, movimento que paulatinamente cresceu na segunda metade do século.

A partir de 1860, na Europa, houve um estímulo maior para as práticas de viagem. O dinamismo da sociedade, com avanços técnicos, criou as primeiras estruturas voltadas ao turismo. A viagem passou a ser mais acessível e para um público maior. Este novo momento inspirou uma nova ideia de viagem, valorizando o conhecimento e as interações culturais. A melhoria dos transportes e o aumento do padrão de vida permitiram que uma pequena e média burguesia também viajasse e utilizasse os serviços oferecidos pelas instituições de viagem.

Empresas passaram a explorar esses novos transportes. Em Londres, Thomas Cook organizou as primeiras viagens e criou o que ficaria conhecido como agências de viagem. A abertura do canal de Suez, em 1869, permitiu um acesso mais rápido ao Extremo Oriente, dinamizado a atividade marítima. Naqueles idos, têm início os luxuosos cruzeiros realizados pelas classes sociais mais favorecidas, marco de ostentação e poder. A Europa, no final do século XIX, fazia o seu avanço pela África e Ásia, a fim de atender os desejos imperialistas e econômicos dos grandes grupos, movimento que não tardaria a ter consequências nefastas no século seguinte.

Após a Primeira Guerra Mundial (1914-1918), há um novo momento nas relações internacionais. A reconstrução das cidades e das economias destruídas é movida pelo desejo de estabelecimento de uma paz duradoura. A atividade turística é dirigida para a colaboração e cooperação mundial.

Na década de 1920, surgiram organizações ligadas ao turismo, como a União Internacional de Estradas de Ferro (1922); a União Internacional de Hoteleiros converte-se na Aliança Internacional de Hotelaria (1921). Em 1924, são assinados os primeiros acordos sobre o transporte por estradas de ferro. Em 1925, é fundada, em Haia, a União Internacional dos Organismos Oficiais de Turismo, que permitiu uma melhor sistematização das ações do segmento. Nos anos seguintes, novos acordos são estabelecidos, visando estabelecer procedimentos entre as nações. Em 1929, foi firmado o Pacto de Varsóvia, que regulou a aviação civil. Quatro anos mais tarde, foi estabelecida a regulamentação sobre o tráfego marítimo internacional. A ebulição do segmento foi acompanhada pelas discussões que visaram precisar o termo *turismo*.

Na década de 1930, Bormann (1930, p.10) (*Die Lehre vom Fremdenverkehr*) definiu turismo como "o conjunto de viagens cujo objeto é o prazer ou que se realizam por motivos comerciais, profissionais ou outros análogos, e durante as quais a ausência da residência habitual é temporária. Não são turísticas as viagens de deslocação para o local de trabalho". No período entre guerras, há uma grande popularização do turismo, atingindo todas as classes sociais. A regulamentação do pagamento das férias favoreceu o desenvolvimento da atividade turística, movimento que só ocorria após a Segunda Guerra Mundial. Os principais fatores motivadores que promoveram a expansão do turismo na segunda metade do século XX foram: a recreação e o lazer, marcados pela busca do descanso, por um clima agradável; a cultura e a formação educativa, revelando o desejo de conhecer e ver outros países, povos e culturas; o aspecto étnico, em que muitos procuravam visitar o país de origem da família ou conhecer lugares pouco comuns.

Em 1944, foram criadas organizações governamentais e não governamentais, que tinham por objetivo facilitar a atividade turística no âmbito internacional. A criação da International Air Transport Association (Iata), visando à cooperação internacional do transporte aéreo, é um dos exemplos mais significativos dessa fase. O final da Segunda Guerra Mundial também levou à criação de novas organizações, com o intuito de preservar a paz e a cooperação internacional em todas as áreas; surge, então, a Organização das Nações Unidas (ONU), com suas diversas agências.

Em 1950, mediante a nova conjuntura internacional, Karl Mannheim fez um estudo sobre a planificação para a liberdade, *Planning for freedom*, no qual analisava os vários aspectos da vida cotidiana das diferentes classes e categoriais sociais, contrapondo trabalho e lazer. Para o estudioso, emergia uma nova sociedade, marcada pelo caráter anacrônico do trabalho e pelo pequeno número de unidades criativas da sociedade industrial. Afirmava que a maioria esmagadora dos postos de trabalho era caracterizada pelo trabalho "sem responsabilidade e sem criatividade" e que "para a maioria, o lazer, em vez do trabalho, tornou-se o caminho da civilização".

Paulatinamente, a ideia de turismo ganhou uma amplitude maior, seja por sua importância na economia, seja pela possibilidade de facultar a circulação cultural. Em 1956, é criado, por iniciativas de diversas organizações, o Bureau International du Tourisme Social (Bits), o qual procurou estabelecer os princípios de ação de fomento e desenvolvimento do turismo social no mundo. Na Conferência das Nações Unidas realizada de 21 de agosto a 5 de setembro de 1963, em Roma, foram estabelecidos conceitos, conjunto de recomendações sobre o turismo em âmbito internacional, visando à simplificação das formalidades oficiais e ao fomento do turismo.

Como se pode observar, nesse breve percurso traçado, o viajar induziu o indivíduo a ter conhecimentos específicos, sobre história, geografia, cultura, economia, entre outros. Essa preparação era possível principalmente no meio burguês e aristocrático, que possuía melhores condições para se preparar com relação a tais requisitos. O progresso tecnológico, mais intenso a partir da Revolução Industrial, permitiria que as distâncias fossem encurtadas e o tempo gasto na viagem fosse diminuído. As dimensões e o ritmo das mobilidades foram alterados.

A experiência dos deslocamentos passou a ser cada vez mais comum e praticada por muitos. Esse universo fascinante da viagem, que encantou o ser humano desde a Antiguidade, não ficou restrito à memória do viajante. Muitos deles procuraram fixar as suas vivências, relatos que permitiriam outras viagens e que se passou a considerar em seguida.

Questões

1 | Analise os deslocamentos humanos sobre a face da Terra e sua importância para o desenvolvimento da humanidade.

2 | A partir dos séculos XV e XVI, as transformações técnicas e as descobertas marítimas alteraram a intensidade dos deslocamentos humanos. Observe como a viagem passou a ser concebida, nesse momento, e a sua importância na educação dos jovens.

2 Literatura de viagem e o *Grand Tour*

A função do relato de viagem é apresentar as novidades que fazem parte do universo de outras culturas. O estranho e o desconhecido se compõem com o exótico na escrita do viajante. Cada registro comporta uma dimensão estética distinta, da mesma forma que a intolerância e a tolerância fazem parte de um movimento em busca da compreensão de novos valores e atitudes, ligados à realidade do outro. Como observou Mikhail Bakhtin, não é no contexto dos valores da própria vida que a vivência pode adquirir significado próprio. Para ele, todo e qualquer esforço do homem nesse sentido é difuso. Dessa forma, aquele que escreve sobre uma cultura tenta compreender o mundo do "outro", ou como o autor afirma: "Compreender este mundo como mundo dos outros [...] é a primeira condição para uma abordagem estética do mundo [...]. Cumpre sentir-se em casa no mundo dos outros" (Bakhtin, 1992, p. 126).

O registro de viagem é um texto autorreflexivo. O autor, ao viajar, observa e analisa a gente e a localidade, fazendo uma apropriação de aspectos da vida cotidiana das populações, ao mesmo tempo em que olha também para si e para a sociedade em que vive.

As obras atribuídas a Homero, *Ilíada* e *Odisseia*, registraram momentos diferentes do mundo mediterrânico, nos quais a viagem passou a fazer parte da literatura. Homero, ao narrar a guerra entre gregos e troianos, descreveu os motivos que levaram os gregos a deixarem suas terras e empreenderem um deslocamento pelo mar, a fim de atacarem Troia. No seu registro é possível identificar as características dos troianos e suas diferenças em relação aos gregos. O avanço pelo mar foi marcado pelo espírito aventureiro e pela pilhagem das ilhas do mar Egeu. A obra *Ilíada* registra os momentos finais da guerra de Troia, que durou dez anos e impôs aos combatentes uma série de dificuldades. Com a vitória dos gregos, as embarcações e os guerreiros sobreviventes voltaram às suas terras de origem. O retorno, tão desejado, seria empreendido com algumas dificuldades por Odisseu (Ulisses), o que levaria ao tema central da obra *Odisseia*.

As aventuras de Ulisses no retorno para a Ilha de Ítaca, na qual se encontrava sua esposa, Penélope, e seu filho, Telêmaco, são marcadas por uma série de provações que os homens daqueles idos tinham de enfrentar pelo mar. Perigos reais e imaginários faziam parte do deslocamento marítimo, evidenciando que o pensamento mitológico envolvia a sociedade de maneira intensa. Ulisses, herói real ou imaginário, imortalizado por Homero, não foi o único a enfrentar o desconhecido. Em alguns escritos da Antiguidade, foram registradas as peripécias que os homens poderiam encontrar ao se deslocarem, principalmente para participarem de festas de caráter religioso que aconteciam em diversas cidades gregas como Corinto e Delfos.

A despeito da diversidade dos registros, deve-se salientar que nem todos os que se deslocavam, por motivos de guerra, comércio etc., possuíam condições adequadas para deixar por escrito as aventuras. Muitos foram os que se deslocaram, porém poucos os que fizeram registros. Somente um grupo reduzido, que sabia escrever, fez relatos que resistiram ao tempo. Em muitos casos, os relatos das viagens atendiam às exigências de embaixadas ou representações. Seu tom era descritivo, arrolando número de pessoas da comitiva e os principais episódios da viagem.

Esses relatos, nem sempre longos, não poderiam ser considerados como obras. Na verdade, os registros breves foram mais comuns. As cartas, desde a Antiguidade, constituíam um meio de comunicar a parentes e amigos sobre os mais diversos acontecimentos, dentre eles os deslocamentos. Informar sobre as andanças, os percursos, as aventuras e as desventuras que o caminho desconhecido oferecia, os diferentes hábitos culturais, as particularidades das cidades etc. fez parte da necessidade humana de transmitir para outrem ensinamentos e o conhecimento da experiência e das descobertas realizadas.

Os livros de viagens medievais possuíam bases diversas e revelavam a concepção de mundo daquele período, aberto às aventuras em que a fantasia se misturava com o real. O desafio fazia parte da vida medieval e, mesmo não havendo conforto nas acomodações e preponderando o medo nos caminhos e no mar, os homens venceram as barreiras. Perigos reais e imaginários também fizeram parte das experiências dos deslocamentos, que foram registrados ou apenas narrados oralmente, e que viriam a ser fixados pela tradição.

Os escritos registravam o itinerário que era apresentado no início do texto e que se constituía como um fio condutor da narrativa. O caminho era fundamental e estruturava a leitura sobre a viagem, o que exigia uma sequência cronológica. A sequência temporal era importante para contextualizar o processo da viagem e ser fiel à realidade histórica. A cada parada, as referências sobre os lugares emergiam. Normalmente, as localidades mais representativas são mencionadas, em especial as cidades. Estas passavam a ser essenciais nas narrativas e poderiam dar a tônica do registro, tendo em vista a dinâmica do comércio, do artesanato, das festas e de outros movimentos que os lugares abrigavam.

Os relatos medievais mencionavam cidades utópicas, seres fantásticos, um universo inacreditável que alimentava as lendas e mitos. Esse imaginário preenchia os relatos da viagem e registrava os contatos com povos distantes e reinos fabulosos. Além dos registros escritos, o que restava, no âmbito material, eram os objetos exóticos dos povos encontrados, que possuíam segredos da técnica de fabricação e permitiam visualizar outros símbolos que faziam parte dessa cultura. O viajante aventureiro medieval buscava as riquezas, principalmente do Oriente. Lendas e riquezas se misturavam na realização de périplos. Para muitos, a viagem era a possibilidade de consolidar uma riqueza, fazer fortuna e transformar-se em soberano, ou a luta pela defesa da fé cristã, que poderia garantir o papel de mártir.

O maravilhoso fazia parte dos escritos que apresentavam os temores em relação ao desconhecido. Os elementos de realidade que eram fixados faziam parte de um discurso narrativo importante para aqueles que tivessem o privilégio de conhecê-los. A viagem era, por excelência, o momento propício para refletir sobre si próprio, o tempo, a vida, a criação e o devir humano. A aventura em busca de novos espaços implicava fazer uma viagem interna e percorrer os mistérios da mente. Perguntas que acompanhavam todos e que eram respondidas no silêncio da alma. Viajar era ver as maravilhas do mundo. Era fugir da monotonia do cotidiano. Era ir ao encontro do diferente aos olhos já habituados a uma realidade. A viagem era a busca pela diferença. O homem não desejava ver a semelhança, mas sim o extraordinário, aquilo que pudesse surpreendê-lo e surpreender os outros. As cartas de viagem eram notas que davam a dimensão desse encontro.

No decorrer dos séculos XV e XVI, a literatura de viagens conquistou maior ressonância com as grandes viagens marítimas. Os registros dos navegadores descreveram com pormenores as riquezas da natureza, a sociedade, as tradições e costumes de sociedades desconhecidas. Cada avanço era uma aventura com outros povos. Um universo totalmente novo a ser comunicado. As descobertas marítimas alteraram os ritmos da vida cotidiana dos indivíduos dos séculos XV e XVI. A viagem, pelos mares, exigia uma reunião de interesses econômicos, políticos e, sem dúvida, culturais. Todavia, a racionalidade dos interesses econômicos nem sempre explicou o gosto pela aventura, pelo desconhecido ou novo, que só a mentalidade medieval tinha alimentado como um vinho inebriante. A escrita ainda era um privilégio de poucos, não se incluindo, nesta categoria, os navegantes. A literatura de viagem tinha um público ávido pelas aventuras e novidades das descobertas. Um amplo público e uma profusão de experiências de viagens fizeram que os editores identificassem, nesse segmento, uma oportunidade para maiores lucros. As coleções de viagem se popularizavam e ganhavam o domínio público. Os ingleses mantiveram uma vantagem na publicação de relatos: chegaram a ter mais de quarenta volumes, que se proliferavam pela Europa.

A percepção das distâncias e dos espaços se alterou com as descobertas marítimas. O avanço pelo Oceano Atlântico e, posteriormente, pelo Índico e Pacífico, fez que os mercados se ampliassem, ao mesmo tempo em que se revolucionavam os conceitos geográficos. As viagens permitiram novas ligações e trocas de conhecimentos. As contribuições para o saber eram sensivelmente ampliadas, tanto na economia como na organização social e na cultura. A América fornecia condições ideais para o enriquecimento. A circulação de pessoas se intensificou. Homens cruzavam o Oceano Atlântico em busca de riqueza, a fim de acumular recursos e voltarem para a Europa. Mas, como bem salientou Lévi-Strauss, as descobertas permitiram aos homens refletirem sobre si próprios:

> A experiência dos antigos viajantes e, por meio dela, esse momento crucial do pensamento moderno onde, mercê das grandes descobertas, uma humanidade que acreditava ser completa e acabada recebeu de repente, como que numa contrarre-

velação, o anúncio de que não estava sozinha, que era parte de um conjunto mais amplo e que, para conhecer-se, devia antes contemplar a sua imagem irreconhecível neste espelho, do qual uma parcela, esquecida durante séculos, ia, só para mim, lançar o seu primeiro e último reflexo. (Lévi-Strauss, 1955, p. 375)

As descrições do novo deveriam remeter ao semelhante existente no Velho Mundo. O desconhecido deveria ser captado na dimensão do conhecido. Os relatos dos cronistas forneciam exemplos da composição da realidade com a fantasia. Metáforas utilizadas para que houvesse uma precisão maior das imagens que se criava. O maravilhoso e o sedutor da África, Ásia e América eram selecionados para serem apresentados aos europeus. Um filtro de cultura permeava a leitura das terras recém-descobertas.

A narrativa de viagem era uma das etapas do processo de viagem, poderia ser feita no decorrer do deslocamento ou após ele ter ocorrido. O ato de escrita implicava reflexão e síntese da experiência vivenciada pelo viajante-escritor. Como destaca Luciana de Lima Martins, o ato da escrita adquire autoridade tanto sobre sua própria experiência no campo, quanto para o leitor sedentário, que reanima, com sua imaginação, as imagens grafadas no papel (Martins, 2001).

A leitura dos livros de viagem permitia uma outra viagem. Pelas linhas do texto, um universo diferente se abria. Novas pessoas, culturas, imagens e sensações eram apresentadas ao leitor, que construía um universo imaginário. A leitura permitia que novas imagens emergissem dos territórios distantes. Uma plêiade de viajantes que nunca haviam deixado o seu universo e tinham viajado com os olhos da mente.

Nos séculos XV e XVI, surgiram inúmeros registros de viagem, normalmente relatos e diários, que descreveram as aventuras que os descobridores e navegadores enfrentaram. Conforme afirma Manuel Simões, o século XVI é o "período áureo" da literatura de viagens em Portugal, que oscilou entre os textos de "euforia" relacionados aos descobrimentos e os textos de "disforia", que compreende o conjunto de relatos de naufrágios (Simões, 1985).

O avanço pelo mar não foi coroado somente de êxitos. A cobiça fez que muitos se aventurassem de forma arriscada pelo oceano e o resultado deste empreendimento nem sempre foi o melhor. Navios grandes e carregados de forma excessiva comprometiam a vida de todos a bordo, e não raras vezes era necessário lançar ao mar as mercadorias para que se evitasse um desastre. A falta de velas e seu mau estado comprometiam as ações de salvar as embarcações, quando ventos fortes e o balanço do mar acometiam-nas. Os registros sobre esses acontecimentos procuravam dar a dimensão da tragédia. Eles foram construídos a partir dos relatos orais dos sobreviventes que forneceram detalhes sobre as dificuldades do avanço pelo mar, a chegada a terras desconhecidas, após o naufrágio, a busca por alimentos que levava os homens a avançarem pelo território enfrentando serras e rios e o perigo dos ataques dos aborígenes.

Na poesia, o tema das viagens era pródigo, os exemplos mais marcantes deixados estão nas trovas e na obra de Luiz Vaz de Camões, os *Lusíadas*, poema épico que relata a expedição de Vasco da Gama à Índia. Os registros de viagens se diversificam à medida que diários de bordos, relatos de campanhas militares, visitas de embaixadas estrangeiras passaram a ser outros tipos de fontes para a compreensão das viagens. Neles, é também possível encontrar as descrições sobre os locais, as tradições, os costumes, o regime político e administrativo. Os registros de viagens conquistaram ressonância com as grandes descobertas marítimas. Esses documentos passaram a ser amplamente divulgados, permitindo ao leitor compreender o fascinante mundo dos deslocamentos. Rapidamente, cresceu o público interessado pelas aventuras e novidades das descobertas.

As cartas náuticas, com representações de portos e ilhas, com o decorrer do tempo, passaram a ser impressas e forneciam representações dos litorais, em escala, orientando os navegadores. O seu uso, em conjunto com instrumentos de medição e localização, por meio da astronomia, possibilitava uma viagem mais segura. O desenho feito por alguns navegadores, sem grande rigor técnico, contribuía para fornecer informações importantes e úteis para definir paulatinamente o litoral; com o decorrer dos anos, os desenhos foram sendo aprimorados. Os registros continham notas explicativas e davam detalhes sobre os locais não incluídos na representação.

As descobertas realizadas por portugueses e espanhóis geraram um grande interesse pela América. Contudo, os registros portugueses sobre as terras foram reduzidos no decorrer do século XVI e, na maioria das vezes, foram elaborados pelos estrangeiros. A extensão das terras da América portuguesa era ainda desconhecida. Representações do período traçavam um contorno incerto para uma terra incomensurável. Sua extensão e abrangência eram totalmente conjecturadas com limites e dimensões incertos.

O olhar do europeu, no momento das descobertas, debruçou-se sobre as terras americanas com um ar indagador. Os mapas dessa época revelam o reconhecimento sobre o contorno das novas terras e da natureza nela existente. A cartografia representa o traçado imaginário dos limites da terra e elementos naturais que indicavam a peculiaridade da região.

Os mapas do século XVI, além de fornecerem um traçado aproximado das terras e localizações de acidentes geográficos, constituíam uma síntese do local. Uma orientação bidimensional para aqueles que se aventurassem pelo oceano Atlântico na busca de novas experiências. Os mapas dos Quinhentos narram, por meio de olhares múltiplos, a percepção que retêm das coisas naturais, acessíveis pelos órgãos dos sentidos. O mundo é representado em imagens que reúnem as experiências de viagem e comunicam aos europeus um novo mundo.

No caso brasileiro, o primeiro relato histórico sobre as terras está diretamente vinculado à literatura de viagem. A carta de Pero Vaz de Caminha, que registrou o descobrimento da Ilha de Vera Cruz, posteriormente Terra de Santa Cruz e que viria a ser conhecida como Brasil, é um dos documentos que revela um tipo de registro que se fazia no período. O relato historiava ao rei português, D. Manuel I, sobre a descoberta e conquista de seus vassalos. O olhar atento de Pero Vaz de Caminha descreveu, de forma sucinta, a viagem de Portugal às ilhas do Atlântico e destas às novas terras. A chegada e os primeiros contatos fizeram parte do relato que visava a dar a ideia completa das terras encontradas. Natureza e homens distintos do europeu. Receios de ambas as partes e também o desejo de reconhecimento. Interações e trocas culturais, sem uma compreensão maior do que aquele momento representaria. Uma experiência antropológica que se tornaria um marco para a nação brasileira. O Brasil nascia na pena de um relato de viagem dentre muitos outros que se seguiriam e permitiriam compor um amplo quadro das terras brasileiras.

A carta de Pero Vaz de Caminha cumpriu sua função ideológica, no sentido de mostrar a necessidade da ação portuguesa na conversão religiosa do indígena. Concomitantemente, o registro forneceu um conjunto de informações que ampliava o conhecimento sobre a terra recém-descoberta e seus habitantes. O princípio axiológico que justificou o estabelecimento de narrativa das novas terras e pessoas era a grandiosidade e a diferença nele contidas. A singularidade e a grandiosidade suscitavam a admiração decorrente do acontecimento. Como bem destacou Sérgio Buarque de Holanda (1996, p. 65-66), a mentalidade da época abraçava "alguns modos de pensar de cunho analógico". Os relatos dos viajantes contribuíram para a estruturação do saber sobre alteridade e as novas terras. A experiência por eles vivida era o arcabouço que norteava o verdadeiro e o tornava digno de ser narrado.

Ouvir por intermédio de alguém punha o ouvinte na posição de passividade em relação a quem falava, o que impedia a aferição da verdade, uma vez que a presença ocular do fato não era possível. O ato de ouvir acarretava a perda da verdade e permitia a concepção de mentira. O escrito, ou o impresso, resgatou parcialmente a relação ver-conhecer que, a partir daí, passou a ser ler-conhecer. A busca de semelhança entre coisas diferentes ocupava muitos dos relatos do século XVI. Os registros pressupunham que uma das partes – os leitores – estivesse distanciada do universo ao qual se referia, mas tão presentes quanto os redatores, pois, como lembra Todorov (1983, p. 224), "o destinatário é tão responsável pelo conteúdo de um discurso quanto seu autor". As descrições feitas só seriam compreendidas se um processo de comunicação efetiva ocorresse ou, como Roger Chartier destaca, é preciso existir circulações fluídas, com "práticas partilhadas que atravessam os horizontes sociais" (Chartier, 1994, p. 134), unindo vivências comuns.

Os relatos de viagens apresentavam-se de formas diferentes e dependentes da atitude perante a viagem. Muitos possuíam um tom de documentário, com a meta de informar e instruir. Alguns viajantes, principalmente os naturalistas, empreenderam uma leitura a partir de princípios científicos e ideológicos, cujo objetivo era transmitir o conhecimento de determinados elementos. Registros bem diferentes daqueles que, no passado, procuravam apresentar as sensações e o prazer de apreciar as paisagens e reconhecer novas culturas. Os relatos de viagem possuem diferentes formas de concepção e estruturação. Alguns textos são organizados como diários e procuram apresentar, numa sequência rigorosa, as etapas das viagens. Outros são concebidos a partir de categorias básicas, como aspectos geográficos de localização, mundo natural, hábitos e costumes, aspectos históricos etc.

No decorrer do século XVI, outros viajantes que ancoraram nas terras brasileiras deixaram informações sobre o lugar e sua gente. Nos registros dos missionários era comum que, antes de registrar os feitos da propagação da fé, se fizesse uma caracterização da terra, na medida do possível, descrevendo clima, montes, rios, limites do território, coisas notáveis naturais como fontes, frutos, plantas, minerais, animais terrestres, aves, peixes. Além disso, era conveniente registrar as feições dos habitantes, seus costumes, religião, política, entre outros aspectos.

No Brasil, os jesuítas foram os responsáveis pela elaboração dos primeiros documentos sistematizados e de forma constante no período colonial. Religiosos que se deslocaram para os trópicos e se predispunham a viver e colonizar as novas terras. Conforme orientação dos superiores da ordem, as cartas deveriam ser elaboradas regularmente pelo provincial ou seu substituto. O conteúdo essencial foi definido pelo Pe. Inácio de Loyola, em carta de 15 de agosto de 1553, ao provincial Pe. Manuel da Nóbrega (Leite, 1954). O texto deveria anotar as características das casas que os religiosos habitavam, o que havia em cada uma, as formas de comer e beber, as condições de vida na região, o clima, os costumes dos povos. Informações que serviriam para aperfeiçoamento moral e religioso de outras pessoas, que leriam ou ouviriam o relato (Leite, 1954, vol. 1, p. 519). As cartas faziam parte de um sistema de comunicação interna da Companhia de Jesus com interesses diversos e abrangentes, sendo reguladas por uma sequência de procedimentos administrativos rígidos da ordem e que atendiam a uma multiplicidade de funções da própria instituição religiosa, bem como dos governos aos quais serviam. Registros de experiências incomuns daqueles que se aventuravam em longos deslocamentos, apresentadas de forma edificante, e que revelavam a ação jesuítica no seu contexto europeu.

Passado o momento inicial em que constam os relatos das expedições dos exploradores, seguidos da descrição da missão colonizadora e evangelizadora, observam-se os registros dos cronistas. Estes eram normalmente funcionários da coroa portuguesa ou particulares lusitanos ou estrangeiros que, na maioria das vezes, tinham a incumbência de descrever o local e os povos que habitavam a região. A quantidade de registro não foi constante e muitos dos que passaram pelas terras brasileiras não deixaram nenhum tipo de relato por escrito. Contudo, se os registros foram em número reduzido, isto não deve ter ocorrido com os relatos orais que circularam no período, sobre as terras da América portuguesa. Descrever os fatos mais notáveis e observar detalhadamente certos aspectos fazia parte dos primeiros registros. Nesse movimento, o índio, o espaço geográfico, a natureza, entre outros aspectos, eram apresentados no decorrer da construção do discurso, que se valia de um jogo de sentido, ao mesmo tempo em que era a expressão de um processo ideológico sobre as descobertas.

As descrições, por vezes, não chegaram a uma profusão de detalhes, pois estes poderiam ser foco de confusão. Havia a preocupação na organização da informação, marcando claramente as diferenças. Esse movimento de construção fazia a seleção dos aspectos mais importantes e deixava de lado parte da experiência do autor. Alguns discursos preferiam marcar as oposições e as inversões de valores, a fim de fornecerem uma dimensão de compreensão diferente. As terras da América portuguesa emergiam como um lugar exótico onde viviam animais selvagens e indígenas cruéis, pela prática da antropofagia.

Os relatos de viagens e descrições sobre as novas regiões descobertas ganharam maior importância a partir da segunda metade do século XVI. O geógrafo italiano Giovanni Battista Ramusio publicou, em 1550, a obra *Delle navigationi et viaggi*. Nesta obra, encontra-se um dos registros mais antigos sobre o contorno das terras brasileiras. André Thevet publicou, em 1557, a obra *As singularidades da França Antártica,* um registro que dava conta das terras brasileiras e da sua riqueza natural. Mas, como bem observou Lestringant (1986, p. 19), era "fruto de um levantamento coletivo e anônimo no qual, por causa da doença prolongada, quase não tomou parte".

Jean de Léry, ao escrever *Viagem à terra do Brasil* (publicada em 1578), teve como intenção questionar as afirmativas de André Thevet. Léry chegou às terras da América portuguesa em 1557, permanecendo nelas até janeiro do ano seguinte. Nesse período, visitou a Ilha de Villegagnon e o litoral. Somente vinte anos depois, terminou a redação de sua obra, na qual trabalhou o poder da imagem. Apesar de mencionar que a sua memória não lhe auxiliava mais, tendo em conta a distância entre a viagem que empreendera e a redação da obra, ele construiu uma descrição rica em imagens. A obra revela a memória de um viajante deslumbrado ante uma nova cultura e um exótico mundo natural.

A perspectiva de obtenção de metais preciosos esteve presente nos relatos dos deslocamentos pelo interior do território. O ouro e a prata da América espanhola acenavam na segunda metade do século XVI para um paraíso dos metais. Porém, a sorte que se abatera sobre os espanhóis não se estendera de imediato para as terras dos portugueses, que só encontrariam a tão sonhada riqueza no final do século XVII. A despeito das dificuldades de se encontrar o metal precioso, os textos demonstraram que a própria colonização foi potencialmente alimentada pela possibilidade de encontro do ouro. Esse era um desejo confesso de todos aqueles que habitavam as terras brasileiras.

O padre Manuel da Nóbrega alertou constantemente para o fato de que a pobreza e o não desenvolvimento da terra estavam diretamente ligados à política de povoamento e administração da terra. Era necessária a adoção de uma administração que impedisse o retorno à pátria lusitana, após os serviços prestados pelo corpo administrativo, pois tal configuração impedia a afeição pela colônia (Leite, 1954, vol. 1). Pe. Luís da Grã compartilhava da mesma posição do Pe. Manuel da Nóbrega, os quais entendiam que, apesar de ser habitada há algum tempo, os moradores da capitania da Bahia, por inoperância, não haviam iniciado pesquisas para explorar os possíveis metais da terra. Afirmava que estes nunca os procuraram, ainda que mediocremente, para saber o que se poderia dar bem na terra, nem se havia metais nela (Leite, 1954, vol. 2).

O ouro, enquanto metal precioso, altamente valorizado no contexto quinhentista, incentivou o deslocamento de pessoas pelo território em busca da sonhada riqueza. Andanças que nem sempre foram registradas, mas que apontam experiências de desbravamento e de reconhecimento do território de maneira única (Leite, 1954, vol. 1). A descoberta do ouro, sem dúvida, norteou as primeiras investidas pelo sertão adentro. Só um mineral tão precioso aguçaria a cobiça e forçaria o homem a tal aventura. O desejo latente não só da coroa, na obtenção de ouro, também era compartilhado pelos seus súditos, ansiosos pela possibilidade de riqueza fácil e abundante. Porém, o cerceamento da coroa para evitar o avanço para o interior era uma barreira oficial, nem sempre respeitado.

Era necessário que as riquezas naturais em potencial fossem exploradas. A possibilidade de encontrar minerais preciosos e outras espécies que pudessem obter um alto valor no mercado intensificaram os deslocamentos, especialmente durante o século XVII, da Europa para a América; foi ampliado o reconhecimento e exploração pelo território com diversas expedições exploratórias e, consequentemente, os relatos de viagens, facilitando o percurso dos viajantes. Na Alemanha, alguns especialistas propuseram nos seus tratados aspectos que referiam "a arte de viajar". Os manuais definiam o que observar, incluindo as listas de locais e edifícios a serem visitados e orientando quanto às anotações e descrições que, posteriormente, deveriam ser organizadas. Enfim, o guia tinha como objetivo marcar o que era digno de ficar na memória do viajante.

Ainda no século XVII, novos registros foram feitos por cartógrafos holandeses e foram publicadas compilações de mapas que ilustravam a região de Pernambuco, sob dominação holandesa. Nesses registros e mapas, era possível observar detalhes sobre a fauna e flora, os autóctones e as cidades. Pouco a pouco, os mapas foram incorporando os saberes existentes sobre as terras tropicais, com novas informações, movimento de abertura, crescimento e circulação de informações.

No decorrer dos séculos XVII e XVIII, o acesso ao livro cresceu, pelo volume de vendas e pela instalação de bibliotecas públicas e gabinetes de leitura (Chartier, 2004). A opção pela obra dependia do leitor e do conteúdo. Por este fato, alguns viajantes fugiam da subjetividade e quando isto era inevitável, eles logo retomavam o foco do registro. É preciso ressaltar que, para os impressores e depois para os leitores, o importante era divulgar uma viagem que tivesse "utilidade"; a leitura precisava causar prazer.

Sempre que possível, os viajantes cruzavam as informações com outras leituras ou relatos orais a fim de confirmarem suas análises. Havia trabalhos com referências a outros viajantes cujos registros já eram conhecidos na Europa. Isso comprova a importância da leitura sobre o tema antes da partida, assim como a circulação de obras sobre viagens. Alguns viajantes habilidosos tornavam seus relatos agradáveis, favorecendo a divulgação da literatura de viagem com seus conteúdos sobre cultura, religião, costumes, política, sem incorrer em erros ou preconceitos. A contextualização da experiência e a explicação sobre o significado de determinadas práticas e comportamentos eram responsáveis pelo correto entendimento sobre o que o viajante acreditava ter conhecido. Nesse século, também se observa o desejo de observar, mensurar e classificar. O sujeito, ávido pelo conhecimento, ansiava por novas experiências que conduzissem a novos olhares; ver e ler em função de uma utilidade que, pouco a pouco, era transformada pelas discussões impostas pelo pensamento científico (Foucault, 1996).

A publicação dos relatos foi sendo paulatinamente acompanhada de gravuras que registravam com maior clareza o cotidiano das terras tropicais e o hábito dos seus habitantes. No começo do século XVIII, o holandês Pieter van der Sa publicou relatos quinhentistas referentes às viagens feitas por Jean de Léry, Anthony Knivet e Hans Staden, com ilustrações.

Desse período são as obras de Frans Janszoon Post que nasceu em Haarlem, em 1612, onde estudou. Ele era irmão de Pieter Post, arquiteto responsável pelo urbanismo da Cidade Maurícia. No período compreendido entre 1636 e 1640, Frans Post pintou diversas paisagens, algumas observando a própria natureza, outras a partir da memória e dos esboços que fizera quando esteve no nordeste da América portuguesa, estimulando a curiosidade europeia sobre as terras coloniais lusitanas, cujo acesso estava interditado a outras nações.

Alguns viajantes completaram suas obras no país de origem e procuraram, após alguns meses ou anos, reconstruírem as experiências que tiveram nas terras exóticas dos trópicos. Em decorrência, alguns registros indicam um olhar distanciado da experiência, mais vago e impreciso. Se os registros apontam de certa forma para uma natureza edênica, num primeiro momento, a viagem pelo interior fazia que esta imagem fosse ou não reforçada. A descrição pictórica deu ordem ao espaço. Uma paisagem, enquanto uma composição de pintor-viajante, tinha uma função pedagógica, além de registrar o momento. As cidades da América portuguesa eram marcadas por uma mistura de atores sociais. Brancos, negros e mestiços compunham a sociedade dos trópicos e delineavam uma paisagem social ímpar. Retrato de uma cultura bem diferente da europeia e que aguçava as mentes mais afeitas à cultura de outros povos.

A representação, por meio de desenhos dos habitantes da terra e seus costumes, está presente de forma esparsa desde o século XVI. Os relatos de viagem, em formato de cartas, foram muito difundidos no século XVIII. Essa prática permitia que, por meio de trechos breves, fosse possível informar passo a passo sobre as etapas da viagem. Os jornais de viagem deram ampla difusão a esse estilo, fazendo que o leitor acompanhasse em cada exemplar mais uma etapa da aventura empreendida. Assim, conforme a periodicidade do jornal, as cartas eram apresentadas e, ao final, com a somatória dos textos, surgia o livro. As cartas, pelo tratamento simples e mais íntimo, agradavam ao leitor. Como observa Tiago dos Reis Miranda, as cartas fizeram parte da arte de escrever no século XVIII, registrando serviços, apresentando cumprimentos ou reivindicações, dando conta das novidades e das ações. As cartas atendiam a uma informação mais objetiva e direta, sem os inconvenientes da imprensa, marcada pela lentidão e pelos interesses políticos.

Nem sempre os periódicos contribuíam com informações adequadas aos seus leitores. A correspondência satisfazia às necessidades de comunicação de um viajante com o seu interlocutor e, assim, muitas obras, posteriormente consideradas como literatura de viagem, foram compostas a partir de cartas e apresentadas como tais em publicações. Para tanto, era importante seguir um modelo de organização a fim de que o futuro leitor tivesse a sua leitura facilitada. A construção do texto revelava uma rede de relações elaborada intencionalmente;

faziam-se comparações, procurava-se facilitar o entendimento sobre a especificidade do contexto, naquilo que o autor considerava fundamental. Um registro cadenciado, abordando certos aspectos da história, da vida política, econômica e cultural portuguesa, ao mesmo tempo em que permitia a compreensão das feições locais e as condições em que as viagens foram realizadas.

Numa leitura atenta, observa-se que a redação, ao refletir a subjetividade do autor, constituía, por vezes, uma verdadeira autobiografia; uma leitura carregada da amplitude do olhar e das experiências de quem redigia. As descrições foram inúmeras, em função das escalas diferentes e do fenômeno social que envolvia o deslocamento, bem como da quantidade de informação disponível para se fazer um arrazoado (Burke, 1992).

Os autores normalmente se apresentavam como viajantes, empenhados na intermediação entre duas culturas. Dominavam dois universos culturais distintos, suas comparações constituíam relatos interessantes. Numa tentativa de organizar o mundo das coisas que via, os autores concebiam a apresentação dos textos de forma a dar maior sentido às suas observações. Alguns viajantes, além de fazerem as descrições, procuraram em diversas ocasiões contextualizar as informações e fornecer um quadro completo do contexto histórico em que fizeram a observação. Os registros advinham de conversas, informações e contatos mantidos no decorrer das viagens. Enfim, os relatos procuravam, de forma instrutiva, apresentar informações específicas sobre a realidade.

Fazia parte da maioria dos dicionários geográficos e dos livros de viagens comerciais a identificação da posição geográfica do local. Dessa maneira, muitos não fizeram este tipo de detalhamento, mas expuseram aspectos singulares e novos que dificilmente seriam conhecidos e apresentados nos guias de grande circulação.

A viagem, como meio de instrução, passou a ser uma referência no movimento das ideias do século XVIII. O progresso científico da Europa foi paulatinamente construído a partir do movimento de deslocamento por diversas partes do mundo. Muitos naturalistas empreenderam expedições que visavam identificar e descobrir novas espécies animais e vegetais em diversas partes do mundo e estabeleceram paradigmas científicos. As terras da América foram um dos destinos desses viajantes que, num longo processo de interações, contribuíram para construir o conhecimento científico dos séculos XVIII e XIX. As diferentes academias de ciências existentes pelo mundo disputavam entre si pesquisas e debatiam controvérsias teóricas. Em decorrência, determinados tipos de relatos sofreram acusações por não possuírem o rigor científico conveniente para a academia. O fato era que, naquele momento, os viajantes naturalistas possuíam maneiras distintas de viajar e aproximar-se da natureza americana e colher informações sobre localizações corretas e distâncias.

Os viajantes naturalistas tenderam a produzir relatórios científicos destinados a fornecer informações para as academias de ciências às quais pertenciam e também ao público que apreciavam a divulgação de informações sobre novas áreas.

Alexander Dalrymple, na sua obra *Essay on Nautical Surveying*, escrita em 1771, aconselhava os navegadores a que fizessem registros dos litorais que visitavam. Era conveniente para ele registrar o terreno e os portos, com todos os detalhes possíveis, inclusive com nomes, de forma que permitissem uma compreensão da região e auxiliassem outros navegadores a identificarem as melhores rotas e os locais mais propícios para desembarque e obtenção de provimentos (Dalrymple, 1806).

Na segunda metade do século XVIII, o governo lusitano estimulou a vinda de pesquisadores para a América portuguesa, com o intuito de estudar as potencialidades agrícolas e minerais das terras, com um detalhamento maior. Essas viagens foram empreendidas por membros da Academia Real das Ciências de Lisboa, que registraram em detalhes o que haviam identificado e estudado. A maior circulação de informações fez que os materiais produzidos fossem veiculados em revistas e publicações das mais variadas. Domingos Vandelli redigiu uma instrução denominada *Viagens filosóficas* ou *Dissertação sobre as importantes regras que o filósofo naturalista, nas suas peregrinações, deve principalmente observar* (1779). Esta obra foi composta a partir de diversos registros efetuados em terras brasileiras. Nas instruções, constavam orientações para que houvesse o registro histórico das terras a serem exploradas e a caracterização etnográfica dos habitantes.

Os viajantes científicos do século XVIII valeram-se da descrição das rotas e itinerários das paisagens exóticas, dos tipos humanos, dos usos e costumes desconhecidos. Suas narrativas passaram a ganhar cada vez mais uma representação gráfica desses itinerários, pela reconstituição geográfica dos países, com detalhes da flora e da fauna, permitindo a compreensão dos leitores. Conforme Roberto Ventura, a "filosofia da ilustração inverteu a visão paradisíaca da América, ao formar um novo discurso sobre o homem e a natureza americanos, marcado pela *negatividade*" (Ventura, 1991, p. 22). O olhar dos viajantes naturalistas não se ateve somente aos registros sobre a fauna e a flora, mas também, como já se afirmou, aos hábitos e costumes, bem como à descrição dos povos e às particularidades das regiões, iconograficamente representados.

A nacionalidade, a personalidade, a cultura e a religião, entre outros aspectos influenciavam no registro. Por vezes, o estilo das redações difere mais do que o modo de observação, que tende a seguir uma cadência convencional. Aquilo que não fosse possível de ser transportado deveria ser registrado com minúcia, e as descrições e os desenhos eram importantes para a fixação das informações: relatos sobre locais, paisagens, rochas e detalhes de espécies, que eram impossíveis de serem remetidos, ganhavam atenção maior.

Não se pode esquecer que o avanço das ciências foi impulsionado pelas grandes expedições científicas, dentre elas a de Louis-Antoine de Bougainville (1766-69), James Cook (1768-77), Jean-François de La Pérouse (1785-88) e de Alexander von Humboldt. As expedições realizadas no século XVIII tornaram o mundo mais conhecido e estabeleceram novos parâmetros. As grandes navegações do século XV e XVI tinham ampliado os horizontes ao descobrirem novas terras. Contudo, a ocupação e exploração feita a partir do século XVIII promoveriam um novo conjunto de descobertas que seriam decisivas para o desenvolvimento material da sociedade.

Os relatos dos viajantes diferiram entre si em função da formação do autor. Muitos possuíam formação acadêmica mais elaborada e receberam apoio institucional. Alguns eram viajantes independentes, em busca de aventura e conhecimento, que não escondiam o fato de serem autodidatas. Essas diferenças básicas apresentavam sensibilidades distintas. Para os desenhistas que acompanhavam os viajantes naturalistas, era fundamental saber pintar e traçar cartas. Era conveniente saber escrever em latim e ser uma pessoa detalhista, preocupada em observar e descrever de forma clara e precisa os locais visitados. Os desenhos possuíam uma característica descritiva e deveriam representar de maneira fiel a espécie encontrada, que deveria ser mais próxima do natural. O desenho tinha a função de documentar com o máximo de realismo possível, era minucioso quanto às características de cada espécie, e atraía tanto os leitores comuns como os pesquisadores.

Os livros de viagem conseguiram, por meio de suas imagens e relatos, exercer uma grande influência na formação e informação dos leitores. Os registros com seus detalhes forneciam conhecimentos sobre história, geografia, cultura, economia, bem como conselhos. Como destaca Attilio Brilli, o viajante "filosófico" da primeira metade do século XVIII reúne no seu relato a observação das maneiras e dos costumes, das crônicas de viagem, ao mesmo tempo em que guarda o silêncio sobre o seu próprio papel de testemunho itinerante. Esse viajante se diferencia do viajante sentimental, que evidenciava o próprio estado da alma (Brilli, 2001, p. 29).

Na segunda metade do século XVIII, o ato de viajar passou a ter um valor superior. O rompimento com a vida cotidiana era desejável e os atrativos de uma localidade estavam diretamente ligados à novidade e ao exótico. O anseio de conhecer e ver mais claramente certos aspectos do mundo permeava os interesses de alguns grupos da sociedade, especialmente aqueles ligados a interesses comerciais. O conhecimento de outras culturas exerceu um fascínio sobre os homens que estavam imbuídos das ideias iluministas. Seduzidos pela diferença, muitos viajavam a fim de identificar os padrões que moviam as sociedades, ou o faziam por interesses econômicos e políticos. Muitos seguiram para outros continentes, a fim de percorrer terras pouco visitadas. Outros procuravam, no próprio continente europeu, a diversidade da cultura ocidental.

O Romantismo seria responsável por um novo momento da literatura de viagem. Os grandes escritores românticos empreenderam diversas viagens, motivados pelo exótico, pelo amor à natureza, pelos interesses sobre as diversas culturas e pela apaixonante volta às civilizações do passado. As descobertas arqueológicas romanas, gregas e egípcias estimularam o desejo de conhecer as culturas antigas e impulsionaram muitos deslocamentos para essas regiões (Boyer, 2005). O desejo de conhecer as civilizações antigas foi impulsionado pela arqueologia e pelas novas escavações e descobertas em curso. As explorações em Herculano e Pompeia, soterradas pelo Vesúvio em 79 d.C., ganharam grande difusão na segunda metade do século XVIII e na primeira metade do século XIX. Os achados de obras antigas transformaram-se em atrativos para os viajantes. Estes procuravam visitar os locais para verem as ruínas e as coleções encontradas nas pesquisas arqueológicas.

No *Grand Tour*, a viagem era marcada pelo horizonte cultural e os registros acompanharam as transformações da sociedade. Naqueles idos, a valorização das antigas civilizações e das artes era impulsionada pelas descobertas arqueológicas que se intensificavam. Nesse sentido, a viagem era uma prova de cultura e educação, na maioria das vezes restrita a um pequeno grupo de pessoas, por exigir disponibilidade de recursos. O pensamento iluminista considerava os relatos de viagem como obras instrutivas e o viajante deveria ser capaz de difundir conhecimento e descobertas. Era fundamental que o viajante fosse instruído, pois poderia dar maior credibilidade à sua obra, bem como a possibilidade de uma análise mais elaborada sobre a experiência que tivera. A elaboração de um diário de viagem fazia parte dos hábitos aristocráticos daqueles que realizavam o *Grand Tour* e garantia-lhes prestígio, conforme já referido anteriormente. Era comum a elaboração de diários com ilustrações dos locais e monumentos visitados. A redação deveria ser clara, objetiva e seguir uma sequência metódica para o leitor conseguir compreender as etapas da viagem.

Enquanto as ruínas atraíam pessoas para a Europa, para conhecer, por exemplo, a Itália, a beleza e os recursos naturais eram o que estimulava os viajantes naturalistas. O interesse pela natureza atingiu grande dimensão nesse período. A arte fazia parte da viagem aristocrática. A possibilidade de observar obras de artistas era valorizada pela cultura do Iluminismo. A viagem incluía também a possibilidade de levar ou contratar um artista para que fosse possível registrar os locais visitados, por meio de esboços rápidos. Tal prática foi empreendida por poucos que possuíam recursos para manter esse tipo de serviço.

Por vezes, as palavras não conseguiam transmitir exatamente as ideias. As imagens possibilitavam a representação do concreto, ou fato particular, possuindo um forte valor, revelando melhor o conhecimento. Os desenhistas faziam esboços que eram a base para futuros trabalhos. Estes poderiam ser feitos rapidamente, captando os aspectos mais importantes e feitos em pranchas separadas. No trabalho final, era possível compor os desenhos, dando uma dimensão visual mais ampla, e normalmente exigiam um tempo maior para serem construídos. Nesse sentido, a representação fazia parte de um processo de composição que visava a dar uma ideia mais próxima da realidade, sem, contudo, ser um registro fotográfico.

O *Grand Tour,* por meio dos viajantes e seus desenhistas, ofereceu pranchas de desenhos com panorâmicas de paisagens e cidades, bem como detalhes sobre edificações e elementos arquitetônicos do passado. Lembranças visuais dos locais, ao mesmo tempo em que eram documentos sobre a viagem. O *grand tourist* possuía recursos significativos para manter uma viagem onerosa, bem como dispunha de tempo livre para poder ficar meses fora do local de sua moradia e levar consigo uma série de equipamentos para realizar esses registros. Era um universo aristocrático do qual o trabalho não fazia parte.

O *Grand Tour* favoreceu o crescimento da literatura de viagens. Os jovens aristocratas ingleses passaram a relatar com detalhes as suas viagens pela Europa continental, principalmente para apresentarem aos seus pares na sociedade a sua vivência. A necessidade de informações mais precisas, sobre as localidades possíveis de serem visitadas, ampliou o número de guias de viagens a fim de suprir a necessidade daqueles que procuravam referências para empreender seus deslocamentos.

A literatura de viagem foi enriquecida pela adoção das pranchas de ilustração (mapas e gravuras), um importante complemento para crônicas sobre regiões, por fornecer aos leitores uma ideia aproximada do local, dos tipos humanos, das paisagens e dos animais. Descobrir o mundo natural e novas culturas fez que se delineasse o contorno das costas e localidades e se registrassem trajetos, cursos de rios, montanhas e acidentes geográficos. Paulatinamente, as imagens dos mapas se aperfeiçoaram, tornando-se importantes recursos nas obras ilustradas. Os desenhos e gravuras passaram a constar dos registros como informações geográficas e históricas e permitiram aos leitores compreenderem os itinerários descritos.

Assim, conforme já afirmado, no século XIX, há uma grande circulação de mapas e álbuns ilustrados, com panorâmicas de localidades da América. Novos interesses comerciais e marítimos estão em jogo, fazendo que o continente seja cada vez mais representado para ser conhecido. Os desenhos procuravam ser os mais fidedignos das regiões que representavam. O avanço tecnológico da imprensa permitiu que as representações ocorressem em quantidade e qualidade maior.

A presença de pintores e desenhistas nas expedições era fundamental para fazer o registro mais fiel em relação às espécies encontradas. O objetivo era fazer desenhos exatos e detalhados. Normalmente, eles passavam a fazer parte das publicações como legendas e outros desenhos com cenas dos hábitos e costumes da população, seguidos de textos explicativos. Os trabalhos dos desenhistas das expedições de pesquisa tinham como preocupação a exatidão das formas e das cores das espécies representadas, pois visavam à difusão das pranchas de gravura na sociedade científica do período. Dessa maneira, a representação científica era bem distinta das formas de pintura que registravam flores, frutos e animais como parte de um cenário, típicas das pinturas da natureza-morta. Os desenhos deveriam registrar a espécie individualizada nos seus detalhes e, se possível, a partir de vários ângulos.

Os livros ilustrados de viagem, principalmente com paisagens, conquistaram também um público cada vez mais amplo. A representação de paisagens exóticas acabava por atrair leitores. Deve-se observar que muitos desenhos sofreram alterações quando as imagens passaram a constituir parte de uma publicação. Os gravadores de madeira ou metal faziam adaptações da imagem para o livro de viagem, interferindo na representação original. Nesses casos, a questão estética se sobrepunha ao registro técnico. Intervenções nem sempre possíveis de serem identificadas e que acabaram por serem tomadas como realidade, de fato, eram verdadeiros simulacros.

Uma série de livros foi publicada, seguida por artigos em jornais e por guias turísticos que forneciam indicações básicas e indispensáveis para quem viajava. A literatura de viagem passou a ser moda no seio da sociedade letrada que consumia avidamente as memórias e relatos. Em vista disso, o gênero literário ganhou contornos definidos, por fornecer a caracterização da beleza natural, do patrimônio histórico e cultural; por informar sobre tradições, costumes e hábitos alimentares dos locais exóticos visitados. Guias que cristalizaram as imagens de algumas localidades e que poderiam ser ou não condizentes com a realidade. Os guias de viagem do período do *Grand Tour* são ricos em informações e oferecem diversas possibilidades ao viajante para conhecer os locais. Da mesma maneira, eles são responsáveis por definir o melhor comportamento a ser seguido em outras sociedades, bem como interagir com culturas diferentes. Esses manuais também forneciam orientações para o viajante construir ele próprio o seu relato, no qual era conveniente apresentar aspectos da natureza humana dos grupos com que o viajante tivera a oportunidade de interagir (Brilli, 2001). Tal como no século anterior, para se empreender a viagem, era preciso que ela fosse devidamente preparada, ou sistematizada, com base nas orientações dos guias. Era aconselhável que se verificasse a situação geográfica do percurso, as formas de governo e as práticas comerciais, agrícolas e industriais. Não deveria ser excluída da pesquisa uma sondagem sobre aspectos históricos, os usos e costumes, bem como um conhecimento prévio em relação à língua. Outras informações sobre edifícios históricos, públicos, caminhos, rios e fortificações também eram importantes para a compreensão mais adequada dos locais que se desejava conhecer.

Os mapas, ou cartas geográficas como eram chamados, também passaram a constituir um elemento importante na bagagem do viajante. Enquanto nos séculos XVI e XVII eles eram reduzidos e praticamente utilizados por navegadores, a partir do século XVIII, nota-se uma difusão desse tipo de material que recebe modificações e alterações à medida que ocorre um melhor reconhecimento de algumas áreas. Esses mapas contribuíam com indicações de caminho e davam orientações sobre localizações e percursos aliados aos guias de viagem (Brilli, 2001).

O guia de Misson, *Nouveau voyage d'Italie* (1691), é um dos exemplos desse tipo de material que se especializou e incorporou instruções, tanto de cartas geográficas como de outros registros sobre a cultura dos locais. Conforme Attilio Brilli, o guia de Misson, no corpo de sua apresentação, afirmava que não havia nada mais agradável do que consultar uma carta geográfica no decorrer da viagem. Defendendo, como seria comum, a venda desse material, o próprio guia dava três conselhos para o viajante: o primeiro, que ele adquirisse mapas dos locais que iria visitar, antes de partir para a viagem, se possível de diferentes autores; o segundo era que esse material deveria estar devidamente protegido e deixado à mão para que pudesse ser consultado com facilidade; por último, seria interessante sempre tomar notas dos "diversos erros" que o material poderia conter, a fim de avisar aos autores de tais materiais. Para que o viajante pudesse ler as informações dos guias e mapas, era prudente que ele portasse consigo óculos de diferentes tipos para fazer a leitura adequada quanto a pinturas, estátuas, moedas e outros objetos (Brilli, 2001).

Cartas escritas por diversos viajantes ganharam notoriedade, em razão da peculiar forma de registrar a França, a Itália e outras localidades, ricas em patrimônio histórico e cultural. Eram testemunhos que comprovavam ou não o que os guias informavam. Além disso, os locais de hospedagem, a alimentação, a hospitalidade, as particularidades do transporte e outros episódios notáveis tornaram-se comuns nos registros que conquistaram popularidade entre as camadas letradas, que passaram a ser grandes difusores desses registros por meio da oralidade.

Barbara Maria Stafford, em *Voyage into Substance* (1984), faz um estudo analítico-comparativo sobre os relatos de viagem setecentista e oitocentista, identificando que, à medida que o pensamento científico se consolida, os tipos de registros escritos e pictóricos sofrem transformações. Pode-se identificar uma ruptura entre uma forma livre de registro, não utilizada pelos viajantes, e a utilização de outros mais detalhados, fornecendo características das espécies retratadas com fidedignidade, mais comuns nos trabalhos de viajantes científicos.

Nos relatos do século XVI, observava-se um conjunto de aventuras vividas pelo viajante e que poderia conter registros exagerados e fantasiosos, facilmente assimilados no universo daquele período. Havia neles aspectos pessoais, impressões vividas no transcorrer da viagem, a construção de espaços e homens que faziam parte de um universo traduzido também por cheiros, sabores e sons dos mais diversos. Esse conhecimento continuava a ser importante, mas sua forma de captação e exposição passou a ser mais apurada.

Nos relatos científicos, os viajantes faziam anotações em seus diários, reuniam amostras e outros tipos de evidências que poderiam ser estudadas em momento oportuno. O registro deveria ser marcado pela objetividade e contar com a sensibilidade humana na fixação de cheiros, sabores, texturas, sons e outras características que poderiam ser alteradas no envio para a Europa.

A literatura de viagem estimulou o fascínio pelo "outro". Viajar era um ato paciente de observação, de obter informações e aprender. O viajante era um espectador que contemplava os diversos quadros que compunham a viagem. Os viajantes europeus criaram, como observou Mary Louise Pratt na obra *Os olhos do império*, um novo campo discursivo, tendo como objetivo fornecer informações sobre a expansão capitalista no mundo colonial. A autora, valendo-se do conceito de transculturação, aborda como se constituiu um conjunto de símbolos e discursos sobre o modo de viver da América. Os viajantes estabeleceram zonas de contato com os habitantes locais, promovendo uma troca e influência na construção dos registros sobre a viagem. Para Mary Louise Pratt, a "zona de contato" representa "espaços sociais onde culturas díspares se encontram, se chocam, se entrelaçam uma com a outra, frequentemente em relações extremamente assimétricas de dominação e subordinação" (Pratt, 1999, p.27). Fica evidente na leitura dos relatos que muitos dos viajantes demonstravam possuir um olhar imperialista sobre as antigas terras coloniais portuguesas.

Pratt (1999, p. 11) defende que o imperialismo não pode ser visto somente como um processo político e econômico, mas também deve ser entendido como "um produto e agente responsável pela construção de visões de mundo, autoimagens, estereótipos étnicos, sociais, geográficos, que se legitima não apenas pela dominação externa, mas pela interferência direta nas mentes das pessoas com ele envolvidas". A leitura feita por Mary Louise Pratt enfatiza que os relatos de viagem contêm uma ideologia do imperialismo. O olhar eurocêntrico da maioria dos viajantes condicionou as leituras subsequentes dos povos da América portuguesa. Muitos daqueles que se aventuraram pela América no século XIX mostraram ter um conhecimento e uma cultura iluminista, enquanto, no período anterior, as viagens eram realizadas e registradas sem maiores compromissos. Os registros elaborados por esses viajantes procuravam ser científicos, segundo princípios e métodos. Anotar, classificar e ordenar fazia parte do processo de produção do conhecimento, que tinha como alvo observar um fenômeno.

O olhar dos viajantes aproximava-se do olhar conquistador dos primeiros que visitaram o território americano. Os viajantes revelavam um desejo acentuado de conhecer sobre os povos e o mundo natural, agora a partir de métodos científicos. Uma leitura que não escondia o entendimento de que a sociedade formada nos trópicos tinha, aos olhos daqueles viajantes, uma natureza inferior, pelos usos e costumes que manifestavam.

No século XIX, a chegada da família real portuguesa ao Brasil e a abertura dos portos em 1808 permitiram uma maior liberdade econômica, mas também uma presença mais intensa de viajantes europeus de diversas nacionalidades e, por decorrência, o aumento do número de relatos. Estes textos apresentavam um retrato da sociedade brasileira, a partir de um conjunto de imagens associadas ao referencial cultural europeu com o seu próprio significado. Cada um dos autores, com sua criatividade, elaborou uma estrutura textual que visava a dar inteligibilidade ao que experienciava. Nem sempre tudo aquilo que registrou foi somente o visível. Em muitos trechos é possível identificar a tentativa de permear as forças invisíveis existentes no corpo social, não inteligível aos olhos dos viajantes, por lhe faltarem os fios da trama social, construída no decorrer do tempo, pelo convívio e interação com os habitantes da terra.

As florestas brasileiras, com suas plantas e animais, permitiam incontáveis estudos, que só poderiam ser feitos com a reunião de recursos financeiros e muitos pesquisadores. Sem dúvida, à medida que os registros e as pesquisas avançavam, a ciência era beneficiada por novas descobertas. Concomitantemente, erros e imprecisões construídos nos séculos anteriores eram dirimidos, para possibilitar a compreensão de uma nova realidade que alimentava as expectativas da Europa em relação à América. Os registros dos viajantes também contribuíram de forma positiva para a construção da identidade da nação brasileira. O solo fértil, o clima, o povo afetivo e receptivo permitiram que uma imagem sobre as terras tropicais se difundisse com intensidade.

As narrativas descreviam situações de contato ou interação cotidiana entre os viajantes e os habitantes da terra. Cada encontro era marcado por peculiaridades, revelando que as experiências de convívio intercultural foram diversas e nem sempre fáceis de serem expressas por escrito. Sentimentos e emoções que eram manifestados em outra linguagem no jogo de relações sociais. Saint-Hilaire, na obra *Viagens pelas províncias do Rio de Janeiro e Minas Gerais,* justificava a redação desta obra pelo desconhecimento que os europeus tinham em relação ao Brasil. Por meio de um registro mais preciso, ele tentava esclarecer a realidade das terras brasileiras que misturavam riquezas naturais com a possibilidade do cultivo, pouco difundido. Um amplo mercado para os produtos europeus, mas ao mesmo tempo uma terra desconhecida e inexplorada, que poderia ter vastas áreas agrícolas. Uma terra que abrigava habitantes, usos e costumes distintos e tão ricos que poderiam dar ensejo a uma cultura *sui generis*.

Hercules Florence afirma, no seu registro sobre a viagem fluvial pelo rio Tietê, que era "um escrevinhador sem letras, cujos escritos não hão de ver a luz da publicidade, mas se a natureza tudo me negou, por que me concedeu o dom de sentir com tanta força?" (Florence, 1977, p. 150) Felizmente errara ao fazer essa suposição, tendo em vista a ampla difusão e apreciação que o texto teve entre os incógnitos leitores. O momento da escrita do texto poderia ocorrer no decorrer da viagem, para que os detalhes não fossem perdidos. Esse autor, numa das passagens que trata da elaboração do texto, dizia que redigia quando a noite estendeu "seu tenebroso manto". Na sua barraca, no meio da floresta, enquanto a chuva caía incessantemente, a única coisa possível de fazer era escrever (Florence, 1977, p. 223).

No decorrer do século XIX, intensificou-se a valorização pelo desenho de paisagens e de aspectos da natureza como uma complementação do texto e, por vezes, para constituir a síntese de páginas escritas. Como bem observou Luciana de Lima Martins no seu estudo sobre os viajantes no Rio de Janeiro, o mapeamento do terreno, elaborado por alguns naturalistas e seus desenhistas, apesar de "parecer simples atividade técnica, não era completamente isento de considerações estéticas". A transposição de uma paisagem tridimensional para o plano exigia que o desenhista tivesse uma visão espacial aguçada, conhecimento de perspectiva e habilidade na construção da composição. Era necessário dominar as técnicas de representação que poderiam dar maior ênfase ao que se desejava registrar, sem se afastar da realidade. Isso exigia um compromisso do desenhista para com a sua obra, que ele procurava, na maioria das vezes, respeitar (Martins, 2001, p. 29).

Há também registro em imagens de viajantes que não tiveram uma formação técnica para a representação no plano dimensional. Muitos deles, ao tentar retratar com fidelidade o que visualizavam, tendo em vista a escassez de recursos, por vezes, agregavam alguns elementos que acabavam distorcendo a realidade.

Os textos dos viajantes, muitos dos quais atravessavam rapidamente o país, podem ser alvos de questionamentos, por transmitirem impressões superficiais e nem sempre abalizadas sobre a realidade social e política. De fato, o conhecimento aprofundado sobre as terras tropicais só viria após uma longa permanência no país. Era necessário conhecer a língua, os usos e costumes dos habitantes para se empreender uma análise mais profunda. Contudo, as narrativas de viagens, mesmo com imprecisões, possuíam um aspecto dinâmico e singular para compreender as imagens formadas do Brasil e, principalmente, dos condicionantes que envolviam a questão do deslocamento em momentos diferentes da nação brasileira.

Muitos dos viajantes naturalistas forneciam relatos técnicos às instituições para as quais prestavam serviço. Ao retornarem à terra de origem muitos proferiam palestras sobre suas experiências como viajantes, publicavam artigos em jornais e revistas sobre o tema. Os trabalhos, submetidos a uma seleção editorial, deveriam satisfazer quanto à objetividade científica. O conjunto de informações deveria dar ensejo à continuidade das pesquisas. Era importante teorizar e sistematizar uma prática, visando ao avanço nos conhecimentos técnicos sobre a natureza.

A fotografia, que passou a ser utilizada de forma mais intensa na segunda metade do século XIX, permitia uma imagem mais definida dos objetos, animais, plantas, pessoas e paisagens que se pretendia registrar. Contudo, as representações pictóricas mantinham a sua importância como forma de complementar detalhes impossíveis de serem captados pelas lentes das câmeras. Surgiram, então, álbuns de imagens destinados aos viajantes de maiores posses, que desejavam ter uma lembrança dos locais visitados. A lembrança fotográfica conquistava ampla utilização e sofria inovações. A fotografia, ao registrar a viagem, principalmente no século XIX, passou a ser um documento, por impedir que a viagem caísse no esquecimento.

Em suma, a viagem implicava comunicação. Ao fim do deslocamento, havia a necessidade de comunicar as impressões. Todos aqueles que viajavam tinham algo a dizer. Os registros dos navegadores que percorreram o litoral brasileiro forneceram informações sobre o Brasil. Rios, montanhas, detalhes sobre a costa foram assinalados e, lentamente, a história dos deslocamentos era traçada. A ocupação do território conduziu a um movimento de penetração numa natureza desconhecida e hostil. Cartas, diários e relatos foram elementos importantes na construção sobre as experiências que envolveram essas andanças pelo território. Descrições pormenorizadas dos seres, das coisas e dos costumes dos povos foram empreendidas como registro dos sentimentos e inquietações do viajante. Esses relatos de viagem permitiram aos leitores serem guiados pela sua imaginação e transportarem-se para a experiência vivida por outros num novo território. A literatura de viagem permitiu que o leitor fizesse uma viagem imaginária, tão importante quanto aquela vivida por aquele que a registrou. A emoção e a sensibilidade também estavam presentes. Dessa forma, passou-se a conhecer os viajantes que se aventuraram pelas terras brasileiras, ciente de que os relatos escolhidos refletem somente uma pequena parte do movimento de deslocamento ocorrido no decorrer da história brasileira.

O livro de viagem era o produto solitário de um viajante que registrava as suas experiências, ao mesmo tempo em que fazia questionamentos a si próprio, afirmando a sua individualidade. Tem-se consciência de que os escritos de viagem são heterogêneos. Porém, a experiência de cada viajante faz parte de um contexto geral de interações culturais, que estavam dentro de um sistema total, e que será apresentado no próximo capítulo. Nem todas as aventuras audaciosas dos homens foram escritas. Fica-se, por enquanto, com os registros daqueles que tiveram o desprendimento de permitir a outros viajarem nos seus textos.

Questões

1 | Os relatos de viagens são importantes desde a Antiguidade por fazerem parte do universo literário da humanidade. Considerando o universo da literatura de viagem, trace um panorama de como esse tipo de produção sofreu transformações desde a época antiga até o século XIX.

2 | Analise a importância dos relatos de viagens para a compreensão da história da mobilidade no Brasil e para a atividade turística.

3 Motivações dos viajantes

Viajante era aquele que procurava se conhecer e reconhecer. Por isso, ele fazia leituras prévias, como já foi afirmado, uma vez que, para ele, o importante era compartilhar as experiências e os novos conhecimentos. As informações, por vezes superficiais, contrastavam com registros mais detalhados, levando-o à reflexão metódica. Quem eram esses viajantes? Em que condições e contextos visitaram as terras tropicais e quais interesses os moveram? Esses elementos são importantes para compreender a história dos deslocamentos e os perfis dos viajantes.

Os relatos de viagens do século XVI e XVII foram marcados pelo tom da aventura. As agruras da experiência marítima e a sobrevivência fizeram parte de um conjunto de registros que misturavam conquistas aos naufrágios e catástrofes. Nos primeiros anos após a descoberta, o litoral brasileiro foi visitado por diversos navegadores portugueses e de outras nacionalidades que, de forma mais elaborada ou não, fizeram registros sobre as terras da América portuguesa.

A partir do estabelecimento dos governos-gerais, a presença de missionários jesuítas foi marcante durante o período colonial. As cartas e os relatórios desses missionários, como foi observado anteriormente, revelaram as terras brasileiras. Na maioria das vezes, esses religiosos provenientes de diversas partes da Europa, em grande parte de Portugal e da Espanha, foram os primeiros a fornecer informações sobre as terras, uma vez que tinham a missão de catequizar e converter, trabalhando com muito esforço numa terra ocupada por aborígenes e que tinha pouco conforto material a oferecer. Personagens de um primeiro movimento de deslocamentos, deixaram as suas marcas em registros na segunda metade do século XVI. Ser membro da Companhia de Jesus implicava liberdade de deslocamentos para qualquer parte do mundo. A obediência definia que a designação para uma missão não poderia ser questionada. A vontade que prevalecia era a dos interesses da instituição religiosa e da coroa portuguesa.

Hans Staden foi um dos primeiros viajantes a fornecer registros sobre as terras brasileiras na segunda metade do século XVI. Sua trajetória era desconhecida até chegar às terras brasileiras, que visitou por duas vezes. O período que permaneceu em viagem foi de mais de seis anos, sendo que a primeira durou mais de um ano e meio (1547-1548) e a segunda, quase cinco anos (1550-1555) (Staden, 1974). Em 1557, publicou a obra *Duas viagens ao Brasil*, que tratou da questão étnica das nações sul-americanas, com várias edições em línguas diferentes, sendo, até hoje, alvo de interesse de estudiosos e apreciadores de registros antropológicos. Hans Staden nasceu em Hesse, para onde retornou ao final das suas viagens, e escreveu a obra que o consagraria, no segundo semestre de 1556 (Staden, 1974). A sua interação foi maior do que os contatos simples que a maioria dos viajantes mantinha com aborígenes em pontos da costa litorânea. Ele conviveu com os indígenas e da interação coletou informações importantes que fizeram parte do seu registro, bem como das xilogravuras que vieram a compor o seu trabalho.

André Thevet, na mesma época, visitou as terras tropicais e registrou as suas experiências no texto *As singularidades da França Antártica*, cujo registro historiava a experiência francesa na região do Rio de Janeiro e construía uma imagem sobre a riqueza natural do local, permeada de imprecisões, tendo em consideração que só o escrevera vinte anos após a experiência que tivera. Jean de Léry também visitou as terras brasileiras, tendo como objetivo uma leitura sobre a terra e seus habitantes; com uma série de descrições, permitiu a compreensão da realidade dos trópicos.

A presença religiosa, em diversos pontos da colônia portuguesa, permitiu o relato das experiências com as missões. Em 1614, Claude d'Abbeville publicou *Histoire de la mission despères capucins en Visle de Maragnan*, obra na qual registrou os acontecimentos da missão ligada à fundação de São Luiz do Maranhão; em 1641, era publicado o *Nuevo descubrimiento del gran río de las Amazonas* pelo Pe.

Christoval de Acuña[1]. Registros que proliferaram à medida que as expedições religiosas e as disputas pela ocupação da região se intensificavam pelo território.

No século XVII, as invasões holandesas no Brasil fizeram parte do complexo jogo de interesses do mercantilismo europeu na América portuguesa. O principal objetivo das invasões era o de recuperar o controle sobre as principais áreas em que se desenvolvia a economia açucareira, prejudicadas pelo domínio espanhol sobre Portugal. O fechamento dos portos do império luso-espanhol aos holandeses, empreendido pelos reis espanhóis durante a União Ibérica (1580-1640), prejudicou sensivelmente os interesses comerciais dos mercadores holandeses que reagiram contra a perda do controle, do transporte e da distribuição de produtos importantes. Os holandeses foram parceiros dos portugueses no comércio de açúcar e na exploração da mão de obra escrava, principalmente após a nação portuguesa ver com os próprios olhos o entrave contra a Espanha.

A relação tumultuada entre a coroa espanhola e os Países Baixos levou a Espanha a proibir os navios holandeses de aportarem em terras portuguesas, perdendo, também, os privilégios que até então gozavam no comércio de açúcar. No decorrer das investidas do3s holandeses contra o território português da América, foram realizados importantes registros. Dentre eles, pode-se destacar os dos seguintes navegantes: Jan Baptist Syens (1600), Hendryck Hendryckssen Cop e Claes Adriaenssen Cluyt (1610), Dirk Symonsen (1626) e Hessel Gerritsz (1629).

O primeiro ataque planejado dos holandeses contra o império colonial português da América ocorreu em maio de 1624, tendo como palco a cidade de Salvador, sede do governo-geral e de um bispado. A tomada da cidade foi narrada por moradores e jesuítas que descreveram em detalhes a ocupação. A rendição dos holandeses, em 1625, não significou o final dos ataques ou a desistência do plano de tomada das zonas produtoras de açúcar. A possibilidade de ganho fácil estimulou a cobiça dos holandeses e justificou a continuidade dos ataques. Uma nova investida dos Países Baixos, foi feita em 1630, porém, dessa vez, a invasão se voltou para a capitania de Pernambuco, menos protegida que Salvador, e com uma produção de açúcar expressiva.

Dominada a região, era necessário consolidar o empreendimento comercial que obtivesse lucros para a Companhia das Índias Ocidentais. Nesse processo de conquista, destaca-se a figura de João Maurício de Nassau (Johann Mauritius

---
1. A obra foi confiscada pelo governo espanhol após a restauração de Portugal.

van Nassau – 1604-1679), administrador e militar que chegou a Pernambuco em 23 de janeiro de 1637, nomeado pela Companhia Holandesa das Índias Ocidentais. Valendo-se de uma política tolerante, inclusive no âmbito religioso, Nassau conseguiu estabelecer vínculos mais fortes com os proprietários de terra, realizando uma administração favorável para eles (Mello, 1998b).

Uma nova cidade foi projetada por Nassau segundo planos urbanísticos definidos: ruas cortadas regularmente, saneamento da zona, escoamento das camboas, construção de pontes e diques. Atualmente, põe-se em dúvida a estada de Pieter Post no Brasil; mas o fato é que, graças a ele ou a outro qualquer engenheiro – por exemplo, o engenheiro Pistor, ou mesmo Marcgrave – sob a assídua assistência do conde, a futura capital foi iniciada com as características de cidade segundo a concepção norte-europeia. Em 1652, Jacob Josten publicou *Historische beschreibung der kleinen wunder welt* (*Descrição histórica do admirável pequeno mundo*). Jacob Josten veio para o Brasil a serviço da Companhia das Índias Ocidentais e viveu em Pernambuco de 1638 a 1644, registrando aspecto importante das disputas entre portugueses, colonos e holandeses, ao mesmo tempo em que traçava informações sobre as terras ocupadas. Em 1677, Ambrósio Richshoffer publicou o *Diário de um soldado da Companhia das Índias Ocidentais* (1629-1632).

Os registros de religiosos continuavam a ser importantes no século XVII. Richard Fleckno, padre católico irlandês, publicou sua obra em torno de 1656. Em Portugal, solicitou autorização para entrar nas terras coloniais portuguesas da América. No Rio de Janeiro, o religioso demonstra seu êxtase em relação à fauna e flora brasileira. Em 1684, o jesuíta Manuel Rodriguez publicou a obra *El Marañon y Amazonas. Historia de los descubrimientos, entradas, y reducción de naciones, trabajos malogrados de algunos conquistadores, y dichosos de otros, assi temporales, como espirituales, en las dilatadas montañas, y mayores ríos de la América*.

Em 1688, Urbain Souchu de Rennefort escreveu *Histoire des Indes Orientales*. O texto registra a sua experiência de viagem em direção à Índia, tendo passado por Pernambuco. Alguns registros, de forma pontual, como este, tocavam em aspectos de um contato efêmero no litoral, que faziam parte do registro final e, portanto, não eram o foco principal de atenção.

Em 1698, foi publicada a obra *Relation d'un voyage fait en 1695, 1696 et 1697, aux côtes d'Afrique, Détroit de Magellan, Brezil, Cayenne et Isles Antilles, par une escadre des vaisseaux du Roy, commandée par M. de Gennes*. Nesses idos, os registros enviados para as academias eram controlados e seguiam parâmetros predefinidos. John Woodward, atendendo à solicitação da Royal Society, escreveu, em 1695, a obra *Brief instructions for making observations in all parts of the world*. O texto orientava o viajante quanto à forma de indagar. Incluía como se deveria proceder com a representação gráfica das espécies encontradas, bem como os produtos naturais a serem enviados para a Europa.

Em 1722, é publicada a obra *Voyages de François Coreal aux Indes Occidentales, contenant ce qu'il y a vû de plus remarquable pendant son séjour depuis 1666 jusqu'en 1697* (Coreal, 1722). O texto registra os costumes dos habitantes de Salvador e do Rio de Janeiro, na segunda metade do século XVII. Seis anos depois, é publicado *Nouveau voyage au tour du monde*, de Le Gentil de La Barbinais (1728), sobre a viagem feita pelo autor entre 1714 e 1718. Na ida, passou pelo Rio de Janeiro, seguindo em direção ao Chile e depois para a China. Em 1717, no retorno, pelas condições da embarcação, foi forçado a parar na Bahia, onde foi recepcionado. A hospitalidade fora diferente daquela que tivera no Rio de Janeiro. Uma alimentação farta, dança e música também fizeram parte do evento.

Nos idos de 1732, foi publicada *Primazia seráfica na regiam da América, novo descobrimento de Santos, e veneráveis religiosos da ordem seráfica*, de frei Apolinário da Conceição, que registra o percurso do franciscano no Brasil. Em 1759, foi publicado em Paris por La Condamine, *Relation abrégée d'un voyage fait dans l'intérieur de l'Amérique Méridionale*. Nele, Condamine faz um registro sobre a região amazônica, relatando a sua travessia pelo local.

Em 1773, Godin des Odonais escreveu carta a La Condamine. Nela, o autor registrava suas aventuras no percurso de sua viagem entre Quito e Caiena, empreendida entre março de 1749 e abril de 1750. Sua mulher, que partira tempos depois por estar grávida, além de perder o filho, ficou perdida na floresta por vinte anos. Os dois se reencontraram e retornaram à França em 1773. Em 1777, são publicadas as cartas de Mrs. Kindersley, escritas de Tenerife, do Brasil, do cabo da Boa Esperança e das Índias Orientais. Pelos registros, Mrs. Kindersley esteve na cidade de Salvador entre agosto e setembro de 1764.

No ano de 1799, foi publicada a obra do major Semple Lisle, que passou dois anos na prisão de Newgate por estelionato e foi enviado forçado para a Austrália. No navio que o conduzia houve uma rebelião e a tripulação executou o comandante. Os revoltos seguiram para Montevidéu e Lisle fugiu para o Rio Grande do Sul, de onde retornou posteriormente à Europa.

O naturalista inglês Joseph Banks (1743-1820) comandou uma equipe de 126 coletores em todo o mundo e reuniu uma enorme diversidade de espécies vegetais em Kew Gardens. Banks concebia a ciência, a botânica em particular, como fator indispensável para o fortalecimento da economia britânica. Para além da visão mercantilista da natureza, ele buscava ampliar o conhecimento da ciência, a partir da descoberta de novas plantas (Mackay, 1996).

No século XVIII, as expedições feitas por cientistas e navegantes permitiram a descoberta de novas espécies da fauna e da flora. Bougainville, Cook, La Pérouse, La Condamine e Humboldt empreenderam grandes viagens, a fim de conhecer novos ambientes e compreender a dinâmica da natureza em outras regiões, sendo que o território brasileiro foi visitado com pouca intensidade. A proibição da coroa portuguesa, de navios estrangeiros nos portos coloniais, impediu que um fluxo maior de visitantes se fizesse presente em terras americanas. Havia um controle em relação aos tripulantes das embarcações com restrições quanto à sua presença no Brasil e que, por vezes, só poderiam desembarcar por um período definido pelas autoridades portuárias. Os relatos, anteriores à chegada do príncipe regente ao Brasil, são menos conhecidos e nem sempre tão ricos em descrições como aqueles encontrados no decorrer do século XIX.

O crescimento do pensamento racional e a importância da observação empírica para o desenvolvimento científico tornaram mais comuns os relatos dos viajantes naturalistas. As pesquisas que trilhavam o conhecimento da natureza fizeram que a noção de uma fauna e flora exuberante continuasse a fazer parte das representações. O naturalista coletava os exemplares das espécies, desidratando-os e guardando-os em álcool para serem remetidos aos gabinetes de pesquisa europeus. Descrições pitorescas eram comuns e mostravam como o viajante procurava pinçar alguns elementos mais atrativos. Estes não tinham intenção de captar a totalidade, mesmo porque isto seria impossível. Por conseguinte, era obrigado a fazer escolhas, e estas eram feitas conforme o significado da experiência vivida, das relações entre homens e objetos. O autor-viajante deveria apresentar espírito de observação, poder de análise e imparcialidade. Os mais ilustrados acabavam por fazer uma análise da sua própria cultura em contraponto com os locais observados.

A mala de um viajante naturalista era composta por diversos objetos, tais como: prensas de plantas, machados, petrechos de dissecação, medicamentos, pincéis, lápis e outros recursos para representação em livros de história natural e em mapas². Ainda compunham a mala do viajante relatos de viagens de diversas ordens, principalmente os de origem administrativa que forneciam detalhes sobre a região.

Os naturalistas deveriam seguir procedimentos rígidos para a coleta de material e o envio deste para os locais em que a pesquisa seria continuada. As plantas eram desidratadas e postas em caixa e as sementes envolvidas em papel de terebintina. Os animais eram embalsamados ou, quando não era possível, seguiam imersos em álcool ou aguardente de cana. Normalmente, as amostras da fauna e da flora eram postas em barris fechados, depois de serem devidamente embaladas para não sofrerem nenhum tipo de ação das condições climáticas, em especial a umidade.

O italiano Domingos Vandelli (1730-1815) foi escolhido lente de química e história natural da Universidade de Coimbra. Com as reformas pombalinas, passou a ser um grande impulsionador da Academia Real das Ciências de Lisboa (1779). A criação do Jardim da Ajuda auxiliou a realizar uma série de experiências sobre as plantas e seus benefícios. Nesse sentido, o conhecimento sobre as espécies naturais das terras coloniais era de suma importância para o império português, tanto no âmbito do desenvolvimento científico, como do econômico. As viagens que ocorreram nessa segunda metade do século XVIII tinham como objetivo contribuir para a ampliação do conhecimento sobre as potencialidades das terras coloniais, como parte de um grande projeto. Domingos Vandelli foi o responsável pelo envio de viajantes para a realização de levantamentos naturalísticos.

No contexto europeu, os estudantes começavam seus estudos em história natural fazendo pesquisas no entorno das universidades. Etapa que antecipava expedições no próprio país ou em terras mais distantes. O naturalista baiano Alexandre Rodrigues Ferreira (1756-1815)³ viajou pelas capitanias do Grão-Pará, Rio Negro, Mato Grosso e Cuiabá entre 1783 e 1792, com o apoio da Academia das Ciências de Lisboa. O projeto foi concebido por Domingos Vandelli, de quem Alexandre Rodrigues Ferreira foi discípulo. Este foi designado para formar uma expedição ao território da América do Sul com o intuito de catalogar e descobrir novas espécies, a exemplo de outras expedições que eram feitas pelo império colonial português.

---

2. Carregava consigo obras sobre plantas e animais escritas por Jean Baptiste Aublet, Margrave e Piso, Carl Lineu, Valerio, Antoine Baumé e Giovanni Antonio Scopoli, estudos nem sempre adequados à realidade amazônica.

3. Sobre Alexandre Rodrigues Ferreira, ver: Simon (1983) e Domingues (1991).

Alexandre Rodrigues Ferreira era natural da Bahia. Foi para Portugal estudar na Universidade de Coimbra, onde adquiriu sólidos conhecimentos de matemática e filosofia natural, que inclui o estudo da física experimental, da química teórica e prática, da história natural, zoologia, botânica e mineralogia, entre outras disciplinas. Alexandre Ferreira e seus companheiros chegaram a Belém do Pará no dia 21 de outubro de 1783. O objetivo da expedição era realizar um levantamento da flora, da fauna, dos recursos minerais, dos aspectos geográficos e das culturas dos povos indígenas. No período subsequente, foram feitas explorações pela região do Amazonas, Tocantins, rio Negro, ilhas de Marajó e outros rios da região. No decorrer de suas investidas, ele visitou Belém, Manaus, Carvoeiro, Barcelos, Santa Isabel, São Gabriel, Marabitanas, Airão, entre outras cidades, até os idos de 1788.

A equipe era formada pelo naturalista, por Agostinho do Cabo (botânico), por José Codina e José Joaquim Freire (desenhistas). Os recursos financeiros destinados à expedição foram reduzidos, o que forçou os membros da equipe a uma atividade penosa. Além das atribuições de cunho científico, Alexandre Ferreira deveria registrar a situação das vilas e fortalezas, existentes na região, a fim de identificar as condições de defesa delas, num eventual ataque estrangeiro, tendo em conta o momento tumultuado que a Europa atravessava. A viagem foi iniciada em Belém, onde Alexandre Ferreira manteve um primeiro contato com José Pereira Caldas, que lhe forneceu os referenciais básicos sobre a região.

As pesquisas de Alexandre Ferreira foram possíveis devido aos relatórios de outros pesquisadores como: Francisco Xavier Ribeiro de Sampaio (1774-1775), Teodósio Constantino de Chermont (1720), José António Landi (1755) e informações transmitidas por Manuel da Gama Lobo d'Almada (1787), todas mencionadas diversas vezes no *Diário da Viagem Filosófica pela Capitania de São José do Rio Negro* (Ferreira, 1971). A elevada quantidade de material coletado por Ferreira foi considerada representativa por pesquisadores, porém não foi estudada pelos naturalistas portugueses. Ao retornar a Lisboa em 1793, Ferreira seguiu ocupando cargos ligados à administração metropolitana. Dessa forma, não houve sistematização do conhecimento.

O diário da viagem do ouvidor Francisco Xavier Ribeiro de Sampaio à região do rio Negro, entre 1774 e 1775, é um dos registros que mostra as viagens em missões oficiais. Francisco Xavier Ribeiro de Sampaio viajou com sua família, dois soldados, um piloto e alguns ajudantes, no total de 26 pessoas. O seu relato se atém, principalmente, às informações sobre os recursos naturais da região que poderiam ser explorados pela metrópole, incluindo um mapeamento do local.

A Academia das Ciências de Lisboa definia normas para a coleta e descrição do material coletado. O livro de José Antônio de Sá, publicado em 1783, apontava aos viajantes naturalistas as normas da ciência do período. A descrição das espécies deveria ser detalhada. Das novas descobertas, era conveniente que fossem enviadas amostras, para avaliação e estudos com maior profundidade. O avanço científico e as atividades comerciais entre as diversas partes do mundo se intensificaram e se tornaram fundamentais para a economia de muitos países. A circulação de comerciantes pelos mares era um imperativo para que boas negociações e oportunidades fossem empreendidas.

O comerciante inglês John Turnbull deixou um pequeno registro sobre a sua passagem pelos trópicos. O livro, publicado em Londres no ano de 1805, tinha como título *A Voyage round the world in the years 1800, 1801, 1802, 1803 and 1804* (Turnbull, 1805). O comerciante chegou à Bahia em agosto de 1800 e permaneceu alguns dias, tendo autorização da Companhia das Índias Orientais para ancorar naquele porto antes de seguir para o Oriente, onde se localizavam os interesses do império britânico. Ventos fortes de sul danificaram navios, motivo que o levou a aproximar-se da costa brasileira. A situação não impediu que surgissem suspeitas sobre o interesse das embarcações britânicas. Os responsáveis pelas embarcações foram interpelados sobre o destino da expedição e submetidos a um longo interrogatório. Além disso, os oficiais britânicos tiveram os seus diários de bordo, mapas e outros documentos examinados. Depois de prestados os esclarecimentos devidos, foi permitido aos oficiais visitarem a cidade. Segundo o registro de Turnbull, a cidade de Salvador era divida em duas partes, por ser grande e populosa. Na parte alta, estava localizada a residência do governador, oficiais civis, religiosos e comerciantes destacados. A parte baixa reunia os habitantes menos providos de recursos. A posição estratégica da Bahia favorecia a cidade no comércio com a metrópole e com a costa da África.

O inglês John Mawe, autor de *Viagens ao interior do Brasil*, veio para o Brasil a fim de conhecer as curiosidades da terra, sem ocultar que buscava fácil enriquecimento, pois tentava reunir pedras preciosas para serem vendidas posteriormente em Londres. Chegou ao Brasil em 1807 e regressou a Londres em 1811. Durante sua estada nas terras brasileiras, passou por São Paulo e fez o registro de suas experiências num momento importante para a colônia brasileira, que era o contexto da vinda da família real portuguesa para o Brasil. Em 12 de agosto de 1807, o reino português recebia, pela segunda vez, um ultimato. O documento exigia que Portugal rompesse com a Inglaterra até 1º de setembro daquele ano. A situação era tensa e a Inglaterra, por meio do seu ministro do exterior, o inglês Canning, ofereceu seus préstimos para escoltar a corte portuguesa para o Brasil. Em setembro e outubro, as negociações se intensificaram e houve uma exasperação dos ânimos. D. Domingos Antonio de Sousa Coutinho, ministro de Portugal em Londres, informava o rei sobre a conveniência de preparar a Marinha, caso houvesse necessidade. Além disso, era conveniente cogitar sobre a possível introdução de tropas inglesas para reforçar o exército português. Em 4 de novembro de 1807, as tropas do marechal Junot avançavam pelo território português. Seu destino era a cidade de Lisboa, sede da corte portuguesa. As chuvas e as más condições dos caminhos, verdadeiros lamaçais, tornaram penosos os avanços das tropas. Os víveres escassos e os equipamentos insuficientes encorajavam a voracidade do exército que se pôs a espalhar o terror, disseminando a ansiedade e o pânico pelo reino todo. Em 27 de novembro, o tenente-coronel Lécor informou a D. João que o exército francês estava localizado na cidade de Abrantes, na iminência de atacar Lisboa. Não restava alternativa ao regente, a não ser tomar as medidas necessárias para dar continuidade à administração do reino. Na sua ausência, uma junta administrativa composta pelo marquês de Abrantes, o tenente-general D. Francisco de Noronha ou, na impossibilidade de qualquer um deles, o conde de Castro Marim[4] deveria assumir. A população de Lisboa acompanhava, pelas gazetas e pelas notícias que circulavam, o perigo de um ataque iminente e a partida da família real para o Brasil.

Nesse mesmo dia, era iniciado o embarque da família real e dos demais membros da corte. Um clima de inverno envolvia o quadro marcado pela tensão e pelo desespero. De um lado, seguiam aqueles que, em breve, partiriam para o Brasil, uma terra distante e desconhecida. Do outro, havia uma população de curiosos e pedintes que contemplava o embarque, indagando pelos seus destinos, blasfemando pela sua má ou boa sorte. Estes ficariam em Lisboa, porém o futuro da cidade e de seus habitantes era uma grande incógnita. A partida dos navios

---

4. Cópia do decreto que o príncipe regente de Portugal foi servido deixar em Lisboa para a boa direção do governo na sua ausência para o Rio de Janeiro, em 25 de novembro de 1807. BNRJ – Seção de manuscritos, I-3, 19, 69.

foi difícil. As chuvas dos últimos dias e o mar agitado impediram que a operação tivesse a agilidade necessária. No dia 29, a esquadra zarpou em direção à América portuguesa. O almirante Sidney Smith e o lorde Strangford comandaram a escolta inglesa que acompanhou as embarcações portuguesas. No mesmo dia, as tropas francesas entraram em Lisboa, com um exército cansado e desgastado pela marcha forçada. Junot foi recebido com honras militares. As tropas sediadas na cidade não ofereceram resistência, conforme a determinação de D. João. Ao longe, conforme os registros, era possível ver algumas das embarcações que compunham a esquadra que seguia para o Brasil.

A partir de 1808, muitos foram os viajantes que visitaram as terras tropicais. Freyreiss chegou ao Brasil em 1813. Fora contratado pelo consulado da Suécia para organizar coleções para o Museu de Estocolmo. Entre 1814 e 1815, viajou pela província de Minas em companhia do barão von Eschwege.

Louis Choris, outro viajante, visitando a América portuguesa em 1815, registrou a ilha de Santa Catarina, em uma série de litogravuras e desenhos que foram acompanhados de texto escrito. A obra foi publicada com o título de *Vues et paysages des regions équinoxiales recueillis dans un voyage autour du monde*, impressa pela editora Paul Renouard, de Paris, em 1826. Louis Choris nasceu em 22 de março de 1795, e era filho de uma família alemã que morava em Iekaterinoslav, cidade localizada na Rússia. Desde cedo, manifestou habilidade para o desenho, e os seus primeiros estudos chamaram a atenção do naturalista Marschall de Biberstein. Em 1813, com dezoito anos, Choris foi convidado por Biberstein para acompanhá-lo a uma viagem de estudos ao Cáucaso. Em seguida, participou da expedição do conde Romanzov, com a intenção de descobrir a passagem entre o Pacífico e o Atlântico pelo estreito de Behring. A expedição conhecida por "Rurick" passou por Tenerife, a ilha de Santa Catarina, Talcahuanha (Chile), a ilha de Páscoa, e outras ilhas do Pacífico até atingir o estreito de Bering.

O período de permanência da expedição na ilha de Santa Catarina foi pequeno, entre 29 de novembro e 16 de dezembro de 1815. A viagem chegou ao fim em 1819. Choris seguiu para Paris, onde conviveu com Jean Baptiste Regnault e atuou no ateliê de M. Gérard, lá aprendeu a técnica da litografia. A partir desse momento, um conjunto de obras passou a ser publicado. Em 1820, foi editada em Paris a obra *Voyage pittoresque autour du monde, accompagné de descriptions de mammifères par M. le baron Cuvier et d'observations sur les crânes humains par M. le docteur Gall*, que contava com mapas e figuras. Dois anos mais tarde, era publicada outra edição intitulada: *Voyage pittoresque autour du monde, avec des portraits de sauvages d'Amérique, d'Asie, d'Afrique, et des iles du Grand Ocean; des paysages, des vues maritimes et plusieurs objets d'histoire naturelle*. A publicação foi concebida em fascículos, com gravuras, e contava com descrições e observações do Barão Cuvier, de Adelbert von Chamisso e do doutor Gall.

Georg Wilhelm Freyreiss, autor de *Viagem ao interior do Brasil*, visitou o Brasil com o objetivo de fazer um estudo da botânica. Em 1813, ele deixou São Petersburgo para realizar o projeto de ampliar os conhecimentos sobre a história natural. Avaliando o que fizera, entendia que a sua aventura tinha sido difícil, sendo obrigado a "modificar profundamente as ideias que, segundo o testemunho de outros viajantes, eu tinha formado". Dessa maneira, advertia os seus leitores de que teriam "também de mudar várias vezes as suas opiniões preconcebidas". Georg Wilhelm Freireyss afirmava que, depois das pesquisas feitas por Marcgraf o Brasil passou a ser alvo de atenção dos naturalistas. Durante muito tempo, havia impedimentos para se fazer pesquisa nas terras coloniais portuguesas, porque os portos se "mantiveram fechados". Contudo, lembrava que, naquele momento, já viajavam "alguns sábios cujo exclusivo escopo é o de enriquecer os seus conhecimentos" (Freireyss, 1982, p. 15). Nessa época, Maximilian, príncipe de Wied-Neuwied, visitou o Brasil entre 1815 e 1817. Partindo da cidade do Rio de Janeiro, seguiu pelo vale do Rio Doce e chegou a Salvador, deixando o registro de sua experiência na obra *Viagem ao Brasil*.

Em 1816, chegou ao Brasil a Missão Francesa, sob a liderança de Joaquim Lebreton, do Instituto de França. A Missão Francesa era composta por Jean-Baptiste Debret, Auguste Henri Grandjean de Montigny, Charles Pradier, os irmãos Ferrez, Nicolas Antoine Taunay, Auguste M. Taunay e o austríaco Sigismundo Neukomm. Os artistas possuíam habilidades diferentes e também novas concepções de arte e de estética, num momento em que as expressões artísticas se transformavam. A fim de atender às necessidades dos artistas, foi criada a Escola Real de Ciências, Artes e Ofícios, em 12 de agosto daquele ano (Silva, 1993). Por meio desses artistas, rapidamente foi instalada uma escola que marcaria as artes no Brasil na segunda metade do século XIX.

Dentre os membros da Missão Francesa, Jean-Bapiste Debret foi o que empreendeu, além dos registros pictóricos, relatos sobre as terras brasileiras. Jean-Baptiste Debret nasceu em Paris no dia 18 de abril de 1768. Era filho de um escrivão do parlamento de Paris que era parente do arquiteto Demaison e dos pintores François Boucher e Louis David. Desde cedo, Debret mostrou propensão para desenho e pintura, seguindo os estudos no ateliê de Louis David. Em 1785, apresentou trabalhos na escola da Academia de Paris e, treze anos mais tarde, recebeu o prêmio do Salão de 1798. A premiação permitiu que o seu nome circulasse com maior facilidade e ficasse conhecido, e que ele fosse contratado para realizar diversos trabalhos, inclusive para o governo francês, num momento conturbado. Em 1815, o seu único filho faleceu, situação que o levaria a aceitar o convite de Lebreton para vir ao Brasil. Debret chegou ao Brasil em 25 de março de 1816 e permaneceu no país por quinze anos. Estabeleceu-se numa casa no bairro do Catumbi, no Rio de Janeiro, onde deu início à sua vasta produção.

Debret registrou as cenas urbanas, delineando a sociedade do período e destacando a presença da mão de obra escrava no Brasil. A representação de cidades também foi comum na produção do artista que registrou São Paulo, Santos, São Vicente, entre outras cidades. A pintura de Debret também privilegiou o tema da natureza dos trópicos. A riqueza natural é expressa na composição das paisagens mais diversas. O exótico e pitoresco eram elementos motivadores para o artista, que soube como poucos captar o contorno da cidade do Rio de Janeiro e seus habitantes.

Em 1817, com o casamento da princesa Leopoldina com D. Pedro, organizou-se uma comitiva de sábios especialistas em várias áreas do conhecimento para acompanhar a princesa até os trópicos. Os naturalistas Carl Friedrich von Martius (médico e botânico) e Johann Baptist von Spix (zoólogo) fizeram a sua viagem aos trópicos custeada pelos governos austríaco e bávaro entre 1817 e 1820. O trabalho dos estudiosos foi detalhado, no qual foram registradas descrições importantes da flora e da fauna. Em 1815, o rei Maximiliano José I da Baviera definiu uma viagem científica pelo interior da América do Sul. A expedição deveria começar em Buenos Aires e chegar ao Chile, depois passar por Quito, Caracas ou México para retornar à Europa. Para esta expedição, foram escolhidos o zoólogo Johann Baptist von Spix e o botânico Carl Friedrich Philipp von Martius.

Thomas Ender foi outro membro da Missão Austríaca que veio com D. Leopoldina e que visava consolidar a união de interesse entre os governos da Baviera, da Áustria e de Portugal. O objetivo da missão era coletar uma gama de espécies nativas para formar o Museu Brasileiro em Viena. A estada de Thomas Ender foi de, aproximadamente, um ano, tempo suficiente para levar consigo um conjunto de anotações de viagem e materiais importantes.

No século XIX, uma das mais famosas expedições para exploração das terras brasileiras foi organizada pelo cônsul-geral da Rússia, no Rio de Janeiro, o barão George Heinrich von Langsdorff. A aventura do explorador e seus companheiros foi uma das mais audaciosas, por sair do Rio de Janeiro, avançando pelo interior até chegar à região do Amazonas, após uma série de agruras. A expedição Langsdorff recebeu o patrocínio do czar russo e tinha como meta mostrar às demais nações europeias que seu Estado também era capaz de fazer expedições.

George Heinrich von Langsdorff, descendente de nobres alemães, nasceu entre 18 de abril de 1774 na localidade de Wollstein, no Ducado de Nassau-Usingen. Entre o final do século XVIII e início do século seguinte, estudou na Universidade de Göttingen. O jovem médico visitou a Rússia, onde iniciou seus estudos sobre a natureza e os costumes dos habitantes das diversas regiões que visitou. Em São Petersburgo, Langsdorff compareceu às sessões da Academia de Ciências, preparando diversos relatórios sobre os seus estudos, fazendo viagens de estudos a Portugal, ao Kamchatka e aos Montes Urais. Em 1808, participou da viagem de circum-navegação do globo terrestre chefiada pelo almirante russo Krusenstern. Langsdorff, no decorrer destas viagens, fazia diversas observações sobre os locais, recolhendo material científico, que depois constariam de suas publicações (Becher, 1990). Visitou o Brasil entre os anos de 1813 e 1820. Langsdorff acumulou as funções de cônsul-geral e encarregado de negócios, situação que permitiu o contato com autoridades brasileiras, ao mesmo tempo em que realizava seus estudos. Retornou em 1822, quando a nação dava os primeiros passos, já independente, e foi nomeado cônsul para o Rio de Janeiro, onde estabeleceu residência e teve sua casa conhecida por receber sempre intelectuais, cientistas e artistas, que deixaram nos seus registros informações sobre Langsdorff. Em 1825, o czar Alexandre I, da Rússia, o escolheu para formar uma expedição científica com o objetivo de realizar estudos sobre regiões brasileiras desconhecidas. Participaram da comitiva o pintor Rugendas, o astrônomo Rubzoff, o zoólogo Hasse e o botânico Riedel. Antes de a expedição ter início, Rugendas optou por não acompanhar o grupo e foi substituído por Amado Adriano Taunay. O zoólogo Hasse chegou até Porto Feliz, onde se separou para casar. Langsdorff, alegando necessidade de resolver assuntos importantes no Rio de Janeiro, deixou Riedel como chefe do grupo, responsável por iniciar as investidas pela parte ocidental da província de São Paulo. Essa atitude de Langsdorff desagradou os membros da comitiva pelo seu caráter intempestivo.

Após o retorno de Langsdorff a Porto Feliz, a expedição se dividiu em dois grupos. O primeiro se dirigiu para a região de Cuiabá, do qual participou Riedel e Amado Adriano Taunay. O segundo grupo seguiu mais tarde, vindo a encontrar os demais componentes após sete meses de viagem (Florence, 1977). Ao chegarem a Cuiabá, um conjunto de 60 desenhos e um vasto material botânico e zoológico foi enviado para a Rússia. Os membros da expedição viram com ressalva o comportamento de Langsdorff quanto a dividir os participantes em dois grupos, temendo que este não estivesse no pleno gozo de suas faculdades mentais. No começo de dezembro de 1827, a expedição prosseguia dividida em direção ao norte. Um dos grupos deveria viajar pelo Guaporé, pelo Mamoré e pelo Madeira, até alcançarem o Amazonas. O outro grupo navegaria pelos rios Preto, Arinos, Juruena e Tapajós, rumo a Santarém ou Manaus. Aí todos seguiriam rio Negro acima. No decorrer do percurso, o Barão von Langsdorff adoeceu e seus companheiros o encaminharam para o Rio de Janeiro. Ao chegarem a Santarém, enviaram a notícia a Riedel, que se encontrava no outro grupo. O grupo de Riedel e de Adriano Taunay, de Vila Bela, passou por Casal Vasco e depois por São Luís e Salina, retornando a Casal Vasco. Na etapa seguinte, Adriano Taunay se adiantou aos demais membros da equipe e se perdeu em um temporal, até conseguir chegar às margens do Guaporé, onde estava um canoeiro para apanhá-lo. Impaciente, Adriano Taunay tentou atravessar o rio a nado, mas morreu afogado. Ao final da expedição, os resultados obtidos, apesar das mortes e dos percalços do caminho, foram satisfatórios. Foram enviadas para São Petersburgo mais de 60 mil espécies.

Ludwig Riedel nasceu em Berlim em 1790 e dirigiu-se para o Brasil no começo do século XIX, participando de explorações botânicas no Rio de Janeiro e na Bahia, antes de participar da expedição de Langsdorff. Nesta ocasião, teve oportunidade de viajar por São Paulo, Minas Gerais, Mato Grosso, Amazonas e Pará. Ao retornar, entre 1829 e 1830, residiu na Praia Vermelha no Rio de Janeiro. Entre 1833 e 1835, em conjunto com o dinamarquês Peter Wilhelm Lund, pesquisou na região de São Paulo, Goiás e Minas Gerais. Em 1836, após explorar o Rio de Janeiro, foi nomeado por D. Pedro II diretor dos hortos do Passeio Público e dos herbários do Museu Nacional, em São Cristóvão. Ludwig Riedel faleceu em 1861, aos 71 anos. O diário de viagem do botânico Ludwig Riedel, que visitou a Bahia entre 1820 e 1823, a convite do Barão de Langsdorff, faz referência às dificuldades da viagem. Partiu de São Petersburgo e seguiu para Lisboa. Da capital portuguesa foi para a Bahia, onde permaneceu três anos, só conseguindo prosseguir para o Rio de Janeiro depois desta longa estada nas terras soteropolitanas. Ludwig Riedel chegou a Salvador no começo de janeiro de 1821. Sentia-se estranho naquele lugar. Clima, alimentos, paisagens, indivíduos, tudo era diferente e ele demonstrou ter sofrido um choque sociocultural. A despeito da tristeza, partiu para empreender a exploração da natureza.

Dessa expedição também participou o artista Hercules Florence, que registrou as peripécias da expedição. Hercules Florence nasceu em Nice, no ano de 1804. Faleceu na cidade de Campinas em 1879, onde passou a residir desde 1830. Chegou ao Rio de Janeiro em 1824. Trabalhou no comércio e, em seguida, na livraria e tipografia de Pierre Plancher. Em 1825, participou da expedição fluvial do barão de Langsdorff, como segundo desenhista e cartógrafo. A expedição seguiu pelo rio Tietê em direção ao rio Amazonas, valendo da comunicação entre as bacias fluviais, como visto. Em 1828, a expedição chegou a Belém do Pará. No percurso, Langsdorff adoeceu, vítima de febres que o levaram a perder a razão, conforme foi referido anteriormente. Hercules Florence foi o responsável por continuar o diário do viajante e foi o único a publicar a narrativa. Posteriormente, Hercules Florence fixou moradia em Campinas, vindo a falecer com 75 anos.

Johann Moritz Rugendas, oriundo de uma família de pintores e gravadores alemães, nasceu em 1802, em Augsburg, na Alemanha. Após estudar com o pai, diretor de uma escola de desenho, aperfeiçoou-se como desenhista em Munique e foi contratado para a expedição científica do barão de Langsdorff. Após chegar ao Brasil, desligou-se da expedição e, por iniciativa própria, percorreu diversas partes do interior do Brasil, realizando uma série de gravuras que seriam importantes documentos de aspectos da vida natural e social do Brasil do século XIX. O texto que escreveu para acompanhar as gravuras recebeu o título de *Viagem pitoresca através do Brasil* e foi publicado em Paris no ano de 1835.

As florestas representavam sempre um desafio para os naturalistas. As matas quase impenetráveis eram amedrontadoras e constituíam uma barreira árdua a ser transposta pelo viandante. Além das dificuldades, com troncos, raízes, pedras, lamaçais, havia uma série de animais e formas de vida desconhecidas, que causavam temeridade. O jovem viajante botânico John Forbes visitou o Rio de Janeiro, enviado pela *Horticultural Society of London*, em 1822. A expedição exploratória foi comandada pelo capitão Owen, do Leven, que passou por terras portuguesas no Norte da África e tinha Moçambique como destino final. Forbes recebera instrução para fazer a coleta de plantas e organizá-las conforme as categorias, separando as espécies em medicinais, ornamentais e aquelas destinadas à horticultura, que eram as de maior interesse. Como afirma Luciana de Lima Martins (2001, p. III), que estudou o relato do botânico, ele foi instruído para que as frutas fossem "engarrafadas em álcool; amostras de cápsulas e sementes de plantas deveriam ser preservadas para exibição nos mostruários da Sociedade".

Augustus Earle visitou o Brasil duas vezes. A primeira permanência foi de abril de 1820 até fevereiro de 1824. Jovem, visitou o Chile e o Peru e explorou as terras brasileiras. Em 1824, seguiu em direção à Índia, mas, em virtude de problemas na sua embarcação, teve de permanecer na ilha de Tristão da Cunha. Vencidas as dificuldades, visitou a Tasmânia, Sydney, ilhas Carolinas, Manila, Cingapura e a Índia, e só retornou à Inglaterra em 1830. No ano seguinte, foi nomeado como *Artist Supernumerary no Beagle*, participando da expedição de levantamento das costas meridionais da América do Sul; viajou entre dezembro de 1831 e agosto de 1832. Com o estado de saúde comprometido, retornou a Londres, vindo a falecer em 1838.

Da primeira viagem de Augustus Earle ao Brasil, ficou um conjunto de obras importantes, que retratam o período que antecede e sucede a Independência. Na ponta dos seus pincéis, surgiram aquarelas e pinturas a óleo das terras tropicais. Com habilidade, pintou paisagens, retratos dos habitantes, cenas do cotidiano que deram a dimensão de uma terra marcante, apesar de incluir na imagem uma vegetação que não era condizente com a natureza tropical (Earle, 1832).

Em 1825, Burchell chegou ao Brasil para fazer suas pesquisas após diversas andanças pelos mares do hemisfério sul. Trabalhou em jardins botânicos e realizou diversos desenhos, por entender que a arte era uma grande aliada da ciência, pois era capaz de informar. Os seus conhecimentos foram ampliados com estudos e uma dedicação extremada aos aspectos de paisagens e da flora e fauna das regiões que visitou. Após uma vasta experiência, o botânico chegou ao Brasil, onde realizou uma série de desenhos e cartas. Nas suas andanças pelo interior do território, reconheceu espécies tropicais e se preocupou em fixar a grandiosidade da paisagem (Ferrez, 1981 e Martins, 2001). A viagem foi financiada por sua família, à qual sempre prestou contas do que estava fazendo. No decorrer de sua estada, coletou espécies em diferentes regiões. Visitou o Rio de Janeiro, São Paulo, Goiás e Pará, onde se deparou com uma natureza tão deslumbrante e complexa que foi difícil ordenar as espécies.

Outros viajantes passaram pelo Brasil, após a abdicação de D. Pedro I, em 7 de abril de 1831. Louis-Frédèric Arsène de Isabelle nasceu em Havre, na França, e dirigiu-se para a região do Prata em 1830. Fez a viagem com recursos próprios e tinha como objetivo conhecer aspectos geográficos, zoológicos, botânicos e geológicos da região. Visitou o Uruguai, indo, em seguida, para a Argentina. Fez investimentos que não resultaram em boa lucratividade. Abriu uma pequena indústria têxtil para prosseguir o seu projeto. Retornou ao Uruguai e, por via terrestre, seguiu para o Rio Grande do Sul, nos idos de 1833/1834. No ano seguinte, retornou à França, onde publicou a obra *Voyage à Buenos Ayres et à Porto Alegre*. Arsène de Isabelle (1949, p. 33) demonstra sensibilidade para as descobertas: "Tudo será novo ao redor de nós: nada de monumentos antigos a exumar, nada de lembranças gloriosas presas a esta terra quase virgem. No máximo exumaremos um fóssil e, então, quanta meditação, quanta poesia".

Em 7 de dezembro de 1831, o jovem Darwin embarcou no Beagle, em Plymouth, como acompanhante do capitão FitzRoy. Esta era a segunda viagem de mapeamento que o navio fazia pela região da América do Sul, tendo como meta explorar as costas sudeste e sudoeste do continente e a Terra do Fogo. Após quatro anos de viagens pelos oceanos, o Beagle retornou a Plymouth. Numa das etapas deste périplo, o navio passou pela Bahia e pelo Rio de Janeiro. Nesta ocasião, Charles Darwin teve a oportunidade de manter contato com a gente e o ambiente e de aventurar-se pelos arredores da capital carioca. Darwin, ao passar pela baía de Guanabara, nos idos de 1832, descreveu o local como um cenário em que tripulações de diversas partes do mundo se encontravam e tinham a possibilidade de pisar em terra firme. A cidade do Rio de Janeiro era um local de interações e, principalmente, onde as diferenças eram comuns (Martins, 2001). A cidade, por reunir moradores e visitantes variados, tinha uma pulsação bem diversa de outras cidades e vilas. Era um local de circulação, em que as tensões poderiam conquistar grandes dimensões, no grande teatro da vida carioca.

Em junho de 1833, Charles James Fox Bunbury deixou a cidade de Falmouth, chegando à região de Cabo Frio em 17 de julho daquele ano. No seu registro, não é possível identificar quanto teria durado sua viagem, mas como era comum, um paquete inglês fazia o percurso entre Falmouth e o Rio de Janeiro mensalmente. Charles James Fox Bunbury seguira no *paquete Reynald*, que entrou no porto do Rio de Janeiro em 18 de julho, e, conforme noticiado no Jornal de Comércio, a embarcação tinha deixado a Inglaterra dia 9 de junho. Bunbury (1981, p. 17) afirmou que o Novo Mundo se apresentava para ele de forma majestosa, num "promontório íngreme e alto que se submerge abruptamente no mar em penhascos nus de granito, mas coroado de florestas, daquele soberbo verde-escuro, característico do Brasil".

O inglês permaneceu até o começo de dezembro no Rio de Janeiro, partindo em seguida para uma viagem a Montevidéu e Buenos Aires, onde chegou depois de quinze dias. Sua permanência na região da bacia do Prata durou mais que dois meses. Em março de 1834, já havia retornado ao Rio de Janeiro, e, logo em seguida, organizava os preparativos para a viagem à província de Minas Gerais, que realizaria entre 23 de maio de 1834 e 8 de janeiro de 1835. Em Minas Gerais, Bunbury visitou várias cidades e vilas, como Ouro Preto, Mariana, Catas Altas, Cocais, Caeté, Congonhas do Campo, São João del Rei, entre outras cidades, aproveitando o percurso para ver a mineração na região. Em 4 de fevereiro, retornara ao Rio de Janeiro e, oito dias depois, embarcava no paquete Pandora, rumo à Inglaterra.

Alcides Dessalines D'Orbigny foi outro naturalista francês que visitou o Brasil, nascido em 1802. Em 1826, foi comissionado pelo Museu de História Natural de Paris, para estudar os aborígenes do continente americano, nomeadamente da Argentina, Chile, Peru, Bolívia, Uruguai e Brasil. Nesse mesmo ano, passou pelo Rio de Janeiro, seguiu rumo a Montevidéu e depois para Buenos Aires. Alcides Dessalines D'Orbigny seguiu as pegadas de Azara, subiu o rio Paraná, até acima de seu confluente, durante mais de um ano. No trajeto, visitou as províncias do Paraguai, Corrientes, Missões, Entre Rios e Santa Fé. D'Orbigny visitou a Patagônia, onde permaneceu por cerca de oito meses. Dobrou o cabo Horn, ficou alguns dias no Chile e seguiu até Arica. Conheceu uma série de cidades, e percorreu também o Chile e os Andes bolivianos e margeou o lago Titicaca. As pesquisas avançaram pela região do rio Paraguai e ele permaneceu no território boliviano, fazendo seu levantamento, por quatro anos. Ao deixar a Bolívia foi para Arica, Islay, Lima, Chile, retornando depois para a França. D'Orbigny, após oito anos de viagens, seguia para Paris. Na sua bagagem seguia uma enormidade de informações zoológicas, etnológicas, geográficas, geológicas, botânicas, entre outros registros. A experiência foi marcante, pois as pesquisas que empreendera no Brasil lhe garantiram um notório reconhecimento.

Alcides Dessalines D'Orbigny tivera contato com a obra de Auguste de Saint-Hilaire, valendo-se da vasta produção deste autor para realizar as suas reflexões. D'Orbigny teve um olhar atento para diversos aspectos e o deslocamento por diversas regiões do país e de outras áreas da América ampliou o seu extenso horizonte cultural. Tal situação lhe possibilitou ocupar a cátedra no Museu Jardin des Plantes de Paris e participar da Société Géologique de France. Alcides Dessalines D'Orbigny dedicou-se intensamente às suas particularidades geográficas, de um modo geral. Na introdução do texto, alertava que desejava tornar conhecida a América, no que dizia respeito aos seus habitantes primitivos e à sua história. Para tanto, fazia menções às principais viagens científicas e fez grandes divisões naturais e políticas, para que o estudo fosse de fácil entendimento (D'orbigny, 1976). Retornou ao seu país em 1834, no qual deu início à organização das informações que obtivera. Em 1839, publicou o primeiro dos 10 tomos de seu livro *Viagem à América Meridional*. Nos primeiros tomos, D'Orbigny realizou um estudo sobre o homem da América e, nos volumes seguintes dedicou-se a classificar as espécies de animais e plantas que recolheu. D'Orbigny, na sua obra *Viagem pitoresca através do Brasil*, dá ênfase à divulgação iconográfica e ao registro etnográfico dos grupos indígenas. O contato mantido com as populações conferiu ao seu registro uma nuance especial, quanto a apresentar uma forma de sentir e perceber o "outro".

Daniel P. Kidder nasceu em Nova Iorque em 18 de outubro de 1815. Estudou em Wesleyan University e formou-se em 1836. Converteu-se metodista e resolveu ser pastor, tendo como intenção ir para a China, a fim de atuar como missionário. Naquele momento, recebeu e aceitou o convite da American Bible Society para o cargo de missionário no Brasil, e embarcou para o Rio de Janeiro em 1837. Kidder permaneceu no Brasil entre 1837 e 1840, distribuindo as Escrituras Sagradas. Sua formação o tornou criterioso nos seus registros, consultando obras escritas por outros visitantes e estudiosos sobre os aspectos da cidade. Retornou para os Estados Unidos após a morte da mulher. Faleceu em 29 de julho de 1891. Dentre suas obras, destaca-se *Reminiscências de viagens e permanências nas províncias do Sul do Brasil*, que foi publicada pela primeira vez em 1845, em Londres e na Filadélfia.

O médico francês Alphonse Rendu esteve no Brasil entre 1844 e 1845. Sua viagem tinha fins acadêmicos e visava à exploração da região dos trópicos, a fim de verificar as relações do ambiente com as doenças. O debate sobre a teoria evolucionista conquistava grande difusão, lamarkistas e darwinistas procuravam, cada um da sua maneira, construir uma teoria sobre a evolução dos seres vivos. Rendu visitou o Brasil para ter uma dimensão exata das condições do império no que concernia à saúde, a fim de colher informações para a Academia de Medicina Francesa. Rendu era professor da Escola de Anatomia dos Hospitais de Paris e foi encarregado pelo Ministério da Instrução Pública a visitar o Brasil, com a missão de estudar as doenças que acometiam os habitantes locais e os europeus que ali se fixaram. O estudo de Rendu, *Études topographiques médicales et agronomiques*, publicado em 1848, forneceu uma visão panorâmica sobre o império brasileiro. Ao descrever os habitantes, as condições climáticas e a natureza, fez uma descrição que confirmava a ideia já em voga, de uma natureza bela mas insalubre.

O americano Thomas Ewbank tinha uma visão clara sobre o ato de viajar naquele período. Para ele, "viagens livres e comércio livre ainda não existem". No Brasil, prevaleciam os "costumes bárbaros que, no Velho Mundo, impedem o homem de percorrer a terra e comunicar-se à vontade com seus semelhantes". Segundo ele, os turistas não podiam descer das embarcações para as praias do Brasil ou deixá-las, se não possuíssem passaportes. Ele próprio tivera que se dirigir ao cônsul brasileiro para obter, mediante pagamento, "uma espécie de fatura, ou seja, informações escritas a meu respeito". Tendo em mãos este documento, Thomas Ewbank deixou Nova Iorque em 2 de dezembro de 1845, seguindo para o Rio de Janeiro (Ewbank, 1976, p. 21).

O publicista e político francês Charles de Ribeyrolles nasceu perto de Martel em 1812. Seguiu os estudos na França e terminou os estudos clássicos em meio à Revolução de julho de 1830. A efervescência política e social do período moveu o seu espírito a realizar críticas às condições vigentes na França, registrando principalmente as dificuldades que enfrentara para sobreviver em Paris. Estudioso, frequentava regularmente as bibliotecas e as rodas políticas e literárias do período, mantendo contato com importantes pensadores, como Saint Simon. Nos idos de 1840, foi contratado para trabalhar na redação da *Revue de France*, onde publicou diversas cartas, artigos e estudos sobre Mirabeau, Sieyes e Chateaubriand. Posteriormente, trabalhou na redação do *Observateur des Pyrénées* e passou por outras redações, nas quais teve oportunidade de demonstrar o seu vigoroso talento. Após a Revolução de 24 de fevereiro de 1848, tornou-se redator chefe da *Réforme*, onde defendeu moderadamente as ideias republicanas. As reviravoltas políticas do período contribuíram para que ele fosse condenado e deportado para Londres, seguindo para Jersey, onde passou a escrever para o semanário *L'Homme*. Em outubro de 1855, regressou a Londres, em meio a dificuldades financeiras que se estenderam por três anos. Nos idos de 1858, seguiu para o Brasil, com o objetivo de realizar um registro sobre a nação que despontava na América do Sul. Visitou, nos anos seguintes, diversas localidades, como Vassouras, São Fidelis, Paraíba do Sul, Campos, entre outras áreas que cresciam de maneira vertiginosa com a exploração cafeeira. O seu olhar indagador, revelado nas notas de viagem, apontava para uma tentativa de compreender as populações que visitou, revelando certa estranheza aos costumes.

A falta de um conhecimento aprofundado da língua dificultou sua interação com o local e o induziu a julgamentos falsos sobre a monarquia brasileira. Sem dúvida, os seus ideais republicanos e abolicionistas ensejaram-lhe uma leitura crítica da sociedade do período, baseada na lavoura cafeeira movida pelo trabalho escravo. Depois da estada de dois anos nas terras tropicais, o francês Charles de Ribeyrolles, prestes a regressar à Europa, foi acometido de febre amarela e falece em junho de 1860. No livro *Brasil pitoresco*[5], impresso após a sua morte, o autor fez registros sobre as suas perambulações pelas terras brasileiras. Ele, como outros viajantes, atentara para o fato da extensão da terra, comparada com a pouca gente para ocupá-la. Um território vasto a ser explorado e conquistado. Por ser fecundo, a exploração do solo e dos recursos naturais seria ideal.

Theodoro Peckolt foi um dos viajantes alemães que também se aventurou pelas terras tropicais. Ele nasceu em Pechern, na Silésia alemã, em 13 de julho de 1822. Desde cedo, manifestou interesse por química e botânica. Exerceu o ofício de farmacêutico na fortaleza de Glogau e, posteriormente, trabalhou no jardim botânico de Hamburgo. Peckolt chegou ao Brasil em 1847, e faleceu 65 anos depois. Em 1848, Peckolt trabalhou para Mariolino Fragoso, que era proprietário de uma farmácia. O jovem Theodoro Peckolt aprendeu rapidamente a língua portuguesa, passando a aviar receitas e tornou-se sócio de Fragoso. No mesmo ano, Peckolt iniciou uma viagem pelo Brasil, percorrendo as províncias do Espírito Santo, Minas Gerais e Rio de Janeiro. Na ocasião, recolheu uma série de espécies para suas experiências.

Nos idos de 1850, conviveu com os botocudos, apreendendo a cultura desta tribo. No ano seguinte, realizou o exame para farmacêutico da Escola de Medicina do Rio de Janeiro, na qual foi aprovado. Passou a morar em Cantagalo e realizou outras viagens, percorrendo o Vale do Paraíba e as margens dos rios Pomba e Doce. Pesquisou na região de Minas Gerais, colaborou com o envio de espécies para

---

5. O ilustrador da obra foi Victor Frond, sócio de Sisson, famoso litógrafo francês que atuou durante anos no Brasil.

seus companheiros, realizou revisões dos textos publicados sobre o assunto. Sua atuação o tornou membro correspondente da Real Sociedade Botânica de Regensburgo, recebendo o prêmio de distinção da Real Sociedade Farmacêutica da Alemanha. Por sua participação na Exposição Nacional no Rio de Janeiro de 1861, foi nomeado oficial da Ordem da Rosa, em 1864. Três anos mais tarde, participou da Exposição Geral do Rio de Janeiro e da Exposição Universal de Paris, vindo a receber outros prêmios. Em 1868, passou a viver na corte do Rio de Janeiro, onde fundou a Farmácia Peckolt e foi nomeado farmacêutico da Casa Imperial. Foi membro de sociedades farmacêuticas e destacou-se pelas análises quantitativas de plantas brasileiras. Em 1874, Peckolt foi contratado para organizar a seção de química analítica do Museu Nacional, publicando, nos anos subsequentes, estudo sobre botânica e fitoquímica, em revistas nacionais e internacionais.

O barão Johann Jakob von Tschudi era oriundo de uma das mais ilustres famílias suíças e foi ministro da República Helvética no Brasil. Nasceu em Glavis, nos idos de 1808, e, posteriormente, formou-se em Ciências Naturais pela Universidade de Neufchatel e em Medicina pela Faculdade de Paris. O jovem suíço fez uma grande viagem circum-navegatória, desenvolvendo suas pesquisas como zoólogo. No Peru, onde permaneceu por mais de cinco anos, explorou a fauna e principalmente a arqueologia dos antigos incas. Após retornar à Europa, fixou-se na Áustria, ocupando-se da publicação dos resultados das suas pesquisas. Nos idos de 1857, Johann Jakob von Tschudi decidiu fazer uma nova visita à América do Sul, percorrendo, desta vez, Brasil, Uruguai, Argentina, Chile, Bolívia e Peru, onde permaneceu por dois anos. Em 1860, o governo da Confederação Helvética nomeou-o ministro plenipotenciário no Brasil, tendo como incumbência estudar os problemas de imigração suíça.

Após concluir suas visitas e inquirições, retornou à Europa, e, em 1866, foi nomeado embaixador da Confederação Helvética, em Viena, onde escreveu os relatos de sua viagem à América do Sul, intitulado *Viagem às províncias do Rio de Janeiro e São Paulo*.

O casal Louis e Elizabeth Agassiz viajou pelo Brasil entre 1865 e 1866. A expedição na Amazônia realizou um levantamento sobre a biodiversidade da região e destacou a mestiçagem da população, tendo como objetivo pesquisar principalmente as espécies de peixes e discutir as teses evolucionistas. Louis Agassiz pretendia demonstrar que a natureza era obra do Criador. Elizabeth Cary Agassiz foi a redatora da narrativa da viagem que procurou explicar de forma didática as teorias naturalistas. O livro *Viagem ao Brasil* fornece um detalhamento sobre a população, a paisagem e as instituições. A escrita agradável da publicação conquistou uma ampla divulgação, não apenas entre os especialistas em História Natural (Agassiz e Agassiz, 1975). Louis Agassiz, antes de iniciar sua viagem pela Amazônia, proferiu uma série de lições que contou com a presença de mulheres, fato incomum no século XIX. Em suas andanças, alunos voluntários acompanharam o casal Agassiz.

O alemão Carl von Koseritz veio para o Brasil em 1851. Nasceu em Dessau, nos idos de 1830, onde viveu até a maioridade. Ingressou como canhoneiro do 2º Regimento de Artilharia, na tropa mercenária organizada por Sebastião do Rego Barros, para o serviço do Império alemão; e veio para a América do Sul, a fim de intervir na luta contra Rosas. Chegou ao Rio de Janeiro e, em seguida, partiu para o Rio Grande do Sul, onde estabeleceu moradia. As condições de viagem foram péssimas, o velho barco em que viajava não permitia nenhum conforto e quase naufragou na costa brasileira. A participação da tropa mercenária alemã na região foi inexpressiva e os seus componentes, ou retornaram para o Império Germânico, ou permaneceram no Brasil. Carl von Koseritz foi um dos que preferiu permanecer. Atuou como jornalista na cidade de Pelotas, sendo, em seguida, fundador ou redator de diversas folhas provincianas, de gêneros distintos como literários, políticos, maçônicos, entre outros. O jornal *Koseritz Deutsche Zeitung* (1864-1885) foi o que mais exerceu influência política e ideológica nas províncias do Rio Grande do Sul, Santa Catarina e Paraná. Tornou-se uma das pessoas mais importantes da colônia alemã da região, atuando como jornalista e político de renome. Em 1883, escreveu para aquele jornal as impressões de viagem que fizera ao Rio de Janeiro e São Paulo. Trinta e dois anos após chegar ao Brasil, essas impressões foram publicadas na Alemanha, com o título *Imagens do Brasil*. O gênio opinativo o induziu a incursões em diversas áreas do pensamento e o seu tom jornalístico, preciso e conciso, deram a dimensão de seu nível intelectual. Crítico da Igreja Romana, adepto do pensamento positivista de Augusto Comte e da teoria do evolucionismo de Charles Darwin, seu texto sobre a experiência de viagem aos dois grandes centros do Império, demonstra um olhar atento, curioso e crítico da sociedade do período (Koseritz, 1972).

Henri Coudreau fez uma viagem ao Xingu que durou de 30 de maio a 28 de outubro de 1896 e que resultou na elaboração de um livro publicado em Paris no ano seguinte, com o título *Viagem ao Xingu*. O autor escreveu suas impressões de viagem no Pará entre os dias 1 e 26 de novembro de 1896, tendo como objetivo informar sobre a exploração pelos rios Xingu e Tocantins-Araguaia. Em menos de seis meses, ele elaborou uma carta sobre os rios da região, um conjunto de fotografias e concluiu o livro. Dessa maneira, o seu registro rápido, com informações sobre cachoeiras, ilhas, morros e indígenas caracterizava um novo momento dos relatos de viagem (Coudreau, 1977).

A reordenação econômica mundial na primeira metade do século XX foi marcada por transformações importantes no contexto político e econômico mundial. A redefinição de fronteiras e as conturbadas lutas nacionalistas fizeram do período um momento turbulento, marcado pela violência, por mortes, intolerância e desilusão. O período entre guerras foi marcado por uma prosperidade econômica questionável. Após a Primeira Guerra Munidal, os Estados Unidos da América se transformaram numa potência mundial. A Europa vivia um processo de reconstrução e de efervescências do ideário político, marcado pelo nazismo e pelo fascismo. Na União Soviética, o comunismo crescia de forma intensa.

A Primeira Guerra Mundial (1914-1918) acelerou o processo de industrialização. Porém, se há um crescimento da atividade industrial, este não foi acompanhado da melhoria das condições de vida do operariado. Os salários continuavam baixos, as jornadas de trabalho longas, as condições de trabalho inadequadas, argumentos mais que necessários para que os operários se organizassem em associações e lutassem pelos seus direitos. A reação à exploração foi a greve. Os movimentos de greve eclodiam em diversas partes.

Hamilton Rice, cientista norte-americano, percorreu a Amazônia entre 1924 e 1925, fazendo uma viagem fatigante, por uma região inóspita. Seu registro revela um texto objetivo e fluente complementado por uma série de fotografias. Em suas explorações na região, mapeou a área entre a Colômbia, o monte Roraima, Peru e Manaus. O americano navegou pelo rio Negro e o rio Branco e seus afluentes e subafluentes, cartografando o espaço em detalhes (Rice, 1978).

Num universo que misturava prosperidade, miséria e guerras, poucos foram capazes de ir em busca dos sonhos de infância, imagens perdidas no devaneio de sonhos pueris. Joseph Rudyard Kipling acreditou que era possível realizar um sonho de infância. Kipling nascera na Índia em 30 de dezembro de 1865, filho de um britânico conservador de um museu[6]. Passou a viver desde cedo num internato na

....
6. Rudyard Kipling era filho de John Lockwood Kipling e de Alice MacDonald.

Inglaterra, onde foi educado e do qual guardou tristes recordações. Em 1882, retornou à terra natal e realizou trabalhos para diversos jornais britânicos, iniciando, logo depois, a sua carreira literária. A relação entre britânicos e nativos era o alvo das suas atenções, abordando sempre a dominação dos ingleses sobre os indianos.

Os contos que escrevia ganharam notoriedade, e contribuíram para a sua nomeação como poeta do Império Britânico. Em 1894, lançou a obra *O livro da selva*, que o tornaria mundialmente conhecido. O conto registrava as aventuras do nativo Mowgli e suas peripécias. O êxito desta publicação fez que um segundo livro fosse publicado, no qual o autor revelava uma habilidade para curtas narrativas. Em 1907, ganhou o Prêmio Nobel de Literatura, como representante da literatura imperialista inglesa. O autor demonstrava uma preocupação acentuada com o destino do império, marcado por uma visão conservadora, sempre presente nas suas reflexões. Em 1915, o filho de Rudyard Kipling faleceu na batalha de Loos. Esta tragédia marcaria o escritor pelo resto da sua vida. Até os anos de 1920, a produção literária de Kipling conquistou notoriedade com as suas publicações e fez diversos trabalhos para jornais ingleses. Em 1926, publicou um livro com pequenas histórias, *Debits and Credits*, a partir de material coletado sobre a guerra. No ano seguinte, empreenderia a viagem ao Brasil. Posteriormente, publicaria outras obras e, a partir de 1933, a sua saúde se mostrava abalada por uma úlcera. Faleceu em 18 de janeiro de 1936.

Os estudos sobre a viagem que Kipling empreendeu ao Brasil ainda são restritos, e a maioria das menções registram apenas uma passagem pelo território, sem maiores esclarecimentos. As motivações poderiam ser muitas. Kipling era um viajante nato, a sua obra revela um olhar aguçado em relação ao "outro". Sem dúvida, poder conhecer parte da América do Sul era algo atraente para aquele que conhecia as terras africanas e orientais.

A presença de imagens das cidades brasileiras, com seus respectivos atrativos turísticos, culturais e naturais, marcava algumas edições de revistas europeias e de guias turísticos, que primavam pela qualidade das imagens. As fotografias acompanhavam os artigos, facilitavam o acompanhamento do texto escrito, e despertavam a curiosidade e o desejo dos leitores em conhecer as terras tropicais[7]. Fauna e flora exóticas, pouco conhecidas, eram extremamente atraentes

---

7. Revista *Broteria*, v. XVII, ano 1919, capa dos fascículos II e III.

para aqueles que procuravam conhecer as belezas do mundo, como Kipling. A viagem constituía, por si mesma, uma verdadeira aventura àquele que desejasse enfrentar os perigos do mar, dos rios, das matas e florestas, além do ar exótico das terras desconhecidas (Collingwood, 1986). Contudo, se o perigo era iminente, o desejo de aventura, de novas descobertas, da pesquisa e dos desafios determinaram os motivos que levaram muitos a se lançar em busca de novidades. Em 1927, ele partiu em direção ao Brasil, na busca pela beleza da viagem exterior e da viagem interna. A experiência foi registrada em uma série de crônicas com o título de *Crônicas do Brasil* (Kipling, 2006).

Por fim, vale ressaltar que viajar é um sonho. Novos espaços, culturas, monumentos, um outro mundo de experiências que se pode compartilhar. A procura por viagens para terras distantes fazia parte de um processo formativo dos homens. Uma ousadia que muitos aventureiros empreenderam na busca de um amadurecimento intelectual e espiritual. Conhecer o estranho e o diferente era uma forma de educar. Saber olhar o mundo fazia parte de um processo de aprendizagem. Neste breve painel, procurou-se salientar alguns aspectos dos viajantes cujos relatos, serviram de referência, sem, contudo, ter o interesse de esgotar a totalidade dos registros consultados.

Para os viajantes não bastava descobrir, era preciso conquistar, estabelecer o domínio. O fantástico que permeava os relatos dos viajantes do século XV e XVI diminui de intensidade. A literatura de viagem surge como espaço da realidade, das experiências únicas. O fascínio pelo deslocamento e por mundos imaginados não se extinguira. Autores abraçariam o gênero e conceberiam viajantes e terras imaginárias. Os registros dependiam da formação do viajante, que nos seus escritos poderia demonstrar o conhecimento sobre Geografia, História, Arquitetura, Agronomia, Botânica, entre outras habilidades, incluindo a própria arte de desenhar. As viagens de exploração da primeira metade do século XIX eram empresas coletivas, que reuniam especialistas de diversas áreas do conhecimento, indo em direção ao desconhecido, na tentativa de construir um conhecimento mais elaborado sobre a Terra. O viajante tinha um papel ativo e consciente sobre as suas pesquisas, demonstrando abnegação, coragem, além do desenho para registrar e compreender a natureza e apresentar novos conhecimentos. Nesse movimento, o viajante trançava os fios do seu próprio destino e descobria o outro na descoberta de si mesmo. Esta, talvez, fosse a maior aventura do viajar.

Questões

1 | Reflita sobre os diferentes tipos de viajantes que visitaram o Brasil. Em seguida, elabore um quadro que identifique o perfil dos viajantes e as motivações de viagem.

2 | Analise as principais características dos viajantes científicos que visitaram o Brasil no decorrer do século XIX.

4 O espírito de aventura das viagens

As descobertas marítimas possibilitaram o fortalecimento da burguesia comercial e dos estados nacionais. Simultaneamente, permitiram a propagação do simbolismo cristão acerca do Éden. Os primeiros relatos das descobertas da América invadiram a Europa com uma intensidade acentuada. Os registros sobre o Novo Mundo povoaram o imaginário europeu com representações idílicas. A ideia de conquista e de enriquecimento fácil sem a necessidade de um trabalho árduo fez que muitos homens se aventurassem pelo mundo. A viagem comportava uma série de dificuldades e incertezas que acompanharam os seres humanos nos seus deslocamentos sobre a face da Terra. Apesar de a navegação ser uma necessidade no contexto português, as pessoas temiam as travessias aquáticas. Naqueles idos, o oceano era um local desconhecido, onde tudo poderia ocorrer, desde fatos maravilhosos, monstros fabulosos, naufrágios e outras circunstâncias incertas. O oceano estava longe de ser um local seguro ou acolhedor.

O contexto das descobertas foi um momento de rupturas. Antigas concepções eram revistas, com os descobrimentos impulsionados pelas invenções técnicas. Lentamente era construída, por meio da experiência, uma nova dinâmica mundial. A convivência das pessoas nas embarcações nem sempre era amistosa. A concentração de pessoas num pequeno espaço, sem as condições adequadas para o convívio, gerava desentendimentos entre os passageiros. O medo, a ansiedade, o cansaço e a falta de alimentos, entre outros fatores, contribuíam para que as relações interpessoais passassem por situações tensas.

O planejamento da viagem passou, cada vez mais, a ser prioritário. Era fundamental conceber um trajeto a ser seguido, com as possíveis paragens, a fim de obter água potável e alimentos frescos com regularidade. Além disso, era conveniente também ter os conhecimentos sobre as paragens que poderiam oferecer condições para reparos das embarcações, que deveriam ser constantemente cuidadas, tendo em conta o sol, a água do mar e o uso continuado de peças que poderiam se danificar. Outro aspecto que exigia um planejamento adequado era a possibilidade de o navio colidir com pedras, abaixo da linha da água, ou encalhar num recife ou banco de areia. Para tanto, dever-se-ia estudar as áreas a serem percorridas e ter conhecimentos dos portos mais convenientes para a escala, dependendo do tipo de embarcação.

A viagem poderia envolver momentos diferentes. Na etapa inicial, caso não houvesse adversidade, não havia problemas, a não ser o enjoo. Contudo, se o navio tivesse que atravessar as calmarias equatoriais, a situação se alterava. A falta de vento e o calor tórrido tornavam a viagem um tormento. Não tardavam as doenças, agravadas pela deterioração dos gêneros alimentícios. Passada esta etapa, era importante navegar com ventos favoráveis, com precaução para evitar prejuízos. No decorrer da viagem, era comum as embarcações fazerem paragens. As escalas eram necessárias para o reabastecimento do navio, com água e alimentos, bem como lenha. Dependendo das circunstâncias, era necessário fazer paragens para reparar os navios, principalmente quando estas comprometiam a continuidade da viagem. Por vezes, faziam-se as escalas, a fim de reunir as embarcações e prosseguir a viagem com maior segurança.

As caravelas latinas eram pequenos navios com velas triangulares, que permitiam um movimento de zigue-zague para avançar contra a direção dominante do vento. As caravelas, pelo seu porte menor, podiam se aproximar das costas e explorar a região. Esse tipo de embarcação era fundamental para navegar em áreas e condições de vento desconhecidas. Contudo, as caravelas também apresentavam algumas dificuldades, pois tinham capacidade de carregamento reduzida, se comparadas a outras embarcações, não sendo raros os registros da tripulação que alegava falta de víveres, quando os navios vinham carregados de mercadorias para serem comercializadas na Europa. Paulatinamente, a caravela perdeu seu lugar por não comportar volume de comércio.

No decorrer do século XVII, ficava claro que, para longas viagens, eram necessárias grandes embarcações que pudessem carregar as vitualhas e as mercadorias que seriam comercializadas na Europa. Além disso, havia unanimidade sobre o fato de os navios grandes serem mais seguros e garantirem defesa contra os ladrões do mar. As naus eram navios adequados para o carregamento de carga e possuíam peças de artilharia.

A tripulação era composta por artesãos de diversos ofícios (carpinteiros, calafates, tanoeiros), escrivão, capelão, meirinho (oficial de justiça), despenseiro, pajens (que serviam ao capitão), bombardeiros, o condestável, entre outros, como cirurgião e boticário. Normalmente, uma tripulação poderia ser de 150 pessoas, sendo grande parte dela envolvida diretamente com a navegação. Não havia um padrão para as tripulações, que poderiam variar de embarcação para embarcação. Os navegadores foram responsáveis pelos regimentos de instruções sobre a viagem. Normalmente, havia um diário que registrava os detalhes do percurso. Ao escrivão e ao despenseiro cabia fazer a lista das mercadorias embarcadas. Contudo, esse conjunto de registros não permitia a compreensão do dia a dia da viagem.

A viagem durava meses e não era raro encontrar embarcações que possuíam um espaço exíguo para as pessoas. As mercadorias e os animais vivos ocupavam boa parte do navio e faltavam condições de comodidade para os tripulantes. A alimentação durante a viagem não era das melhores. Os gêneros alimentícios eram racionados, havendo um controle para a entrega diária aos tripulantes. Aqueles que seguiam como passageiros deveriam levar consigo os próprios alimentos e prepará-los. Os fogões existentes nas embarcações não eram suficientes para atender a todos, causando tumulto e até atos de violência.

A alimentação básica era constituída por biscoito, embutidos e frutas, no momento inicial da viagem ou quando ocorria o reabastecimento. Os alimentos eram conservados em barricas cheias de sal, aumentando o consumo de água. As condições de armazenamento de água potável nem sempre eram adequadas. O longo período de viagem tornava fétidos os tonéis de água. Para muitos era insuportável bebê-la e normalmente se ansiava pela paragem em algum local que possuísse um curso de rio com água potável. A falta de água comprometia ainda mais a saúde daqueles que navegavam. Os doentes tinham suas condições agravadas pela falta do líquido e também pela falta da alimentação, uma vez que a carne de galinha cozida na água era a base da sua dieta. As embarcações faziam diversas escalas para fazer a aguada, ou seja, o reabastecimento dos tonéis com água potável. Nessas paragens, era possível também colher frutas e abastecer os navios com animais e carnes.

Das doenças que se manifestavam durante a viagem, o escorbuto era a mais comum. O baixo consumo de laranjas e limões tornava as gengivas e os membros inchados, impedindo os doentes de se alimentarem. Além disso, as condições higiênicas das embarcações favoreciam a proliferação de doenças, agravadas com a falta de alimentação adequada e a falta de higiene pessoal. As febres e o tifo eram comuns e causavam pânico. No decorrer da viagem, outras doenças poderiam se abater sobre a tripulação, causando muitas perdas.

Nas embarcações, não havia privacidade para tripulantes e passageiros. Ao capitão e às pessoas mais destacadas cabia um compartimento que poderia permitir certa reserva. A falta de cirurgião a bordo tornava o doente dependente dos cuidados de outros passageiros. A prática da sangria era utilizada para retirar os maus humores dos corpos. Mezinhas eram feitas para tentar restabelecer os debilitados. Esta situação fazia da viagem um universo de incertezas.

Nem todos os momentos eram de apreensão. Na viagem, também ocorriam festejos. O calendário religioso, na medida do possível, era celebrado. Eram feitas, nos navios, procissões e encenações sobre temas sacros. Contudo, qualquer evento que saísse da normalidade poderia causar um festejo, como uma pescaria bem-sucedida. De fato, o que se procurava era passar o tempo e aliviar as tensões da viagem. As viagens também permitiam outros tipos de lazer. Os jogos de azar, em especial o jogo de dados, eram comuns e tolerados (Domingues, 1988).

Nem sempre o recrutamento da tripulação para as expedições era fácil. As condições inadequadas da viagem faziam que muitos fossem reticentes a este tipo de aventura, tendo-se em consideração o alto índice de mortes. Nas regiões de fronteira, onde havia contrabando ou escoamento do ouro, a insegurança era maior. A dificuldade em conseguir índios pilotos e remeiros nas expedições era comum. Aqueles que sobreviviam ao trajeto nem sempre voltavam em boas condições de saúde. Na maioria das vezes, os que retornavam ao local de partida estavam doentes e não conseguiam se recuperar mais. A falta de condições de trabalho, a qualidade dos alimentos e as condições impostas pelo clima faziam da morte uma constante nas viagens.

A chegada em terra firme era vista com alívio por aqueles que se aventuravam numa travessia longa e cheia de perigos, principalmente se os navios tivessem o infortúnio de encontrar o mar agitado ou tempestades. Os viandantes, após meses de viagem, enfrentando todos esses percalços e saturados dos odores do mar e do ar fétido das embarcações, viam com alento a terra firme exuberante e acolhedora (Barreto, 1987).

As comemorações da passagem pelo Equador eram comuns pela tripulação. Uma das partes mais difíceis da travessia marítima tinha sido empreendida. Ansiava-se pelos bons ares das terras tropicais (Hoornaert, 1974). Não era raro, naqueles idos, que a tripulação se revoltasse contra o capitão. Fato que revelava a tensão que acompanhava o movimento da viagem, como registra Hans Staden. As tempestades separavam as embarcações e poderiam provocar danos às suas estruturas ou até mesmo o naufrágio, restando aos sobreviventes somente as roupas do corpo. Além disso, o afastamento da nau, que levava os mantimentos, poderia fazer da continuidade da viagem um martírio. Privações e ressaltos acompanhavam o movimento de deslocamento pelos mares, principalmente na costa brasileira, na qual os temporais eram comuns.

Quando o naufrágio ocorria, e os sobreviventes conseguiam chegar à terra firme, iniciavam novas provações. O desconhecimento da terra, o medo do ataque dos aborígenes e a escassez de víveres marcavam a vida de homens e mulheres, que manifestaram, muitas vezes, preferir ter morrido no desastre. Na carta de João de Salazar, que acompanhou a expedição de Diogo de Sanabria, da qual fazia parte Hans Staden, escrita do porto de Santos a 25 de junho de 1553, ele registrou o naufrágio e sua salvação em Itanhaém, junto com doze companheiros. O aventureiro escrevia ao rei castelhano que não dedicasse atenção àquelas terras, pois nela só viviam "malfeitores desterrados de Portugal" (Staden, 1974, p. 9).

Um dos registros mais completos sobre os indígenas do século XVI foi feito por Hans Staden. Em seu relato, o viajante, de espírito cristão, agradecia ao Criador pela misericórdia de haver permitido que sobrevivesse após ter sido feito prisioneiro dos tupinambás e ficar entre a vida e a morte. Staden ficou detido pelos índios por nove meses e o seu texto é a narrativa dos infortúnios que sofrera. Dessa forma, chamou a atenção do Príncipe e Senhor Felipe, Landgrave de Hesse, Conde de Katzenelnbogen, Diez, Ziegenhain e Nidda para "ouvir a leitura" de como ele havia transposto a terra e os mares, passando por "estranhos acidentes e provações". Para que não pairassem dúvidas sobre a sua narrativa, incluía o seu passaporte (Staden, 1974, p. 26).

Hans Staden relata em sua primeira viagem para a América que, certa noite, após um forte vendaval, muitas luzes do céu apareceram. Essa experiência não lhe era comum e causou medo. Contudo, os portugueses haviam dito que as luzes eram "prenúncio de bom tempo". Tais luzes eram chamadas de fogo de santelmo ou *Corpus Sanctum*. Ao amanhecer do dia, os ventos sopravam no sentido favorável. As orações, celebradas pela tripulação, fizeram que Deus atendesse aos pedidos de todos. A viagem prosseguiu e 84 dias depois, em 28 de janeiro de 1548, foi avistado o outeiro no cabo de Santo Agostinho. Navegando mais oito milhas, a esquadra chegou ao porto de Pernambuco, no povoado de Olinda. Os prisioneiros transportados na embarcação foram entregues a Duarte Coelho, comandante do lugar, e parte da mercadoria foi descarregada (Staden, 1974). Navegando mais pelo litoral, chegou à Paraíba, local em que pretendia fazer carregamento de pau-brasil e de víveres. No local, os navios portugueses encontraram um navio francês que fazia carregamento de pau-brasil, o qual foi atacado e revidou com tiros, danificando um dos mastros do navio português e matando e ferindo membros da guarnição. As condições em que se encontravam as embarcações e a falta de recursos os obrigaram a regressar a Portugal. O retorno ocorreu sob ventos contrários, com parcas provisões, e a tripulação passando por grande fome. A penúria era tanta que muitos "comeram as peles de cabras" que traziam a bordo. Cabia a cada homem, diariamente, um copo com água e um pouco de farinha de mandioca brasileira, que não permitia o sustento adequado (Staden,1974, p. 50).

A segunda viagem feita ao Brasil, por Hans Staden, partiu de Sevilha na Espanha. Em 1549, quatro dias após a Páscoa, partiu rumo a Portugal e depois para as ilhas Canárias, onde provisionaram as embarcações (Staden, 1974). No dia 24 de novembro, avistaram a costa, após terem passado por perigos. Ao se aproximarem da terra, não acharam o porto nem indício de que haviam nomeado o primeiro piloto da esquadra. Em se evitando riscos desnecessários, por um porto desconhecido, velejaram ao longo da costa, sendo surpreendidos por um forte vento. O medo de o navio ser lançado contra os recifes os obrigou a amarrar tonéis vazios à embarcação. Abrandados os ventos, os viajantes chegaram ao porto de "Superagui" nas proximidades da ilha de São Vicente, onde havia um pequeno povoado (Staden, 1974, p. 55-7).

As explorações feitas no momento seguinte o levaram a desembarcar em outras praias e a acampar, sempre de forma provisória; era feita uma fogueira, cortava-se alguma palmeira e comia-se o palmito (Staden, 1974). Em suas deambulações, Hans Staden passou por paragens ermas e perigosas e em diversas ocasiões padeceu de fome, tendo que "comer lagartos e ratos silvestres e outros animais assim estranhos" que podia apanhar e "também crustáceos, que se prendiam às pedras na água, e outros alimentos igualmente desconhecidos". Quando possuíam mercadorias para trocar, os selvagens traziam víveres suficientes; ao terminar, os índios seguiam para outras regiões. Da mesma forma que os índios desconfiavam dos brancos, Hans Staden não confiava neles (Staden, 1974, p. 64).

Os ventos contrários obrigavam as embarcações a ancorarem no litoral do continente ou em ilhas. Numa dessas ocasiões, ao explorar uma ilha repleta de alcatrazes, fácil de matá-los, porque estavam em época de procriação, Hans Staden e seus companheiros foram em busca de água doce e encontraram ocas abandonadas e cacos de potes cerâmicos, usados pelos índios. Havia no local uma pequena fonte numa rocha que permitiu o abastecimento. A investida fora proveitosa, pois, além da água, levara para os navios muitas gaivotas e ovos, que foram cozidos e consumidos a bordo. Após o naufrágio, vinha o alívio e o desânimo para os sobreviventes. Se por um lado, havia motivos para agradecer a Deus pela salvação, por outro, o medo em relação à terra e aos habitantes persistia. Hans Staden, ao sofrer um naufrágio nas proximidades de Itanhaém, teve sorte ao chegar a uma aldeia com casas construídas "à maneira dos cristãos". Um dos sobreviventes, ao caminhar pela praia, achou o núcleo e narrou aos habitantes locais como haviam naufragado e que estavam desorientados e com muito frio. Solícita, a população hospedou e vestiu os sobreviventes. Durante dias, permaneceram com colonos, até se recuperarem do trauma (Staden, 1974). A hospitalidade não acontecera somente em Itanhaém: ao prosseguirem viagem para São Vicente, os habitantes deste local "dispensaram todas as honras e durante algum tempo nos mantiveram". Os náufragos lá permaneceram, cada um trabalhando para seu sustento, enquanto o capitão do navio buscava condições para dar continuidade ao seu empreendimento (Staden, 1974, p. 71-2).

Vivendo na região de São Vicente, Hans Staden registrou cautela com os tupinambás, duas vezes por ano, quando estes avançavam contra a região dos tupiniquins. Uma das épocas era no mês de novembro, quando o milho amadurecia e havia abundância de mandioca. Nessas ocasiões, as tribos indígenas entravam em confronto, uns abatendo os outros. Ao término da guerra, retornavam para suas tabas e preparavam o cauim. Os inimigos aprisionados eram devorados em ritual e Hans Staden ressaltava: "um ano inteiro antes esperam com alegria o tempo do abate" (Staden, 1974, p. 77).

Muitos foram os que se aventuraram no século XVI e tiveram mais dissabores que alegrias. Os registros escassos dão uma dimensão do que era a aventura pelo mar, cheio de perigos reais e também eivado de uma forte tradição mitológica. Na maioria das vezes, os mitos desapareciam e a realidade se mostrava mais forte e perigosa do que se imaginara.

No século XIX, as embarcações a vela cedem espaço às embarcações a vapor. A viagem passa por transformações, em razão das novas técnicas de marear. Contudo, o ritmo do mar impunha uma cadência única. A viagem através do mar permitia todo o tipo de distração e devaneio. O navio facultava uma vista ímpar, era grande o encanto do mar. A passagem de outras embarcações, de comércio ou do tráfico negreiro, rompia com o ritmo cadenciado da viagem. O que Charles de Ribeyrolles observava era que nem todos tinham uma visão romântica e sonhadora como a dele. No navio que o conduzia, iam portugueses a bordo que não aproveitavam o deleite das paisagens. Estes eram viajantes lusitanos com feições graves, sóbrias e taciturnas, "com o olhar frio e penetrante, ficavam muita vez dias inteiros sem falar, sem ler, sem olhar, sem ver. Creio mesmo que nunca os vi sorrir durante um mês de travessia". Ao anoitecer, a lua despontava em plena luz do equador. A imagem vista do convés era encantadora, como dizia, dessa "loura do céu". Os raios da lua banhavam o mar e o tornavam luminoso; e o mar parecia "ondular sobre um leito de prata". Lamentava que as almas tristes dos lusitanos perdessem muito em não contemplar este cenário. Dando demonstração de curiosidade sobre os demais viajantes, indagava: quem teriam deixado nas suas terras no hemisfério norte? Indagação que não seria respondida. Ribeyrolles demonstrava pelo seu testemunho que a vida a bordo era solitária. Muitos não visitavam a proa temendo o movimento das ondas, tal como o desconhecido que os esperava: "Dores mudas e sagradas da miséria e do coração, que a doce melancolia noturna embala e atenua", escreveu o cronista (Ribeyrolles, 1941, p. 128-9).

A embarcação a vapor em que viajava permitia ver a chaminé fumegante. Os foguistas apagavam as fornalhas e os últimos vapores saíam. Em seguida, a âncora de ferro era lançada. Chegavam a mais uma paragem: a ilha de São Vicente, em Cabo Verde, "último ponto e o último oásis do velho continente". O conjunto de ilhas dava ao promontório um aspecto agradável. Como outros navios do período, a embarcação era pesada, tanto por sua estrutura como pela carga que transportava.

    A viagem prosseguia e todos os viajantes, alegres ou taciturnos, seguiam em direção ao seu destino. Lentamente, as ilhas ficavam para trás e já não se avistavam mais aves. Nenhum navio no horizonte, somente o céu puro, "radioso, profundo. O abismo dorme. Que silêncio nestas altas planuras!" Este olhar sensível e poético revela a percepção diferenciada de Charles de Ribeyrolles. Cada detalhe da viagem poderia conduzir a um devaneio e a uma reflexão sobre a existência humana. O mar suscita a mente para refletir sobre o mundo: "A imensidão está sobre nós, em torno de nós, e nos oprime. O infinito nos absorve. Fala-se em voz baixa" (Ribeyrolles, 1941, p. 133).

    A proximidade das terras meridionais apresentava uma nova imagem, o mar com seus moluscos cintilantes, a luz tropical e o mais desejado "Costa à vista!". O mar existente entre os dois continentes fora transposto e o porto do Recife recepcionava os viajantes. A primeira impressão era agradável, as belas florestas tropicais com os diferentes tons de verde e um aspecto primaveril emergiam em meio às praias e eram um conforto para aqueles que traziam um "olhar fatigado do reflexo das águas". Apesar do calor intenso nas terras tropicais, à noite, com o orvalho, as plantas se recuperavam do sol escaldante. A brisa do mar e as tempestades permitiam um refrigério que revigorava a natureza e os habitantes. A vegetação opulenta do litoral pernambucano era fruto de uma umidade que favorecia a seiva das árvores a correr da raiz para os galhos. Conforme Ribeyrolles, o que hoje apodrecia, amanhã voltava a crescer. A transformação permitia que novos rebentos surgissem, mostrando a força do mundo natural, e para dizer em uma expressão "a lei dos trópicos representa a vida" (Ribeyrolles, 1941, p. 135-6). Entretanto a visão idealizada de Charles Ribeyrolles não foi a única, tampouco a preponderante.

    A tempestade, com ventos fortes, poderia atingir a embarcação à noite, causando muito pânico e momentos inesquecíveis. Thomas Ewbank registrou que, em sua viagem dos Estados Unidos para o Brasil, na metade do século XIX, o navio em que viajava foi apanhado por uma tempestade com chuva de granizo, provocando temor entre os passageiros. Causava-lhe admiração ver a atuação da tripulação para enfrentar a fúria do mar. O quadro parecia dantesco, pois, além do medo dos passageiros, havia os ruídos de aves, porcos e outros animais que também manifestavam à sua forma o temor. O americano registrava que um "gato, desorientado, arranhava e miava" a porta do seu quarto para que o deixasse entrar, até que conseguiu o seu intento (Ewbank, 1976, p. 28).

No dia de Natal, o grupo que seguia junto com Thomas Ewbank, no navio a vapor que se dirigia para o Rio de Janeiro, fez, logo no início do dia, um cântico religioso, na esperança de bom tempo, naquele dia santo. Contudo, as rezas não amainaram o mau tempo. Um forte vendaval movimentou o navio e as ondas avançaram sobre o tombadilho e as chaminés. O navio oscilava com violência, sendo difícil caminhar dentro dele. Ao meio-dia a tempestade continuava, e o navio, segundo Ewbank, era "um pássaro marinho ferido, perseguido por chusmas de demônios do mar", lutando arduamente para escapar. Esta experiência vivida pelo americano era indescritível, pois os movimentos da embarcação davam a sensação de que o navio iria se partir em diversos pedaços. A revolta do tempo amainou e o navio seguiu seu destino. O americano confessava que não conseguia entender como, em meio a condições tão adversas, o cozinheiro preparava o jantar para os passageiros. O copeiro serviu-lhe a sopa, fazendo um movimento de vaivém, num esforço como se subisse uma escada. Na medida em que a embarcação se aproximava do Equador, o clima subia e as chuvas características de verão se faziam presentes. As cabines ficavam abafadas e os beliches também. O aumento da temperatura liberava substâncias frescas "como o queijo e outras provisões"; os odores misturavam-se aos do navio e causavam mais incômodo (Ewbank, 1976, p. 30-1).

Durante a viagem, a distração estava ora no céu ora no mar. As nuvens, o sol, as estrelas e a lua forneciam algum alento para aqueles que acompanhavam o movimento celeste. O mar, por sua vez, oferecia a vista de peixes, baleias e outras espécies marítimas que poderiam ser aprisionadas pelos navegantes. Aqueles que estavam fartos de contemplar a planície de água e o espaço ilimitado do céu se entretinham com as narrativas de alguns viajantes do mar, que mereceram o seguinte comentário de Thomas Ewbank (1976, p. 32): "mas que cortejo de estranhos fatos e incidentes podem as vidas e aventuras de alguns desses enjeitados do mar fornecer!". Ewbank reconhecia que, ao se aproximar das terras da América do Sul, as perturbações do tempo eram menos intensas, sendo possível navegar sem grandes sustos. Para ele:

> Os brasileiros têm aqui um esplêndido cenário para navegação a vapor, estendendo-se por 30 graus de latitude e bordejando um dos mais escolhidos trechos da

terra, relativamente livre de tempestade e onde a severidade dos mares e dos climas do norte é inteiramente desconhecida. (Ewbank, 1976, p. 40-1)

O viajante, em um de seus devaneios filosóficos, afirmou que o oceano era o "mar da vida - um verdadeiro retrato dele." O americano entendia que o oceano era como a vida humana, ambos não estavam livres de agitação. Muitos eram surpreendidos pelos movimentos que o mar ou o devir impunham. O homem era como uma onda que cumpria a sua trajetória:

> Cada onda é o retrato de um homem vivo e de sua breve trajetória. Dentro de pouco tempo tudo o que vive agora desaparecerá e será esquecido, pois não obstante a Fama esforçar-se como sempre por elevar aqui e acolá seus favoritos, em que difere a maioria deles das ondas distantes e solitárias, cujas cristas os golpes de vento ergueram, apenas por um momento, acima do nível geral? Que vácuo escuro é o passado! A respeito das sucessivas multidões de seres humanos que se moveram sobre a superfície da terra, sabemos pouco mais do que as agitações dos antigos oceanos. (Ewbank, 1976, p. 46)

Ewbank registrou um dos infortúnios que se abatera sobre a família do cunhado do proprietário que o hospedara. O casal havia perdido os filhos, e a esposa estava inconsolável. Há alguns anos, ela e os filhos seguiam por mar, do Rio de Janeiro para o Rio Grande do Sul, e a embarcação em que se encontravam foi surpreendida por uma tempestade. A violência foi tanta que o navio se partiu ao meio e todos os que estavam a bordo caíram no mar, excetuando ela e um tripulante. A mãe permaneceu durante doze horas na água até ser levada à praia, sem sentidos. Ao retornar à realidade só se recordava "dos gritos de seus filhos, antes que as ondas os tragassem". Procurou e chamou por eles, mas "Todos os sete tinham sido devorados pelo abismo insondável!" (Ewbank, 1976, p. 193)

Thomas Ewbank advertia, em seu relato, que era impossível dar àqueles que "nunca deixaram a terra firme uma ideia aproximada dos sofrimentos de um viajante às voltas com o enjoo do mar". A alegria inicial que levava o viajante ao porto poderia não acompanhá-lo durante a viagem. Como ele confessava, o temor vinha antecipado e posteriormente seguia "uma sensação estranha no estômago, tão fraca" que pensara num primeiro momento ser apenas imaginação. Novas sensações e temores aconteciam, e o enjoo, que não permitia "controlar-se nem interna nem externamente". Aos poucos, o indivíduo sentia suas faculdades se esvaírem e tudo parecia girar em seu entorno. Diz o cronista que a sensação que se tem é que o "ser parece desmembrar-se, fulgurações elétricas bailam diante de suas pupilas que parecem estar quase a estourar; sente que as suturas do crânio se abrem e que suas vísceras vão escapar; sua alma parece prestes a partir-se". Nesses casos, o acometido deveria repousar; porém, o movimento do navio o fazia movimentar-se e, apático, como afirmou o cronista, torna-se "indiferente à vida e deseja mesmo que ela acabe". Thomas Ewbank menciona que um dos remédios sugeridos foi o de "amarrar fortemente o abdômen com um cordão ou cinta" que, no caso dele, não surtiu efeito. Outra alternativa era que o acometido de enjoo distraísse a atenção "para assuntos distantes" e quisesse que o mal desaparecesse, mas muitos também não tiveram o alívio desejado. A recuperação do enjoo não era certa e havia aqueles que só conseguiam voltar às condições normais quando chegavam à terra firme. Mesmo os marinheiros mais experientes, por vezes, eram acometidos de enjoos e muitos só conseguiam vencer esse desafio depois de muitas viagens (Ewbank, 1976, p. 28). Em 1927, Rudyard Kipling partiu da Inglaterra em direção ao Brasil na busca da beleza da viagem exterior e da viagem interna. Observador atento, foi capaz de compreender a profunda dimensão de uma viagem marítima. A embarcação reunia um grupo de pessoas que por contingências estavam juntas, aguardando um porto seguro ou uma nova chance na vida. Seres diversos, culturas diversas, olhares cruzados. Conhecimento e reconhecimentos que se engendravam. A sociabilidade da viagem promovia contatos superficiais, num movimento de aproximação, mantendo preservada a individualidade. Atores que deslizavam pelo convés, olhando a planície do mar, procurando em suas profundezas passar o tempo. Dias seguidos no mar levavam à reflexão. Entre o sono e as alimentações, pouca coisa restava aos viajantes senão divertir-se. Todos procuravam passar o tempo em atividades mais diversas e Kipling não escondeu que sua maior diversão era poder contemplar os outros se divertindo. Além disso, os encantos do mar, um peixe-voador aqui, outro acolá permitiam a distração.

 A viagem foi compartilhada com homens do gado, café, navegação, óleo, estradas de ferro e demais interesses. Homens que não escondiam suas posses e despendiam seu tempo no entretenimento nos salões. A recreação e o lazer da viagem faziam parte da maneira de viver daqueles que existiam em função do desenvolvimento agrícola. Na embarcação, outros passageiros compartilhavam da mesma viagem em condições menos confortáveis, normalmente espalhados pela proa, desfrutando do ar livre e de uma temperatura agradável. Em Vigo e Lisboa, haviam embarcado imigrantes portugueses e espanhóis, que vinham para o Brasil em busca da riqueza no meio rural e no meio urbano, em franca expansão. A proximidade do idioma, os costumes próximos e um clima convidativo influenciavam na escolha do destino. Muitos fugiam da miséria em seus países após a Primeira Guerra Mundial. Todavia, como Kipling ponderava, "a vida para a qual seguiam, disseram-se, seria igual à que deixavam, com a diferença de que no Sul poderiam enriquecer segundo os próprios talentos" (Kipling, 2006, p. 15).

Kipling, na sua ocupação à busca de beleza, revelava apreciar a alternância dos dias com a noite. Ritmo que uma viagem marítima acentuava. O mar contrastava o azul purpúreo com os raios de sol do amanhecer. Para ele, "os dias rompiam de uma só vez, por inteiro; e a noite mergulhava repentina sobre o pôr do sol; tudo isso tinha sido esquecido há muito tempo para o bem da alma". O despertar do dia era o despertar de sentimentos profundos esquecidos na sua própria alma. Movimento a que precisava se acostumar.

A primeira parada foi em Recife, Pernambuco. O navio ancorou no porto pela manhã e o calor da terra se fez presente. A brisa havia cessado. Um novo dia nascia e o porto já começava a pulsar com uma série de barcos atracados. Vendedores de mangas "rosas e douradas", periquitos verdes em meio a tanques de óleo e armazéns. O viajante registrou a cena, como se pintasse um quadro ou tirasse uma fotografia: "Por trás havia a praia, com palmeiras e bananas legítimas, praticamente imutáveis, e indícios de vilarejos em um promontório arborizado que avançava pelo mar turquesa" (Kipling, 2006, p. 17). A cidade ao fundo, palmeiras e bananas junto com as pessoas em movimento no seu ir e vir davam identidade ao local. Curioso cenário no qual os atores circulavam e Kipling indagou a um homem o que havia achado da cidade. A impressão que este tivera fora positiva. Nas suas palavras: "Este é um lugarzinho muito agradável". A resposta vaga revelava para Kipling certa superficialidade, mas esta poderia ser "uma boa notícia para alguma mãe distante, do outro lado do mar" (Kipling, 2006, p. 19). Os lugares permitem sentimentos dos mais diversos e influenciam os indivíduos.

Klipling, em suas *Crônicas do Brasil*, procurava e registrava as suas impressões de viagem, suas reações no decorrer do deslocamento. Recife foi deixado para trás e o navio seguiu para a próxima parada. Novas emoções. O verde das costas desabitadas enchia os olhos dos viajantes que aportaram em Salvador, na

Bahia. O ritual de pessoas descendo no porto e de outras tantas subindo marcaram a breve paragem. A paisagem da cidade soteropolitana era distinta da de Recife. Sem se preocupar em identificar as diferenças, Kipling (2006, p. 21) expunha sensações, a "impressão de antiguidade e solidez intensificava-se face às [sic] igrejas ancestrais e às casas antigas e serenas". Serenidade era, sem dúvida, uma qualidade que Joseph Kipling possuía. A ponderação do seu olhar não permitia arroubos. Cada momento da viagem era fixado, como se aquela cena única fosse derradeira. O navio zarpou em direção ao Rio de Janeiro, prosseguindo a viagem. A paisagem que Kipling avistou ao longe era um quadro de grande beleza. Uma exuberante vegetação tropical se descortinava sobre um relevo ímpar. A paisagem paradisíaca e teatral se apresentava com toda a sua majestade para recebê-lo. As linhas das montanhas e dos morros preparavam a vista para o grande cenário carioca. Da entrada da barra, passava-se pela Fortaleza de Santa Cruz; no fundo avistava-se a Serra dos Órgãos. A cidade oferecia vistas deslumbrantes. Da embarcação, era possível ver o contorno do litoral na sua grandeza, desde a Ilha das Cobras até o Campo de Santana. Contudo, o recorte inconfundível do Pão de Açúcar chamava a atenção pela grandiosidade, juntamente com o morro da Urca. Para Kipling, era a montanha que guardava os jardins do Rio de Janeiro.

A cidade já ganhava contornos novos com as reformas empreendidas por Pereira Passos. Uma nova malha viária, mais ampla e adequada aos interesses da modernidade, era paulatinamente construída. As vias contornavam o litoral, dando um aspecto ímpar à orla marítima. Se o deleite visual era indescritível, o cheiro da fumaça dos carros rompia qualquer tipo de prazer mais profundo. Os contrastes promovidos pelo desenvolvimento industrial e urbano já se faziam presentes e não poderiam passar despercebidos para a sensibilidade de Kipling.

O fluxo intenso do tráfego na cidade e as buzinas dos veículos que passavam pelo túnel tornavam ruidoso o Rio de Janeiro. Contudo, as ondas "de todo Atlântico Sul alinhavam-se sob as estrelas e dissolviam-se junto às areias de marfim". A calçada que acompanhava a orla marítima era o ponto de encontro e de passeios de muitos frequentadores. As casas, que ficavam à beira-mar, despertavam curiosidade. A capital do Brasil possuía residências que ostentavam o fausto. Os proprietários esmeravam-se em todos os aspectos:

> detalhes, ornamentação, brejeirice, atrativos e curiosidades, a que chamavam de "arquitetura", que suas mentes ou bolsos pudessem atingir. E, apesar de as constru-

ções não se parecerem com nada neste mundo, elas compunham com precisão o
cenário Inexplicável sob os céus que as protegiam. (Kipling, 2006, p. 33)

Kipling procurava compreender o grande enigma dos trópicos, uma sociedade distinta das que conhecera em suas andanças pelo mundo e nem sempre fácil de ser captada com precisão. Para ele, não bastava descrever, o importante era registrar as impressões que tivera.

Era comum que os passageiros, ao embarcarem num navio, procurassem pelo convés algum conhecido que pudesse auxiliá-los a se distrair durante a travessia. O primeiro dia de viagem era triste. Muitos se sentiam mal, enjoavam, outros não estavam preparados para a convivência com pessoas tão diferentes. Com o decorrer dos dias, pequenos grupos se formavam e amizades eram feitas, amenizando o tédio. As paradas durante a viagem permitiam passeios em terra firme, sendo altamente desejados nas longas viagens. O dia nas embarcações demorava a passar. A leitura, jogos, músicas e outras atividades serviam para distrair os viajantes. Para aqueles que viajavam com mais recursos, havia festas a bordo, que poderiam ser representações dramáticas, cômicas, bailes e músicas, bem animados. Porém, esses entretenimentos não possuíam o brilho das festas em terra firme.

O viajante era uma testemunha privilegiada. Dependendo do perfil, a atenção era voltada para os indivíduos, procurando compreendê-los, e para os rituais sociais na sua essência, sem superficialidades. No dia 29 de junho de 1814, Georg Wilhelm Freireyss deixou o Rio de Janeiro e apanhou uma barca na praia dos Mineiros para o porto da Estrela, local onde as mercadorias eram armazenadas para serem enviadas às Minas Gerais. Freireyss, depois de uma hora de viagem com vento fresco, deixou a cidade para trás e dizia que:

> alegra o viajante o espetáculo majestoso da barra, com seus navios entrando e saindo: mas isso também logo cessa, escondido por novas ilhas, enquanto a barca sulca as turvas águas do brejoso Rio Inhomirim, que serpeia por entre ribanceiras baixas e lodosas, cobertas de arbustos e taboa, e onde pequeninos mosquitos (Culex) molestam o viajante, que nem é protegido pela fumaça do fogo aceso na barca. (Freireyss, 1982, p. 17)

O Porto da Estrela era um "lugarejo miserável, com umas cinquenta casas". Na localidade, não havia nenhum conforto para o viajante, como observou Georg

Wilhelm Freireyss. Este, para evitar transtornos, preferiu pernoitar no meio do caminho, na fazenda do ministro de Estado, Sr. Araújo, deixando sua bagagem seguir por diante. No dia seguinte, partiu às três horas da manhã seguindo por um caminho difícil, cercado de campos cultivados. A sensação de caminhar em meio à floresta escura, com os seus ruídos, foi registrada por ele. A lua iluminava de maneira suficiente os caminhos e os objetos à margem dele, "de todos os lados chegavam-nos os gritos de animais desconhecidos, dos brejos próximos saía o silvo do jacaré", animal que poderia chegar a ter 15 pés de comprimento, "mas que não é perigoso para o homem". O amanhecer apagava os ruídos dos animais noturnos, e os pássaros, "alguns com plumagem esplêndida, apareceram então nas árvores vizinhas, enquanto outros, de cores mais modestas, saudavam com seus cantos o romper do dia". No percurso, a primeira fazenda era a do Córrego Seco, no alto da serra. Logo em seguida, passava-se por lavouras e chegava-se à fazenda do padre Correia, em cujas terras havia "plantações de milho, algodão, marmeleiros, pessegueiros e macieiras". Segundo Freireyss, o solo e o clima eram favoráveis a essas culturas e o padre lucrava com sua produção comercializada no Rio de Janeiro, ressaltando que fazia com isso um alto negócio, "mas nem assim achou ele imitadores" (Freireyss, 1982, p. 18-9). A próxima parada da viagem foi em Sumidouro, cujo caminho foi feito às margens do rio Piranha, "cujas águas, leves," deslizavam entre barrancos altos e formavam várias cachoeiras. Georg Wilhelm Freireyss foi recebido por um amigo que o recepcionou de forma cordial, mesmo depois de haver comunicado a resolução de esperar pelo seu companheiro Wilhelm von Eschwege. Freireyss ficou surpreso com tanta hospitalidade, afirmando: "Eu já devia hospitalidade a essas boas pessoas e ainda uma vez deram-me a mais bela prova desta virtude, porque, apesar de ter-me demorado ali durante um mês inteiro nada quiseram aceitar pelos mantimentos, lavagem de roupa etc." Ressaltava que a hospitalidade era "própria dos brasileiros"; porém, pelas estradas que conduziam a Minas Gerais, não era comum a prática da hospitalidade, e por isso o estrangeiro ficava muitas vezes "sujeito às mais exorbitantes exigências" nos lugares em que pousava. Isto poderia ser evitado se o viajante levasse consigo o "trem de cozinha" e, onde quisesse pernoitar, mandasse a sua gente "preparar a carne seca e o feijão-preto". Estes eram os alimentos consumidos, em vez de pão. O uso da farinha de mandioca era difundido por todo o Brasil, exceto nas Minas, onde havia um grande consumo de farinha de milho. Nas casas das pessoas mais simples, a farinha de mandioca se constituía no único alimento, "alguns pratos de farinha sobre a mesa ou num balainho, donde cada um se serve com os dedos, arremessando, com um movimento rápido, a farinha na boca, sem que a mínima parcela caia para fora" (Freireyss, 1982, p. 19-20). Em locais muito isolados, não havia entretenimentos, uma vez por outra passava um tropeiro que rompia a dinâmica do cotidiano. Georg Wilhelm Freireyss, durante a sua estada na região, afirmou que não havia pessoas para se distrair e que tal situação era mais percebida quando as tempestades o impediam de fazer as suas explorações.

Georg Wilhelm Freireyss também registrou que, após as longas marchas, as mulas eram soltas para pastar. Ao final da tarde, elas retornavam para comer o milho, que era dado "em um saquinho adaptado ao pescoço" e no qual mergulhavam o focinho, voltando aos pastos em seguida para passarem a noite. Na manhã seguinte, se não fosse tomado o cuidado necessário, as mulas ficavam espalhadas pelos matos, podendo-se perder muito tempo à procura dos animais, que se escondiam nas moitas ou voltavam para o pouso anterior, às vezes léguas distante. Frequentemente, os viajantes ficavam parados durante dias, por este motivo; caso contrário, a viagem prosseguia sem maiores demoras (Freireyss, 1982, p. 21).

As viagens eram normalmente tranquilas quando os animais eram mansos. Porém, se houvesse alguns mais chucros, o tropeiro tinha que tomar cuidado, pois estes poderiam disparar. O animal seria encontrado, pois eles sempre "corriam para diante", mas o problema estava com a carga, pois esta poderia ser danificada. Mediante esta possível situação, Georg Wilhelm Freireyss aconselhava o viajante, "principalmente estrangeiro", que não viajasse em animais seus, e que não acreditasse na afirmação dos tropeiros de que os animais eram mansos, pois ele próprio quase perdera toda sua coleção de insetos por causa disso. Segundo ele, o viajante no Brasil teria que lutar com as dificuldades ocasionadas pela falta de estradas e de população. Em muitas localidades, o perigo não eram somente os animais ferozes e as cobras venenosas, mas também os selvagens. Freireyss entendia que era indispensável ao viajante, que tivesse a intenção de fazer uma coleção de história natural, arranjar pelo menos quatro mulas e um bom tropeiro que soubesse lidar com os animais e que também já tivesse feito viagens (Freireyss, 1982).

Na bagagem, além dos elementos indispensáveis, era prudente sempre ter um animal sobressalente, pois, avançando pelo interior, ele poderia ser necessário para carregar as provisões compradas na povoação, que eram em grande quantidade, até chegar à próxima parada. Entre os materiais a serem levados, havia a pólvora, o chumbo, as espingardas, os utensílios de cozinha, uma rede e as ferramentas necessárias para ferrar os animais e consertar os arreios. Por vezes, era difícil encontrar pelo interior os objetos de que se necessitava; por conseguinte, era preciso precaver-se. Georg Wilhelm Freireyss dizia que uma boa espingarda de dois canos era de grande valia; com ela era possível afugentar os selvagens que, ao verem sair "dois tiros sem ter-se carregado de novo", imaginavam que se podia atirar sempre sem carregar, o que lhes causava grande medo e afirmava que: "no começo, antes de eu ter cativado a sua confiança, muitas vezes foi-me útil". Para Georg Wilhelm Freireyss, era sempre melhor fazer viagens curtas, de três a quatro léguas, que poupavam os animais e permitia ao viajante, em especial aos naturalistas, fazerem mais observações. Por outro lado, o viajante teria que pernoitar algumas vezes ao relento, sempre escolhendo um bom pasto para os animais. As cargas eram empilhadas e cobertas com couro de boi. Para preparar a refeição, eram necessários "três paus unidos pelas pontas e fincados no chão", formando uma tripeça, em cujo centro se dependurava o caldeirão, com o fogo aceso por debaixo. A rede era atada a duas árvores e, caso estivesse chovendo, estendia-se um "couro de boi sobre uma corda por cima da rede de modo a cair de ambos os lados em forma de um telhado sobre a rede, que assim fica resguardada da chuva". Durante a noite, a fogueira ficava acesa para aquecer os viajantes e afugentar os animais ferozes. Caso, nas imediações, não houvesse aborígenes nem escravos fugidos, não era necessário fazer sentinela à noite, "porque os roubos são extremamente raros no Brasil". Caso fosse possível, o melhor seria escolher uma fazenda para pouso (Freireyss, 1982, p. 23). Freireyss dizia que outro risco para o viajante eram os rios, sem pontes, cortando e dificultando a travessia. Neste caso, a tropa teria que procurar uma passagem em que o rio fosse mais raso ou teria que encontrar canoas que fizessem o percurso. Por este motivo, era mais adequado empreender viagem entre os meses de maio a novembro, mais secos que os demais meses na região do Rio de Janeiro. Além disso, entre os meses de dezembro e abril, as chuvas intensas tornavam os rios mais caudalosos e perigosos.

Rugendas, por sua vez, ao descrever as condições que um viajante enfrentava nas investidas pelo interior, ofereceu informações importantes sobre a acomodação e a alimentação no decorrer do percurso. Ele aconselhava ao viandante levar tudo de que precisasse ou que pensasse precisar. Era adequado portar consigo o estritamente necessário; caso contrário, a soma das despesas seria pesada. Nos caminhos havia, em algumas localidades, edifícios construídos à beira das estradas mais frequentadas, que acomodavam os viajantes. Nas vilas maiores, era possível encontrar forragem para os animais e uma hospedagem com "um leito e grosseiros alimentos para o viajante". Contudo, essas situações eram raras e, na maioria das vezes, ao final da jornada, era formado um rancho, "espécie de hangar onde homens e bagagens estão ao abrigo da chuva e às vezes do vento". Esses abrigos eram encontrados nas vizinhanças das fazendas, nos quais seria possível obter forragem e alimento fresco. Em alguns locais, próximo ao rancho, havia uma venda, segundo o autor, onde se podia adquirir milho, farinha de mandioca, feijão, toicinho, carne seca e aguardente inferior. Como esses locais não eram tão comuns, o mais prudente era que o viajante carregasse provisões para alguns dias. Outra indicação importante era que levasse uma rede, que era "preferível a outros tipos de leito" e tinha as vantagens de ser leve, fácil de transportar e de armar. Segundo ele, o viajante se encontrava mais bem garantido contra os insetos e outros animais capazes de perturbar-lhe o repouso noturno. Era conveniente tomar precauções, pois, ao se deitar no chão, corria-se o risco de ter serpentes como companhia, como afirmava Rugendas (s.d., p. 27-30): "deitar-se no chão é tanto mais perigoso quanto as serpentes gostam do calor e de bom grado se enfiam embaixo das cobertas". Se não tocadas, as serpentes não atacavam, porém o risco de ser mordido era grande e havia espécies que possuíam venenos mortais. No que tange aos alimentos, o viajante deveria provisionar milho para os animais e para si próprio. Além desse recurso, deveria ter na bagagem feijão-preto, farinha de milho ou de mandioca, carne seca e toucinho. Estes eram os elementos da dieta do tropeiro que poderiam ser consumidos durante dias seguidos. A possibilidade de obter carne fresca era difícil, a não ser em locais em que os colonos tivessem recursos. O viajante ficava dependente da cordialidade dos colonos, que poderiam fornecer alimentação abundante sem exigir qualquer pagamento.

Mediante o quadro apresentado, Rugendas reforçava que era preciso que o estrangeiro se adaptasse aos costumes do país e não se opusesse sem necessidade a opiniões, pretensões ou preconceitos dos habitantes. A prudência era necessária, bem como a educação, principalmente num país que, em geral, não apreciava os estrangeiros, os europeus menos que os outros, e onde, por muitos motivos, desconfiava-se deles. Para ele, os brasileiros não demonstravam imediatamente a sua desconfiança, porém, no decorrer das interações cotidianas, era possível notar que o estrangeiro "foi apenas tolerado". Apesar de os brasileiros serem censurados por esse tipo de comportamento, Rugendas entendia que a desconfiança não era totalmente injustificável. Alguns europeus que vinham para o Brasil para trabalhar nos órgãos públicos e no comércio, tendo como objetivo fazer fortuna, não tinham nenhum amor pelo país nem pelos habitantes e demonstravam muito orgulho, normalmente se afastavam da população local. No que dizia respeito às despesas de uma viagem ao Brasil, Rugendas afirmava categoricamente que eram "muito menores do que se poderia imaginar". A estada no Rio de Janeiro era cara, comparável a alguns locais da Europa. Todavia, no interior, feitas as despesas com a aquisição de bestas e cavalos, com as provisões de mantimentos e demais objetos necessários para a viagem, o custo não era elevado, sendo possível viajar durante semanas, meses inteiros, sem que se apresentasse a oportunidade de uma despesa considerável. Dependendo do foco da viagem, os custos poderiam ser maiores, como a viagem de naturalistas, que deveriam ter gastos elevados para conservar e transportar as coleções, além de a comitiva e o total de animais serem em número maior, incrementando os gastos.

As tropas que seguiam da região de Minas Gerais, Goiás e Cuiabá para o litoral faziam que alguns núcleos se desenvolvessem, e neles era possível usufruir de alguma comodidade, como era o caso de Barbacena que, por ocasião da visita de Rugendas, tinha mais ou menos trezentos fogos (núcleos de habitação). No povoado, havia uma grande igreja e várias capelas, circundadas por inúmeras plantações. Se nesses locais era mais fácil obter melhores condições de acomodação e alimentação, o viandante não estava isento dos perigos. Os ladrões infestavam a estrada que ia do Rio de Janeiro à cidade, sendo que "alguns pertenciam mesmo a famílias abastadas". Rugendas (s.d., p. 32) registrou que, nas proximidades da fazenda Mantiqueira, havia uma cruz que indicava "lugar onde esses malfeitores costumavam atacar os viajantes". Os assaltantes levavam as vítimas para a floresta e "os matavam, bem como a todos os seres vivos que estivessem com eles, deixando-lhes, entretanto, a escolha do gênero de morte: uma punhalada no coração ou o corte de veias". Segundo ele, essa situação aconteceu diversas vezes, comprovada pelo desaparecimento de pessoas. Além disso, um dos criminosos, ao morrer, confessou a prática dos crimes e denunciou os comparsas, levando as autoridades ao local em que eles foram cometidos. Ali foi encontrado "grande número de cadáveres e de esqueletos de homens e animais. Muitos bandidos foram presos e condenados à morte, outros deportados para Angola. Desde essa época a estrada do Rio de Janeiro a Vila Rica é bastante segura e é extremamente raro ouvir dizer-se que algum viajante tenha sido espoliado ou assassinado".

Hercules Florence, acompanhando a expedição de Langsdorff, deixou a cidade do Rio de Janeiro em 3 de setembro de 1825. A sumaca, chamada *Aurora*, rapidamente chegou a Santos e o artista francês manifestou que a viagem não fora confortável, pois o barco era acanhado e, além das bagagens e cargas dos membros da comitiva, "transportava 65 escravos, negros e negras, recentemente introduzidos d'África e todos cobertos duma sarna, adquirida na viagem, que, exalando grande fétido, poderia nos ter sido nociva, caso durasse mais o contato a que ficamos obrigados e fora a atmosfera calma e parada" (Florence, 1977, p. 1). A natureza agiu favoravelmente, fazendo soprar ventos fortes e, em pouco mais de quarenta e oito horas, o porto de Santos, no litoral paulista, foi alcançado. Em seguida, partiu para o interior de São Paulo, permanecendo alguns dias em Porto Feliz.

Hercules Florence, acompanhado de Francisco Álvares, sua família, o capitão-mor e o juiz, dirigiu-se para o porto, onde achou o vigário, devidamente paramentado, a fim de abençoar a viagem que faria de Porto Feliz à cidade de Cuiabá. Como era costume, o grupo de viajantes foi rodeado de pessoas que vieram assistir ao embarque. Parentes e amigos faziam as despedidas, marcadas por lágrimas e juras das mais diversas. Os passageiros tomaram lugar nas canoas e estas seguiram sob tiros de mosquetes. Para trás ficavam as lembranças de um convívio "com gente boa e afável e de passar vida simples e tranquila" (Florence, 1977, p. 22). Após algumas léguas de viagem, foi necessário aproar. As canoas estavam carregadas e foi preciso redistribuir o excesso de peso. Feita a operação, as embarcações seguiram, mas já era tempo de acampar para passar a noite. Tendo em conta que o percurso seguido era pequeno, Francisco Álvares propôs que voltassem ao povoado. Hercules Florence, Riedel e Taunay aceitaram e assim procederam, mas se perderam no caminho. Chegaram à casa já indo a noite avançada e foram recebidos com alegria. Na manhã seguinte, seguiram de novo para o local onde estava a embarcação para prosseguir a viagem (Florence, 1977, p. 28).

Charles James Fox Bunbury, depois de retornar da viagem a Buenos Aires, iniciou os preparativos para visitar a região das Minas Gerais. Para tanto, comprou quatro mulas, uma para ele, outra para o seu empregado e mais duas para carregar a bagagem. Os preços foram elevados, mas valera a pena porque os animais eram fortes e devidamente adestrados, o que lhe evitou inconvenientes com "mulas mal ensinadas", das quais a maioria dos viajantes brasileiros tinha se queixado (Bunbury, 1981, p. 51). O próximo passo foi a compra de selas, arreios, cangalhas e outros artigos necessários. Para ele, o valor dos apetrechos era elevado, podendo dizer, "sem exagero, que me teria sido possível viajar confortavelmente metade da Europa com o que me custaram os simples preparativos desta viagem no Brasil". A viagem teve início seguindo pela praia, depois cruzando a baía e passando perto de suas pequenas ilhas. No percurso, pequenas propriedades exibiam árvores frutíferas em seus quintais. Após um período de cinco horas, ele e seu companheiro chegaram ao rio da Estrela, um pequeno riacho que desembocava na baía. O calor fazia da região uma verdadeira estufa. A embarcação seguiu pelo rio até chegar ao porto da Estrela, com uma "extensa e dispersa" aldeia. No local, houve uma demora significativa, enquanto as mulas eram carregadas e, por fim, tomaram o caminho terrestre por uma planície que ele visitara anteriormente. O caminho era adequado pelo calçamento até o cume, mas depois a estrada era "irregular e só transitável por mulas". Na primeira noite, eles se hospedaram numa venda, cujo proprietário se chamava José Dias, conseguindo ali um bom jantar, constituído de "um frango com arroz". Charles James Fox Bunbury, fazendo um adendo ao seu relato, mencionou que essa alimentação era a mais fácil de ser obtida em qualquer região, mas nem todos os vendeiros atendiam com a cortesia de José Dias.

Charles James Fox Bunbury, estando de partida para Catas Altas, percebeu que uma das mulas havia sido mordida na perna por algum bicho e perdera muito sangue. O guia assegurou que o animal fora mordido por um morcego, que era comum nessas partes. Pelo que soubera, esses animais "causavam muitos estragos, chupando o sangue dos cavalos, das mulas e do gado" (Bunbury, 1981, p. 70). Felizmente, no caso da mula, o prejuízo não tinha sido grave e a viagem prosseguiu. Durante sua estada em Gongo Soco, Charles James Fox Bunbury aproveitou para visitar a cidade de Caeté, distante cerca de duas léguas. Foi acompanhado de amigos, com a intenção de visitar um senhor brasileiro. A cidade estava localizada no vale entre duas colinas de aparência estéril. O amigo brasileiro, que recebeu Bunbury e seus acompanhantes, foi extremamente cortês. Contudo, mesmo ele sendo um dos homens de maior destaque na província, a sua "casa deixava muito a desejar em matéria de ordem e conforto, para não falar em luxo, e suas maneiras eram mais cordiais do que polidas". Ele revelava ter alguns conhecimentos: lia em francês e possuía alguns livros de mineralogia e uma coleção de minerais. Em seu jardim, Bunbury ficou "surpreendido de não ver quase outra coisa senão as plantas, mais comuns dos antigos jardins da Inglaterra, tais como malmequeres, malvas e asteres da China". Às duas horas, o anfitrião os convidou para o almoço, que "consistia de uma grande variedade de pratos, pela maior parte de legumes, e pouco apropriados ao paladar inglês, sendo todos muito gordurosos e fartamente temperados com cebola e alho". Essa fartura, se por um lado demonstrava a hospitalidade do anfitrião, por outro causava problemas aos viajantes. Segundo o costume brasileiro, era polido que se provasse de todos os pratos. Bunbury (1981, p. 90) confessou que, com um repasto como aquele, ele "já estava meio enjoado" antes de terminá-lo.

Alcides Dessalines D'Orbigny, vindo da Bahia e passando por Goiás, chegou à linha divisória do distrito Diamantino, na ponte do rio Manso, afluente do rio Jequitinhonha. No local, existia um posto de milicianos, que impediu a sua passagem, situação que só foi resolvida depois que o governador mandou o salvo-conduto para que chegasse a Tijuco. Esta cidade, situada na encosta de um morro, tinha ruas largas e limpas, "porém mal calçadas"; quase todas eram ladeiras. As casas foram construídas com paredes de adobes e cobertas de telhas, muitas delas caiadas e bem conservadas. D'Orbigny visitara uma propriedade e dizia que as paredes internas dela eram bem cuidadas, possuindo tetos de madeira pintada. Os aposentos eram mobiliados com tamboretes de couro cru, "cadeiras de encosto, bancos e mesas". Nas casas, havia comumente um quintal com bananeiras, laranjeiras, pessegueiros, figueiras e legumes. Tijuco se destacava pelas igrejas e capela, algumas bem ornamentadas e preservadas. Os prédios da câmara e cadeia não se destacavam pela beleza arquitetônica. A edificação que abrigava a contadoria era de fachada irregular, mas comprida, e servia também como residência do governador. Nessa cidade, a água era excelente, sendo fornecida "por pequenas fontes que nascem no morro e que alimentam chafarizes públicos e bicas particulares." Além disso, era uma cidade que tinha um comércio ativo e bem servido de mercadorias europeias, "quase todas de fabricação inglesa". D'Orbigny destacou que havia lojas, nas quais se vendiam chapéus, artigos de mercearia, quinquilharias, louças, vidros e outros artigos de luxo. O que impedia que o comércio tivesse maior dimensão era o transporte, nas costas de mulas, que encarecia muito esses artigos (D'Orbigny, 1976, p. 135).

Alcides Dessalines D'Orbigny, em suas andanças por Minas Gerais, avistou uma tropa que cruzava desfiladeiros de montanhas. O aspecto das tropas era pitoresco e singular. O rosto era moreno e de fisionomia característica, usavam grandes chapéus e calças colantes. Os tropeiros também portavam um xale atirado sobre o ombro ou enrolado na dianteira da sela. As mulheres que acompanhavam as tropas usavam saias de montar e chapéus leves e enfeitados. Era diferente observar as longas filas de mulas carregadas, transportando todos os tipos de artigos (D'Orbigny, 1976, p. 143). Segundo Alcides Dessalines D'Orbigny, os mineiros preferiam morar nos campos a morar nas cidades. Normalmente, eles só iam às aldeias aos domingos, nos demais dias as suas casas ficavam fechadas. A população era "composta de gente de cor", vendeiros e trabalhadores. Eles, na maioria das vezes, não tinham outra necessidade "a não ser deitar-se despreocupadamente, sem fazer coisa alguma". Quando essas pessoas tinham farinha, "um pouco de feijão e algumas abóboras, seria inútil oferecer-lhes dinheiro para trabalhar". A diversão deles era um torneio, tipo cavalhada, que era celebrado em Pentecostes e também a dança conhecida como batuque, que D'Orbigny dizia "que mal é decente mencionar". Contudo, em um aspecto revelavam habilidade, que era o dos trabalhos manuais, similares aos feitos pelos "melhores operários europeus".

Na região amazônica, as condições de viagem não eram das melhores e exigiam dos viajantes muitos sacrifícios. Porto dos Miranhas era uma aldeia miserável para Alcides Dessalines D'Orbigny, conforme o registro feito por Spix. As casas situadas no meio da floresta não rompiam com a monotonia de quem navegava pelo rio Japurá. Nessa região, moravam aproximadamente cinquenta índios "sob a autoridade de um chefe, que, de acordo com os hábitos dos chefes indígenas, tomara um nome cristão, provavelmente sem ter sido batizado". Chegando ao porto, as canoas foram rodeadas pelos indígenas dando gritos estridentes. Como ele, muitos viajantes registraram o medo de navegar pela região da bacia amazônica. Se a natureza promovia um espetáculo magnífico, o volume das águas e a imensidão dos rios causavam receio. O poder da floresta era mais forte que em outras regiões, fazendo que o homem se sentisse mais fraco. O mundo natural intocado era acompanhado por um estágio selvagem dos habitantes locais. A desordem natural promovia tanta angústia como a vivida por alguns aventureiros e exploradores que chegaram à América no século XVI. Conforme Alcides Dessalines D'Orbigny (1976, p. 56):

> O aspecto da região, selvagem e desordenado, mostra bem que a mão do homem nada retirou nem acrescentou àquela vegetação, que seus pés não pisaram aqueles

fetos, que ele não disputou aquelas abóbadas de folhas aos animais quadrúpedes e aves que a habitam.

As cachoeiras, apesar de sua beleza indescritível, geravam medo, por se constituírem um obstáculo à navegação. O rio Amazonas tinha uma correnteza rápida e era marcado por uma quantidade significativa de pequenas ilhas. Não era possível avistar as duas margens do rio ao mesmo tempo, principalmente na época das enchentes que multiplicavam o volume das águas. Naquela região, preponderavam as embarcações tipo piroga, feitas a partir de um tronco de árvore, que era escavado e reforçado em suas estruturas por traves, atingindo comprimentos variados que poderiam ter ou não velas (D'Orbigny, 1976, p. 70).

Em outro momento, Alcides Dessalines D'Orbigny, depois de sua estada na Bahia, partiu em companhia de alguns comerciantes que iriam fazer uma viagem de negócios à região das Minas. Navegaram pelo rio Paraguaçu, até Cachoeira, entreposto que contava com mil casas e 10 mil habitantes. Daquele ponto em diante, era preciso abandonar o rio, pois a navegabilidade ficava comprometida e iniciava-se uma viagem a cavalo. O trajeto era feito por uma região povoada e com extensões de terra cultivadas, e em alguns trechos havia matas. Passava-se por Pedra Branca, que era um povoado formado a partir de tribos de cariris e sabuias. Esses índios eram de "estatura média, bastante esbeltos, mas pouco robustos", passavam o dia a atirar zarabatana e foram vistos por D'Orbigny como "indolentes e despreocupados". Às vezes, matavam e furtavam o gado das fazendas, não se importando com o tipo de punição que receberiam. Cultivavam milho e banana, por obrigação. Contudo, possuíam habilidade para trançar fios, redes ou cordas e faziam objetos de cerâmica. O caminho conduzia os viajantes para uma região mais árida. Em Rio Seco, era preciso atravessar uma área montanhosa, cada vez mais acidentada e marcada pela escassez de água; era uma "zona ingrata". Os habitantes daquele local tinham que resistir à vida difícil, pois não era possível praticar a agricultura, restando apenas procurar em outras localidades os recursos para sobreviverem. As fazendas eram miseráveis e suas únicas fontes de água eram um açude ou uma cisterna (cacimba) (D'Orbigny, 1976, p. 109-10). Alcides Dessalines D'Orbigny afirmou que, até o limite da Bahia com Minas Gerais, o viajante poderia seguir, pois nada tinha a temer, com respeito a si mesmo. O número de propriedades possibilitava alimentação fácil aos viajantes.

O único cuidado que se deveria ter era o de levar "várias mulas de muda"; caso contrário, corria o risco de ficar sem animal durante o percurso. Além disso, havia problema com água e forragem: quase sempre, nos pousos do caminho, e, quando os animais morriam – o que acontecia frequentemente –, ficava-se à mercê da benevolência e da generosidade dos sertanejos. Alcides Dessalines D'Orbigny, quando seguia da Bahia para Minas Gerais, parou para examinar uma rocha calcária, "semeada de fragmentos metálicos e de piritos sulfurosas". Enquanto explorava o local, um animal semelhante à doninha apareceu e depois se afastou, para atravessar a montanha. D'Orbigny abaixou para apanhar uma pedra para atirar no animal e este, por instinto, levantou as costas e afastou as coxas, lançando contra ele "fluido esverdeado, com um cheiro pestilento". O odor era insuportável, fazendo que por alguns instantes ele perdesse os sentidos e ficasse impossibilitado de perseguir o animal. O fedor que ficou sobre sua roupa foi tão repugnante que nunca mais pôde usá-la. O animal era uma jaritataca, cujo líquido lançado poderia produzir até a cegueira. A espécie era comum na região, mas os naturalistas tinham dificuldade de caçá-lo, pois os cães, quando atingidos pelo líquido, não se atreviam mais a perseguir o animal e os sertanejos também não perseguiam o animalzinho, "aliás inocente em tudo mais" (D'Orbigny, 1976, p. 112).

A viagem por regiões desconhecidas e sem uma infraestrutura adequada impunha a improvisação e a tolerância. O deslocamento, antes de ser seguro, era uma aventura desconhecida; pois, nas regiões mais interioranas, nada era previsível e os viajantes, ao interagirem com a natureza, eram forçados a constatar a debilidade humana, numa nação cuja história era tão desconhecida como a natureza que ela preservava.

Charles Ribeyrolles, em sua obra *Brasil pitoresco*, referiu a dificuldade de um viajante europeu para compreender a história do Brasil. Para ele, o passado da nação era "um desses problemas, um desses enigmas imersos em escuridão. As origens são obscuras. Os afluentes misturam-se. Todas as raças se encontram. As fábulas abundam. É a floresta nos tempos" (Ribeyrolles, 1941, p. 118). Não era fácil delinear a conquista das terras brasileiras. Uma terra que, antes da conquista portuguesa, era um "caos, a noite" e apesar de já terem se passado mais de três séculos, continuava a ser um "infinito onde brotam as flores". Pelo seu olhar é possível ver como alguns viajantes se sentiram na longa travessia do Atlântico: "o mar sem praias, sem ilhas, sem portos nem barcos de pescadores, nem gaivotas brancas, o oceano monótono é o grande deserto e o grande silêncio". A embarcação era um cativeiro triste e marcado pela "solidão". Ribeyrolles registrava assim a sua sensação; apesar de o navio estar lotado de passageiros dos mais diferentes ofícios, não havia possibilidade de interações, como na Europa, ou como ele próprio afirmou, "havia um pouco de tudo, como nas grandes hospedarias" (Ribeyrolles, 1941, p. 126).

Em terra, Johann Jakob von Tschudi notou que os negros que os acompanhavam durante a viagem haviam esquecido o dito popular "devagar se vai ao longe". Eles fizeram que os animais andassem em passo acelerado, em razão dos festejos domingueiros que aconteciam na região e a que eles desejavam assistir. O resultado foi que as mulas ficaram exaustas, antes de chegarem ao destino. Isto obrigou o grupo a seguir mais devagar, porque "as bestas já iam caindo pela estrada". A diminuição da velocidade dos muares fez que alguns escravos "impacientes e irritados com esse vagar" os maltratassem "com chicotes e longas varas os pobres animais, procurando assim apressar a marcha". A pressão exercida sobre os muares só fez que elas tombassem a cada passo ou parassem pelo caminho. A situação só ficou resolvida quando Johann Jakob von Tschudi advertiu os escravos pela brutalidade que estavam praticando.

Já era noite fechada quando Johann Jakob von Tschudi chegou ao trapiche perto da cidade de Campos, Rio de Janeiro. Ali havia uma "balsa muito prática, presa a uma corda aérea"; nesse transporte, era possível acomodar um número regular de animais de carga. Em meio a gritos e chicotadas, os escravos embarcaram os animais e, após meia hora, ele já estava seguindo pelas ruas mal iluminadas da cidade (Tschudi, 1980, p. 19). Johann Jakob von Tschudi visitou Santos, saindo do Rio de Janeiro no vapor *Piratininga*. Após passar pelas exigências policiais e alfandegárias, a embarcação deixou a baía em direção ao litoral paulista. As viagens poderiam ser prazerosas, se no decorrer delas se encontrasse algum amigo, o que poderia permitir uma conversa agradável. Porém, havia também companheiros de viagem desagradáveis, que, para Tschudi, eram os "judeus alsacianos" sendo, infelizmente, difícil nas "linhas mais frequentadas, ver-se uma pessoa livre deles" (Tschudi, 1980, p. 123).

A viagem de Johann Jakob von Tschudi até Santos durou 28 horas. Chegando à cidade o viajante pernoitou e, no dia seguinte, comprou uma mula, uma sela e alugou bestas de carga, para dirigir-se a São Paulo. Tschudi seguiu pela estrada para Cubatão, observando que as condições daquele trecho tinham melhorado sensivelmente, pois, dois anos antes, fizera o mesmo trajeto e a localidade estava em piores condições (Tschudi, 1980). Tschudi, em companhia de um criado e de um guia montado, foi em direção a Jundiaí. Passou pela região das Águas Brancas (atual bairro da Água Branca) e depois pela aldeia onde havia uma pequena igreja em evocação a Nossa Senhora do Ó (atual Freguesia do Ó). Pelo caminho, deparou-se, no sentido contrário, com uma disparada desenfreada de mulas. Os tropeiros tentavam acalmar os animais, mas eles vinham em completo desarranjo, velozmente. Não restou a ele nem aos seus acompanhantes outra coisa senão se afastarem do caminho, "onde poderia ser esmagado por esta tropa em desordem". Este tipo de encontro era perigoso, principalmente quando as estradas eram estreitas e havia barrancos. Em outra ocasião, Tschudi passaria pelo mesmo aperto. Para se livrar dos avanços dos animais desorientados, ele teve que se proteger, ficando atrás do seu animal (Tschudi, 1980, p. 131).

Após horas de marcha sentindo muito frio, Johann Jakob von Tschudi chegou a Jundiaí. A localidade não possuía nenhum "albergue aceitável". Foi obrigado a prosseguir até alcançar a ponte sobre o rio Jundiaí, onde, conforme lhe informaram, havia uma hospedaria muito frequentada. No passado, a região fora importante produtora de cana-de-açúcar e havia uma atividade comercial significativa na região de Sorocaba, onde se comercializavam mulas e bons lucros. Porém, o declínio da região era sensível e a atividade cafeicultora não havia se instalado plenamente na cidade, só ganhando novo impulso com a chegada da estrada de ferro. Na hospedaria que lhe fora indicada, as acomodações eram boas: "camas limpas e comida regular". O proprietário era um português, conhecido pela alcunha de Barão da Ponte, pela sua gentileza (Tschudi, 1980, p. 132-3).

Johann Jakob von Tschudi também visitou Campinas e teve que se hospedar na casa do farmacêutico Dr. Georg Krug. A cidade, uma dais mais importantes da província de São Paulo, "não possuía sequer um hotel". Campinas, até pouco tempo, não era tão importante como naquele momento, pois vivia do cultivo da cana-de-açúcar. Depois que os fazendeiros começaram a introduzir a cultura do café, houve prosperidade e a vila passou a ser cidade em 1840 (Tschudi, 1980, p. 158). Ao voltar de Campinas, Tschudi encontrou um viajante que montava um animal cansado. Este iniciou a conversa e contou que vinha da Bahia por terra, a fim de liquidar negócios. Tschudi imaginou que o negócio seria uma "leva de escravos que ele contrabandeara para vendê-los na província de São Paulo, evitando assim o pagamento da taxa provincial de exportação". O desconhecido viajante dizia que ficara impressionado com uma região bem cultivada, o que o levara a decidir por vender seus bens na Bahia e vir se estabelecer em São Paulo (Tschudi, 1980, p. 163).

Viajar também significou resgatar experiências e lembranças do passado. Carl von Koseritz deixou o porto de Pelotas em direção ao Rio de Janeiro, em meio a uma euforia. No porto, encontravam-se diversos paquetes que partiriam, em breve, para diversas regiões. A vivência na região mostrara que o progresso chegava lentamente. No passado, algumas embarcações que eram vistas como construções fabulosas, perderam o seu prestígio frente à chegada dos vapores. Nas embarcações que singravam rios e mares, seguiam a bordo pessoas e famílias das mais diferentes estruturas socioeconômicas. Aristocratas, comerciantes, estudantes, aventureiros e outros tipos que faziam dos navios "até certo ponto, o interesse da viagem" (Koseritz, 1972, p. 15).

Carl von Koseritz, após 32 anos no Rio Grande do Sul, não esquecia a viagem que fizera do Rio de Janeiro para o sul do império. Seguira a bordo do velho vapor *Paquete do Sul*, no ano de 1851. Um temporal terrível se abateu sobre a embarcação, fazendo que ela perdesse o leme e dois mastros. Todos estariam fadados à desgraça, se não houvesse na tripulação soldados alemães que fizeram um leme de emergência e conduziram a embarcação para a cidade de Desterro (atual Florianópolis), na qual permaneceriam por mais de vinte dias. O terror e angústia gerados pelo episódio não se apagaria da sua memória, nem o trabalho intenso dos jovens que ajudaram a controlar a embarcação. Carl von Koseritz, trinta e dois anos após chegar ao Brasil, viajava rumo à capital do império com o mesmo sangue ligeiro da sua juventude. O viajante carregava consigo todos os entes queridos e os momentos marcantes da sua existência, aberto para usufruir de novas experiências. Para ele, o velho oceano era sempre o mesmo: "o mugido das suas vagas, que se quebram contra a quilha do navio, é igual ao que então era". Contudo, a língua do mar era outra e nada murmura para ele sobre "os sonhos juvenis, as esperanças e os desejos que [...] enchiam o coração de rapaz". Mas tinha certeza, conforme dissera um amigo, o oceano era um excelente "sujeito", que havia profetizado na sua juventude muitas coisas "sobre amor e ventura, sobre sucesso e glória" (Koseritz, 1972, p. 17-8). Procurava, no decorrer da viagem, vivenciar as experiências que desfrutara há 32 anos. No seu discurso, a nova viagem era motivo para fazer uma arqueologia emocional. Para Carl von Koseritz, a entrada pelo porto de Santa Catarina era uma das mais belas do mundo, havia "um indizível encanto no cenário sempre movimentado das montanhas". O cenário que apreciava era diferente do que experienciara no passado. Carl von Koseritz, seguindo no navio *Rio de Janeiro*, registrou a alegria que reinava a bordo. A tripulação jovem dançava no tombadilho, enquanto os mais velhos preferiam contemplar a noite estrelada, que se refletia na água do mar. Confessou para si próprio que era "duro para os velhos separar-se da família e dos amigos", que constituíam todo o seu mundo (Koseritz, 1972, p. 20).

Ele também notou que o comportamento de alguns jovens no navio em que seguia para o Rio de Janeiro era inconveniente, merecendo a sua repreensão. A conduta impertinente dos jovens foi insuportável; segundo ele, nada fora respeitado, ocuparam as cadeiras de viagem sem nenhuma cerimônia. Eles haviam se instalado na mesa da família de um ministro que também seguia para a capital, apesar de haver sido reservada (Koseritz, 1972). Carl von Koseritz entendeu que fez uma "feliz viagem" entre Pelotas e Rio de Janeiro. O trajeto foi feito sem grandes percalços e a última noite foi tranquila, seguindo o navio por um mar sem ondas. Do convés, a costa ofereceu "novos e movimentados panoramas". Ao longe avistara Parati e a curiosa ilha de Marambaia. No último desembarque para almoço, antes da chegada ao Rio de Janeiro, Koseritz fez sua refeição tendo o Pão de Açúcar à vista. Por vezes, alguns passageiros solicitavam ao capitão que o navio percorresse uma região para que pudessem apreciar a paisagem, correndo riscos. Carl von Koseritz registrou que o navio *Rio de Janeiro*, em que fizera a viagem, encalhara em São Sebastião, onde ficaram três dias. O comandante saíra cedo de Santos e, na altura da costa de São Sebastião, que possuía uma encantadora paisagem, os passageiros pediram para se aproximar, causando o transtorno mencionado. A orientação das companhias era que as embarcações passassem ao largo, pois a costa de São Sebastião tinha bancos de areia muito perigosos (Koseritz, 1972, p. 111).

Ao deixar o Grand Hôtel, Carl von Koseritz almoçou no restaurante Petzold e foi em direção ao cais Pharoux, onde esperava a lancha que deveria conduzi-lo a bordo do *Rio de Janeiro*, navio que o havia trazido há pouco mais de dois meses à capital do império. A tripulação a bordo era pequena e contava com alguns ingleses. O mar agitado causou temeridade e Koseritz fez esforço para manter no estômago o seu almoço. Conseguira vencer a indisposição, porém esta fez que desistisse do jantar. Preferiu estender-se em sua cadeira, embrulhado numa manta, admirando a noite no alto-mar. De fato, o que vira era "um soberbo espetáculo quando a bola avermelhada da lua cheia surgiu das ondas e subiu lentamente no horizonte" (Koseritz, 1972, p. 119-20). O navio passou por Santos e a viagem foi incômoda, nesse caso, por causa do trajeto Santos-Rio, pois a embarcação, estando pouco carregada, jogava mais do que o comum, atemorizando os passageiros que, então, enjoavam com facilidade. Ante tal situação, o cronista refletia sobre o viver no mar e, para completar, na viagem de retorno ele concluía: "nada de mais cacete do que esta viagem". Finalmente, chegou ao porto de Paranaguá e ficou aguardando a inspeção a bordo (Koseritz, 1972, p. 122). Em breve, Carl von Koseritz chegaria ao Rio Grande do Sul.

No decorrer do século XX, as viagens passaram por avanços tecnológicos na medida em que os aeroplanos surgiam e o desenvolvimento da indústria aeronáutica se tornava realidade. Um novo aliado para as explorações, que não excluía os recursos por via terrestre e fluvial em regiões como a bacia Amazônica. A expedição de Hamilton Rice, empreendida na terceira década do século XX, foi feita com o auxílio de hidroavião, barco a motor e aparelhos de medição e localização avançados, o telégrafo sem fio, entre outros avanços tecnológicos. A viagem pelo hidroavião, que possibilitava vencer inúmeros obstáculos terrestres, permitiu tirar fotografias que forneceram um detalhamento sobre os rios, ilhas, serras e flores, bem como sobre os grupos indígenas, descritos em minúcias, recurso novo no processo de descobertas terrestres e na cartografia. O relato reuniu, em doses equilibradas, as maravilhas do local e as asperezas da viagem (Rice, 1978). Os objetivos de tal aventura era explorar e cartografar o rio Branco e seu afluente ocidental, o Uraricoera. Seguindo por este rio, ia-se em direção à Serra Parima, a fim de verificar se havia uma passagem entre este rio e o rio Orenoco. O estudo utilizaria o método das altitudes iguais – "chamado método *New Navigation* ou *Claude-Drincourt*". Esta metodologia permitia obter determinações astronômicas mais confiáveis do que o velho processo das altitudes meridianas e das estrelas a leste e a oeste. Além disso, a expedição almejava fazer uma pesquisa e experimentação sobre os aparelhos de telegrafia sem fio, construídos para emissão e recepção. Para tanto, seria utilizado um hidroplano, do tipo *Curtiss Seagull*, que possibilitaria ampliar o trabalho da exploração, em especial da cartografia e da fotografia aérea. Por fim, pretendia-se também fazer um estudo morfológico, assim como antropológico, etnológico e sanitário da região (Rice, 1978, p. 18).

A região fora pesquisada por outros estudiosos, mas por vias terrestre e fluvial. Entre 1838 e 1839, o alemão Robert Schomburgk, a serviço de interesses ingleses, fez o percurso de Roraima, atingindo Tipurema, pela face norte até Santa Rosa do Uraricoera. Em seguida, subiu o rio e chegou ao rio Aracasa, voltando em seguida pelo oeste, desceu o rio Padamo e atingiu o rio Orenoco, acima do lugarejo chamado Esmeralda. Prosseguindo a viagem pelo rio Orenoco e pelo canal do Cassiquiare, chegou ao rio Negro até encontrar o rio Branco, continuando por suas águas o restante do percurso até retornar à Guiana Inglesa.

Entre 1911 e 1912, Theodor Koch-Grünberg subiu o rio Branco e atingiu também o Uraricoera. Em fevereiro de 1912, alcançou a confluência do Aracasa, onde permaneceu por algum tempo. Pela mesma rota de Schomburgk, subiu o rio Aracasa, em direção oeste, atravessando o rio Marevari e atingindo o rio Orenoco pelo Ventuari, e retorno pelo Orenoco, o Cassiquiare e o Negro. Um ano após a expedição de Theodor Koch-Grünberg, o Dr. William Curtis Farabee explorou a região de Boa Vista, pelo rio Branco (Rice, 1978).

O ponto comum do registro de todas as expedições era o de destacar uma das maiores bacias hidrográficas do mundo que atravessava uma vasta floresta inexplorada. A expedição de Hamilton Rice deixou Manaus a 20 de agosto de 1924, após algumas semanas de atraso, provocado pelo movimento revolucionário que eclodira naquele ano. As bagagens, canoas, peças sobressalentes para o hidroavião, a chalupa e outros equipamentos para a viagem científica foram carregados no vapor *Paraíba*. Esta embarcação serviu de guia para o hidroavião que acompanhou o percurso, registrando a dificuldade de amerissagem nas águas do rio, devido ao reflexo delas, especialmente no fim da tarde. A expedição chegou a 4 de setembro em Vista Alegre, na margem esquerda do rio Branco, quilômetros abaixo da cachoeira Caracaraí, onde foi estabelecida a primeira base. Descarregou-se a carga e desmontou-se o hidroavião e instalou-se um novo motor. Dois membros da comitiva foram enviados a Boa Vista, para montar uma estação de telégrafo sem fio, para que, daquela estação, fossem enviadas para Manaus as informações necessárias. Três dias depois o vapor e a chalupa retornaram a Manaus com a esposa de Hamilton Rice, a esposa do médico-chefe, e outros membros da expedição que haviam acompanhado o grupo até Vista Alegre.

Os pesquisadores trabalharam no levantamento da área entre o final de setembro e o início de outubro. Em 9 de outubro, Theodor Kock-Grünberg morreu vítima de malária. Apesar da perda irreparável, os estudiosos continuaram a coleta de informações. Parte dos grupos seguiu de hidroavião para Boa Vista, e o grupo principal prosseguiu na chalupa pelo Paraná Nazaré, na margem esquerda do Rio Branco. Aos olhos de Hamilton Rice, em Boa Vista, a influência dos monges e freiras da Ordem dos Beneditinos era forte, bastava observar as relações sociais e familiares. O grau de moralidade, segundo ele, era elevado, e "a população branca e os mamelucos são verdadeiramente civilizados". A ideia de "civilizado" para Rice estava associada aos trajes que a população utilizava, suas maneiras e a amabilidade que não eram "apanágio habitual das comunidades selvagens" (Rice, 1978, p. 25).

Nas suas andanças pelo rio Branco, Hamilton Rice notou a carência de frutos e legumes, numa região que deveria ser rica em produtos agrícolas. A razão disto era que a mão de obra disponível era utilizada nas fazendas ou estava empregada nos seringais ou na coleta de látex de balata. Por conseguinte, a agricultura era deixada de lado, privando muitos núcleos dos recursos mínimos para sobrevivência, que possuíam uma saúde frágil e viviam em busca do tratamento médico. No entanto, a questão de saúde não se atinha só à população local, nem tampouco se restringia a uma boa dieta alimentar. A febre infecciosa causava muitas mortes ou prostrava muitas pessoas durante longos períodos, impossibilitando-as de trabalhar. Na expedição, alguns membros do grupo foram afetados pela febre, sendo necessário suspender as atividades, como a outros acometidos de distúrbios intestinais. A despeito dos problemas, a expedição avançou, passando por diversos rios em meio a colinas isoladas e pequenos maciços de granitos. Do rio, era possível observar, nas margens, casas de fazendeiro, cercadas de bananeiras, mangueiras, goiabeiras, plantações de mandioca (Rice, 1978). Em algumas das paradas, Hamilton Rice observou que, em algumas famílias, havia vários doentes, mal que ele atribuía a um regime alimentar deficiente.

Nas ocasiões em que as embarcações eram danificadas, havia necessidade de recursos para o reparo; não os encontrando na natureza, recorria-se a um lugarejo mais próximo. A floresta, com sua variedade imensa de árvores, fornecia troncos que eram serrados e utilizados no conserto das embarcações (Rice, 1978). Se as canoas não fossem bem estruturadas, a bagagem poderia ser danificada ou perdida. Num dos trajetos, feito por Hamilton Rice, numa passagem difícil, a proa de uma das canoas, por um momento, desprendeu-se de modo que a posição em que ficou a popa permitiu que a correnteza do rio soçobrasse a embarcação. Rapidamente, a canoa arriou e tudo o que estava no seu interior e que podia flutuar, como "sacos com roupas, caixotes de provisões, caixas de gasolina", entre outros objetos, foi para a água do rio. Se não fosse a presença de espírito e a vivacidade dos índios que acompanhavam a expedição, que saltaram a nado e recolheram a carga, tudo estaria perdido. Assim, foi possível salvar alguma carga e aquela que ficou na canoa foi descarregada e transportada por terra. Este não foi o único percalço que Hamilton Rice e seus companheiros sofreram. Outras dificuldades os surpreendiam a cada momento, como tempestades fortes, fazendo que eles tivessem maior cuidado ao enfrentar o rio e as cachoeiras. O caminho tinha passagens difíceis, às vezes estreitas e profundas. A navegação ficava comprometida principalmente por causa das árvores nas margens, formando uma abóbada que não permitia a entrada da luz do dia. O som da cachoeira já era audível e um labirinto de ilhas apareceu no caminho, tornando mais complicado o avanço com varas, frente à rapidez da correnteza. O fundo rochoso impedia que as varas tivessem apoio, sendo impraticável remar. Depois de muito trabalho, preferiram acampar no local e prosseguir a viagem no dia seguinte, com um pouco mais de facilidade, mas sempre em meio a muitas ilhas, cachoeiras e pedrais. No final da tarde, outra cachoeira; esta foi contornada através de um pequeno canal (Rice, 1978).

Vencer longas distâncias, romper barreiras, superar desafios, transpor o mar faziam parte da viagem. A navegação a vela exigia do comandante e da tripulação habilidades práticas, além do conhecimento náutico sobre os mares e os movimentos da natureza. Os mapas auxiliavam para definir recifes, contornos de litorais, rochedos, mas não atendiam a todas as necessidades. As mudanças de tempo, com ventos e tempestades, exigiam uma prontidão e destreza que não se aprendia em manuais, mas sim na experiência de anos e anos no mar.

As expedições e viagens pelo interior não estavam livres dos ataques indígenas. Determinadas áreas eram perigosas e as tribos faziam ataques constantes. Apesar dos esforços das autoridades em garantir alguma segurança, era praticamente impossível que nenhum problema acontecesse. Os viajantes tiveram que improvisar durante os deslocamentos que empreendiam. Novas formas de vivência eram necessárias, fazendo que se adaptassem aos hábitos locais. As dificuldades do caminho eram muitas e não se pode esquecer que recursos financeiros consideráveis eram necessários para empreender uma viagem para terras tão distantes. A pujança da natureza foi um lugar-comum daqueles que avistaram o litoral brasileiro. A diversidade de plantas e flores, com perfumes exóticos, permitia uma experiência incomparável. A cortina de árvores despertava sentimento e encantava. Quanto a isto, Charles de Ribeyrolles revelou: o "infinito que elas ocultam me encantava e infundia pavor" (Ribeyrolles, 1941).

Questões

1 | A viagem nem sempre foi vista como uma atividade agradável. Analise as condições de viagem, apontando as dificuldades enfrentadas pelos viajantes entre os séculos XVI e XIX.

2 | Observe como ocorriam as viagens fluviais e terrestres pelo território brasileiro e qual foi a imagem construída em relação aos habitantes nativos.

5 Atrativos naturais

No século XIX, ante as conjecturas a respeito do que conhecer no âmbito da cultura, surgiram pessoas defendendo a ideia de que era mais interessante visitar um país "menos civilizado", porque, nesses locais, estavam preservadas as características naturais. Por conseguinte, os costumes e manifestações culturais tinham diversidade e curiosidade mais atraentes, contribuindo para ampliar o conhecimento sobre o mundo (Brilli, 2001). O viajar conduz à reflexão sobre as atividades relacionadas a uma série de aspectos que envolvem os motivos da viagem, os atrativos, a prestação e a utilização de serviços pelos viajantes.

Thomas Ewbank, ao visitar o Brasil, escreveu que a "natureza pressagia sempre as alterações que vão surgir na condição de suas diversas gerações, apresentando indícios que dificilmente enganam" (Ewbank, 1976, p. 17). Para ele, as condições naturais de uma região definiriam o seu desenvolvimento, porque os habitantes seriam capazes de explorá-las em toda a sua potencialidade.

Um dos fatores que contribui para a definição de uma viagem é o clima da terra a ser visitada. A sociedade atual anseia por climas amenos e ensolarados, mais convidativos e agradáveis para a existência humana. Nem sempre os viajantes do passado puderam ter o conhecimento exato sobre as condições climáticas das regiões que visitaram. Tampouco eram conhecedores das variações a que poderiam estar sujeitos. As condições climáticas permitiram que os viandantes se referissem às terras brasileiras das formas mais variadas, conforme o que consideravam mais adequado para a existência humana.

Nos relatos de viagem, desde o século XVI, é comum encontrar referências às características do clima. A temperatura chama a atenção dos viajantes que chegam às terras brasileiras. Os ventos, as chuvas, os ares eram constantemente observados pelos viajantes. O movimento de ar nas regiões litorâneas, que soprava no final da tarde sobre a terra, acompanhado, algumas vezes, de precipitações atmosféricas abundantes, contrapunha-se àqueles encontrados na Europa. O clima nas terras brasileiras era oposto ao da Europa, o que alterava as condições que envolviam as comemorações do calendário litúrgico. Segundo o religioso, o inverno começava em março e acabava em agosto. O verão, por sua vez, começava em setembro e acabava no fim de fevereiro. Dessa maneira, o Advento e o Natal ocorriam em pleno verão[1]. Apesar das imprecisões em relação às quatro estações, o padre José de Anchieta expressou de forma clara o que experienciara, não sendo fácil para ele estabelecer as separações entre cada estação, como se fazia na Europa. As irregularidades do clima tropical causavam confusão e nem sempre era possível distinguir com facilidade a época da primavera e do inverno (Leite, 1954, vol. 3). Em alguns anos, não chovia na quantidade necessária. Apesar do calor, que não era excessivo, havia falta de água e, por consequência, os homens padeciam com a seca. Não havia água para beber, os frutos não vingavam e as raízes apodreciam (Leite, 1954, vol. 3).

O clima também foi visto como maligno em função de uma moralidade cristã. Os ares das terras equatoriais e subtropicais, mais quentes que os europeus, permitiam a nudez indígena. A exposição do corpo, especialmente da genitália feminina e masculina, configura-se como uma afronta aos valores da moral cristã.

O clima da terra dos brasis foi considerado benigno e agradável pela preponderância de temperaturas moderadas que favoreciam a saúde e facilitavam a adaptação do homem. As condições climáticas prenunciavam indiretamente as potencialidades produtivas da terra. Climas amenos eram propícios também ao cultivo agrícola, desde que a fertilidade da terra o permitisse, como foi observado por muitos viajantes. Pero de Magalhães Gândavo (s.d., p. 75) afirmou:

---

1. Informação da Província do Brasil para nossos Padres, 1585. In: *Cartas Jesuíticas III*, p. 424-425.

> Esta província é à vista mui deliciosa e fresca em grão maneira: toda está vestida de bastante alto e espesso arvoredo, regada com as águas de muitas e mui preciosas ribeiras de que abundantemente participa toda a terra: onde permanece sempre a verdura com aquela temperança da Primavera que cá nos oferece Abril e Maio. E isto causa não haver lá frios nem ruínas de Inverno que ofendam as suas plantas, como cá ofendem as nossas. Enfim, que assim se houve a natureza com todas as coisas desta província, e de tal maneira se comediu na temperança dos ares que nunca nelas se sente frio nem quentura excessiva.

No século XVIII, o clima passa a ser entendido pela combinação de elementos meteorológicos de cada região da terra. A temperatura, a umidade, a pressão atmosférica, a direção dos ventos, o índice pluviométrico passaram a ser medidos junto com outros elementos. A composição destes elementos em combinações diferentes, aliada à latitude e à topografia, configurava a fisionomia meteorológica de uma região.

John Mawe, ao visitar São Paulo, informa que a localização da cidade no planalto o agradara sensivelmente, pois encontrava na cidade um clima com temperatura mais baixa que a do litoral. As ruas de São Paulo, em função de sua altitude (cerca de cinquenta pés acima da planície), e a água, que quase a circunda, são, em geral, extraordinariamente limpas; pavimentadas com grés, cimentadas com óxido de ferro, contendo grandes seixos de quartzo redondo, aproximando-se do conglomerado (Mawe, 1978). O clima ameno de São Paulo, segundo ele, não era sobrepujado por nenhum outro das terras tropicais, em especial o do Rio de Janeiro e da Bahia. A temperatura era baixa, quando chegou em 1807. Segundo ele, na primeira noite que passou na cidade, acendeu o fogareiro de carvão no quarto e fechou as portas e janelas do cômodo. O frio não o impedira de apreciar a cidade (Mawe, 1978).

Em 1819, o naturalista Augustin François César Prouvençal de Saint-Hilaire (Auguste de Saint-Hilaire) visitou a cidade de São Paulo, dando continuidade às suas pesquisas para estudar as terras americanas. Ao analisar a conjuntura brasileira, dizia que o Brasil continuaria por muitos anos a ser uma terra voltada para a agricultura. Entretanto, afirmava que, quando as indústrias chegassem, estas deveriam instalar-se em São Paulo. Segundo ele, os motivos eram o clima, que não era tão enervante quanto o do norte do Brasil, o custo de vida razoável e os hábitos do povo da região mais indicados aos trabalhos sedentários que os do Rio Grande do Sul (Saint-Hilaire, 1976). No verão, os dias quentes e o calor excessivo convidavam para o descanso e a indolência na rede, permitia a contemplação de campos, outeiros, montanhas e vales, onde o verde e a tranquilidade preponderavam.

O botânico von Martius, durante a sua estada no começo do século XIX, registrou que o clima era ameno; segundo ele, a posição abaixo do trópico de Capricórnio e a altitude favoreciam para que o calor fosse menos elevado do que em partes das terras tropicais. Contudo, o frio não era comparável àquele que existia na Europa, nem no que diz respeito ao rigor nem à sua persistência, o que sem dúvida agradava imensamente a estes viajantes habituados a temperaturas baixas (Spix e Martius, 1981).

O médico francês Alphonse Rendu esteve no Brasil entre 1844 e 1845 a serviço da Escola de Anatomia dos Hospitais de Paris, tendo sido encarregado pelo Ministério da Instrução Pública a visitar o Brasil, com a missão de estudar as doenças que acometiam os habitantes locais. A pesquisa resultou num estudo que foi publicado em 1848, o qual fornecia uma visão panorâmica sobre o império brasileiro. Ao descrever os habitantes, as condições climáticas e a natureza fez uma descrição que confirmava a ideia já em voga, de uma natureza bela, mas insalubre.

Se, por um lado, a umidade e o calor excessivo permitiam a fertilidade natural, por outro, favoreciam o surgimento de doenças, como as febres. Os trópicos, com a miscigenação, favoreceram a constituição de um homem com pele diferente e aspecto doentio. A dominação portuguesa conferira uma feição particular e hábitos que influenciavam na constituição do indivíduo. Ao percorrer a parte norte e sul do Brasil, Rendu notava diferenças entre o comportamento dos indivíduos. Em Salvador e no Recife, principalmente nas áreas interioranas, as pessoas eram simples e não tinham grande conforto. Trabalhavam pouco, conforme a sua necessidade e, segundo ele, não tinham uma ideia clara de progresso. Em contraposição, a parte sul do Brasil, que possuía um clima mais próximo da Europa, permitira a constituição de homens fisicamente mais robustos, com atitudes diferentes daquelas encontradas no norte do império. Para Rendu, os mulatos eram mais inteligentes que os negros, porém eram inferiores aos brancos. O médico compartilhava de uma visão comum no período de discussão sobre a superioridade da raça branca e questionava os cruzamentos inter-raciais e os seus efeitos.

O calor excessivo fazia do repouso uma necessidade. Os hábitos de higiene não eram os mais convenientes. Por decorrência, Rendu ressaltava as doenças mais comuns, como: febre, epilepsia, erisipela, tuberculose, sífilis, gota, lepra, entre outras. Para ele, essas doenças e o seu desenvolvimento estavam ligados ao clima. Antevendo as dificuldades a serem enfrentadas pelos europeus, em um país tropical, Rendu apresentava alguns conselhos higiênicos.

A temperatura elevada era pouco adequada ao corpo dos europeus, fazendo que muitos afirmassem que não se deveria fazer esforço ou que se deveria evitar trabalhos pesados nos dias quentes. Era conveniente o consumo maior de vegetais e o não consumo de carne de porco e bebidas nesses dias (Rendu, 1848). Muitos viajantes registraram a conveniência de se viver na cidade de São Paulo ou nas cidades da região Sul, pelo conforto do clima e sua proximidade com o clima europeu.

No primeiro relato sobre as Terras de Santa Cruz, na *Carta de Achamento* de Pero Vaz de Caminha, a idealização da natureza já estava presente. Este registro constrói uma imagem idílica, um paraíso terrestre repleto de atrativos naturais (Dias, 1982). Pero Vaz de Caminha, após relatar o descobrimento em si e os contatos com os nativos, descreve os elementos naturais da terra, ressaltando a sua grandiosidade e as suas qualidades, onde o mundo natural é percebido na sua diversidade. Segundo o relato, de ponta a ponta era possível visualizar uma praia rasa muito plana e bem formosa. O sertão parecia se estender pelo interior, e do mar era possível ver terra e arvoredos, parecendo muito extensa. Em primeiro lugar, não tinha sido possível identificar nem ouro, nem prata, nem outros recursos que pudessem ser rentáveis, porém a terra era boa de ares, tão frios e temperados, com abundância de água. Em suma, a terra era graciosa (Caminha, 1975).

A primeira descrição da terra, feita pelo padre Manuel da Nóbrega em abril de 1549, logo após sua chegada à Bahia, confirmou as condições do local, afirmava o missionário: "a terra cá achamo-la boa e sã" (Leite, 1954, vol. 1, p. 115). Em outra missiva escrita no mesmo ano, o padre Manuel da Nóbrega deu ênfase aos atrativos da natureza, que eram delineados com nuances do maravilhoso e do paradisíaco. O religioso procurava realizar a pintura de um quadro, cenário monumental de beleza incomensurável. Para ele, a terra brasílica era sã e de bons ares, permitindo o trabalho e a sobrevivência humana. Os doentes logo saravam, tendo em vista que as condições climáticas eram mais adequadas nas diferentes estações do ano. A terra tinha:

> muitas frutas e de diversas maneiras, e muito boas e têm pouca inveja as de Portugal. Mora no mar muito pescado e bom. Os montes parecem formosos jardins e hortas, e certamente nunca eu vi tapete de Flandres tão formoso, nos quais andam animais de muitas diversas maneiras, do quais Plínio nem escreveu nem supôs. Tem muitas ervas de diversos odores e muito diferentes das d'Espanha, e certamente bem resplandece a grandeza, formosura e saber do Criador em tantas, tão diversas e formosas criaturas. (Leite, 1954, vol. 1, p. 135-6)

O tom inflamado na descrição destacava os atrativos das terras da América portuguesa. O olhar deslumbrado dos viajantes era marcado pelo violento contraste entre as paisagens, os animais e plantas da Europa e aqueles aqui encontrados. A viagem permitia novas experiências e exigia uma percepção aguçada, para identificar semelhanças e afinidades. Afinal de contas, a natureza brasileira era selvagem e impenetrada e comportava todos os tipos de mistérios possíveis (Gerbi, 1992).

A natureza e seus atrativos tornavam-se cada vez mais o tema central dos registros daqueles que passavam pelas terras da América portuguesa. O padre José de Anchieta foi um dos que empreendeu relatos organizados e sistematizados sobre a diversidade encontrada. Na carta do irmão José de Anchieta ao padre Diego Laynes, escrita em São Vicente a 31 de maio de 1560, a descrição de alguns aspectos da natureza ocupa boa parte da longa missiva. Descrevendo principalmente o mundo animal, a carta se destaca pelo tom didático de informar e instruir o leitor quanto às peculiaridades da terra, a exuberância e o esplendor da fauna brasileira. Com olhar atento, o religioso registra as peculiaridades de cada espécie, chamando a atenção para a diversidade, sem a preocupação de enumerá-las ou classificá-las, nem de explicar as relações entre as várias espécies ou sua interdependência, como foi comum nos registros dos viajantes científicos dos séculos XVIII e XIX. Anchieta descreve as onças, notando que existiam diferenças físicas que permitiam dividi-las em duas variedades.

> Também há aqui onças, que são de duas variedades: umas cor de veado, mais pequenas e mais cruéis; outras malhadas e pintadas de diversas cores, que são mais frequentes em toda a parte, e estas, ao menos os machos, são maiores que os maiores carneiros, porque as fêmeas são mais pequenas, em tudo semelhantes aos gatos e servem para se comer, como por vezes experimentamos. Em geral são medrosas e acometem pelas costas, mas têm tanta força que com um golpe das unhas ou dentada dilaceram o que tomam. As presas dizem os índios que as enterraram e as vão comendo até acabar (Leite, 1954, vol. 3, p. IX).

Identificando quatro castas para os macacos, Anchieta se deteve no registro das características específicas do animal e sua utilidade para a alimentação, deixando qualquer outro tipo de informação menos correta ou qualquer visão confusa e alegórica fora da narrativa. Com um olhar preciso, afirmava o jesuíta que:

> macacos, em quantidade infinita, são de quatro castas muito boas todas para se comerem, como com frequência o experimentamos, alimento muito são até para doentes. Vivem sempre nos matos, saltando em bandos pelos cimos das árvores, onde se, por causa da pequenez do seu corpo, não podem saltar duma árvore a outra, o maior e como chefe do bando, agarra-se de cauda e pés a um ramo curvado, pega outro com as mãos, faz de si mesmo caminho e como ponte para os restantes, e assim todos passam com facilidade. As fêmeas têm as mamas no peito como as mulheres, e com as crias pequenas sempre pegadas às costas e aos ombros vão de um lado para o outro, até elas poderem andar por si. Contam-se deles coisas maravilhosas, mas incríveis por isso as omito. (Leite, 1954, vol. 3, p. XI-XII)

A onça, passível de ser utilizada na alimentação diária, também poderia ser causa de morte, como alerta Anchieta que, para comprovar a ferocidade do animal, relatou alguns casos que visavam fornecer a dimensão de sua crueldade (Leite, 1954, vol. 3, p. IX-X). O macaco, por sua vez, é destacado por seu convívio grupal, sendo sua carne comumente utilizada na dieta alimentar. Com o seu olhar preciso e vivaz, Anchieta demonstra, perante uma fauna tão exuberante, um estupor admirativo pelas espécies. Entrelaçando aspectos curiosos com a utilidade da carne do animal, o missionário descreve de maneira detalhada e sistemática exemplares da fauna que julga dignos de menção, pelo seu caráter ímpar. Tal êxtase no relato é percebido à medida que a descrição aborda seus aspectos mais peculiares. Um dos exemplos mais completos é o do tamanduá:

> Há também outro animal de feio aspecto, que os índios chamam tamanduá, de corpo maior que um cão grande; mas, curto de pernas, pouco se ergue do chão, e por isso é vagaroso, e o homem pode alcançá-lo na carreira. As suas cerdas (negras, entremeadas de cinzentas) são muito mais arrepiadas que as do porco, sobretudo na cauda, provida de longas cerdas dispostas umas de cima para baixo e outras transversalmente, com a qual recebe e repele o golpe das armas. Recobre-se de pele dura, que as flechas não penetram com facilidade: a do ventre é mais mole. O pescoço é comprido e fino, a cabeça pequena muito desproporcionada ao tamanho do corpo, a boca redonda, da medida de um ou quando muito dois anéis, a língua estirada com três palmos de comprido na porção que pode deitar fora, sem contar

> a que fica dentro (que eu medi); e deitando-a de fora, costuma-a estender nas covas das formigas, e, assim que estas a enchem inteiramente, a recolhe dentro da boca. E este é o seu ordinário comer. (Leite, 1954, vol. 3, p. X)

Atraído por essa espécie, Anchieta não deixava de mencionar que o seu testemunho era comprovado pelo contato direto com o animal, alegando que ele próprio fizera a medição. Como sugeriu Gerbi, a descrição da diversidade era o primeiro passo para captar a nova realidade, e os jesuítas tinham a necessidade implícita de capturar essa nova realidade, tornando-a parte de um universo cristão. A multiplicidade de exemplares, antes de remeter a um mundo animal exuberante, confirmava que a arca de Noé teria sido muito maior do que até então se imaginara.

O padre Anchieta também faz menção à anta e ao seu uso alimentar, destacando que era um animal comum de ser encontrado, "próprio para comer, que os índios chamam *tapiira*, os hispânicos *"anta"* e os latinos, segundo creio, "alce". Para ele, o animal era parecido com a mula, sendo um pouco mais curto de pernas. As patas eram fendidas em três pontas e o beiço superior era proeminente. A cor intermediária entre a do camelo e a do veado, tendendo para uma coloração mais escura. Havia um músculo no lugar das crinas, que auxiliava o animal a abrir caminho nos cerrados dos matos. A cauda era curta, sem nenhuma cerda. Era uma espécie noturna, de dia dormia e repousava, e de noite corria para nutrir-se de diversos frutos de árvores, e se faltavam, comia as cascas. Quando perseguida por cães, repelia-os a dentadas ou coices, ou atirava-se aos rios e ficava muito tempo escondida debaixo da água. Por isso, vivia de preferência perto dos rios, em cujas ribanceiras costumava escavar a terra e mastigar o barro (Leite, 1954, vol. 3, p. XI-XII).

Outro animal que chamava a atenção para a fauna brasileira era o tatu, que também era consumido por habitantes da terra. Este animal era frequente e vivia pelos campos em cavidades subterrâneas, sendo a cauda e a cabeça semelhantes às dos lagartos. O corpo era coberto por couraça que impedia a penetração de flechas, "muito parecida armadura do cavalo". Quando era perseguido, procurava se defender escavando a terra com rapidez e abrigava-se na sua toca. Era difícil retirar o animal do seu esconderijo, pois ele se agarrava à terra com conchas e pés, resistindo para sair (Leite, 1954, vol. 3, p. XII). Para Gabriel Soares de Sousa, a aparência do tatu era alvo de atenção, pois tinha as pernas curtas e cheias de escamas. O focinho era comprido, cheio de conchas, as orelhas pequenas e a cabeça toda "cheia de conchinhas". Os olhos eram pequeninos e o rabo era comprido, cheio de lâminas sobrepostas, "que atravessam o corpo todo, de que tem armado uma formosa coberta; e quando este animal teme de outro, mete-se todo debaixo destas armas sem lhe ficar nada de fora, as quais são muito fortes; têm as unhas grandes" (Sousa, 1974, p. 176).

A preguiça era um animal lento, com uma cara que, segundo o jesuíta José de Anchieta, se assemelhava à da mulher. O *aîg*, como era chamado, era um animal preguiçoso, "mais vagaroso que um caracol". O corpo era grande e cinzento. O focinho se assemelhava ao "rosto de mulher, longos braços munidos de unhas também compridas e recurvadas, com que o dotou a natureza para subir a certas árvores, de cujas folhas e rebentos tenros se alimenta, no que gasta boa parte do dia". Para os narradores não era fácil dizer quanto tempo o animal demorava a mover um braço. A preguiça, após subir nas árvores, ficava lá até esgotar a árvore toda, passando em seguida para outra. O animal agarrava-se com tanta força ao tronco da árvore que não era possível arrancá-lo senão cortando-lhe os braços (Leite, 1954, vol. 3, p. XI).

No século XIX, Georg Wilhelm Freireyss, no vilarejo de Cebolas, encontrou uma "preguiça" com três dedos que vagarosamente caminhava à beira da estrada. A presença dele e dos demais fez que o animal fugisse, mas seu esforço pouco adiantou, o pesquisador matou-a "com umas pauladas na nuca". As grandes folhas de imbaúba serviam de alimento para o bicho-preguiça, que não deixava a árvore enquanto não tivesse devorado todas as folhas, "depois do que põe a cabeça entre as pernas e deixa-se cair". Quando o animal agarrava alguém com as suas fortes e cortantes unhas não largava mais a vítima, sendo "necessário cortar-lhe as pernas". Freireyss registrava uma divergência entre a tradição oral e o que observara, segundo ele: "os portugueses afirmam que, comendo-se a carne da preguiça sobrevém o sono, mas os negros a quem dei a preguiça a comer ficaram acordados" (Freireyss, 1982, p. 26).

Não menos curioso era o gambá. José de Anchieta descreveu o animal como sendo semelhante a uma raposa pequena, que cheirava "muito mal" e gostava de comer galinhas. Na parte inferior do ventre, havia uma abertura de cima para baixo, na qual se localizavam os mamilos das fêmeas. Quando estas davam cria, os filhotes eram acolhidos nessa bolsa, saindo dela somente quando já tinham condições de sobreviver por meio de esforços próprios. O religioso salientava que quando se matava a mãe, era difícil arrancá-los com vida da bolsa em suas tetas (Leite, 1954, vol. 3, p. XI).

Outro animal que atraiu o olhar dos viajantes foi a capivara, que se alimentava de erva e não era tão diferente dos porcos. A espécie possuía uma cor "ruiva" e "dentes como os da lebre, exceto os molares, parte dos quais se fixam nas mandíbulas, parte no meio do céu da boca". Sua carne era consumida em grande quantidade, pois o animal era facilmente domesticado e criava-se em casa como cães, pois saíam a pastar e voltavam a casa por si mesmos (Leite, 1954, vol. 3, p. VI-VII). Nos dois primeiros séculos após a descoberta, as descrições dos atrativos da fauna se deviam à possibilidade de algumas espécies serem incluídas na dieta alimentar dos viajantes, que, no percorrer do território, tiveram que se valer dos recursos existentes, adaptando-se aos hábitos locais (Leite, 1954, vol. 3, p. VII).

Se a fauna atraía pelos seus recursos ilimitados, ela também ocupava espaço pelos perigos que oferecia. A natureza seduzia os viandantes, mas não os isentava dos riscos. As narrativas privilegiaram aquelas espécies que, ao mesmo tempo em que constituíam uma fonte alimentar, eram um perigo para o homem, que deveria empregar o seu engenho para saber livrar-se das ameaças durante os deslocamentos pelo território.

Nesse sentido, foi descrito que o jacaré, apesar da sua corpulência e ferocidade, nem sempre representava uma ameaça. Essa espécie era encontrada nos rios, sendo "cobertos de duríssimas escamas e armados de agudíssimos dentes". Por vezes, saíam da água, momento que era possível a sua caça, sempre feita com "grande trabalho e perigo, como é óbvio em tamanho animal". A carne era própria para consumo, sendo uma iguaria apreciada (Leite, 1954, vol. 3, p. IV).

No silêncio da floresta, o viajante sentia solidão e, por vezes, melancolia. Os sons dos pássaros e de outros animais interrompiam o vazio sonoro e davam ao viajante oportunidade para imaginar. Porém, a floresta escondia animais perigosos, como a sucuri e o jacaré-açu. Na sua expedição, Bates pretendia capturar tartarugas nos lagos da floresta. Os homens que o acompanhavam prepararam a rede e a lançaram, em seguida, verificou-se que um jacaré ficara preso nas malhas da rede. Segundo ele, não houve pânico – apenas receio de que o bicho a rasgasse. O animal foi arrastado até a margem e ele, com um grosso pedaço de pau, deu uma paulada na cabeça, que o matou (Bates, 1944, p. 253). As aves das terras brasileiras chamaram a atenção dos viajantes desde os primeiros contatos. A variedade de espécies e as ricas plumagens encantaram os olhos, ao mesmo tempo em que os cantos dos pássaros encantavam os ouvidos dos viajantes. Aves de todos os portes eram possíveis de serem encontradas e foram registradas pelos relatos daqueles que tiveram como preocupação fornecer aos seus pares a dimensão das experiências que tiveram no solo americano.

As descrições de araras, tucanos e papagaios eram comuns, com suas penas multicoloridas e que enfeitavam os cocares indígenas. As emas eram aves que o tamanho do corpo as impedia de voar, mas que chamavam a atenção pelo seu porte. O mergulhão, os guarás e outras espécies de aves da costa, com seus bicos e hábitos particulares de alimentação, foram apreendidos pelos registros dos viajantes (Leite, 1954). Os papagaios, que deram a seu tempo identidade às terras, adquiriram valor comercial. Os índios os aprisionavam para vender aos portugueses, capturando filhotes das espécies mais comuns, sendo usual tingirem suas penas para enganar os portugueses. Afirmava Gândavo (s.d., p. 94-5) que:

> Os índios da terra costumam depenar alguns enquanto são novos e tingi-los com o sangue de umas certas rãs, com outras misturas que lhes ajuntam: e depois que se tornam a cobrir de pena ficam nem mais nem menos da cor dos verdadeiros: e assim acontece muitas vezes enganarem com eles a algumas pessoas vendendo-lhos por tais.

O colorido das penas do canindé encantou Soares de Sousa, que descreveu a ave como sendo de uma beleza única de forma atenta e minuciosa. Segundo ele, a ave era do tamanho de um grande galo:

> tem as penas das pernas, barriga e colo amarelas, de cor muito fina e as costas acatassoladas de azul e verde e nas asas e rabo azul, o qual tem muito comprido e a cabeça por cima azul e o redor do bico amarelo; tem o bico preto, grande e grosso e as penas do rabo e das asas são vermelhas pela banda de baixo. (Sousa, 1974, p. 157)

Nos relatos dos séculos XVI a XVIII, a natureza aparece como se fosse um belo tapete de Flandres, jamais visto, como afirmou o padre Manuel da Nóbrega. As descrições procuravam focar o deslumbramento, a pujança do mundo natural, tendo como objetivo compreender o sistema das terras tropicais. Os registros apresentavam mais descrições que visavam a dar uma dimensão da exuberância natural, sem preocupação com as divisões em categorias ou espécies. Isso ocorreria a partir da segunda metade do século XVIII.

Já no decorrer do século XIX, a natureza foi apreendida racionalmente e regida por leis. Paulatinamente, as ideias sobre as terras americanas e os seus habitantes conquistaram uma nova dimensão, permitindo que as ideias de irracionalidade e barbárie fossem revistas. As pesquisas científicas possibilitaram que as terras do continente americano fossem vistas de forma positiva. A natureza paradisíaca lentamente cede seu espaço para que as ciências naturais se debrucem de forma mais atenta sobre a fauna e a flora. Nesse momento, o conhecimento do meio natural era de suma importância para se conhecer o potencial econômico da terra. Por conseguinte, o olhar atento para identificar e conhecer os ciclos da natureza visava a constituir informações voltadas para a produção de conhecimento, objetivando o desenvolvimento das nações.

O que os viajantes observavam, nas suas investidas pelo território, era que, na medida em que se afastavam da faixa litorânea e das cidades e vilas, as povoações escasseavam e a população era fraca (Saint-Hilaire, 1975a). Em parte, esse cenário se devia às áreas típicas da caatinga e do semiárido, que impunham dificuldade aos que desafiassem a natureza. A multiplicidade de paisagens conduzia à formação de quadros com beleza única.

A diversidade da paisagem natural foi marcada constantemente nos registros dos viajantes, que tiveram uma percepção mais aguçada em relação ao território, baseados nos elementos da vegetação, hidrografia, relevo etc. Para o viajante, era possível fazer distinções sobre os espaços. O movimento de subida e descida permitia que o viandante percebesse uma infinidade de montes que compunham as serras. A variação de áreas cobertas por uma vegetação densa e outras de morros descobertos sem matos marcava os contrastes da natureza. Se a exuberância do mundo natural criava uma sensação de deslumbramento, esta não se mantinha por muito tempo. O caminho, nem sempre fácil de ser vencido e moroso, fazia das árvores e dos matos um cenário melancólico.

Rugendas, ao visitar o Brasil, realizou um registro claro sobre a sociedade brasileira. Para ele, as diferenças que marcavam a região e a tornavam pitoresca deviam-se, em parte, à diferença do clima e do solo que exerciam uma forte influência na política (Rugendas, s.d.). As montanhas e a vegetação abundantes devidas ao clima tropical, úmido e quente, faziam da paisagem um quadro único. A vista do Rio de Janeiro era sublime pelas "formas ousadas das montanhas graníticas que ora se afastam e ora se aproximam do mar" (Rugendas, s.d., p. 11). Ao avançar pelo interior, os viajantes tinham a oportunidade de visualizar as colinas, que poderiam ser de "terra argilosa ou verdadeiros desertos de areias movediças ou ainda capim seco". Pelo caminho, em meio a florestas com árvores espessas, o viandante tinha a dimensão da pujança do território, que contrastava com as choças miseráveis que se poderiam encontrar, cujos habitantes tentavam sobreviver à fome e às ameaças do afastamento do litoral. Como bem destacou Rugendas, uma população que luta por alimentos, "enquanto seu gado esquelético pede, mugindo, um alimento e uma bebida que lhes são recusados" (Rugendas, s.d., p. 13). A paisagem das terras tropicais enchia os olhos dos viajantes. Árvores e arbustos de diversos tamanhos e variedades eram encontrados pelos caminhos, bem como os seus habitantes, formando um registro único. A abundância de flores e a beleza das suas cores e formas contribuíam para dar à paisagem um caráter *sui generis*.

Charles James Fox Bunbury foi incisivo no seu relato afirmando que "nada pode ser mais belo do que a baía do Rio de Janeiro". A entrada da baía era como se fosse guardada pelo bloco de granito conhecido como Pão de Açúcar, com mais de 1.270 pés de altura. A baía, segundo seu olhar, era "vasto lençol de água, como um lago, ornado de inúmeras ilhas e cercada de suaves colinas enxameadas de casas brancas, conventos e jardins, atrás dos quais novamente sobem montanhas cobertas de florestas de linhas ousadas e admiráveis" (Bunbury, 1981, p. 18). As embarcações dispersas pela baía contribuíam para dar mais vida ao pitoresco cenário natural.

As cascatas da Tijuca constituíam um dos cenários mais pitorescos do Rio de Janeiro. Conforme registrou Rugendas, a estrada que conduzia à região atravessava o bairro de Mata-Porcos, perto do Palácio Imperial de São Cristóvão, e seguia pelo riacho da Tijuca. O caminho era marcado por plantações de laranjeiras, bananeiras e de café e bosques floridos. Logo em seguida, surgia uma floresta vigorosa e um riacho, na parte alta do monte da Tijuca, a água tinha uma queda livre de 150 pés de altura sobre uma parede de rochas. As várias cascatas, grandes e imponentes, permitiam um ambiente prazeroso e similar ao encontrado na Europa. Para Rugendas, "o corte dos rochedos, o movimento da água espumante e borbulhante, são tão admiráveis quanto os das quedas-d'água do velho continente" (Rugendas, s.d., p. 24). A frescura do lugar era um refrigério para o sufocante calor carioca e permitia aos visitantes recuperar as forças e contemplar a magnificência das árvores, das aves e dos animais.

O Jardim Botânico era um dos cartões postais da cidade do Rio de Janeiro. Aos domingos, aqueles que não possuíam chácaras em Botafogo ou São Cristóvão aproveitavam o local para desfrutar do contato com a natureza. Contudo, a procura pelo local era pequena, e muitos preferiam ficar em suas residências que, segundo os viajantes, eram abafadas. Para Charles de Ribeyrolles, o local era um "maravilhoso oásis", emoldurado de morros que recebia a brisa fresca do mar. O jardim nascera por incentivo do rei D. João VI, que o mandou construir num local onde havia um pântano. As mais diversas plantas e essências estavam ali. Todavia, conforme seu entendimento, ele era "pobre em espécies, deficiente quanto à ciência". Numa das alamedas, regularmente ladeadas de palmeiras, havia uma dupla colunata que "jamais tiveram palácios e templos". O conjunto encantava e impressionava e as palmeiras faziam jus ao nome que recebiam, imperiais. As espécies nativas competiam com as estrangeiras, formando um quadro natural exótico, o que para Ribeyrolles era um "lamentável dano". Segundo ele, a aclimatação era uma necessidade para a Europa e não para as terras brasileiras que eram ainda virgens e pouco conhecidas. Concluía de forma assertiva: "O Jardim Botânico do Rio devia ser, antes de tudo, brasileiro" (Ribeyrolles, 1941, p. 157). O Jardim Botânico era conhecido pelas inúmeras plantas estrangeiras e nativas ali existentes. O visitante que desejasse visitar o local deveria dispor de tempo para se locomover até lá, a fim de apreciá-lo. O Jardim Botânico estava localizado a dez quilômetros da cidade, sendo possível atingi-lo por meio do transporte disponível. Pelo caminho, o visitante passava pela região do Botafogo, podendo ver as casas elegantes que existiam no percurso, até chegar ao Corcovado. O Jardim se localizava na parte posterior, entre a montanha e o mar. As diferentes espécies atraíam o olhar dos viajantes, especialmente os naturalistas. No local, era possível circular por caminhos de cascalho e latadas com banco, que cercavam um lago com chafariz, e apreciar o canal de pedra com água corrente. Thomas Ewbank revelou que era "difícil descrever as agradáveis e estranhas sensações que produz nesse lugar tão refrescante" (Ewbank, 1976, p. 132).

Os atrativos do Rio de Janeiro eram muitos. As cascatas da Tijuca, da Boa Viagem, em Niterói, o saco da Jurujuba, a ponta do Caju, a Boa Vista, São Cristóvão, a residência imperial eram alguns dos locais mais referidos pelos viajantes. O Passeio Público, no Rio de Janeiro, permitia ao visitante apreciar a paisagem e escutar os sons dos animais. A brisa leve permitia ouvir o movimento dos ramos das árvores, embalado pelo som das ondas que marulhavam na praia. No Passeio

Público, havia árvores e arbustos bem plantados, com uma variedade de arbustos, com diversas espécies de palmeiras. O viajante que visitasse o local poderia desfrutar das sombras de mangueiras e paineiras, enquanto avistava a baía (Bunbury, 1981). Durante sua estada na capital do império, Carl von Koseritz, num domingo, optou por visitar a Praia Grande, isto é, Niterói, e seus arredores. Para fazer o percurso, valeu-se de um bondinho, "no qual se pode viajar cerca de uma hora por cem réis", até a ponte de embarque das barcas a vapor, que partiam normalmente a cada dez minutos. As barcas a vapor, que faziam o serviço, eram de sistema que permitia atracar pelos dois lados. Os passageiros ficavam num grande salão, ou poderiam se distribuir pela parte superior. Para se distrair, o utente poderia comprar um jornal e fazer o percurso lendo. O trajeto que levava vinte minutos era fácil de ser feito e possibilitou um deleite ímpar na imponente cidade, como o Pão de Açúcar, o Corcovado, o Bico do Papagaio e a Tijuca. Para desfrutar de tudo isso, Koseritz achava que o valor da passagem era barato e havia um controle por meio de catraca tipo borboleta, no qual se pagava o bilhete (Koseritz, 1972). Ao chegar a Niterói, fez um pequeno passeio pela praia, observou a igreja local, no alto do morro. Na praia de São Domingos, ficavam as casas aristocráticas, lugar em que desembarcou e apanhou o bonde para Icaraí e Santa Rosa. Pagando 400 réis por pessoa, no bonde era possível fazer a viagem desde São Domingos, por Icaraí e Santa Rosa até Niterói, em aproximadamente uma hora e meia. Foi "um dos mais belos passeios" que o jornalista alemão fez, pois, além da paisagem deslumbrante, atravessou uma grande extensão por terra e apreciou casas e jardins com uma rica vegetação tropical (Koseritz, 1972, p. 36-7).

Ao visitar o jardim do Campo de Santana, a Praça da Aclamação e o Passeio Público, Carl von Koseritz manifestou sua aprovação aos locais. Há trinta e dois anos, o Campo de Santana era um pântano, no qual, à noite reuniam-se "todos os vagabundos do Rio". Recursos vultosos foram gastos para transformar o pântano num parque, que cobria uma vasta área. No seu entorno, havia um muro de granito encimado por grades de ferro. No parque, o visitante poderia deambular pelos largos caminhos, cobertos de areia fina. Uma vegetação rica e forte, permeada de pequenos lagos e canais compunha o cenário. Tritões de bronze atiravam para o ar repuxos de água cristalina, enquanto cisnes nadavam no lago, segundo ele "em uma palavra, tudo é belo e magnífico". O que mais despertou a sua admiração foi o conjunto de pedra que formava uma cachoeira, com um grande tanque de pedra, cheio de peixes dourados. Através de uma estreita passagem, chegava-se a uma caverna, que ficava no interior do rochedo, onde cristais brilhavam, causando uma grandiosa impressão. Este conjunto do Campo de Santana, com toda a sua magnificência, consumira recursos que, segundo Koseritz, poderiam ter sido empregados "em centenas de léguas de boas estradas", que faltavam ao império. A despeito disso, a beleza do espaço era um consolo, para seu descontentamento. As árvores deveriam crescer mais para dar a sombra necessária ao descanso. Porém, digno de destaque era o gramado devidamente aparado, como na Europa (Koseritz, 1972, p. 138-9).

Carl von Koseritz deixou o Campo de Santana e foi rumo ao Passeio Público, que considerava na "verdade o tesouro do Rio". Menor do que o jardim do Campo, mas com árvores frondosas e gigantescas, lagos e canais elegantes, com pontes. Estátuas enfeitavam os caminhos, que estavam bem tratados. Lá havia sombras que permitiam um acolhimento melhor. Ao subir no terraço de mármore, que tomava todo o lado do mar, viu as águas do mar requebrando-se no parapeito. De lá, a vista era esplêndida, Glória, Catete, Botafogo, Largo dos Leões até a praia Vermelha, o Pão de Açúcar e a baía eram visíveis. O porto era avistado em outra direção, divisando também o Convento de São Bento e o da ilha das Cobras. Niterói, as ilhas de Paquetá, Governador, Flores e a Serra dos Órgãos, um panorama excepcional que levava o jornalista à conjectura de como seria a beleza do local banhado pelo luar da noite (Koseritz, 1972, p. 140).

Charles James Fox Bunbury chegou ao Brasil quando era inverno. Mesmo assim, o tempo estava quente e não diferia dos "mais bonitos dias de verão na Inglaterra". O tempo se manteve agradável, paulatinamente a temperatura foi aumentando e, no mês de outubro, tiveram início os temporais, seguidos pelo verão, com calor excessivo. Uma neblina espessa cobriu a cidade do Rio de Janeiro durante três semanas. Charles James Fox Bunbury afirmou que a "folhagem das árvores e arbustos silvestres nas matas começou a murchar e escurecer". A água no aqueduto ficou reduzida e havia o medo de que houvesse falta de água. A seca se fez presente no interior, causando danos. Em Minas Gerais, onde a população dependia do milho para sua sobrevivência, seu plantio ocorria no início da estação chuvosa, e falhou pela falta de chuvas. O efeito foi a baixa produção do grão, o que ocasionou a morte de muitas pessoas, pois, conforme Bunbury observou, o agricultor que dependia "de suas próprias terras para comer", não tinha como prática armazenar o excedente para suprir as deficiências de um ano para outro. O inglês seguiu rumo a Montevidéu e Buenos Aires, buscando um refrigério. Ao retornar, o clima do Rio de Janeiro já havia se alterado. As temperaturas estavam mais baixas, com chuvas cuja intensidade e continuidade despertavam a atenção dos viajantes. Em um dia do mês de abril, Charles James Fox Bunbury foi surpreendido por uma tempestade quando caminhava para a praia Vermelha. Rapidamente as ruas ficaram inundadas e ele ficou com água pelos tornozelos e, conforme caminhava, em alguns lugares, a água chegava aos joelhos. Esse clima tão especial era devido à situação geográfica do Rio de Janeiro, cercado de altas montanhas e com umidade elevada. Estes fatores permitiam uma abundante vegetação que, por sua vez, contribuía para conservar a umidade (Bunbury, 1981, p. 35).

Charles James Fox Bunbury viu, durante a sua viagem do Rio de Janeiro para Minas Gerais, diversos tipos de pica-paus de "plumagem lindamente variada, que ficam trepados nas árvores baixas espalhadas aqui e ali e, quando alguém deles se aproxima, dão um grito estridente, e fazem um voo ondulante semelhante ao dos nossos picanços verdes" (Bunbury, 1981, p. 60). Um dos arbustos mais comuns nas redondezas de Gongo Soco é o Vismia, conforme descreveu Charles James Fox Bunbury. A espécie tem a face dorsal de suas folhas cobertas com um pelo cor de ferrugem, sendo fácil de ser encontrado nas capoeiras. As bagas desse arbusto, quando cortadas ou esmagadas, deitavam um suco amarelo alaranjado, parecido com a "goma-guta em cor e cheiro, e aplicável aos mesmos fins". Outra planta que o naturalista destacou foi uma herbácea espinhosa, comum nos caminhos e nos descampados. Ela tinha folhas peludas e pegajosas, com grandes bagas redondas e amareladas, com um agradável "cheiro semelhante ao da maçã", as quais eram utilizadas pelos negros e pelas classes menos favorecidas como "um grosseiro substituto do sabão" (Bunbury, 1981, p. 80).

Na região de Minas Gerais, as bromélias também eram muito comuns pelas florestas, sendo possível encontrá-las nas árvores velhas. As suas flores eram de uma admirável beleza, pela variedade de cores. A localidade de Gongo Soco era, para Bunbury, um dos locais mais convenientes para um botânico fazer as suas explorações. Os caminhos que havia pelas florestas facilitavam o trabalho de coleta e análise. Todo cuidado deveria ser tomado, quando o estudioso se afastasse dos caminhos e penetrasse pelo mato entrançado e repleto de plantas rasteiras e trepadeiras (cipós), cheio de espinhos. Para vencer esses caminhos, era necessária uma faca bem afiada. Os cipós dependurados nas árvores e arbustos por vezes enganavam os viajantes, por se assemelharem a cobras. O local era também perigoso, porque as folhas secas e a madeira podre faziam que o indivíduo, ao andar, enterrasse o pé até o tornozelo. O clima da região era mais temperado quando comparado ao do Rio de Janeiro, o que permitia o cultivo de espécies diferentes e legumes europeus, como: batatas, cenouras, ervilhas, repolhos etc. (Bunbury, 1981).

Os relatos de uma natureza pródiga impressionavam os viajantes. Thomas Ewbank relatou que ouviu do empregado de uma fazenda que, quando fazia uma caçada pelas matas, encontrar a um tronco de árvore que "exigira dezesseis homens de braços abertos para abrangê-la". O protestante americano não conteve a curiosidade e manifestou o desejo de ver a árvore, sendo acompanhado de guias e escravos. A caminhada foi exaustiva, através da mata e de um relevo íngreme, repleto de pequenos animais, entre eles cobras e escorpiões. Alguns caçadores com cães também seguiam o grupo e atiravam para que as pacas assustadas fossem em direção aos seus esconderijos, nos quais seriam facilmente apreendidas. Pássaros voavam de todos os lados e os tucanos, com o seu tamanho, chamavam a atenção. Ewbank salientou que a primeira coisa que notara, ao entrar na floresta, foi a ausência de sol, porquanto a luz do dia não conseguia penetrar na mata, preponderando a sombra. A umidade tornava escorregadias as folhas espalhadas pelo chão, fazendo o caminho mais perigoso, por já ser bem inclinado. Os destemidos aventureiros avançaram pelo caminho identificando rastros de pacas, como previram. Mais algum tempo de caminhada e a árvore surgiu diante dos olhos. Thomas Ewbank deixou sua impressão: "desapontamo-nos". A árvore era nobre, "mas longe de ter a metade das dimensões de que nos haviam falado". Talvez tenha pensado consigo mesmo, tanto esforço para nada. Cansado e molhado de suor, sentou no chão, buscando recuperar as forças para retornar (Ewbank, 1976, p. 280). A descida da montanha foi trabalhosa e perigosa. Se um apoio, tipo bengala, era necessário para a escalada, na descida era fundamental, para evitar qualquer tipo de queda. O declive do terreno exigia que a cada árvore do caminho a pessoa parasse, caso contrário, poderia cair e esta precaução aumentava o suor e todos chegaram exaustos ao ponto de onde tinham partido (Ewbank, 1976).

Thomas Ewbank, em um passeio a Niterói, teve a oportunidade de ver as belezas da região. Foi recebido por um proprietário que, juntamente com sua família, o acolheu. A propriedade que eles habitavam pertencera, no passado, a D. Pedro I. Após a abdicação, a mansão foi comprada pelo anfitrião que o recebera. A bela casa estava bem localizada e permitia avistar uma paisagem esplendorosa, com uma extensa plantação. Nas adjacências, havia árvores frutíferas, que permitiam o regalo dos visitantes (Ewbank, 1976).

A Pedra da Gávea era um marco proeminente para os navegantes e um atrativo para os visitantes. Em 1839, uma comissão do Instituto Geográfico visitou a Gávea e copiou a inscrição que lá havia. Os estudos foram feitos para identificar se a inscrição teria ou não sido feita por algum homem. Acreditava-se que os desenhos tinham semelhanças com outros registros feitos na Antiguidade, dando margem a uma série de conjecturas. Thomas Ewbank, que foi atraído pela beleza da Pedra da Gávea, não acreditava em nenhuma intervenção humana ou divina. Para ele, que a observara por meio de um telescópio, foi possível notar que havia "endentações semelhantes em processo de desenvolvimento no Irmão Maior, e em algumas altas pedreiras". Nelas era possível ver veios, rachas e estrias que variavam de tamanho, dependendo do lugar da rachadura. As ações da própria natureza seriam para ele as responsáveis por tais sinais (Ewbank, 1976, p. 300-1). No litoral da região de Cabo Frio, era possível ver uma faixa estreita de areia e pântanos que se estendiam entre o mar e as montanhas. O contorno da Serra do Mar conferia à praia uma dimensão especial (Bunbury, 1981, p. 17).

Para Charles James Fox Bunbury, a subida do Corcovado não era, de maneira alguma, difícil. Era possível fazer o percurso a cavalo. Ele saíra do hotel, no qual estava hospedado, por volta das oito e meia da manhã e, subindo vagarosamente, alcançou o cume ao meio-dia. O frescor da floresta, produzido pela sombra das árvores, dava uma umidade muito grande ao local que possuía um forte cheiro de vegetais em decomposição. O silêncio que dominava as florestas era "impressionante". As árvores de grossos troncos, com suas folhagens espessas e altas, cobriam tudo. Trepadeiras avançavam do chão até a parte superior das árvores, e os cipós enroscados nos troncos conferiam ao ambiente da floresta uma característica mais misteriosa. Nos troncos das árvores, podia-se ver orquídeas e bromélias das mais variadas cores, que floresciam nos troncos musgosos e nos galhos das árvores. A vista do Corcovado foi amplamente relatada pelos viajantes. Aqueles que se aventuravam pelo percurso, enfrentando a floresta, quando chegavam ao cume da montanha tinham uma visão encantadora, impossível de imaginar ou descrever. Charles James Fox Bunbury afirmava, muitas vezes, que as paisagens exaltadas pelos "livros-guias" e pelos "turistas comuns" tinham quase sempre o desapontado, mas a vista do alto do Corcovado excedeu a sua expectativa, assim se pronunciando:

> Montanhas, florestas, rochedos, vales cultivados, a cidade do Rio com o seu porto e as embarcações, a vasta extensão da baía com suas ilhas verdes, e o azul vivo do mar, desenrolavam-se abaixo de mim como um mapa. Uma delicada neblina azul pairava como um véu de gaze sobre a cena, suavizando as formas e as cores dos objetos sem escondê-los. (Bunbury, 1981, p. 26)

Para os naturalistas, os arredores da cidade do Rio de Janeiro permitiam a realização de grandes explorações. O sentimento de admiração e prazer foi registrado por muitos, que eram atraídos pelas diferentes espécies. Em comparação com a Europa, em vez da "uniformidade costumeira das florestas europeias", havia nos trópicos uma variedade infinita de árvores (Bunbury, 1981, p. 23).

Thomas Ewbank também visitou o Corcovado, "grande atração natural do Rio". Ele se levantou cedo, com o sol despontando e, antes de sair do quarto, olhou para a paisagem. Ao longe, via o monte de Santa Marta e, ao lado, o Corcovado, que parecia impossível de ser atingido, escalando sua íngreme encosta em lombo de burro. A marcha rumo ao gigante Corcovado começou e pareceu-lhe que, cada vez mais, ao invés de se aproximar, afastava-se da montanha. Interpelando o seu condutor, a resposta foi seca: "O caminho mais longo é o mais curto". O caminho seguia ao longo do aqueduto que permitia ver a natureza e a bela construção com os seus arcos, possibilitando esboços interessantes. Do muro do jardim do Convento de Santa Teresa, pendiam bananeiras e, mais adiante, aparecia uma estrada com aclive acentuado e tortuoso. O morro de Santa Teresa era um dos mais altos da cidade e, da parte elevada, seguia a água para abastecer a cidade. Numa das primeiras paradas, o viajante viu a caixa d'água, uma estrutura construída sobre uma bacia, onde a água era distribuída em diferentes direções e em inclinações diferentes (Ewbank, 1976, p. 303-5).

A investida rumo ao Corcovado continuou. Já na parte alta foi possível avistar o Engenho Velho e o Palácio de São Cristóvão, de uma pequenez singela (Ewbank, 1976). No local, Thomas Ewbank admirou as grandes árvores com troncos que apresentavam as "feições em cúspide ou radiadas". Ao subir, notava que sua respiração era mais rápida e curta e as árvores diminuíam em número e nas suas dimensões. Finalmente, chegara ao cume, onde um sol inclemente se fazia presente. O companheiro de Ewbank advertira que não se "aventurasse nos precipícios próximos", e retirou-se em seguida para a floresta, por não suportar a ação do sol. O americano teve "um sentimento de solidão e medo" que pesava sobre ele. O voo das aves o entretinha, observando várias andorinhas ao seu lado.

Os insetos existentes no local o atacavam, um dos seus ouvidos começou a doer: "Já estava inflamado e sangrando". O panorama impressionante fez que ele desenhasse o cenário inesquecível (Ewbank, 1976, p. 311-2).

A descida foi feita com o apoio de um cajado e com a sensação de ter vencido uma barreira. Pelo caminho lavou as mãos e o rosto na água de um cano, refestelando-se com uma laranja e com uma fatia de pão com manteiga, que foram consumidos com volúpia. Mas o seu imaginário não permitiu que o prazer fosse apreciado na sua plenitude. O crepúsculo descia e "uma sensação de medo" invadiu-o. Isso se devia às "lembranças de histórias de escravos fugidos, roubando os viajantes, logo que a noite caía". Continuando a descer, apanhou um galho de paineira para lhe servir de apoio, e estava desbastando-o com um facão, quando um negro alto apareceu à sua frente. O americano ficou ressabiado e tomou coragem para perguntar o que ele queria, porém o negro não entendia o seu idioma. Todavia, entendeu que o forasteiro precisava de um cajado para prosseguir a descida: "vendo que tinha conseguido um pobre galho – e cujos acúleos haviam feito sangrar meus dedos –, aproximou-se de mim, sorridente e ofereceu-me o seu". Thomas Ewbank hesitou quando ele pôs em suas mãos o cajado e prosseguiu no seu caminho e se sentiu "envergonhado" pela sua desconfiança. Para se redimir do julgamento impuro, foi atrás do negro agradecendo-lhe por sua boa vontade (Ewbank, 1976, p. 314).

No Rio de Janeiro via-se a contraposição entre a ocupação humana e a grandeza selvagem da montanha e da floresta. A concentração de casas ficava envolta por um jardim de folhagens vivas de diversos matizes, cheio de flores diferentes. Se o Rio de Janeiro e seus arredores podiam ser chamados de "paraíso terrestre", com certeza, afirma Charles James Fox Bunbury, os habitantes "se acham em estado de inocência" (Bunbury, 1981, p. 27). A cada passo, o viajante era surpreendido pela natureza tropical, pois várias espécies diferentes apareciam a todo momento. Tudo era novidade, não sendo possível estabelecer associações com outros gêneros. A mente recebia vários estímulos impossíveis de serem assimilados com rapidez. O deleite e o entendimento vinham com o tempo e a observação demorada. Precisava-se olhar com calma para poder desfrutar do ambiente e registrar as lembranças. Toda contemplação era esfuziante. Imagens que seriam guardadas na mente e relembradas em momentos nostálgicos.

Uma bela paisagem poderia ser somente um registro da natureza, na sua plenitude harmoniosa, como também o equilíbrio adequado entre o mundo natural, o espaço habitado e as pessoas que compunham esse cenário. Cada um dos viajantes procurou dar sentido à paisagem que desconhecia, pensando e repensando os seus elementos. Para um naturalista, a pesquisa no local em que as espécies existiam era uma experiência bem mais rica do que aquela que se tinha num gabinete científico, principalmente quando este tivesse a preocupação de compreender a sociedade.

Questões

1 | As terras tropicais, aos olhos dos viajantes europeus, configuravam-se como exóticas. Observe os atrativos naturais das terras brasileiras mais destacados pelos relatos dos viajantes. Considere, na sua reflexão, o clima, a flora, a fauna, entre outros recursos naturais.

2 | Em se considerando os relatos dos viajantes, discuta a diversidade de paisagens naturais do território brasileiro.

6 A imagem dos habitantes

Muitos foram os viajantes que mostraram os diferentes aspectos da população brasileira, tanto no que diz respeito a suas vestimentas, como também seus usos, costumes e suas ocupações. O objetivo não é apresentar uma leitura aprofundada sobre a população brasileira, mas sim destacar alguns aspectos importantes que, aos olhos dos viajantes, mereceram atenção e justificariam o registro de uma cultura diversa da europeia.

Retratar o modo de vida de um grupo é uma tarefa difícil, principalmente quando se leva em conta a extensão do território brasileiro e a complexidade de elementos que envolvem o tema. Pode-se afirmar que é comum, nos registros dos viajantes, a descrição da vida das populações encontradas. Hábitos e costumes cotidianos da sociedade fazem parte de um conjunto de referências.

Os viajantes, nas suas idas e vindas, acabaram por escrever e reescrever o perfil dos habitantes do Brasil. No decorrer do século, foi sendo tecido um texto coletivo a partir das experiências desses viandantes, da forma que lhes era possível. Cada um deles possuía uma bagagem cultural e critérios para a avaliação do "outro" que habitava o Brasil. Seus registros, por vezes superficiais e imprecisos, contribuíram para dar uma noção da gente brasileira. Como lembra Mary Del Priore (1997, p. 259-74), a história da vida cotidiana e privada é, finalmente, a história dos pequenos prazeres, dos detalhes quase invisíveis, dos dramas abafados, do "banal, do insignificante, das coisas deixadas de lado. Mas nesse inventário de aparentes miudezas, reside a imensidão e a complexidade através da qual a história se faz e se reconcilia consigo mesma". A imagem do indígena ficou associada às descrições elaboradas por alguns cronistas que destacavam a crueldade das tribos. Além disso, o desconhecimento do universo cultural dos habitantes da terra fez que eles fossem tidos como seres marcados pela falta de moral, mais afeitos a comer, beber, dormir e festejar do que ao trabalho. Sem dúvida, os registros contribuíram para a construção do estereótipo do índio.

Os primeiros relatos, desde a carta de Pero Vaz de Caminha, dão uma atenção ao físico do indígena. A nudez do corpo chamava a atenção dos europeus, que procuravam explorar nas suas descrições detalhes da anatomia, principalmente do corpo das nativas. O corpo nu e robusto era um convite ao erotismo e, por decorrência, ao pecado. Fonte de prazer condenado pela Igreja.

Com relação às tribos indígenas, os registros apontam para um conhecimento superficial ou suficiente por parte dos viajantes. Para muitos que permaneceram no litoral, as tribos indígenas estavam dispersas pelo interior e boa parte delas já havia sido destruída. Tal situação não permitia maiores considerações ou comparações com usos e costumes dos povos autóctones.

Hans Staden viveu entre os indígenas e, antes de ser aprisionado, conviveu com um índio carijó, que lhe pertencia e com quem caçava. Numa das suas andanças pela selva, foi feito prisioneiro dos aborígenes. No seu relato, ao caminhar pelo mato "levantou-se de ambos os lados do caminho um grande alarido, como é hábito entre os selvagens". Todos vieram em sua direção e o cercaram portando arcos e flechas. Foi abatido ao solo, e os índios se lançaram contra ele, ferindo-o com pauladas na perna. Em seguida, rasgaram-lhe as roupas do corpo. Dessa forma, mantéu, sombreiro, camisa e outras peças foram destruídas. Nesse momento, os índios começaram a brigar em torno dele. Segundo Hans Staden, cada um evocava para si a prioridade de tê-lo aprisionado. Por fim, dois deles o ergueram do chão, no qual se encontrava totalmente nu, agarrando-o pelo braço e carregando-o pela mata até o mar, onde foi embarcado numa das canoas que ali se encontrava (Staden, 1974, p. 80-1).

O registro narrado em cores intensas revelava um misto de medo e desespero que se abateu sobre Hans Staden. Sem dúvida, ao caminhar pelas matas não esperava encontrar as tribos hostis. Na viagem para as terras dos tupinambás, distante aproximadamente sete milhas, a angústia foi maior. Não havia condições de descrever claramente a viagem, pois tinha o rosto machucado e as pernas estavam feridas. Numa das paragens, foi conduzido para a praia e os índios o rodearam, dando a entender, conforme sua leitura, que o iriam devorar (Staden, 1974). Restava-lhe o desespero e a aflição. Passados três dias e já na aldeia dos tupinambás, com o pensamento cheio de questões, Hans Staden relembrava a pequena aldeia de sete choças em que viveu na região de Ubatuba. No local próximo ao mar, via mulheres trabalhando no cultivo da mandioca. Caminhando nu, foi levado a um jovem a quem os índios chamavam "Caruatá-uára". Este fez perguntas, em francês, a Staden, que não conseguiu responder. Mediante isto, o francês foi resoluto ao se dirigir aos índios: "Matai-o e comei-o, esse biltre; ele é bem português, vosso inimigo e meu". Hans Staden afirmou ter entendido o que dizia e pedira para que não fosse devorado. Descrente dos homens, o aventureiro imaginou o seu fim próximo, lançando-se aos pés do francês e pedindo por sua vida. Passado esse momento aflitivo, foi conduzido à sua choça e deitou-se na rede. Os dias seguintes foram de apreensão e sofrimento até que fosse devolvido à liberdade (Staden, 1974, p. 95).

Em agosto de 1554, já livre do cativeiro, na embarcação dos tupiniquins seguia de retorno. Esse era outro período de guerras travadas entre as tribos. Cada uma delas ia em direção à outra pelo mar ou por terra; no litoral, na época da piracema, encontravam principalmente tainha em abundância. Durante a marcha, apanhavam e comiam os peixes. O objetivo era assaltar a terra dos inimigos e torná-los prisioneiros, retornando, em seguida, para as suas terras. Hans Staden observou atentamente e registrou detalhes das tribos indígenas. No convívio forçado que tivera com os aborígenes, vira suas fortificações e o modo como combatiam. As fortalezas eram feitas com grossos troncos de árvores. Durante a noite, os índios se recolhiam em valas no entorno das suas habitações onde haviam cavado, saindo pela manhã para empreender suas lutas. Durante o confronto a que assistira, Hans Staden observou a grande quantidade de flechas que os índios lançavam contra os inimigos, muitas delas com mechas de algodão, embebidas em cera, incendiando as choças. Todavia, a ameaça de ele vir a ser consumido pelos indígenas, nos rituais antropofágicos, era o que lhe causava maior pavor (Staden, 1974). Hans Staden, apesar do medo, conseguiria conquistar a liberdade e retornar à sua terra natal. Contudo, a experiência que tivera não fora muito diferente daquelas que muitos aventureiros enfrentaram ao desbravar as terras brasileiras entre os séculos XVI e XVIII.

Segundo Rugendas, os portugueses foram os responsáveis pela destruição da civilização que encontraram. Numa postura aberta, o estudioso destacava que, para entender essa população, era "necessário abandonar as ideias europeias e voltar os olhos para o Peru e a Cundinamarca". Não era fácil estabelecer comparações entre esses povos e os europeus, dadas as particularidades de cada um deles, enfatizando que "nossos preconceitos europeus, nos impediriam de julgar imparcialmente". As informações sobre os índios, principalmente no período colonial, não lhe permitiam um entendimento adequado das tribos indígenas. As missões jesuíticas, segundo ele, foram "demasiado elogiadas, mas não raro também apresentadas sob um ângulo falso e sem a devida justiça". Rugendas entendia que as práticas dos jesuítas não favoreciam "o livre desenvolvimento das faculdades individuais" e que este poderia significar uma dificuldade para "quaisquer progressos". Entretanto, não negava que a atuação do jesuíta tivesse "feito aqui a civilização dar um passo para frente, e um passo imenso, o que nos leva a prever que, mais dia, menos dia, os laços destinados, no seu pensamento, a sustar a marcha da civilização serão fatalmente rompidos". De forma bem ampla, afirmava que as missões jesuíticas poderiam ter uma analogia com a civilização dos incas, principalmente por parecerem ter "sido adaptadas ao caráter dos habitantes primitivos, e principalmente ao dos guaranis e tupis". No seu entender, qualquer tentativa de civilizar os índios falharia, se não fosse feita "dentro dos mesmos princípios dos jesuítas das missões e seguida com a mesma constância e prudência". Concluía afirmando que era "absurdo querer elevar os índios a um nível superior ao das classes inferiores europeias. Por isso acertaram os jesuítas" (Rugendas, s.d., p. 85-6).

As roupas dos índios guanás foram descritas por Hercules Florence em pormenores. Os homens usavam um pano enrolado, como tanga, atado à cintura, "caindo, quando muito, até aos joelhos". Eles também portavam um pedaço de tecido quadrado regular, no meio do qual havia uma abertura por onde enfiavam a cabeça e lhes protegia parte dos ombros, peitos e costas. No frio, cobriam-se com um pano, que poderia dar duas voltas ao redor do corpo. As mulheres traziam um pano enrolado à cintura, caindo até os joelhos; independentemente das condições climáticas, elas usavam um grande pano para resguardarem-se. O pano era amarrado por cima dos seios, mostrando-se mais vestidas que os homens (Florence, 1977, p. 108).

Nas adjacências de Santarém, Hercules Florence viu os pari, nome que na região se dava a uma paliçada, que ficava em parte fora da água e o restante submerso, com estacas fincadas no rio e atravessadas por outra. A água na região elevava-se e transbordava. Os índios que viviam ali mergulhavam no rio e apanhavam os peixes com armadilhas, que, depois de retirados os peixes, eram colocadas de volta nos seus lugares. Ao observar a destreza dos indígenas, notou que na piroga ficaram peixes, que depois lhe foram ofertados (Florence, 1977).

Georg Wilhelm Freireyss observou, na sua viagem, que os índios da tribo coroados eram muitos, guerreiros e temidos pelos vizinhos, os puris. As brigas entre eles eram constantes e, uma vez morto o inimigo, havia o costume de levar para a cabana (oca) "um braço do cadáver, como uma espécie de troféu da vitória".

Tinha início no local uma festa, na qual se regalavam com a bebida predileta, que fabricavam fermentando o milho e que era servida em grandes potes de barro, cujo fundo pontudo estava enterrado no chão. O mais estranho era que nesse pote era colocado o inimigo morto e cada um, por sua vez, tirava-o de vez em quando do pote "para chupar a extremidade cortada". Para ele, tais "costumes bárbaros" provavam o "grau baixo da civilização desta gente, aliás tão boa". Como a vingança movia as tribos, eram comuns as hostilidades (Freireyss, 1982, p. 92).

Alcides Dessalines D'Orbigny, navegando pela região do Maranhão, viu que os índios mainás tinham "um aspecto selvagem, porém altivo e firme". Para o naturalista francês, suas fisionomias nada tinham de "desagradável" e os longos e negros cabelos davam-lhes um "ar de grandeza e dignidade". O primeiro contato com eles foi peculiar, pois, a princípio, mostraram-se curiosos e pouco a pouco se habituaram, deixando de prestar atenção ao viajante D'Orbigny (D'Orbigny, 1976, p. 38). Os índios tecunas eram menos agressivos e mais sociáveis que as outras tribos que ele encontrara na Amazônia. Quando eram chamados para alguma festa, eles acorriam em grande número em suas canoas.

Todos vinham nus, mas enfeitados "de penas nos braços, nos joelhos, nos ombros e na cabeça, além de um cinto muito bem feito, de casca de árvore". Permaneciam no local por muito tempo, pois as comemorações costumavam durar até três dias. D'Orbigny observou uma festa e afirmou que, após "dois dias de orgia báquica, os tecunas se dispuseram a dançar". O mais estranho é que o motivo daquela reunião era "o de arrancar, ao som da música e com o acompanhamento de danças, todos os cabelos da cabeça de uma criança de dois meses" (D'Orbigny, 1976, p. 44). Após o consumo da chicha, bebida fermentada pelos índios, a dança assumiu um aspecto de bailado guerreiro que durou aproximadamente duas horas e depois disso todos foram se deitar.

Em outro momento de reflexão sobre as tribos indígenas, Rugendas manifestava a injustiça em considerar os índios como depravados, pois eles não tinham "nenhuma ideia moral dos direitos e dos deveres". Com olhar bastante conservador, ele afirmava que as tribos viviam conforme as suas necessidades e na satisfação de seus desejos, e sua vida não diferia da dos "animais selvagens com os quais partilham o domínio das florestas primitivas". Dizia que não era possível condenar os animais pelo comportamento, nem, tampouco, em relação ao índio "por causa de seu caráter sombrio e selvagem" (Rugendas, s.d., p. 133). Influenciado pela leitura de alguns viajantes, Rugendas acreditava que o aspecto físico do índio se assemelhava ao do animal. Para ele, apesar de algumas tribos serem mais pacíficas que outras, todas eram selvagens, não havendo diferenças notáveis entre tapuias e tupis. De fato, Rugendas não tinha elementos para compreender a diversidade de povos indígenas que habitaram o Brasil. O reconhecimento ocorreria no século XX, quando muitas das tribos haviam sido extintas no lento processo de dizimação.

Henri Coudreau, ao visitar o Xingu, faz uma descrição da misteriosa tribo indígena dos araras. Os que tivera a oportunidade de ver tinham uma "tez clara e porte elegante". Eram tidos como a nação indígena mais errante da região, não se fixando em parte alguma. A tribo era famosa pela beleza das mulheres e pelo pouco contato que tinham com os homens brancos. Poucos eram os que sabiam falar o português e os seus costumes estavam mais ligados ao convívio na maloca, do que no barracão. Se o contato com os brancos era pequeno, a miscigenação com outras tribos era comum, devendo este fato, talvez, à preocupação de o grupo não desaparecer (Coudreau, 1977, p. 38). O viajante via com curiosidade a vida tribal e as mulheres indígenas. Expressava-se de forma muito similar aos registros feitos no século da descoberta das terras brasileiras. Registros que se repetiriam nos escritos de outros viandantes.

Rugendas se preocupou em oferecer ao público as fisionomias de negros. Durante anos, quase nada fora feito em relação aos africanos trazidos para a América portuguesa. O artista acreditava que a América teria um papel importante no futuro da humanidade, porém defendia que a escravidão deveria ser extinta e destruída, pois não era compatível "com o grau de civilização em que se formam, na América, as sociedades políticas" (Rugendas, s.d., p. 90). Ele entendia que o conhecimento existente sobre a África e seus habitantes era ainda insuficiente para responder a muitas questões. Contudo, destacava que a região era marcada pela ocupação de diversos povos, adotavam leis e costumes diferentes, dividindo-se em duas grandes classes: maometanos, que se distinguiam por uma cultura mais elaborada e que se espalhava pela África central, e os idólatras que ocupavam a região meridional, sul e oriental do continente (Rugendas, s.d.). Diferentes grupos étnicos, mas todos sujeitos a uma forma de exploração desumana, criticada por aqueles que, imbuídos das ideias iluministas, visitaram os trópicos.

Hercules Florence viu, nas suas andanças pela região da Vila de Guimarães, um homem que conduzia seis ou sete escravos, recém-chegados da África. Estes estavam meio nus e cobertos ainda da sarna que esses desgraçados apanhavam na viagem marítima. O condutor dos escravos se perdeu nos campos por causa dos nevoeiros e ficou andando em círculo sem encontrar um local, um sítio para se acomodar. Depois de passar de um dia e meio sem comer nada e passando um frio extremo, ele chegou a um núcleo, com os membros gelados, e a população o desceu do cavalo, dando-lhe caldo de galinha. Aos poucos recuperou as condições normais. Em seguida, foram em busca dos escravos que haviam sido deixados na mata; após algum tempo, encontraram o local, mas os negros estavam sem vida, no mesmo lugar em que os havia deixado (Florence, 1977, p. 166-7). Realidade que envolvia o comércio de escravos e seu transporte para regiões onde a sua força serviria para construir lentamente o país. Era comum que os proprietários das fazendas fizessem os seus escravos rezar. Após a refeição, o proprietário ou a proprietária reunia os escravos para iniciar a ladainha. Hercules Florence, em uma das vezes que assistiu a esta prática, registrou o fato curioso de que a oração começava com a frase sugestiva: "Triste coisa é nascer" (Florence, 1977, p. 171-2).

Louis François de Tollenare relata, nas suas notas de viagem, que todo o serviço doméstico era feito por escravos, sendo necessários muitos deles para se ter um atendimento adequado. Para o estrangeiro que chegasse ao Recife, em 1817, havia dificuldade para obter um criado, porque se considerava "uma vergonha vender um negro de casa". Os que os alugavam disponibilizavam-nos apenas para serem carregadores, caso o viajante tivesse necessidade de algum. Era preciso que um amigo fizesse a gentileza de o conseguir (Tollenare, 1978, p. 269).

Robert Avé-Lallemant, ao visitar a fazenda Morumbi, destacou que a propriedade estava isolada, em parte alguma pôde descobrir sinal de vida, de alegre atividade humana; nenhum grito, nenhuma voz ressoava. Esse cenário de isolamento permitiu que o médico tivesse contado com a exploração da mão de obra escrava. Nessa ocasião, teve oportunidade de encontrar um feitor alemão de uma fazenda vizinha, de propriedade de uma senhora de conhecida família. O feitor, que pouco compreendia o português, entregou um bilhete que a proprietária lhe havia enviado, dando a seguinte ordem: "Hoje, Domingo, o negro F. veio à cidade e não se apresentou a mim. Como ele só deve sair com a sua licença ou com a minha, queira escrever-me dizendo se deu essa licença e, como ele não veio a minha casa, mande surrá-lo e amarrá-lo ao tronco" (Avé-Lallemant, 1980b, p. 337).

A violência contra os escravos, comum em todo o Brasil, causou tristeza e decepção ao médico, revelando o seu desconhecimento sobre a realidade escravista brasileira. A questão escrava envolveu todas as camadas sociais, a política interna e a externa, e rondava a nação desde o final do período colonial, quando D. João VI começou a acenar para as primeiras ações visando a uma emancipação escrava, pressionado pela nação inglesa. No decorrer dos anos, o problema continuava tão premente quanto no início do século, mas os condicionantes econômicos faziam do tema uma questão delicada.

Os relatos de viagens revelaram as facetas mais diversas dessa sociedade escravocrata dos trópicos, que resistiu a conceder liberdade aos escravos, cuja miscigenação deu origem a uma sociedade particular. Alcides D'Orbigny, ao desembarcar no Rio de Janeiro, preocupou-se em descrever a experiência, por meio de um quadro com colorido único. Afirmava ele:

> O que mais me surpreendeu ao entrar na cidade foi a grande quantidade de homens de cor, comparativamente a de brancos. É o que suponho há de estranhar mais a todo europeu que desembarque no Brasil. A vista acostumada ao espetáculo de uma população de cor, por assim dizê-lo, uniforme, se habitua com dificuldade a esta mescla de tintas de todos os tons possíveis, do negro ao branco, passando pelo amarelo e o moreno. (D'Orbigny, 1976, p. 31)

Alcides D'Orbigny não escondeu a sua primeira impressão sobre o Brasil, registrando com destaque o espanto em relação à presença de negros na sociedade e as formas de sociabilidade que utilizavam. Aspecto que não passou despercebido nos relatos de outros viajantes.

Charles Ribeyrolles explicava que as fazendas brasileiras eram o que se chamava de habitação nas colônias francesas. Era um pequeno núcleo territorial de base agrícola, onde se localizava a casa do senhor, as senzalas dos negros e as plantações. Existiam diversas castas de fazendas, fosse para a criação de animais ou para a produção de açúcar, muitas delas localizadas na região de Campos dos

Goitacazes, em Pernambuco e na Bahia, sendo que a maioria se encontrava em decadência. Em Minas Gerais, Maranhão e Pernambuco havia também fazendas de algodão, que naqueles idos eram importantes (Ribeyrolles, 1941). As fazendas de café já se faziam presentes, movidas pelos braços escravos.

No alvorecer, os escravos saíam um a um da senzala e iam "se acocorar ou se meter em linha no terreiro". O feitor e os capatazes, despertados pelo sino ou pela corneta, estavam postos para contarem as cabeças e distribuírem o serviço; após o café, os negros eram escoltados para os campos. Como observa Charles Ribeyrolles:

> Antes, porém, em algumas fazendas, eles saúdam o chefe do domínio, dizendo, ao passar sob as janelas ou varandas: 'Louvado seja N. S. Jesus Cristo'. O amo responde: 'Para sempre seja louvado'. Essas cortesias matinais não são de regra em todas as propriedades, e sim nas estradas, onde se reproduzem a cada branco que passa. (Ribeyrolles, 1941, p. 31-2)

Os negros trabalhavam até nove ou dez horas da manhã e, depois, almoçavam. Vinham as "cuias de feijão cozido com gordura e misturado com farinha". Era dado o repouso de meia hora e, então, a labuta continuava. O feitor chamava as turmas e iniciava as capinas e as colheitas, conforme a época do ano. Por volta das três horas da tarde, servia-se o jantar, composto de feijão e angu. Era concedido mais um descanso de, aproximadamente, uma hora. Após esse tempo, o trabalho reiniciava até o anoitecer. Findado o dia de trabalho, os escravos retornavam à senzala, ocasião em que o feitor fazia a revista e contava as cabeças. A última refeição do dia era a ceia, que normalmente era composta de canjica, arroz e feijão. Poucas fazendas ofereciam carne, uma ou outra poderia oferecer carne seca ou carne fresca de porco.

Os negros preenchiam outros ofícios como os de carpinteiro, ferreiro, pedreiro, estribeiro, cozinheiro, entre outras atividades necessárias ao funcionamento da fazenda, possuindo condições melhores do que aqueles que faziam a lida na lavoura.

Era prática comum conceder folga e repouso no sábado à noite, e os escravos podiam dedicar-se a duas horas de dança. Eles se reuniam no terreiro e a festa se iniciava com capoeiras e movimentos que eram vistos pelos fazendeiros e viajantes como lascivos; as mulheres provocavam os homens ao dançar o lundu.

Charles Ribeyrolles (1941, p. 37-8), que presenciou esses encontros, entendia que eram "alegrias grosseiras, volúpias asquerosas, febres libertinas", que tudo isso era abjeto e triste; porém os negros apreciavam essas bacanais, e outros tiravam delas proveito. Concluindo a sua reflexão, afirmava: "Não será isso um meio de embrutecimento?".

Os escravos andavam por toda parte na cidade, exercendo todas as formas de prestação de serviços, dentro e fora das casas, no comércio, nas ruas, nas artes e outros ofícios. Para muitos, as facilidades de uma fuga eram maiores do que para aqueles que se encontravam nas fazendas que, paulatinamente, iam recebendo a mão de obra imigrante.

Segundo Charles James Fox Bunbury, a preponderância de escravos negros no Rio de Janeiro produzia uma desagradável impressão àqueles que chegavam à cidade. Os escravos eram empregados em todas as funções e eles eram responsáveis por carregar fardos e puxar carros como "qualquer animal quadrúpede". Os negros carregavam os fardos na cabeça e, enquanto faziam o seu trabalho, davam "um gemido alto, monótono e compassado", que, quando estavam muitos a trabalhar juntos, se ouvia bem longe e era "até assustador para um estrangeiro". Essa "música tristonha" combinada com os outros ruídos da cidade, como as vozes da população e o ruído de carros de bois no calçamento irregular, fazia que a cidade fosse tida como "o lugar mais barulhento". O ruído durante o dia era intenso, sossegando ao cair da noite, depois das dez horas. O inglês afirmava que voltara para casa a pé, após jantar com amigos no Catete, atravessando parte da cidade sem ouvir outro ruído que não fosse o barulho das águas do mar. As únicas coisas vivas visíveis eram algumas ratazanas e cães selvagens (Bunbury, 1981, p. 19).

Em 1836, George Gardner observou que as senhoras brasileiras eram "quase sem exceção, bondosas para com os escravos domésticos de ambos os sexos", porém demonstravam carinho especial por aquelas mulheres que foram amas de leite (Gardner, 1975, p. 25-6). Era prática comum que a mãe branca entregasse seu filho a uma "preta para ser criado", o que causava a curiosidade dos viajantes (Kidder, 1980). As crianças cresciam tendo as amas negras como mãe e, na maioria das casas, era comum que a infância delas ocorresse em meio aos filhos de escravos (Constatt, 1975). Jean-Baptiste Debret (1978) observou que se preparavam desde crianças os negros destinados a ser caçadores. Muitos deles acompanhavam as tropas em longas viagens, sempre armados, exercitando a caça pelo caminho.

As mulheres, quando saíam à rua para fazerem algum tipo de compra, eram acompanhadas de uma ou duas negras, que ficavam encarregadas de transportar os pacotes, normalmente de pequeno porte (Debret, 1978).

Aqueles que possuíam recursos, normalmente tinham negros ao seu serviço, que serviam de cocheiros. Era comum que tivessem um carro atrelado de bestas que era guiado por estes. Já os habitantes mais modestos montavam as suas mulas ou o seu cavalo, quando tinham recursos para tanto (Debret, 1978). Normalmente, os cocheiros negros eram valorizados, por terem a habilidade de conduzir os animais; Carl Seidler, a este respeito, ressalta que eles eram vistos como se tivessem "inteligência e destreza", sendo os negros nascidos no Brasil ou mulatos, os melhores para fazerem este tipo de serviço (Seidler, 1980, p. 236).

John Luccock, ao passar pela região de Pelotas, menciona que os copeiros, apesar de serem numerosos, não eram hábeis para o serviço (Luccock, 1975). Eles eram encontrados em outras localidades e atendiam aos proprietários das residências e também a algumas hospedagens. Na Bahia, Alcides Dessalines D'Orbigny observa que o trabalho do lar "simples e pouco penosos cabem às negras". Eram elas que preparavam as refeições e, no caso da região, sempre temperadas com pimenta (D'Orbigny, 1976, p. 105).

Numa das cenas clássicas do cotidiano do Rio de Janeiro, Jean-Baptiste Debret desenha a partida de uma família para o passeio. A etiqueta era observada rigorosamente pelo chefe da família que iniciava a marcha, seguido por seus filhos em ordem de idade, indo o mais jovem na frente. A matriarca vinha a seguir e atrás dela, sua criada de quarto. Na sequência, poderia vir a ama negra, a escrava da ama, o criado negro, e demais negros que os acompanhavam (Debret, 1978).

Os negros que viviam junto com os seus senhores tinham uma distinção perante seus pares e poderiam ter um comportamento hospitaleiro como seus patrões. O *status* da família poderia ser percebido, quando esta ou algum dos seus membros saía à rua. Para as viagens, utilizavam uma série de acessórios, na rede e na indumentária dos escravos que os conduzia (Debret, 1978).

John Mawe, passando por Juiz de Fora, em Minas Gerais, visitou a fazenda de Antônio Ferreira, que estava em plena decadência. O proprietário estava ausente, "mas seus velhos criados negros nos trataram tão bem quanto o seu senhor o teria feito". O viajante foi bem acolhido e teve oportunidade de cear frango guisado e um peru selvagem, que ele matara na vizinhança (Mawe, 1978, p. 113). Era comum, em algumas casas ricas, fazerem casar as negras "sem contrariar demasiado suas predileções na escolha de um marido", pois, dessa forma, elas poderiam ficar mais ligadas à casa. A escrava que era criada de quarto de uma senhora normalmente era induzida a casar com o cocheiro do amo, o mesmo acontecia com outras escravas da casa que deveriam se casar com "os criados de confiança do lado do dono da casa" (Debret, 1978, p. 200). Nos arredores de Campos dos Afonsos, no Rio de Janeiro, Maria Graham encontrou pelo caminho um grupo de viajantes que tinham um "aspecto original". A mulher, "antes bonita que feia", vinha à frente com um casaco de montaria azul e chapéu preto "montada como homem". Logo depois, três cavaleiros em fila indiana a seguiam, portando enormes chapéus de palha. A criada da senhora também acompanhava o cortejo, com "o *portemanteaux* de sua senhora afivelado atrás dela; depois o criado, com três sacos de couro pendentes do arreio por longas correias, de modo que balançavam na altura dos estribos, e cujo tamanho e forma denotavam a presença de, pelo menos, uma camisa limpa". Por fim, vinha um escravo descoberto com dois burros, que carregava as bagagens e provisões e outro escravo com as coisas sobressalentes. Maria Graham foi saudada pelo grupo de forma grave e cortês e seguiu a sua viagem (Graham, 1990, p. 327).

Durante sua estada no Rio de Janeiro, Thomas Ewbank foi convidado para passar o dia na propriedade rural de um conhecido. A casa era de pedra, baixa, com telhado pontiagudo e paredes rebocadas. O andar superior possuía um recuo em relação ao piso inferior. A moradia era ampla e agradável. O americano andou pela fazenda apreciando a paisagem e conhecendo alguns dos "costumes patriarcais dos antigos fazendeiros portugueses". A mãe do proprietário, que falecera recentemente, ensinara os escravos a rezar. Dessa forma, toda noite o sino do portão tocava, para chamar os escravos para o trabalho. O dia começava com orações, feitas pela senhora idosa, que, logo após, era saudada pelos membros da família. Os escravos, ao passarem diante dela, recebiam a sua bênção. A devoção da senhora falecida fazia que, em algumas circunstâncias, brancos e negros fossem acordados às duas horas da madrugada para se fazer as matinas. Thomas Ewbank constatara que "um velho negro aborrecia-a extraordinariamente", pois, segundo o escravo, era "trabalhar, trabalhar, trabalhar durante todo o dia", e "rezar, rezar, durante toda a noite. Nenhum negro resiste a isso!" (Ewbank, 1976, p. 65).

Thomas Ewbank, num domingo, teve a recepção hospitaleira de um casal em Botafogo. Após o almoço, decidiu fazer um passeio por um monte próximo. Lá estando, foi surpreendido por dois negros, "completamente despidos, a não ser alguns andrajos em torno de seus lombos, cada um tinha um arco de ferro em torno do pescoço, ligado por sua vez a algemas postas nos tornozelos. Por outra cadeia, a mão de um era presa à de outro." Os escravos estavam inclinados para frente, ajoelhados, arfando e "faziam súplicas de tal modo agônicas" que Ewbank chegou a pensar que eles fossem criminosos condenados à morte. O americano não entendeu o que eles reclamavam. Posteriormente, ficou sabendo que os dois escravos haviam tentado fugir e o seu dono, para puni-los, prendia-nos quando não estavam trabalhando "neste lugar sequestrado" (Ewbank, 1976, p. 326).

Em Itu, havia um convento de franciscanos e a igreja matriz era ornada com simplicidade. O local abrigava também uma igrejinha sob a invocação de Nossa Senhora do Patrocínio, que se destacava pela sua riqueza e ornamentação, apesar de a fachada ser "alheia a qualquer regra arquitetônica". Hercules Florence permaneceu três dias e na cidade. Durante a sua estada, um escravo de Langsdorff foi morto por um negro da cidade por causa "de uma preta". Nessas situações, os recursos da justiça eram reduzidos, pois o assassino fugiu para os matos e "as autoridades não pareceram dispostas a tomar a peito sua captura". Isso se devia ao fato de que a busca do criminoso pelo mato era dispendiosa. A ocasião permitiu que Hercules Florence comentasse que, no Brasil, era comum ver "crimes desta natureza ficarem impunes, não só porque suas vastas florestas dão seguro asilo aos delinquentes, como a justiça pública mostra-se frouxa ou falta de meios para se fazer respeitar, e a polícia é nula". O homem que cometia algum atentando tinha como prática fugir para a província, mantendo-se incógnito e ali passando a viver sem que ninguém o incomodasse, revelando os problemas da justiça em terras tropicais (Florence, 1977, p. 17).

Thomas Ewbank, passeando pela rua do Ouvidor, no Rio de Janeiro, viu que num local de leilões havia "impressos pendendo das portas". O americano apanhou um deles e entrou no estabelecimento. Logo avistou uma longa mesa onde se encontrava o leiloeiro, tendo por detrás dele pequeno balaústre de ferro. A loja estava cheia de mercadorias novas e usadas, desde sapatos até quadros, livros, louças e outros objetos. Diariamente havia esse tipo de leilão e, por vezes, eram oferecidas nos pregões outras variedades de mercadorias. Naquele dia, o leiloeiro estava com oitenta e nove lotes de mercadorias, cada qual com suas características, para que os clientes pudessem se orientar. O que o intrigou foi o fato de o leilão ser de escravos, homens, mulheres e crianças. Estas "mercadorias" eram apresentadas pela idade e pelo ofício que exerciam, tais como carpinteiro, pedreiro, sapateiro, cozinheiro, ferreiro, lavrador, calafate, barqueiro etc. As mulheres com idade entre 7 e 26 anos eram anunciadas pelos ofícios domésticos, tais como: lavadeiras, costureiras, cozinheiras, amas de leite etc. Assim, Ewbank registrou a venda de uma delas "N. 61 – 1 rapariga, com muito bom leite; com cria". Para o americano, o quadro era incomum, e no seu registro explicou aos leitores o que significava "cria" como sendo "potro, animal de mama, e se aplica aos filhos pequenos dos escravos". As escravas, dos "matizes" mais variados, desde o "negro profundo das angolesas, a brancas ou quase brancas," como uma de frente para ele. Thomas Ewbank afirmou que era comum a "angústia" nas escravas que observavam as transações, esperando a sua vez de serem expostas, examinadas e vendidas. Uma situação chamara-lhe a atenção, uma escrava estava sendo vendida e sua filha aproximou-se dela:

> chorou com uma mão posta em seu colo, evidentemente receando que fosse levada embora. Essa criança não chorava alto – isto não seria permitido, mas as lágrimas desciam por seu rosto, seu pequeno seio palpitava violentamente, e tal expressão de medo marcava o seu rosto que pensei por um momento que ela fosse desmaiar. (Ewbank, 1976, p. 213-4)

O comércio de escravos impressionava os viajantes, principalmente pela forma como os "traficantes de carne humana" o faziam. Georg Wilhelm Freireyss, ao visitar uma casa de venda de escravos, ressaltou "que tão poucos ali entrem sem outros sentimentos mais do que aqueles com que se entra numa feira de gado". O que fazia rebaixar mais a humanidade era o fato de os escravos serem marcados com a quantia de impostos que eram pagos à coroa. A marca era "feita com ferro quente sobre a pele", e Georg Wilhelm Freireyss vira várias moças que tiveram o seio marcado. Estas marcas serviam para os donos reconhecerem os seus escravos, havendo também as tatuagens que permitiam a identificação (Freireyss, 1982, p. 124).

Thomas Ewbank registra que vira, no Rio de Janeiro, "numerosas pessoas ricas de cor". O viajante vira senhoras negras passarem ricamente vestidas de seda e cobertas de joias, sendo escoltadas por escravos de libré. A miscigenação dos trópicos era intensa e muitas dessas senhoras eram casadas com brancos, e "muitas personalidades das melhores famílias" eram mestiças (Ewbank, 1976, p. 203).

Em algumas vilas era comum que negras quitandeiras entregassem doces e frutas em domicílio. No Rio de Janeiro, podia-se vê-las vendendo os seus doces, destacando suas qualidades, contribuindo para delinear o quadro urbano da cidade. Na Rua de São Bento, área de entreposto de café, era possível observar o vaivém de negros de porte atlético, fazendo o transporte de sacas dos armazéns para o cais. Esses escravos não aceitavam a escravatura doméstica e tinham criado corporação própria, que garantia alforria a cada ano para alguns (Ribeyrolles, 1941).

Pelas ruas do Rio de Janeiro, pretas-minas vendiam galinhas, vestidas elegantemente com "cicatrizes características nos rostos". O bulício era grande. Elas carregavam um cesto e uma galinha suplementar na mão, segurada pelas asas. Dentre uma centena de mulheres que realizavam tal prática, havia uma que "vinha calçada - o sapato, sinal de liberdade". Ela tinha orgulho e fazia questão de usá-los, para mostrar a sua distinção, mesmo que tivesse que pagar caro por isso (Ewbank, 1976, p. 210).

Os escravos que conseguiam a liberdade começavam a trabalhar e faziam somente o que a necessidade os obrigava, pois o ganho servia apenas para a "satisfação do desejo de beber". Da bebida passavam para outros vícios. Depois de pouco tempo, o liberto estava doente, sem amigos e reduzido à miséria. Muitos deles, não tendo como se sustentarem, praticavam pequenos roubos e muitos terminavam os dias nas cadeias (Freireyss, 1982).

Caso um negro servisse de forma adequada ao seu proprietário, era possível que este, no seu testamento, lhe concedesse alforria. O liberto, se desejasse, poderia alugar-se como criado, mas o mais comum era que ele ficasse na casa onde vivera, para servir como antes aos filhos do seu ex-senhor. Carl Seidler informa que um negro, estando prestes a ser agraciado com a liberdade, "recusou esse dom e de joelhos implorou que o deixasse na situação atual, pois não saberia como ganhar o pão fora da casa de seu dono" (Seidler, 1980, p. 238-9).

Thomas Ewbank dizia que o Brasil era pobre em população e, se não fosse realizado um sistema de imigração, teria dificuldade em desenvolver-se. Os levantamentos feitos pelo governo imperial não forneciam dados objetivos sobre o número de habitantes do país. A certeza era que a quantidade de negros era elevada e a miscigenação era um fato. Enquanto nas províncias marítimas a miscigenação era comum, no interior havia uma preponderância de negros (Ewbank, 1976).

A valorização do trabalho era pouca. Os negros trabalhavam e os brancos tinham como prática gerenciar as suas propriedades, usando da chibata e usufruindo o tempo livre, na maioria das vezes desperdiçado. A crítica aos brancos por não trabalharem e viverem da exploração da mão de obra escrava foi comum. Se existia falta de empenho para atividades produtivas, havia, porém, uma forte tendência em demonstrar ostentação e, por vezes, exibir uma vaidade descabida.

Os relatos de viagem podem ser vistos como um processo que reflete a busca de identidade de uma população, num espaço geográfico, com ideias e valores diferentes daqueles experienciados na Europa. Comparar o presente e o passado era comum nos registros dos viajantes. As recordações da terra natal e dos entes queridos deixados no continente europeu visitavam com frequência a memória desses aventureiros. Se a natureza se apresentava com uma riqueza incalculável, o mesmo não se poderia dizer das condições que envolviam os habitantes da terra. A indolência e a pobreza eram duas situações constantemente evidenciadas. Os viajantes chamavam a atenção para a ociosidade e o descuido com as atividades agrícolas, importantes para o desenvolvimento de qualquer nação. Todavia, o olhar afastado do viajante não permitia, por vezes, que ele percebesse as particularidades dos habitantes e dos locais.

Questões

1 | Os deslocamentos permitiram diversas trocas de olhares entre os viajantes e os habitantes da terra. Faça uma análise das descrições dos viajantes sobre os habitantes das terras brasileiras, destacando os traços físicos e culturais de cada região.

2 | Analise, de forma comparativa, a representação dos indígenas e da população escrava africana, empreendida pelos viajantes nos seus registros.

7 As vilas e as cidades no olhar dos viajantes

As cidades que os portugueses construíram na América não eram um produto mental de interferência no ambiente, na realidade elas se integravam a este. O estabelecimento das cidades não contradizia o quadro da natureza, ao contrário, os seus contornos compunham-se na linha da paisagem. No decorrer dos séculos XVII e XVIII, os principais núcleos foram se estruturando, seguindo o padrão urbanístico português.

Nas áreas centrais das cidades, concentrava-se a maioria das moradias, o pelourinho, a casa da câmara e a cadeia. Os elementos característicos do urbanismo medieval português definiram o traçado das vilas. As ruas estreitas e sinuosas eram ocupadas pelos primeiros moradores, que, normalmente possuíam terras dentro e fora da paliçada erguida no entorno da vila.

As casas feitas de taipa recebiam, com o tempo, acabamento final, dependendo dos recursos de seus proprietários, que procuravam dar às suas moradias características de um conforto singelo. Nestas moradias, o chão era irregular e sem pavimentação. As cozinhas, quando existiam, eram precárias, cheias de poças de água; e a utilização de madeira verde como combustível espalhava fumaça pela casa e, muitas vezes, o fogo acabava destruindo a habitação. Com o decorrer dos anos, as casas ganhariam estruturas mais sólidas, aumentando a sua durabilidade, que também dependia, em parte, do modo como se construíam os telhados. Normalmente, estes poderiam se projetar dois a três palmos para além da parede, fazendo que a água da chuva corresse distante da base, garantindo a integridade do alicerce. O telhado, além de proteger as paredes da chuva, fornecia a sombra necessária para os dias de sol intenso.

As paredes externas eram espessas, dando sustentação ao telhado. Algumas das paredes internas eram de taipa de sopapo, menos espessas, e tinham a função de separar um cômodo do outro. As construções eram marcadas por poucas janelas, sendo construídas com saibro ou barro branco, conhecido como tabatinga, obtido nas terras da beira dos rios.

As casas de taipa eram vistas por alguns observadores como sendo de belo gosto arquitetônico (Constatt, 1975). Para Daniel Parish Kidder, apesar de haver edifícios de pedra, a construção de casas era de "terra que, depois de levemente molhada, pode constituir sólida parede". Essas paredes eram erguidas na construção de grandes edifícios e, posteriormente, recebiam acabamento interno e externo (Kidder, 1980).

As casas feitas de taipas eram caiadas e cobertas de telha, chamando a atenção pelo processo de construção, como também pelo acabamento final. John Mawe observou que as paredes, perfeitamente lisas na parte interna, tomavam qualquer cor que o dono lhes quisesse dar, sendo, em geral, ornadas com engenhosos enfeites (Mawe, 1978). Esta estrutura da construção era durável, segundo ele, pois pudera observar que muitas delas possuíam mais de duzentos anos. Para ele, a utilização das calhas seria uma das formas de preservação mais eficaz que os beirais poderiam ter contra a umidade, sendo o seu uso pouco conhecido na cidade. Tal situação não impedia que as casas das ruas principais tivessem dois a três andares e fossem revestidas em várias cores (Mawe, 1978).

O pastor americano da Igreja Metodista Daniel Parish Kidder registrou alguns dos principais aspectos das construções de São Paulo. Segundo o missionário, os edifícios de pedra eram poucos; a maioria das casas era feita de barro. A técnica de construção era simples; primeiramente, abria-se uma vala com alguns pés de profundidade, processo idêntico àquele utilizado para fundação comum de pedra; em seguida, deitava-se a terra socando-a bem. Quando a parede excedia o nível do chão, construía-se uma forma de tábuas, para manter as mesmas dimensões iniciais, armação que era, posteriormente, transferida para cima, até que a parede atingisse a altura desejada (Kidder, 1980).

As casas nas áreas centrais, de famílias mais abastadas, eram geralmente de dois pavimentos, com sacadas na parte superior. Os sobrados eram erguidos sobre um alicerce de pedra com aproximadamente 50 cm fora da superfície da terra[1]. O piso inferior, normalmente, era destinado ao comércio, enquanto a parte superior servia como moradia.

No decorrer do século XVIII, as gelosias (grades de madeiras cruzadas) utilizadas nas janelas caíram em desuso. Esta transformação permitia maior luminosidade aos ambientes internos da casa e facilitava a circulação do ar. As moradias assobradadas possuíam janelas espaçadas e envidraçadas que abriam para as sacadas. As casas de um piso tinham ainda gelosias que abriam de baixo para cima, sendo feitas de paus cruzados em diagonal. As sacadas eram ideais para apreciar o movimento das pessoas pela rua e acompanhar os eventos em local privilegiado, como as procissões. As janelas, voltadas para a parte externa, eram feitas de pesadas folhas de madeira e mantinham-se fechadas. No piso superior, as dependências eram compostas por sala de visita e de jantar e dormitórios.

As casas eram construídas de forma a deixar uma área interna aberta, sem cobertura, para onde davam as janelas dos dormitórios. Este cuidado devia-se à necessidade de garantir arejamento à moradia, uma vez que as janelas voltadas para a rua se mantinham fechadas a maior parte do tempo (Kidder, 1980). As casas suntuosas do Rio de Janeiro e de outras regiões do Brasil contrastavam com as casas mais modestas dos paulistas na metade do século XIX. Os viajantes notavam que não se percebia a necessidade de elegância e suntuosidade, passível de ser observada nas propriedades de baianos, pernambucanos e maranhenses ricos. Diferenças regionais que revelavam grupos sociais distintos. A impressão que as habitações causavam era de solidez, mas muitas sequer sugeriam opulência. As construções se destacavam pelo tamanho. Saint-Hilaire notou que, nas casas mais antigas dos moradores com recursos, as paredes eram ornadas com figuras e arabescos. Nas construções mais recentes, as paredes eram lisas e pintadas de cores claras, com cercaduras e lambris.

Se no centro da cidade as casas eram razoavelmente estruturadas, o mesmo não se pode afirmar das casas dos lavradores, que ficavam nas rotas de acesso à cidade. Pelos caminhos encontravam-se seus casebres rudimentares, construídos de forma simples, sem planejamento e de maneira artesanal (Mawe, 1978).

---
1. *Atas da Câmara Municipal de São Paulo.* Vol. XXII, p. 356-9.

O crescimento da cidade de São Paulo fez que novas leis fossem criadas, a fim de ordenar o processo de ocupação da cidade. O Código de Posturas, de 9 de abril de 1850, estabeleceu nos seus artigos a padronização para a construção de moradias na cidade. Por lei, toda casa que fosse construída e tivesse até 15 braças de frente, deveria possuir 19 palmos de pé direito no primeiro e no segundo pavimento, e no terceiro, 18 palmos. As portas que abrissem para a parte externa, bem como as janelas de sacadas, deveriam ter no mínimo 12 a 13 palmos de vivo de altura, e 5 a 6 palmos de vivo em largura. Aqueles que não cumprissem as determinações ficariam sujeitos à multa e à obrigação de demolir a obra, sendo o responsável pela execução dela condenado a oito dias de prisão (Almeida Jr., 1882).

A casa das famílias mais abastadas normalmente possuía dois pisos para habitação. No pavimento inferior, havia as salas, a cozinha e as dependências dos empregados. No piso superior, os cômodos eram reservados à vida íntima. As linhas arquitetônicas das residências possuíam um aspecto grandioso, com inspiração nas construções europeias, destacando-se, por vezes, as fachadas revestidas de azulejos e os jardins que compunham a propriedade. Nas chácaras antigas, este tipo de construção em taipa e a grandiosidade dos edifícios, também era comum. Os jardins das moradias faziam parte dos projetos das novas residências erguidas na cidade. Os jardins particulares com terraços e compostos com bom gosto pelos seus proprietários faziam a distinção. Muitas das casas possuíam sacadas de ferro nas janelas e portas que se abriam para a parte externa. A iluminação era feita por lanternas ou candeeiros fixados nas paredes. Contudo, a iluminação era precária, mesmo na casa de pessoas mais abastadas.

As transformações ocorridas na virada do século XIX para o XX fizeram que cada vez mais a riqueza fosse exteriorizada nas habitações. A elite paulistana, que se enriquecera com o café, ansiava aproximar-se dos símbolos de civilização europeia. Os novos edifícios eram sinais da distinção da cidade, que se orgulhava do seu crescimento. Se as grandes moradias cresciam em bairros com uma infraestrutura adequada, em outras áreas surgiam residências sem as condições apropriadas.

As vilas surgidas em alguns bairros operários foram construídas para fixar os trabalhadores, oferecendo-lhes condições adequadas de sobrevivência que se reverteriam de maneira favorável no trabalho e na produção. Dessa forma, no entorno dessas moradias, era fundamental a existência de escolas, enfermarias e outros benefícios, para garantir a estrutura e a continuidade de produção, sem maiores dificuldades, tendo em conta as condições de transporte daquele momento. A presença de moradias, tipo cortiço, é reveladora da ausência de moradias nas cidades, bem como dos elevados aluguéis praticados. A população pobre optava por este modo de habitação pela exiguidade de recursos e pela própria deterioração que algumas regiões sofreram, permitindo que antigas residências passassem a ser exploradas por meio de aluguéis.

A grande concentração de imigrantes em São Paulo fez que a questão da habitação fosse uma das principais a ser discutida. Os novos imigrantes, que auxiliaram no impulso urbano, foram responsáveis também por uma fisionomia nova na cidade. A falta de recursos e a dificuldade de estabelecerem moradias adequadas aos padrões arquitetônicos e higiênicos, então difundidos, fizeram que um número vasto de cortiços crescesse com a cidade. O crescimento observado em muitas cidades não impediu que boa parte da população ficasse à margem da sociedade. Enquanto o centro ganhava novas feições, os bairros rurais ou operários proliferavam em condições diversas daquelas da área central. A incipiente modernização ia remodelando o espaço da cidade e os locais que ricos, pobres e camadas médias poderiam ocupar.

A mobília das residências variava de acordo com as posses dos proprietários. A maioria dos habitantes possuía poucos móveis, o indispensável para uma vida singela. A pobreza dos ambientes internos das moradias era iluminada por lampiões ou lamparinas que queimavam óleo de mamona. Sem dúvida, a falta de conforto nos cômodos internos das moradias, transformava os locais abertos e a natureza em ambientes convidativos para passeios e andanças, como destacaram alguns viajantes.

Na primeira metade do século XIX, as casas paulistanas eram sóbrias, reflexo da parte interna, na qual predominava uma mobília escassa. As principais peças que compunham a decoração do período eram feitas de jacarandá, cedro e couro lavrado, marcadas por forma simples e sem refinamento. Bancos, cadeiras, cômodas e oratórios dispostos no ambiente doméstico eram os sinais de ostentação das famílias do período.

A pouca mobília existente nas casas foi observada pelos viajantes. No começo do século XIX, Spix observava que preponderava uma mobília antiga e tradicional, normalmente herdada dos ancestrais. Os ambientes eram iluminados com lampião de latão que queimava óleo de mamona. Essa situação era diferente de outras cidades como Recife, Salvador e Rio de Janeiro, onde algumas casas utilizavam lâmpadas de vidro ou castiçais com velas de cera (Spix e Martius, 1981).

John Luccock observou que as propriedades tinham uma carência de mobiliário: os arranjos caseiros do Rio, se comparados aos modelos europeus, pareciam extremamente defeituosos. Não conseguiram encontrar muitas coisas que estavam acostumados a considerar como essenciais ao conforto nas casas, nem no mobiliário; não as encontraram nem mesmo nas habitações mais espaçosas e fornidas (Luccock, 1975). Nas moradias mais bem providas, os ambientes eram decorados com o luxo possível. Na sala de visitas, encontrava-se um sofá de palhinha com cadeiras no seu entorno. Quando havia visitas, as senhoras sentavam-se no sofá e os cavalheiros nas cadeiras (Kidder, 1980). Os objetos que decoravam as casas eram dispostos sobre as mesas e paredes, numa composição particular e ao gosto dos moradores da residência.

Nas moradias mais ricas, era possível observar castiçais, frascos de cristais, relógios de pêndulo. As gravuras que ornavam as paredes eram europeias, e, segundo Saint-Hilaire, elas eram constituídas pelo refugo das lojas europeias (Saint-Hilaire, 1976). A elite paulistana aproximava-se, assim, de um referencial europeu distante.

O americano Thomas Ewbank foi visitar uma pessoa na Rua do Catete, que lhe fora indicada antes de sair de viagem. Ao chegar encontrou uma casa agradável, onde foi recepcionado primeiramente por um "ágil negro", que o convidou a sentar-se com uma senhora, que era a mãe de três moças e um rapaz que estavam presentes. Foi informado que o chefe da família viria em seguida, pois estava "fazendo a sesta". Antes que o proprietário chegasse, foi possível explorar visualmente a casa: a aparência e a mobília da sala eram indicativas do clima tropical; teto alto, assoalho coberto de esteiras, cadeiras e sofás com assentos de palhinha, paredes recobertas de papel, mas nada semelhante a tapetes, passadeira, cortinas, lareiras e outras coisas essenciais às salas de visitas (Ewbank, 1976).

O espaço urbano estabelecido na América portuguesa diferia daquele existente em outras cidades europeias e, por decorrência, causaram estranheza a alguns viandantes que, ao visitarem as terras brasileiras, se depararam com um plano urbanístico particular. Muitos viajantes, ao descreverem os locais visitados, ressaltaram que não havia nenhum rigor, nenhum método, nenhuma previdência, o que preponderava era um abandono, um verdadeiro desleixo no estabelecimento das cidades. Nas vilas do interior, o que se observava eram núcleos populacionais sem infraestrutura. As ruas eram irregulares, sem calçamento, e o espaço de convívio abrigava seres humanos e animais que circulavam livremente.

As casas simples não possuíam grande destaque e, quando possível, as paredes eram de tijolos e o telhado coberto com telhas de qualidade ruim. As janelas, de fato, eram uma abertura da casa para a parte externa, protegidas por gelosias.

Esse modelo, que foi comum no século XVI, marcou a ocupação de Salvador, Olinda, São Paulo e Rio de Janeiro; e conferiu marcas importantes para as vilas, que viriam a se transformar em cidades e passariam a ser núcleos do desenvolvimento regional.

A preocupação com as condições das vias públicas datava do século XVI, quando os moradores de muitas vilas solicitavam às suas respectivas Câmaras que o meio-fio fosse calçado com tijolos, para que a água das chuvas pudesse correr à vontade. A falta de condições adequadas pelos caminhos e ruas era notória naqueles idos. Apesar da existência de legislação específica, recomendando que os dejetos não fossem lançados em locais públicos, o que se observava era que muitos moradores lançavam lixo, bem como animais mortos, em locais inadequados, fazendo que o mau cheiro poluísse os ares das vilas. Cuidado semelhante foi tomado para garantir a saída da água das ruas, criando-se sangradouros, e consertando aqueles por ventura danificados pelas enxurradas.

A inexistência de calçamento fazia das ruas, no período colonial, um local de circulação de pessoas e animais, sendo praticamente impossível o trânsito de veículos. Não havia tantas comodidades e os moradores se localizavam nestes núcleos por referências básicas, como a rua da igreja, a rua que conduzia a um local importante, ou por causa de algum morador mais destacado.

O crescimento espontâneo das vilas e cidades permitiu que o traçado das ruas fosse irregular e que se formassem becos, conforme as necessidades de acesso a determinadas áreas. Estes caminhos abertos pelos moradores visavam a facilitar a circulação dos habitantes na sua rotina diária. Ruas mal traçadas e esburacadas, construções irregulares marcadas por características singelas e um sistema de abastecimento e escoamento de água deficiente foram comuns nos registros dos viajantes.

O Rio de Janeiro, capital da colônia, foi registrado como uma verdadeira teia. Ruas que se cruzavam, estreitas e tortuosas, marcadas pela irregularidade da largura e cheias de becos, muitos deles fétidos. Se a rua era o local para uma série de impropriedades, ela também era o palco onde circulavam indivíduos dos mais diversos ofícios e posições sociais. Era comum ver vendedores ambulantes cruzarem o caminho com escravos que carregavam barris com os despejos de dejetos fecais e lixo, e logo a frente senhores de casacas seguindo para suas casas ou escritórios.

A localização geográfica de muitas cidades era inadequada à convivência. A dificuldade de escoamento das águas pluviais, a temperatura e os hábitos dos moradores, como o de despejar dejetos pela rua, faziam do ambiente o meio propício para que as doenças se proliferassem, conforme ocorria no Rio de Janeiro, cujos habitantes lançavam excrementos na praia e nas ruas da cidade.

As descrições de muitos viajantes têm como meta mostrar o conjunto de espaços da cidade e como ela estava organizada. Nesse sentido, os viajantes procuraram dar ao leitor a ideia de "ver uma cidade". Nos relatos, identifica-se uma composição que segue apresentando a arquitetura dos edifícios, o espaço das ruas, os jardins e outros marcos importantes que conferiram identidade ao local. O Rio de Janeiro se desenvolveu e ampliou a rede urbana, ganhando contornos mais belos e graciosos em algumas áreas. O homem ousara tocar na criação divina, sugerida pelo padre Fernão Cardim. Nos portos, circulavam cada vez mais produtos, dando uma dinâmica de crescimento para toda a cidade. Esta avançava pelo subúrbio, sem um controle maior por parte do governo local. Contudo, a cidade permanecia com suas principais atividades voltadas para o mar. O porto tinha uma posição estratégica.

Ao cair da noite, as vilas e as cidades descansavam numa esplêndida escuridão. Somente nos grandes centros havia o lampião de gás, na maioria dos lugarejos o que preponderava era a iluminação com óleo de animais. A energia elétrica seria uma realidade para as últimas décadas do século XIX no Rio de Janeiro e conquistaria outras cidades somente no decorrer do século XX.

Aqueles que se aventuravam a sair pela noite levavam consigo uma lanterna. Nas noites de luar, o andarilho noturno poderia aventurar-se a sair de casa, porém o clarão da lua não impedia surpresas e imprevistos. A iluminação pública do Rio de Janeiro passou a ser responsabilidade do governo, na administração do vice-rei, conde de Resende (1790-1800). Os lampiões, localizados nas esquinas e suspensos por braços de ferro, eram alimentados com óleo de baleia. O serviço oferecido à população era ruim, não garantindo nem a comodidade, nem a segurança desejada. A violência se fazia presente e a falta de iluminação permitia a ação de malfeitores, espalhando o medo comumente lembrado por moradores e viajantes.

A chegada da Missão Artística Francesa, em 1816, contribui de forma intensa para alterar a vivência da corte nas terras tropicais. Grandjean de Montigny realizou uma série de projetos arquitetônicos, marcados pelo neoclassicismo, dando à cidade aspecto mais condizente com a sua condição de Reino Unido de Portugal e Algarves.

No registro *Uma visita ao Rio de Janeiro em 1817*, publicação do escritório de propaganda e expansão comercial do Brasil em Lisboa, o Rio de Janeiro era descrito como uma cidade de encanto:

> poética na sua bizarria da cidade portuguesa transplantada, inteirinha, para os trópicos e aí revestida de cores de gala e de quentes maciezas a mostrar-se, como uma maravilha paradisíaca, toda impregnada de alegria e alacridade, onde a natureza exuberante funde, nos tufos das verduras, a garridice gorgeante das mais belas e canoras aves do mundo. (Langhans, 1959, p. 5)

O relato ressalta as linhas das montanhas e dos morros que preparam o visitante para a vista de grandes cenários. A entrada da Barra permite ver a Fortaleza de Santa Cruz, que tem por fundo a Serra dos Órgãos. Ao desembarcar, os viajantes eram surpreendidos pela "harmonia arquitetônica do vasto Terreiro, onde se ergue o Paço Real nas linhas airosas do seu estilo português". Numa pequena andança pelo paço, era possível visualizar a capela real e a igreja da Venerável Ordem Terceira do Monte do Carmo, ambas com torres. O visitante da cidade que desejasse "gozar um amplo panorama da cidade" poderia ir à ladeira do morro da Conceição. Do alto, era possível desfrutar uma vista única de toda a orla marítima, desde a ilha das Cobras até ao Campo de Santana (Langhans, 1959, p. 5-6).

A cidade tinha atrativos pitorescos, bem na área central. Por detrás do trapiche da alfândega, havia um mercado amplo e uma praça agradável, dando acesso a várias ruas. O conjunto de casas da praça do mercado distinguia-se pelas varandas cobertas e largas, que permitiam a proteção contra "a agressividade do ardente sol tropical". Estas varandas eram armações de arcos de madeira, normalmente três em cada andar, que se assentavam em colunas e se elevavam das sacadas. As lojinhas existentes no local eram protegidas por todos e, na fachada principal, estavam providas de mercadorias expostas em recipientes diversos. O movimento de pessoas era intenso e ganhava uma proporção maior com as atividades da alfândega (Langhans, 1959, p.7).

Outro local que permitia belas perspectivas da cidade era o jardim do Convento Franciscano de Santo Antônio. Do alto se podiam ver as casas alinhadas da Rua da Guarda Velha, o morro do Castelo e o Convento da Ajuda e, no último plano, "o recorte inconfundível do Pão de Açúcar, esbatido pela lonjura" (Langhans, 1959, p. 9). A cidade possuía outras construções dignas de menção, como os Arcos da Carioca e o largo do chafariz do mesmo nome, a imponente igreja de São Francisco de Paula e a Praça da Lampadosa, onde se encontravam as ruínas da inacabada Sé. No caminho de São Cristóvão, era possível apreciar casas de aparência diversa, destacando-se o palácio do comendador Joaquim José de Siqueira (Langhans, 1959). O Rio de Janeiro era um lugar interessante para Rugendas e apresentava a maior probabilidade de glória e conquistas no futuro. Nele, havia um "belo porto" numa região que produzia tudo que era necessário à manutenção dos homens. A população possuía as qualidades físicas e intelectuais para alavancar o desenvolvimento e usufruir dele. O progresso material da cidade do Rio de Janeiro era um sinal das transformações importantes que aconteceram no decorrer da colonização portuguesa e que, naqueles idos, era uma cidade imperial, animada por uma intensa atividade comercial (Rugendas, s.d., p. 184). A vinda da família real portuguesa foi um marco decisivo para a cidade e para a emancipação do Brasil. O estabelecimento de repartições públicas, bancos, escolas, academias e outras transformações foram fundamentais para o desenvolvimento da cidade (Rugendas, s.d.).

Rugendas, ao descrever a cidade do Rio de Janeiro nos idos de 1821 e 1822, afirmava que as casas se alinhavam pela praia "na medida em que as colinas rochosas o permitem". Nesta faixa para sul, numa pequena elevação, encontrava-se a capela de Nossa Senhora da Glória e, mais adiante, a praia do Flamengo e a baía de Botafogo. Caminho repleto de jardins e plantações. Para o autor, o Rio de Janeiro era "inteiramente desprovido de edifícios realmente belos", somente alguns chamavam a atenção "pelo tamanho e pela posição". Dentre eles, destacavam-se a catedral da Candelária, a igreja de São Francisco, os conventos de São Bento, Santo Antônio, Santa Teresa, e o castelo de São Sebastião. Alguns edifícios públicos chamavam a atenção, como o do museu, o da academia e o da prefeitura da Praça Santana. O Palácio Imperial, segundo ele, era "edifício vasto e irregular da pior arquitetura".

Se as grandes edificações mereceram o olhar crítico de Rugendas, de forma idêntica ele registra a parte antiga da cidade. As ruas eram estreitas, mas regulares e quase todas eram calçadas e providas de passeios. As casas dessa área eram, em geral, altas e estreitas, com três ou quatro andares e janelas somente nas fachadas. O que chamava atenção era a "desproporção existente entre a altura e a largura das casas" que, segundo Rugendas, "torna-se mais chocante". Na parte nova da cidade, as casas eram de bom gosto.

Nas regiões mais afastadas da cidade, os bairros eram "mais feios", com residências que não eram mais do que "miseráveis choupanas, esparsas ao acaso ou empilhadas umas contra as outras, entre as colinas e o mar" (Rugendas, s.d., p. 19-20). No cenário urbano do Rio de Janeiro despontava o aqueduto da Carioca, numa das colinas que ligam o Corcovado à praia.

Rugendas não poupa elogios à cidade do Rio de Janeiro, afirmando que tudo era "mais animado, barulhento, variado, livre". A população com suas danças, músicas e fogos de artifício davam um colorido especial à cidade, a cada noite, que parecia estar em um constante ritmo de festa. O violão acompanhava o movimento noturno e as pessoas demonstravam um comportamento afável, diferente de outras partes do país. Os paulistas e mineiros eram menos expansivos e a dinâmica da vida paulista diferia em muito daquela vivida pelos cariocas (Rugendas, s.d., p. 129).

As condições higiênicas do Rio de Janeiro, para Rugendas, eram a prova de que os habitantes adotaram um gênero de vida de acordo com o seu clima. Naqueles idos, as doenças endêmicas e epidêmicas eram desconhecidas, fato espantoso tendo em vista os pântanos existentes em diversas áreas e a pouca limpeza das ruas, sendo possível observar, "às vezes durante dias inteiros, cães, gatos e mesmo outros animais mortos" (Rugendas, s.d., p. 187). Para o viajante, um europeu que tivesse conhecido apenas as cidades da faixa litorânea e os habitantes delas não poderia manifestar que conhecia o Brasil. Reconhecia que muitos faziam julgamentos errados e parciais, sem conhecer outras partes do país. O pronunciamento mais abalizado só seria possível depois de uma longa estada no interior do país e do convívio com os colonos.

A cidade do Rio de Janeiro foi construída sobre terreno plano e baixo, que pouco a pouco se estendeu por diversas pequenas colinas. Tal como outros viajantes observaram, as ruas eram estreitas, sujas e "cheias de abomináveis odores". As lajes de granito nas ruas, que possuíam um declive que ia das casas para o centro da via, permitiam o escoamento de água. Como Charles James Fox Bunbury observou, apesar de as lajes serem irregulares e necessitarem de reparos, era uma "comodidade que mal se poderia supor encontrar" nas terras tropicais.

Para Charles James Fox Bunbury, as igrejas eram numerosas, "mas nenhuma delas é notável pela beleza e menos ainda por qualquer obra de arte que possua." As igrejas de São Francisco de Paula e da Candelária eram as maiores e destacavam-se pelo esplendor da abundância de ouro e prata e pelas imagens vistosas. A igreja de Nossa Senhora da Glória era também notável pela localização em uma pequena elevação que permitia uma vista agradável da baía. Em relação ao Palácio Imperial, ele foi taxativo: era um edifício "sob nenhum aspecto notável" (Bunbury, 1981, p. 18).

A primeira impressão do Rio de Janeiro não foi nada favorável para Carl von Koseritz. O medo da febre amarela, espalhada pela cidade, o calor quase insuportável, o movimento de bondes puxados a cavalo, a multidão de pessoas circulando pela cidade e os gritos de vendedores davam à cidade um aspecto de caos. Para ele, que vivera em uma pequena cidade, o Rio de Janeiro era "interessante, mas não agradável". Apesar de ser a capital do império e de abrigar os homens que conduziam a vida política do país, a cidade não era receptiva, e considerou-a frívola (Koseritz, 1972, p. 31). De fato, o local possuía uma atividade comercial invejável, com grandes casas de modas, como a "Notre Dame de Paris" ou o "Grande Mágico", que nada deviam às suas congêneres em Paris e Berlim. Nas joalherias, o ouro, a prata e as pedras preciosas encantavam os compradores. As confeitarias eram requintadas e serviam doces das melhores qualidades, reunindo nas suas mesas a "nata do mundo político e jornalístico do Rio". Os restaurantes, de cardápios variados, eram facilmente encontrados e todos apresentavam uma boa estrutura, exercendo forte atração sobre os estrangeiros.

A movimentação das ruas do Rio de Janeiro aturdia o estrangeiro. O vaivém frenético, os ruídos e os cheiros das ruas faziam de qualquer passeio uma confusão mental que conduzia a múltiplas impressões. Carl von Koseritz afirma que o movimento do tráfego nas ruas, era "verdadeiramente colossal". Bondes cruzavam as ruas e as pessoas circulavam apressadamente. Os trilhos eram estreitos e os bondes eram puxados normalmente por seis mulas, sendo os animais bem tratados. Pelo seu cálculo havia mais de 300 bondes circulando dia e noite pelas ruas, cruzando a cidade em todas as direções. Carroças, *coupés*, cadeiras e tílburis também disputavam o espaço das ruas, exigindo que os transeuntes tivessem prudência. O barulho promovido pela trepidação das rodas dos veículos sobre o calçamento de paralelepípedos era insuportável. Em meio a essa sonoridade, havia os gritos dos vendedores de frutas e doces, que, com vozes estridentes, chamavam a atenção para o preço e a qualidade dos produtos que vendiam. Para Carl von Koscritz, "uma barulheira infernal" (Koseritz, 1972, p. 73). O cais e o porto do Rio de Janeiro passavam por reformas e ampliações. O edifício da alfândega era grande e havia consumido grande quantidade de recursos do erário. A contínua adequação da construção fazia que o estilo não tivesse uma harmonia no seu conjunto. O cais era, todavia, de boa qualidade, com ponte de ferro que o ligava aos armazéns (Koseritz, 1972). No Rio de Janeiro, havia a possibilidade de se encontrar sempre algum tipo de serviço, sendo miseráveis "somente os homens degradados, bêbedos ou vagabundos". A dinâmica da cidade permitia que cada um conseguisse o pão de cada dia. Apesar das dificuldades, o povo estava sempre bem vestido e alimentado. O clima favorecia, pois, em caso de necessidade, era possível dormir no banco do jardim público. O povo não era agressivo e ria com facilidade, sempre fazendo pilhérias. Este comportamento poderia ser observado na imprensa local em relação à figura do imperador, alvo de constantes ataques. Carl von Koseritz ilustrava o que afirmava com uma matéria divulgada na *Revista Ilustrada*, na qual D. Pedro II figurava "com as galas da coroa, assentado num trono que está sendo roído pelos ratos enquanto o soberano se ocupa com um bonito pequeno Cupido que sustém sobre os joelhos e que dirige as setas para o seu velho coração..." (Koseritz, 1972, p. 104).

Um conjunto de lojas, similares às europeias, era um atrativo para quem visitava o Rio de Janeiro no final do século XIX. Carl von Koseritz visitou a grande loja "Notre Dame de Paris", na Rua do Ouvidor. Era uma das maiores casas de "negócio do Brasil e talvez da América do Sul". A loja ocupava um edifício imponente que tinha entrada também pelo Largo de São Francisco. As imensas vitrinas, arrumadas com luxo, contrastavam com o mármore negro, das paredes. A decoração da construção era feita com belíssimas estátuas. Nas dez vitrinas da loja, decoradas com espelhos e tudo o que fosse brilhante, encontravam-se amostras dos produtos de cada uma das seções. Era uma loja gigantesca em que se poderia encontrar tudo o que se desejasse para uso de mulheres e homens, e funcionava igual ao sistema comercial europeu, "cada seção tem seu chefe, seu segundo e um caixeiro; a gente faz a compra, recebe a nota e ouve obrigatoriamente: '*passez à la caisse s'il vous plaît*'". Na caixa, o comprador pagava e recebia a nova nota, que deveria ser apresentada ao chefe da seção para que este entregasse a mercadoria comprada. Tudo muito cerimonioso. Em outras lojas, o requinte também era o mesmo, só que em proporções diferentes. A joalheria de Luiz de Resende, na Rua dos Ourives, era também construída em mármore negro e provida de enormes vitrinas, que expunham joias dos mais diferentes desenhos em ouro, prata e esmalte. Na parte interna, só entravam "compradores de confiança"; os demais ficavam na sala externa da loja. A parte aberta ao público em geral possuía largas portas, grades de ferro elegantes e fortes, que permitiam a segurança desejada (Koseritz, 1972, p. 115-6).

Carl von Koseritz registra alguns distúrbios que ocorreram nas ruas do Rio de Janeiro provocados por "moleques (rapazes negros da rua), engraxates, vendedores de jornais etc." Um grupo desses jovens encontraram no Largo de São Francisco duas pipas vazias e a fizeram rolar em meio a uma enorme gritaria pela Rua do Ouvidor. Os lojistas com medo, e com gritos de "fecha! fecha!", encerraram seus estabelecimentos. Vagabundos e capoeiras juntaram-se aos moleques, que resistiram, atirando pedras aos policiais, quando estes chegaram. A confusão estava estabelecida, foi um corre-corre de pessoas para todos os lados, sendo algumas delas feridas "a pedradas, golpes de sabre e tiros de revólver". Os policiais, a cavalo, dispersaram os arruaceiros a galope de sabre. O episódio mostrava a tensão que envolvia o ambiente urbano naquele momento.

As cidades portuárias eram, por excelência, locais em que as diferenças culturais eram negociadas. O convívio de diferentes pessoas, provenientes dos locais mais afastados da terra, fazia das diferenças culturais algo marcante. Gestos, sinais e códigos faziam parte de uma comunicação complexa, por vezes encontrava-se uma palavra em comum para poder fazer as conexões necessárias para a comunicação.

Thomas Ewbank procurou fazer descrições sintéticas sobre aspectos urbanos. No Rio de Janeiro, as ruas eram geralmente retas, apesar de a Rua Direita ser curva. Segundo ele, a maioria das cidades católicas tinha a forma das ruas de Damasco, sendo que uma rua era chamada direita, por mais sinuosa que fosse.

O traçado das ruas seguia em todas as direções, ligando as áreas montanhosas às praias da baía. Elas eram estreitas, como observaram outros viajantes, principalmente na região central. O calçamento seguia das portas das casas, de cada um dos lados, inclinando para o meio da rua, por onde escoava a água e outros dejetos lançados na via pública. Não havia guias, o que causava certo perigo para os transeuntes e moradores, pois as carruagens, ao passarem umas pelas outras, aproximavam-se demasiadamente das fachadas das casas (Ewbank, 1976, p. 73).

As casas normalmente possuíam dois andares e eram distribuídas em diversos quarteirões sem nenhuma uniformidade. As fachadas não se destacavam, pois as entradas ficavam ao nível da rua, não sendo permitidos escadas nem pórticos na parte externa. No Rio de Janeiro, preponderava a construção de casas com pedras cobertas de reboco de cal, as quais possuíam uma base sólida. Era possível visualizar nas paredes de certas propriedades um reboco colorido, com painéis. O tom azul-claro e o cor-de-rosa eram muito comuns nas pinturas. Na fachada também era possível ver os canos das calhas por onde descia a água do telhado. Estas peças tinham um tom dourado e muitos proprietários faziam questão de deixá-los sempre polidos (Ewbank, 1976).

No Rio de Janeiro, não havia poços para abastecer as casas, pois a proximidade do mar dava à água um gosto salobro. Porém, a região era abastecida por diversas fontes de água que atendiam à população. Na praça do mercado ficava o chafariz da Praça do Palácio, que era um dos locais mais procurados pelos habitantes. A fonte possuía uma estrutura de pedra, bem trabalhada, tendo na parte superior uma pirâmide "encabeçada pela coroa brasileira". A água jorrava do alto e caía numa bacia em forma de concha, com vários canos, o que permitia o enchimento de várias vasilhas ao mesmo tempo. Conforme Thomas Ewbank observara, as pessoas idosas diziam que era melhor beber "água batida", ou agitada, mesmo que fosse quente.

A falta de esgoto no Rio de Janeiro, na metade do século XIX, foi registrada pelos viajantes. A prática do uso de tambores fechados, nos quais eram depositados os dejetos humanos sólidos e líquidos era comum em todas as casas. O esvaziamento dos recipientes era feito por escravos, que carregavam, no período noturno, os tambores na cabeça, indo despejá-los em determinadas áreas da praia. Consequentemente não era conveniente andar pelas ruas da cidade à noite, principalmente depois das dez horas, por não ser nem seguro, "nem agradável" (Ewbank, 1976, p. 75-6).

Se outrora não havia monumentos dignos de menção, na segunda metade do século XIX já era possível visualizar alguns. Carl von Koseritz, visitando o Rio de Janeiro, não quis falar da estátua equestre de D. Pedro I, "tão cara como sem gosto". Aquele que tinha sido o verdadeiro "fundador do Estado brasileiro" e pai do atual imperador, segundo ele, merecia de fato uma lembrança para a posteridade, contudo, a estátua poderia "ter sido mais bela, e, também, mais barata" (Koseritz, 1972, p. 44).

A beleza do Rio de Janeiro não adiantava em nada, se não houvesse condições urbanas adequadas para os seus moradores e visitantes. Carl von Koseritz fez constar que precauções sanitárias foram tomadas, mas raramente eram soluções decisivas. Conjecturava que, se a proposta do engenheiro Schreiner, para o saneamento da cidade, tivesse sido adotada, as condições seriam melhores. Para seu pesar, os órgãos públicos jogavam "inutilmente dinheiro fora, embelezando construções de luxo, sob pretexto de cuidados com a saúde pública" (Koseritz, 1972, p. 45). As ruas do Rio de Janeiro não eram convidativas a se fazer um passeio. Não havia comodidades para o transeunte. A estreiteza das vias fazia que, a cada passagem de carruagens, o andarilho ficasse sobressaltado, ou corresse risco. A pavimentação, quando existia, era imperfeita, o que dificultava demasiadamente o caminhar. Além disso, a sujeira era comum, dando um aspecto deprimente ao local, que também cheirava mal.

Enquanto nas capitais europeias as mulheres tinham pretextos de sair para fazerem compras, na primeira metade do século XIX, nas cidades de São Paulo e Rio de Janeiro elas eram diferentes. A ausência de um comércio, que atendesse ao consumo da família, fazia que as mulheres permanecessem mais em casa do que nas ruas. Pelas condições de que dispunham, as mulheres faziam suas encomendas por intermédio de um escravo, que se dirigia à loja e trazia a mercadoria, ou o estabelecimento se encarregava de fazer a entrega, sem maiores transtornos. Com o crescimento comercial, a partir da segunda metade desse século, lojas das mais variadas surgiam a cada dia e os hábitos se transformaram. As atrações das compras, além de compromissos religiosos, fizeram que as mulheres se movimentassem mais (Ewbank, 1976). As salas de chá e de café na Europa eram importantes pontos de encontro da vida cultural da cidade. Por decorrência, estes locais se tornaram atrativos também na cidade do Rio de Janeiro e eram visitados pelos viajantes durante a sua permanência na cidade. Os estrangeiros notavam que havia atrativos na cidade do Rio de Janeiro, porém os moradores não frequentavam os locais com regularidade. As mulheres, que dispunham de mais tempo livre, quase não saíam às ruas. Com a transformação dos costumes é que elas passaram a aparecer mais frequentemente, conforme lembra Thomas Ewbank: "abolida a antiga reclusão moura do sexo e abertas as janelas com rótulas" (Ewbank, 1976, p. 68-9).

Esse viajante observou o serviço dos carregadores da cadeirinha de arruar, utilizada por muitos para circular pela cidade do Rio de Janeiro. Os carregadores não caminhavam em linha, "o que segue à retaguarda fica sempre mais ou menos à esquerda ou à direita do que vai à frente, o que é mais cômodo tanto para eles próprios como para a pessoa que transportam". Fato curioso era que eles nunca paravam para descansar. Quando tinham a necessidade de transferir o peso de um ombro para o outro valiam-se de uma bengala, que era colocada sobre o ombro desocupado e passada por baixo do varal. As cadeirinhas poderiam variar conforme as posses dos proprietários. Normalmente, a cobertura era de couro com tachas e a estrutura de madeira, com detalhes pintados e dourados, destacando-se também as cortinas bordadas. Os escravos carregadores também se destacavam com a sua vestimenta, símbolo de *status* para o proprietário. As mulheres que utilizavam esse serviço poderiam levar consigo as criadas, que as seguiam atrás da cadeirinha.

Alguns hábitos dos negociantes locais chamavam a atenção. Thomas Ewbank, ao visitar um estabelecimento que vendia diversos produtos, desde porcelana até perfumes, passando por sabão e tintas, foi atendido pelo proprietário. Ao se aproximar, este "colocou o charuto atrás da orelha e ao inclinar-se percebi, projetando-se da outra orelha, um palito de dentes" (Ewbank, 1976, p. 80). Para o viajante, as paredes das casas do Rio de Janeiro eram espessas. Isso ocorria porque as casas tipo sobrado possuíam "menos de metro e meio abaixo da superfície". As paredes não eram "construídas em fileiras, mas cobertas por inúmeros pedaços, variando de um e meio centímetros a cinco, presos com argamassa entre as grandes pedras, de tal forma que antes de ser colocado o reboco a estrutura parece constituída quase inteiramente desses fragmentos" (Ewbank, 1976, p. 147-8).

A existência de mendigos, principalmente na cidade do Rio de Janeiro, chamou a atenção dos viajantes. Eles circulavam por todos os lugares, buscando obter das almas bondosas algum recurso para sobreviverem. Thomas Ewbank registrou o costume entre os comerciantes de dar esmolas aos pobres. Ao terminar os donativos, caso outro pedinte chegasse esmolando, era-lhe dito: "Paciência, Deus lhe favoreça". Essa forma de se dirigir ao mendigo significava afirmar que o comerciante não tinha mais condições de fazer nenhum tipo de contribuição. Tal conduta era seguida pelos esmoleiros aos sábados, tido como um dos melhores dias para essa prática. Se a miséria era presente, sempre havia aqueles que se aproveitavam das boas intenções dos doadores para levarem vantagem. Segundo Ewbank, um "antigo velhaco do Rio enriqueceu à custa da mendicância e, para grande mágoa de sua família, não abandonou o lucrativo negócio" (Ewbank, 1976, p. 153).

A violência urbana no Rio de Janeiro era comum. A polícia era militar e os homens eram alistados por alguns anos. Estes recebiam treinamento e eram comandados por oficiais do exército. Na sua maioria, a polícia era composta por mulatos, que "eram considerados eficientes e, tanto quanto eles, os ladrões". Os roubos eram comuns; uma rica e distinta senhora da sociedade foi vítima dos ladrões que "visitaram" a sua casa, repleta de empregados; estes foram feitos prisioneiros, a proprietária foi amordaçada e foram subtraídos diversos objetos da casa. Em outra situação um bando armado entrou numa casa, no dia de Santo Antônio. Enquanto alguns faziam o roubo, os seus comparsas ficaram na sacada, "soltando fogos em honra do santo" (Ewbank, 1976, p. 322). No Rio de Janeiro, as diferentes nações e cores circulavam pela área central. A presença de navios de diversas bandeiras permitia que os marinheiros se misturassem com a população local. O movimento de carregamento e descarregamento de fardo dos barcos dinamizava a região portuária, que também era conhecida pelo mau cheiro do cais e pelo pouco prazer que o viajante sentia ao passar por lá (Bunbury, 1981, p. 19). O Rio de Janeiro era uma cidade que revelava uma beleza natural sublime, porém alguns aspectos do espaço urbano não eram muito admiráveis.

A cidade de São Paulo, no começo do século XIX, possuía poucas construções que se destacavam do conjunto arquitetônico urbano. Normalmente, as igrejas e os edifícios públicos chamavam a atenção pelo seu porte. Como diria Robert Avé-Lallemant, as igrejas eram bonitas e algumas ornadas, mas nenhuma lhe causara grande impressão, ou tinha o esplendor tão decantado. O edifício que se destacava era o da Faculdade de Direito (Avé-Lallemant, 1980b). As igrejas da cidade eram construídas em taipa de pilão. Spix observou que as igrejas eram grandes, todavia ornamentadas sem bom gosto; no mais, a feição da arquitetura era insignificante e burguesa (Spix e Martius, 1981). O barão von Tschudi, por sua vez, dizia que São Paulo era rica em igrejas e conventos, alguns sem nenhum gosto arquitetônico (Tschudi, 1980). Para aqueles que viveram na Europa, habituados à grandiosidade das igrejas medievais e barrocas, os templos religiosos causavam um impacto mais singelo na visão dos viajantes.

Em 1858, Robert Avé-Lallemant, chegando à cidade de São Paulo, avistou com alegria São Paulo no alto de uma colina. Muitos lhe haviam contado sobre o ar aristocrático da cidade, as igrejas, a elegância das ruas e a limpeza das casas. Após conhecer a cidade, o seu entusiasmo era mais comedido. Reconhecia que algumas ruas e bairros eram magníficos, havia bom calçamento, mas ressaltava que as ruas eram estreitas e a cidade possuía um traçado irregular (Avé-Lallemat, 1980b). A abertura de novas ruas era dificultada pelo próprio traçado original da cidade. O crescimento irregular permitiu que muitos edifícios fossem construídos sem critérios de um planejamento urbano.

Emílio Zaluar, que passou pela cidade na mesma época que Robert Avé-Lallemant, teve opinião diferente sobre as ruas da cidade:

> as suas ruas principais são largas, bem calçadas e nas suas, pela maior parte, elegantes lojas encontra-se hoje uma profusão de tudo quanto se pode desejar, tanto para satisfação das exigências da vida como para os desejos mais requintados do luxo e da moda, quase pelo mesmo preço por que se compra na corte. (Zaluar, 1975, p. 125)

A melhoria do calçamento de ruas foi alvo das atenções dos governos municipais que expropriaram terrenos e mandaram refazer velhos caminhos de acesso, permitindo uma circulação mais adequada entre o interior e as cidades. Este movimento de reurbanização, que marcou o final do século XIX no Rio de Janeiro, se faria presente no início do século XX em outras cidades do Brasil.

A reorganização das grandes cidades europeias influenciou nas transformações ocorridas no Brasil. Na Europa, as ruas estreitas eram substituídas por avenidas largas e longas, revelando um novo planejamento urbano, que inspirou o modelo de reurbanização em algumas cidades do Brasil. As ações administrativas tiveram como objetivo estabelecer um espaço impessoal em detrimento de uma estrutura patriarcal com traços rurais. Os governos tentaram ordenar o espaço urbano, equacionando as dificuldades surgidas com a aglomeração de pessoas.

O crescimento da economia cafeeira e o enriquecimento de muitos fazendeiros permitiram que novos bairros surgissem em São Paulo e no Rio de Janeiro, para atender as necessidades dessa elite. Este movimento fez que o preço da terra sofresse alterações. As melhores terras, localizadas em regiões mais adequadas às condições de sobrevivência humana, passaram a ser disputadas pelas famílias com poder aquisitivo mais elevado, enquanto as piores terras passaram a ser ocupadas pelas classes baixas.

São Paulo, aos olhos de Carl von Koseritz, era uma bela cidade, que, no ano de 1883, possuía por volta de 35 mil almas, como Porto Alegre. A cidade, situada sobre um planalto, cortada por "dois ribeirões (que em São Paulo são designados pelo orgulhoso nome de "rios")", o Tamanduateí e o seu afluente Anhangabaú, era uma das mais velhas povoações brasileiras. Na parte antiga da cidade, onde Carl von Koseritz se hospedara, as ruas eram estreitas, tortuosas, ligadas em todas as direções, repletas de becos. Na parte nova, que ia em direção sul e norte, já se observava uma regularidade na construção de casas e de quarteirões, e as ruas largas davam um ar de modernidade. Para ele, a cidade possuía um número excessivo de igrejas. No total eram 19, segundo seu cálculo, uma muito próxima da outra. Eram enormes edifícios de taipa, que ainda se mantinham em pé. O mosteiro de São Bento era um dos mais ricos e naqueles idos não havia monges, vivendo lá somente um abade vindo da Bahia (Koseritz, 1972, p. 258). A vida da capital se concentrava no "triângulo", que era formado pelas ruas de São Bento, Direita e da Imperatriz (atual rua XV de Novembro). A Rua de São Bento era a mais importante; prolongava-se do Largo do Convento de São Francisco, até a praça do convento dos beneditinos. A rua era estreita e, por decorrência, pouco arejada. Na rua, além das construções destinadas ao comércio, havia algumas residências notáveis da cidade. Na Rua de São Bento e na Rua Direita, o número de vitrinas atraía o transeunte. Esta última rua atraía por ser bonita e larga. Os anúncios chamativos das lojas davam um aspecto agradável ao local. Ali existia a confeitaria Zur Stadt Coblenz, que pertencia ao Sr. Jacob Friedrich, e que com a confeitaria de Nadel, na rua da Imperatriz, formavam os pontos de encontro da juventude acadêmica paulistana. Nessa rua, estavam os estabelecimentos de negócio pertencentes aos alemães, Georg Seckler, proprietário de uma tipografia e a fábrica de chapéus de Messenberg, pertencente naqueles idos ao Sr. Auerwall. A Rua da Imperatriz, muito larga na parte inferior e que depois se estreitava e se bifurcava em becos, era o outro lado do "triângulo". Nela se localizavam as famosas lojas de Garraux e de outras firmas (Koseritz, 1972, p. 257-8).

    Carl von Koseritz reservou uma manhã para visitar os arredores de São Paulo. Levantou cedo e depois do almoço foi rumo ao Brás e a Santa Cecília. Confessava ter ficado decepcionado com a região do Brás onde, excetuando algumas chácaras e residências, não vira nada de destaque, a não ser a cervejaria alemã, ponto de encontro dominical da colônia, fundada por Jacob Friedrich, mas que era administrada por outros proprietários. A mesma impressão tivera ao se dirigir à região de Santa Cecília. Lá, com exceção da Santa Casa de Misericórdia, "construída ao jeito das penitenciárias" e que possuía uma "capela extraordinariamente pequena, com lugar apenas para uma imagem e um devoto", nada lhe chamara a atenção. Causava-lhe estranheza o nome dado ao campo, quando retornava para o centro, conhecido como "Campos Elíseos". Nada tinha que correspondesse ao nome (Koseritz, 1972, p. 265). O que preponderava nos sítios mais afastados das áreas urbanas era o isolamento. A imensidão do território era cortada por tropeiros, mascates ou viajantes, que por alguns momentos rompiam a monotonia do cotidiano dos moradores de vilas no interior. Nestas ocasiões, a passagem de alguém era um acontecimento ímpar, que fazia os moradores da vizinhança se reunirem para conhecer ou saber quem era a pessoa e que novidades ela tinha para contar. No período colonial, os grandes proprietários de terras preferiam habitar as suas propriedades, visitando os centros urbanos a fim de assistirem aos festejos e solenidades. Muitas dessas propriedades, nos arredores das cidades, gozavam de um aspecto aprazível, densamente arborizado e apreciado por aqueles que vagavam pela área campestre. Sem dúvida, esses locais contrastavam profundamente com a cidade de ruas estreitas e sujas, onde animais e transeuntes compartilhavam o mesmo espaço e que foram assinalados de forma comum nos registros.

O zoólogo Spix e o botânico Martius visitaram o Brasil entre 1817 e 1820, coletando diversas espécies da fauna e da flora brasileira para as suas pesquisas. Por ocasião da estada em São Paulo, Spix ressaltou que ao andar pelos campos era possível ter uma extensa vista da região, cujos alternados outeiros e vales, matos ralos e suaves prados verdejantes ofereciam todos os encantos da amável natureza (Spix e Martius, 1981). Um relevo ondulado e verdejante preenchia os olhos dos que passavam pelos campos e subiam as elevações, dando acesso à área central.

As chácaras localizadas nos arredores da cidade tinham amplos pastos, cercados de fossos, a fim de conter os animais. Algumas casas eram amplas, normalmente de um piso, com varandas, espaço para receber os visitantes ou apreciar a natureza. As construções, além das salas e demais cômodos, possuíam capelas, normalmente compostas por oratórios e imagens de devoção. Na propriedade sempre havia um pomar com uma vasta gama de árvores frutíferas, que deliciavam àqueles que desejavam conhecer os sabores das frutas da região. Esse conjunto cênico e cultural chamava a atenção dos viandantes pela beleza peculiar.

John Mawe (1978) teve um olhar mais aguçado para a paisagem, pois tinha a intenção de realizar pesquisas geológicas. Na sua visita ao Pico do Jaraguá, antigo local de exploração de ouro, seguiu em direção ao sul, cruzando o rio Tietê. Segundo ele, o rio, nesse ponto, era de considerável largura e mais profundo que nos arredores de São Paulo; possuía excelente ponte de madeira, isenta de portagem (Mawe, 1978). Daniel Parish Kidder, pastor americano da Igreja Metodista que visitou o Brasil entre 1837 e 1840, com o intuito de distribuir as Escrituras Sagradas, também visitou o Pico do Jaraguá alguns anos mais tarde. Na sua passagem, observou, dentre outros aspectos, que o pico do Jaraguá era considerado, pela população, o barômetro de São Paulo, porque quando o seu cume estava límpido era sinal de bom tempo, mas, quando estava envolto em nuvens, era mau o prognóstico (Kidder, 1980). O local nas proximidades da capital permitia a visualização de uma paisagem ampla e verdejante, onde o relevo do planalto de Piratininga se apresentava com todos os contornos.

A cidade de Cuiabá era cercada de colinas, assentada num plano inclinado, sendo cortada pelo rio Cuiabá. A extensão da cidade não era grande e havia somente algumas casas tipo sobrado, as demais eram todas térreas. Em cada moradia, como era comum no Brasil, havia um grande quintal, com jardim plantado de árvores frutíferas, como laranjeira, limoeiro, goiabeira, dentre outras que auxiliavam no sustento dos moradores da propriedade, dando-lhes um aspecto agradável. Na parte externa, as casas eram rebocadas com tabatinga (barro branco), que se destacava pela alvura. Contudo, a maioria estava com a cor sombria da taipa. As casas não tinham chaminés, pois a cozinha ficava no jardim, debaixo de um telheiro (Florence, 1977). Os moradores de Cuiabá não desenvolviam a agricultura e a criação de animais, para além do que era necessário para a alimentação. Havia terras devolutas, sem cultivo, pois os cultivadores não poderiam vender o excedente de suas colheitas ou da sua criação, em razão dos custos dos transportes, que acabavam elevando o preço dos produtos, tornando inviável a sua comercialização.

Os registros dos viajantes apontavam que as produções mais significativas das terras brasileiras eram a cana-de-açúcar, o café, o fumo, o algodão, o feijão, o milho e a mandioca, sendo boa parte delas exportadas. Cuiabá surgira a partir das escavações em busca de ouro que ocorreram naquele local. No decorrer do século XVIII, com o movimento dos bandeirantes à região, o lugar ia sendo cada vez mais procurado, quando se dava o descobrimento de ouro. Exploradores ávidos por riquezas avançaram e ocuparam a inóspita região. Um desses sertanistas, chegando onde seria a futura cidade de Cuiabá, encontrou ouro no alto de uma colina, onde posteriormente foi erguida a igreja de Nossa Senhora do Rosário. A notícia das descobertas logo se espalhou, fazendo que toda a sorte de pessoas afluísse para lá em busca de riqueza. A região foi sendo ocupada e também disputada com avidez por exploradores. As explorações continuaram e a área passou a ser frequentada pelos sertanistas que chegaram até a Bacia Amazônica e ao Oceano Pacífico, invadindo as terras pertencentes à Espanha. Apesar de a coroa espanhola fazer reiteradas reclamações à coroa portuguesa sobre os avanços dos exploradores, pouco efeito surtiu (Florence, 1977).

Com o decorrer do século XVIII, os achamentos de ouro diminuíram e, com o tempo, o número de habitantes declinou. Cuiabá, isolada no interior do território, ficou durante um tempo sendo frequentada por toda a espécie de pessoas, permitindo para aqueles que ali se fixavam uma liberdade considerável, pois a atuação do Estado português e depois brasileiro era reduzida. A região era conhecida pelos amancebamentos e pelo fato de as mulheres gozarem de liberdades bem maiores do que as encontradas em outras regiões do país. Hercules Florence entendia que a população estava sofrendo a influência dos contatos com os escravos, revelando possuírem "paixões violentas." Para ele, a fidelidade conjugal era "falseada". As mulheres demonstravam temerem seus maridos, tidos como seus "amos e senhores", porém ressaltava: "sabem perfeitamente enganá-los". Todavia, esta dita liberdade e exposição da mulher de Cuiabá, não foi contemplada por ele. Nas casas do sertão, onde foi recebido com hospitalidade, nenhuma "delas se apresentou, ficando sempre no fundo dos aposentos, a menos que não seja a pessoa já muito familiar" (Florence, 1977, p. 146-7). As moças que eram filhas de pais pobres sequer pensavam em casamento, por não possuírem dote. Hercules Florence considerava que aquelas mulheres ignoravam os meios de que dispunham para "poder viver de trabalho honesto e perseverante." Eram facilmente arrastadas à vida licenciosa. O francês, talvez usufruindo dos préstimos de alguma delas, afirmava que "nunca mostram a ganância e as baixezas das mulheres públicas da Europa" (Florence, 1977, p. 147). Realidade que não era muito diferente daquela vivida por moças de outras regiões.

Ele atestava que a grande variedade das paisagens permitiria a qualquer pintor exercitar o seu talento. Da mesma forma, outros pesquisadores teriam também farto material para desenvolverem a suas coletas e chegarem a novas conclusões (Florence, 1977). O autor Florence afirmava em tom incisivo: "Ver um povoado do Brasil, é vê-los quase todos". A característica típica é a existência de uma praça oblonga com a igreja e a cadeia. Algumas ruas com casas baixas compunham o que era chamado de um arraial. Normalmente os prédios demonstravam um aspecto de ruína. Hercules Florence visitou São Pedro de El-Rei e ficou impressionado por não ver uma "viva alma". As casas foram abandonadas e poucos eram os habitantes que permaneceram no local em virtude das dificuldades, seguindo para outras regiões, onde as lavras de diamantes eram mais abundantes (Florence, 1977, p.214). Outra localidade com aspecto tristonho era o porto do Rio Preto, de corrente estreita e escura. A região úmida, o ar pouco adequado e a densa floresta tornavam o local sujeito às febres. O viandante dizia que, apesar de todos esses inconvenientes, havia naquele lugar algo que impressionava um viajante. As grandes árvores haviam sido cortadas para abrir uma clareira, e quando se passava por essa área cheia de cipós de diâmetro e dimensões de pasmar, também se via pacova com cachos floridos de tamanho descomunal. Tudo era grandioso e a dimensão impressionava (Florence, 1977).

O pesquisador Hercules Florence chegou a Santarém em 1º de junho de 1828. Do porto da cidade localizada na confluência de dois rios, avistava-se a imensidão do rio Amazonas e do Tapajós. As ruínas de um forte construído por holandeses, quando tentaram ocupar a região, estava ainda visível. As ruas eram largas, cortadas em ângulo reto e bem alinhadas. A igreja matriz ficava no centro e Hercules Florence disse que era a melhor que ele tinha visto quanto à fachada, ornamentada e com duas torres, desde São Paulo. A aldeia na sua origem tivera o nome de Tapajós, sendo substituído posteriormente por Santarém, de clara influência portuguesa. Os habitantes do local possuíam um sotaque carregado, pois guardavam ainda a pronúncia portuguesa em sua integridade, sofrendo menos modificações do que aquelas que existiam em outras partes do Brasil (Florence, 1977).

Navegando por canais apertados na região de Santarém, Hercules Florence mencionou que, quando estava ancorado, apanhou um óculo para poder apreciar os ramos das árvores. Ao espreitar, ouviu algumas vozes na mata que o deixaram surpreendido. Curioso, procurou saber o que era e verificou que, a pouca distância de onde se encontrava, havia a choupana de um morador que fazia "sua reza com a família e provavelmente com os vizinhos." O Amazonas tinha transbordamentos periódicos, o que fazia que as casas fossem construídas sobre estacas de madeira, também conhecidas como palafitas. Nas épocas de enchente, as visitas eram feitas por meio de canoas, podendo chegar bem perto das casas. Nas ocasiões em que havia festa, os amigos iam para a casa do anfitrião e deixavam suas canoas nas proximidades e isso dava um aspecto singular às moradias (Florence, 1977, p. 304).

Hercules Florence permaneceu no Pará, durante algum tempo, à espera de Riedel e dos demais companheiros da expedição. Eles chegaram somente após quatro meses, estavam extremamente magros e "desfeitos das moléstias que apanharam no rio Madeira"; estes lhe revelaram que os membros que se dividiram durante o percurso também enfrentaram os mesmos problemas que ele e seus companheiros, dentre eles Langsdorff. Dez dias depois da chegada de Riedel, eles já haviam fretado um brigue que os levaria para o Rio de Janeiro. Após quinze dias de viagem, a embarcação esteve à beira de um naufrágio, em função dos baixios da costa do Maranhão, obrigando-os a aproarem logo para o norte, em busca da rota seguida por todos os navegantes. Caso esta ação não tivesse sido tomada, a desgraça seria iminente. A precaução não impediu que a viagem demorasse 15 dias, o que acabou por motivar alguns incidentes desagradáveis. Enfim, após 46 dias de viagem a embarcação chegou ao Rio de Janeiro, "dando fim à nossa penosíssima, atribulada e infeliz peregrinação pelo interior do vasto Império do Brasil," conclui Hercules Florence (Florence, 1977, p. 310-1).

A catedral e as igrejas de Belém eram bonitas, mas nenhuma delas apresentava qualquer traço de originalidade, segundo Alcides Dessalines D'Orbigny. Afinal de contas, Belém era a cidade mais importante da região do Amazonas. A alfândega era um prédio amplo e cômodo, com cais privativo, para a movimentação de suas mercadorias. As casas das pessoas mais abastadas eram grandes e bem construídas, mas estes preferiam morar nas suas propriedades de campo. As ruas eram largas e com calçamento em algumas partes; todavia, o movimento não era intenso. D'Orbigny era crítico: "como todos os crioulos dos países equatoriais, os habitantes do Pará são indolentes e pouco industriosos". As mulheres, como era comum em outras partes do país, saíam raramente às ruas e, quando o faziam, eram carregadas em redes. Não havia no lugar um mercado regular, como poderia ser encontrado em outras paragens. De acordo com o costume, as canoas e pirogas chegavam pela manhã carregadas de produtos que eram vendidos em determinados horários. O gado consumido ali vinha da ilha de Marajó e de outras partes daquela região. A pouca atividade comercial se devia à escassez de dinheiro. Os maiores recursos vinham da exploração e exportação de cacau, bálsamo de copaú, salsaparrilha, algodão, couros etc. Os produtos manufaturados vinham da Europa. Para Alcides Dessalines D'Orbigny, os cavalos na região do Pará eram medíocres, não tendo grande valor. Entrementes, os animais tinham um hábito interessante. Os proprietários deles, após o passeio vespertino, deixavam seus animais soltos, para que eles pudessem pastar à vontade. No dia seguinte, não havia "necessidade de procurá-los, pois os animais aparecem, quando amanhece, à porta da casa do seu dono" (D'Orbigny, 1976, p. 67). Na região de Belém, a presença de índios era maior que a de mulatos e negros, pois estes foram introduzidos na região somente no decorrer do século XVIII, quando D. José I publicou a emancipação dos índios.

Alcides Dessalines D'Orbigny deixou a cidade de Belém do Pará com o objetivo de conhecer outras partes do Brasil. Comprou a passagem e seguiu para a embarcação que o conduziria até São Luís do Maranhão. O navio tinha um calado pequeno e não teve dificuldade para atravessar o Rio Pará, operação sempre perigosa e difícil para navios maiores. O canal na região tinha profundidade desigual e as margens eram cobertas de florestas, monótonas e uniformes, que ofereciam poucos pontos de referência aos pilotos. Os índios navegavam pela região, guiados por estacas. Era comum que os navios encalhassem, pois o fundo do rio era coberto por uma lama mole, mas que não provocava danos no casco. Para que a viagem continuasse, bastava aliviar o peso do navio ou aguardar pela maré alta. Vencidas essas dificuldades, a viagem continuava sem grandes transtornos. Na região, não havia muitas povoações brancas, apesar da fertilidade da terra, pois a população tendia a se concentrar mais no litoral, enquanto houvesse recursos. Assim D'Orbigny passou pela vila do Caeté (ou Bragança), Gurupi, Cercedelo, a caminho do seu destino, com barqueiros que tomavam cuidado com os bancos de areia que se movimentavam (D'Orbigny, 1976).

São Luís possuía diversos bairros, dentre eles se destacava o bairro da Praia Grande, onde havia uma concentração de casas de dois ou três pavimentos, construídas de pedra de grés talhada e com boa distribuição interna. As ruas demonstravam um desleixo natural e um calçamento deficiente. O antigo colégio dos jesuítas e a casa da câmara e cadeia chamavam a atenção. Em outros bairros, havia pequenas casas com jardim e quintais. O conjunto arquitetônico chamava a atenção pelos ornamentos, pois muitas cornijas e capitéis tinham sido esculpidos em Portugal e enviados para lá (D'Orbigny, 1976). Alcântara era uma cidade cercada de prados com moitas de árvores. As palmeiras ornamentavam as encostas dos morros e decoravam a orla dos bosques. A região era cortada por ribeiros.

O porto de Alcântara tinha poucas braças de profundidade, sendo acessível somente aos navios pequenos, fazendo que todo o comércio se fizesse via São Luís (D'Orbigny, 1976). A paz entre os portugueses e os índios livres da província fora obtida com a acolhida destes. Normalmente, ofereciam-lhes presentes de todos os gêneros como: "tabaco, tecidos coloridos e aguardente" (D'Orbigny, 1976, p. 90).

Alcides Dessalines D'Orbigny, ao visitar Vila Rica, descreveu a localidade como uma área que se estendia ao longo de um córrego. As casas ocupavam um relevo irregular e possuíam um "aspecto mesquinho". Os quintais eram mal cuidados, possuíam árvores frutíferas e outras espécies. A cidade entre outeiros era o reflexo da decadência e do abandono: "tudo é triste, sombrio e melancólico". As ruas às margens do córrego Ouro Preto eram calçadas e ligadas por meio de uma ponte de pedras, "a mais bela e mais moderna das quais foi construída pelo barão de Eschwege". A cidade possuía edifícios públicos, capelas e igrejas que se destacavam. A casa dos contos e a casa da câmara e cadeia tinham um aspecto admirável, com uma escadaria à italiana. Da parte alta era possível ver os arredores. A cidade era um centro comercial importante da província, sendo um ponto de entroncamento das estradas que iam do interior para o litoral (D'Orbigny, 1976, p. 149-50).

Alcides Dessalines D'Orbigny, depois de uma longa viagem pelo norte e interior do Brasil, chegou ao Rio de Janeiro afirmando: "reencontramos a Europa, suas impressões, seus hábitos, seus costumes. Já não era a América primitiva, aquela que eu viera procurar. Palácios, igrejas, ruas magníficas, navios aos milhares, uma grande população, eis o que me oferecia o Rio de Janeiro" (D'Orbigny, 1976, p. 165).

A cidade era um texto que pouco a pouco foi lido pelos viajantes por meio da materialidade urbana. Para o viajante, era fundamental praticar o ato de caminhar, que permitia o envolvimento de todos os sentidos e da noção de movimento no espaço. A caminhada permitia observar a paisagem, com suas casas, plantas, animais, habitantes, movimentos da cidade, sentir a liberdade e também a insegurança. A cidade marcava sempre um vínculo forte com o campo, estabelecendo também ligações com outros longínquos locais. A cidade se articulava com outras cidades. A descrição de arraiais, vilas e cidades seguia o método tradicional, que era o de identificar o nome do local, apresentar as características geográficas do entorno, se possível informações sobre as origens da ocupação, seguindo pela descrição de ruas, praças, edifícios públicos e religiosos. O registro dos viajantes tendia a entender a cidade como parte da própria natureza, revelando preocupações com aspectos econômicos, com o modo de vida dos habitantes, com a forma urbana e a organização social. Dessa maneira, os registros procuraram ler a cidade por algumas atitudes de seus habitantes, porém não significa que todos eles captaram os elementos da existência.

O convívio coletivo se restringia às praças e largos, muitas vezes vistos como pontos de reunião dominical dos proprietários de terra que residiam no entorno. A cidade se apresentava com aspectos nem sempre agradáveis. O tráfego de carroceiros, o mau cheiro, o barulho e o calçamento deficitário atraíam as críticas dos viajantes. O espaço público não era adequado para a circulação de senhoras das elites, que permaneciam a maior parte do tempo em suas propriedades.

Muitos viajantes ressaltaram que a situação da terra poderia torná-la doentia, uma vez que as cidades não possuíam uma infraestrutura adequada para a higiene e o escoamento das águas. Na cidade do Rio de Janeiro, construída entre o mar e a montanha, as condições eram inadequadas em função da existência de lagoas e mangues, tornando-a insalubre. As ideias iluministas enfatizavam o discurso higienista na cidade, considerando a criação de espaço de sociabilidade que permitisse o deleite estético dos moradores e dos visitantes da cidade. Uma cidade deveria ter as necessárias comodidades para atender as pessoas que nela residiam. Ruas mal pavimentadas, estreitas e imundas, lamaçais e buracos por todas as partes impediam a circulação e afastavam os moradores. A cidade, no decorrer do século XIX, passou a exercer fascínio sobre a burguesia urbana, pelos seus atrativos e pelas diferentes origens sociais dos seus habitantes.

Para os viajantes, era claro que a população estava pulverizada pelas grandes propriedades rurais, vivendo praticamente isolada. A sociedade brasileira, marcada pela escravidão, oferecia poucas possibilidades de mobilidade social.

Questões

1 | Analise como as vilas e cidades brasileiras foram descritas pelos viajantes, destacando aspectos da infraestrutura das localidades visitadas.

2 | Considerando as imprecisões sobre as vilas e cidades, destaque os mais graves problemas urbanos, segundo os relatos dos viajantes.

8 Os caminhos e os transportes

As sucessivas incursões pelo sertão[1] foram comuns desde o primeiro século da dominação portuguesa. A possibilidade de encontrar o "outro" e outras riquezas aguçou o imaginário fértil e o desejo de aventura pelo interior de um território desconhecido. À medida que as incursões aumentavam, o desconhecido sertão passava a ser conhecido, mas ainda atemorizava os aventureiros. Aquele que se predispusesse a seguir pelas matas tinha que abrir os caminhos, por vezes engatinhando, subindo e descendo serras, com rios caudalosos. A marcha era difícil e o sofrimento era constante, principalmente quando as chuvas se intensificavam e os percursos ficavam marcados por grandes lameiros.

A despeito das dificuldades, a população no período colonial teve uma mobilidade significativa, tendo em conta as condições de vida. Os habitantes das vilas instaladas no interior do território tinham muita dificuldade para sobreviver distante do mar. Havia falta de recursos e de braços para o trabalho agrícola. As expedições itinerantes avançaram pelo sertão em busca de índios e das sonhadas riquezas. À medida que a necessidade de mão de obra crescia, aumentavam as expedições para o interior, pois o comércio de índios passou a ser importante

....
1. A palavra *sertão* é de origem latina *desertanum, desertum*. O uso do termo *sertão* no período colonial estava ligado à ideia de lugar desconhecido e solitário, sendo também empregado para as faixas territoriais mais afastadas do mar.

para a economia paulista (Kok, 2004). Nos tempos iniciais, os caminhos criados nos primeiros lugarejos ocupados, no processo de colonização, foram sendo construídos de forma espontânea, sem planejamento. As Câmaras instaladas nesses locais, por reiteradas vezes, apelaram para a participação na construção e manutenção dos caminhos (Sant'anna, 1977).

Os moradores do sertão, na sua interação com os indígenas, acabaram por incorporar técnicas de sobrevivência no meio das matas. Aos poucos, foi-se formando um grupo de pessoas habilitadas para sobreviver e avançar pelo sertão adentro, caminhando léguas a pé, descalço, por horas e quase sem descanso. Os perigos dos caminhos, rios e serras eram vencidos por uma gente corajosa, capaz de enfrentar qualquer adversidade. Em *Monções*, Sérgio Buarque de Holanda descreve os caminhos percorridos pelos monçoeiros, ressaltando as dificuldades do percurso e os perigos de insetos e outras pragas que, acrescidos aos ataques indígenas, faziam dos caminhos uma temeridade.

Nos primeiros anos, as dificuldades pelos caminhos eram muitas. Os habitantes iniciais tiveram que vencer terrenos íngremes abertos pelos indígenas. Aqueles que se aventuraram pelo sertão abriram caminhos, fazendo picadas na mata, vencendo a natureza, ao mesmo em tempo em que temiam o desconhecido. Os homens iam deixando os sinais de sua passagem ao abrirem clareiras que, no futuro, dariam origem aos diversos arraiais[2] e vilas. Os missionários jesuítas tiveram uma importante tarefa no processo de catequização indígena, o que os obrigou a abrir caminhos pelo interior do território. A tarefa de lutar contra o demônio, que reinava num meio inóspito, era um das ações que deveriam empreender para purgar os males brasílicos.

A viagem era um enigma que o viajante tinha de decifrar. As trilhas precárias sempre foram registradas como uma barreira para a propagação da fé católica. A extensão das florestas inexploradas era avassaladora. Não havia estradas ou caminhos adequados. Percorriam-se grandes extensões sem encontrar vilas ou fazendas, às vezes passando por terras dominadas pelas populações indígenas nômades, resistentes ao contato. A mata oferecia uma sonoridade repleta de vida.

O Pe. Azpilcueta Navarro, por ocasião de sua viagem a Porto Seguro, relatou aos padres e irmãos de Coimbra os perigos incomensuráveis que enfrentara

---

2. O termo arraial, cujo significado original era acampamento, especialmente de tropas, passou a ser utilizado para se referir às aldeias, que, no tempo dos bandeirantes e primeiros exploradores, não passavam, de fato, de acampamentos.

para ampliar a doutrina católica. Os caminhos difíceis eram vistos pelos perigos imensos conforme afirma Pero Correia na carta de 8 de junho de 1551; ao seguir pelo interior teve de percorrer um rio perigoso, cheio de quedas d'água e com inúmeras pedras. Quanto à fome, esta era comum, lembrando o jesuíta que nas suas andanças comera alguns palmitos cozidos em água, "frutas bem desengraçadas, de maneira que quando chegamos ao povoado levamos as cores muito demudadas" (Leite, 1954, vol. 1, p. 220-1). As armadilhas dos caminhos foram intensificadas com a iminência da falta de alimentos para os andarilhos da fé. As dificuldades para se obter alimentos durante as investidas pelo sertão agravavam a percepção em relação ao deslocamento. A fome, tão temida quanto os caminhos, era a barreira mais difícil de ser transposta.

A hostilidade do indígena fazia dos caminhos um perigo constante, pois, para muitos, o comportamento deles era similar ao dos animais ferozes: "gente tão má, bestial e carniceira" (Leite, 1954, vol. 4, p. 147). Dessa maneira, os relatos delineavam os nativos mais próximos da natureza, e num estágio de desenvolvimento inferior ao experienciado pela civilidade cristã europeia. As longas distâncias, que separavam as aldeias das vilas, impediam a ação missionária e o controle efetivo sobre os hábitos, costumes e padrões comportamentais do indígena, dificultando a conversão.

O povoamento das Minas Gerais ganharia maior intensidade com Antônio Rodrigues Arzão nos sertões do rio Casca, a partir de 1692. A notícia de descobrimento de ouro na região das Minas Gerais fez que um número elevado de pessoas se dirigisse para a região. Aventureiros vindos de Portugal ou de outras partes da América procuraram a riqueza sonhada desde a descoberta do Brasil. Caminhos iam sendo abertos pelos sertanistas e os deslocamentos se intensificaram pelo interior do território. Os rios e os caminhos sinuosos e íngremes faziam parte da aventura em busca do ouro. O movimento desordenado de ocupação impediu a criação de uma infraestrutura para amenizar as condições de vida. O desejo de enriquecimento rápido fez que pouca ou nenhuma atenção fosse dada à possibilidade de sobrevivência na região no início do século XVIII.

Nos caminhos, formaram-se pequenos núcleos urbanos e rurais que visavam dar suporte ao viandante. Contudo, estas áreas tinham carências enormes. Dentre os grandes caminhos, destacavam-se o Caminho Velho, que se aproximava da bandeira de Fernão Dias, de 1674-1681. Ele ligava as vilas paulistas e Parati a São João del-Rei e seguia para Vila Rica. O Caminho Novo, aberto entre 1698 e 1725, fazia a ligação entre o Rio de Janeiro e Ouro Preto. Outro trajeto importante era o Caminho da Bahia, que unia a região de Sabará ao Recôncavo Baiano. Na região interiorana, havia caminhos que ligavam as vilas, como o caminho que ligava Vila Rica ao Arraial do Tijuco.

No caminho, que ligava o Rio de Janeiro a Vila Rica, havia diversas propriedades em que os moradores tinham feito roças e paióis e aberto caminhos fora do alcance da patrulha do mato. Estes, como outros caminhos, revelavam que a administração portuguesa não conseguia controlar o povoamento na região das Minas Gerais e nos caminhos de acesso.

A necessidade de deslocamento, por terra ou mar, fazia que os viandantes enfrentassem ora um rio colossal, ora tempestades mortais. Era preciso ser um homem bravo e valente, persistente e engenhoso, para se deslocar das terras europeias e enfrentar as rotas desconhecidos das terras americanas. Provações que provocavam o desânimo, revelado por alguns sinais de cansaço.

Dessa maneira, pode-se afirmar que os tropeiros seguiram as veias abertas pelas trilhas indígenas e abriram novos acessos às mais diversas regiões, que foram incorporadas paulatinamente no decorrer da ocupação portuguesa. O casco das mulas transformava os caminhos, marcando de maneira clara o traçado das vias de acesso. O lamaçal era comum e, nele, as mulas carregadas atolavam, exigindo esforço dos tropeiros, para recuperar a carga e não perder o animal. Esta era a aventura que todos tinham que vencer para chegar a alguma localidade no interior do território brasileiro. Moradores e viajantes compartilhavam de um caminho cheio de aventuras. Mafalda Zemella (1990, p.167) explica sobre o papel dos tropeiros, como homens que:

> Passaram a serem respeitados por seu poder econômico e político, além de ter também se tornado figura extremamente popular, o tropeiro, se no princípio da era mineradora teve qualquer cousa do antipático, pela especulação que fazia dos gêneros, aos poucos foi adquirindo, ao lado da função puramente econômica de abastecedor das Gerais, um papel mais social e simpático de portador de notícias, mensageiro de cartas e recados [...].

Os tropeiros, naqueles idos, representavam um elo entre os centros urbanos e as regiões mais afastadas. Eram eles que levavam mercadorias e informações das mais diversas, fazendo, de fato, uma circulação cultural e econômica.

O século XIX também seria importante no desbravamento do interior do continente, no processo de controle nas fronteiras. A ação dos sertanistas no avanço pelo interior do território fez que as localidades começassem a ter uma demarcação mais clara. Até o início do século XVIII, preponderavam designações vagas dos sertões, normalmente vistos como terras inóspitas por causa das tribos indígenas hostis e das dificuldades que a própria natureza impunha. Afastados do litoral e dos principais núcleos urbanos, os habitantes dessas regiões tinham hábitos de vida diferentes, preservados das influências externas.

Johann Emanuel Pohl, ao visitar o extremo Oeste de Minas Gerais e referindo-se especificamente à vila de Paracatu, caracteriza a região pela concentração de atividades econômicas consolidadas desde a ocupação no século XVIII. Fazendas, ranchos e uma intensa circulação de mercadorias faziam da região uma área importante, o que fez que ele visitasse outras localidades nos arredores, revelando um mundo rural com traços próprios. A região do sertão do Alto São Francisco, parcamente ocupada e com uma economia em crescimento, foi visitada por Saint-Hilaire, que se refere à região como um sertão. Pohl a cruzou, percorrendo em seguida o vale do rio Abaeté, descendo o rio São Francisco até a confluência com o rio das Velhas. Freireyss, por sua vez, visita a região vindo de Ouro Preto e observa os vilarejos perdidos pelo interior.

Georg Wilhelm Freireyss ao chegar a uma área que descortinava as Serras da Estrela e dos Órgãos, em um momento de reflexão manifestou o seu pesar, pois, sendo a extensão de terra fértil tão grande, havia a "falta de cultura e de gente e isto em um clima que é o melhor do mundo". Concluía sua divagação afirmando que, no seu "desventurado país, por causa de pedaços de terra que não valem bem a centésima parte o ódio, e a inimizade surge entre os príncipes e os próprios povos".

Pelo caminho também era possível encontrar a patrulha composta de soldados e um capitão. Estes faziam a revista de todos os viajantes "com o maior rigor, visto receber dois terços dos diamantes e do ouro em pó" que viessem a confiscar. O caráter itinerante da patrulha não permitia precisar o local, mas, nesse caso, Georg Wilhelm Freireyss não teve problemas, pois o comandante deles era um companheiro que também o havia hospedado (Freireyss, 1982, p. 32). Percorrendo a província de Minas Gerais, ele passou por uma fazenda cuja coroa arrendava uma parte para os empregados, que levantavam o imposto de trânsito sobre as mercadorias que passavam por ali. Para o viajante, este imposto era "elevado, mesmo sobre os artigos mais necessários à vida". Os habitantes de Minas Gerais pagavam por arroba, pelos produtos que iam para sua região pelo valor de 1$125 réis e por saca de sal, 800 réis. Cada escravo, quando era levado para Minas Gerais, pagava ali "novo imposto real" no valor de 7$000 réis; porém, ele não era marcado de novo.

Na região da Serra da Mantiqueira, Georg Wilhelm Freireyss passou por uma região identificada com uma alta cruz de madeira, que era a "testemunha de terríveis assassinatos cometidos há cerca de dez anos por um bando de salteadores". Naquele local, os assassinos esperavam as vítimas, "que eram os indivíduos que eles sabiam que traziam dinheiro". Os infelizes eram cercados e amarrados, sendo levados para uma densa mata, "perto de uma cova funda, onde eram lançados depois de assassinados e despojados" (Freireyss, 1982, p. 36).

A tempestade, com trovoadas e ventos fortes, faziam que muitas árvores se desenraizassem e caíssem. Os viajantes ficavam com medo quando uma tempestade os apanhava no meio da floresta. Muitas árvores possuíam raiz podre e estavam amarradas por cipó a outras árvores, que com os ventos fortes poderiam uma derrubar a outra. O temor era maior com o volume da água dos rios crescendo. Por vezes, para fugir do perigo era necessário atravessar rios com água até o pescoço. Georg Wilhelm Freireyss foi vítima de uma situação como esta e teve que procurar abrigo junto a uma tribo. Quando chegou à cabana, a primeira providência que tomou foi tirar a roupa ensopada, pensou ele, "com que havia eu de cobrir-me, pois nenhuma camisa existia na cabana?" Os índios estavam nus e zombavam do pudor de Freireyss, até que uma índia, de cerca de 16 anos, "ofereceu a sua tanga, único vestuário que possuía". Ele recusou, porque todas as mulheres conservavam "as suas tangas e só me restava unir-me àquela sociedade nua ao redor do fogo". Os índios o observavam atentamente, principalmente porque a pele dele diferia da dos indígenas. Por meio de um índio coropó que o acompanhava, fez saber aos demais que ele não era português e pertencia a outra nação. Aparentemente, a confiança dos índios em relação a ele aumentou, até porque ele ofereceu pequenos presentes aos aborígenes. A mais velha das mulheres foi ordenada pelo marido a cozinhar um pouco de milho para ele. Como Freireyss percebeu que não havia milho nem lenha no local, opôs-se à generosidade, porque a chuva ainda continuava intensa. Porém, nada adiantou, e a "mulher teve de sair e somente depois de uma boa meia hora voltou com lenha, água e milho". O milho não estava maduro, pois os índios o consumiam feito mingau. Em contrapartida, Freireyss ofereceu um pouco de aguardente que levava consigo e agradou aos índios, pois sabia que esta bebida tinha "valor inestimável", sendo comum muitos se tornarem dependentes, trocando suas caçadas e seu trabalho por um pouco da bebida. Afirmava o viajante: "Felizmente a minha provisão, desta vez, chegava apenas para dar-lhes um pouco de alegria, sentimento este que raras vezes observei em selvagens no Brasil." Na manhã seguinte, o viajante partiu, mas antes ofereceu aos indígenas algumas agulhas e anzóis (Freireyss, 1982, p. 88-90).

Georg Wilhelm Freireyss chegou ao rio Paraíba, cuja profundidade era variável; um rio cheio de cachoeiras, a correnteza não era muito forte e a seca o tornara, na época, muito estreito. Aguardou a chegada da tropa para atravessar numa balsa ali existente. Havia um posto de fiscalização para evitar o contrabando de ouro e diamantes, e o viajante era obrigado a apresentar o seu passaporte. A verificação era feita sem maiores entraves e não demorou para que o viajante prosseguisse o seu caminho. Atingiu Paraibuna, onde também era feita a vistoria. Nesse local, os viajantes e as mercadorias, que vinham de Minas Gerais com destino ao Rio de Janeiro, eram submetidos à inspeção, havendo para tanto um grande número de funcionários (Freireyss, 1982).

John Mawe ressalta que os estrangeiros viajantes raramente visitavam São Paulo. Segundo ele, o motivo era que os caminhos de acesso à cidade, partindo da costa, estavam situados em pontos estratégicos, tornando quase impossível evitar os guardas, encarregados de vigiar todos os viajantes e as mercadorias que se dirigiam para o interior. Soldados da categoria mais baixa, com direito de inspecionar todos os estrangeiros que se apresentavam e detê-los, assim como aos seus bens, se não possuíssem passaportes (Mawe, 1978). A vigilância dos soldados pelos caminhos, sua forma inadequada de abordagem e má-fé eram fatores determinantes para que muitos deles não visitassem a cidade.

Contudo, esse não era o único inconveniente que existia naqueles idos para os que se aventuravam a fazer viagens, que passavam ou tinham como destino a cidade de São Paulo. As estradas eram pouco aparelhadas e cheias de lama, o que impedia uma viagem tranquila. O conforto pelos caminhos era reduzido, como se pôde observar. Nas viagens para o interior ou litoral, o viajante tinha de fazer diversas paradas para seu descanso e o dos animais. Em alguns trechos era possível encontrar choupanas que poderiam acolher os viajantes. Porém, na maioria das vezes o trajeto era solitário e o viajante deveria contar com os recursos que portava consigo. Não raro as refeições eram compostas de pão, farinha de mandioca, bananas e água, bebida com as mãos nos regatos encontrados pelos caminhos (Kidder, 1980).

As florestas tropicais eram desconfortáveis para os viajantes. O calor e a umidade incomodavam. Os mosquitos, os bichos-de-pé, os carrapatos, as febres e outras doenças tropicais faziam da estada no Brasil um verdadeiro martírio. Como se os males provenientes da natureza não fossem poucos, havia a violência de tribos indígenas que contribuía para um cenário distante da ideia paradisíaca. A natureza permitia um deslumbramento. Porém, não impedia a imposição dos martírios tropicais. As picadas de insetos, os animais ferozes e a precariedade dos caminhos surgem nos registros daqueles que tinham como meta cumprir as suas funções de pesquisadores científicos.

As primeiras e principais estradas reais foram caminhos abertos nos séculos XVII e XVIII, interligando o Rio de Janeiro com as Minas Gerais, São Paulo e Bahia. Estas estradas permitiam a circulação de tropas de muares, que faziam o transporte de produtos e pessoas para as diferentes regiões. Esses caminhos eram utilizados para suprir a necessidade de alimentos, armas, ferramentas, roupas, entre outros produtos. Por esses caminhos seguiam os escravos para trabalhar nas áreas de exploração aurífera, como também para servirem nas grandes propriedades rurais.

A ligação do litoral com o planalto na região de São Paulo, a princípio, era feita pela trilha dos tupiniquins, sendo conhecida como Caminho do Mar, ou Trilha dos Guaianazes. Caminho difícil, marcado pelas dificuldades de vencer o relevo, com serras altas, por vezes obrigando que as pessoas engatinhassem e passassem por riachos. A viagem era feita da ilha de São Vicente por meio de canoas, depois o percurso era por terra, vencendo as trilhas que conduziam ao planalto no rio das Pedras. O trajeto final era feito em embarcações pelo rio Grande até o Jurubatuba, chegando a Santo Amaro, onde havia uma bifurcação. Caso o viajante desejasse, poderia seguir pelo rio Pinheiros e chegaria a Piratininga; caso fosse por terra, poderia seguir pela trilha existente.

No caminho que levava a Santos, era comum a circulação de tropas, que transportavam do interior para o litoral, açúcar, aguardente etc.; e do litoral para o interior, sal, ferragens, vinhos e outros produtos vindos de outras partes do Brasil e do estrangeiro. Se esta estrada era uma das mais estruturadas para a circulação de tropas e mercadorias, o mesmo não se poderia dizer dos outros caminhos que davam acesso ao interior.

Hercules Florence dizia que, na cidade de Santos, havia uma única rua ao longo do rio e diversas travessas que da praia iam para o alto de colinas. A despeito do pouco movimento que percebera, este era o porto mais importante da província, "e o entreposto exclusivo" do comércio de importação e exportação que busca a parte setentrional de São Paulo. No local, havia um estaleiro e, da cidade, as mercadorias desembarcadas seguiam por via terrestre para a cidade de São Paulo (Florence, 1977, p. 2). Na subida da Serra do Mar em direção a Cubatão, Hercules Florence dizia ter ficado maravilhado da beleza dos sítios que foi atravessando. As margens dos rios, os mangues, os pássaros, segundo ele, "tudo concorria para mergulhar-me a alma em doce melancolia". Ao chegar a Cubatão, já tarde da noite, Hercules Florence foi recebido por Eduardo Smith, dinamarquês, pois levava cartas de recomendação. Na manhã do dia seguinte, conseguiu ter uma dimensão da localidade, que possuía um conjunto de casas mal construídas e servia de entreposto entre São Paulo e Santos. Ali ele permaneceu durante uma semana, acompanhando o movimento de tropas que chegavam e partiam com o intuito de levar mercadorias de uma região para a outra. Observara que cada tropa era composta, em geral, de 40 a 80 bestas de carga, guiadas por um tropeiro e divididas em lotes de 7 a 8 animais, como outros viajantes também observaram. As tropas, vindas de São Paulo, chegavam carregadas de açúcar bruto, toucinho e aguardente de cana. No retorno, voltavam levando sal, vinhos portugueses, vidros, ferragens, entre outras mercadorias. A reunião de tropeiros em uma localidade provocava pequenas algazarras. Hercules Florence, no decorrer da estada em Cubatão, registrou que a cidade, sendo um entreposto comercial, congregava várias tropas. Ali os tropeiros se reuniam durante a noite para dançar e cantar a noite inteira "o batuque", gritando a valer; "e com as mãos batem cadenciadamente nos bancos em que estão sentados" (Florence, 1977, p. 4).

No seu relato, ele nos fornece informações de como ajustou o aluguel de animais para fazer a expedição do barão von Langsdorff. Negociando com um tropeiro, ele alugou 63 bestas para transportar cargas até Jundiaí. Feita a operação, Hercules Florence partiu de Cubatão acompanhado de dois moços que iam para São Paulo. O tropeiro ficara responsável pela carga, sendo eventualmente responsabilizado por qualquer desvio. Isso dava um alívio ao francês, mesmo porque não havia nada que pudesse estragar durante o trajeto. O caminho de subida da serra era "péssimo", segundo Hercules Florence. A estrada era calçada com grandes lajes, "na maior parte deslocadas, o que torna a subida sobremaneira fadigosa", levando em conta o aclive acentuado da serra (Florence, 1977, p. 6).

O alto da Serra do Mar permitia uma visualização da extensa várzea, sendo possível avistar Santos, São Vicente, Cubatão, o rio e o canal de Bertioga e uma série de ilhas. Mais uma légua de caminhada e o grupo chegou a São Paulo, que contava, conforme apurara, 12 mil habitantes e possuía "algumas ruas não feias". Apesar de ser a capital da província, não havia grandes edificações que sinalizassem o poder. Os moradores de São Paulo eram tidos por "valentes e rancorosos". Para Hercules Florence, havia indícios de que isto era verdade, pois a sede de vingança dos paulistas era elevada, principalmente quando se tratava de disputas envolvendo mulheres. Seu contato com a população permitiu que ele descrevesse os moradores da cidade como: "hospitaleiros, francos e amigos dos estrangeiros, são em extremo sóbrios, bebem muito pouco vinho, e mantêm mesa simples, mas agradável" (Florence, 1977, p. 8-9).

No caminho para Itu, transpunha-se o rio Tietê numa ponte de madeira, sendo possível ver o Salto de Itu. Da ponte, observava-se que o rio se inclinava e a água adquiria força, indo de encontro às rochas, fazendo espuma, e depois caía de uma altura de 15 pés (Florence, 1977). Pelo caminho era possível que alguns moradores pobres vendessem alguns objetos de fabrico próprio para garantir o seu sustento. Hercules Florence adquiriu assim pratos de pau e rolos de filamentos retirados de uma árvore chamada embira, dos quais era possível fazer boas cordas (Florence, 1977).

Ao viajar pelo rio Tietê, ele foi avisado sobre o perigo que os índios xavantes representavam. Tentativas foram empreendidas no sentido de realizar a aproximação. Porém, eles faziam sinais com a mão que nada queriam, e agitavam os arcos e flechas, de forma ameaçadora. Todo o cuidado era pouco e o aconselhável era que não se avançasse pelo mato adentro e desafiasse os indígenas. O registro de ataque deles era comum e, numa circunstância, um remador parou com a canoa nas terras dos índios para acender o cigarro e, "quando quis saltar na sua canoa, foi varado por uma flecha: morreu três horas depois". No avanço pelo rio Tietê, pouco a pouco, a viagem era trabalhosa, por causa das cachoeiras. Era necessário descarregar as canoas, sendo que a carga deveria ser transportada por terra (Florence, 1977, p. 38-9).

Os tropeiros e viajantes aproveitavam o lugar de pouso que outros já haviam feito. Isto evitava trabalho e perda de tempo. Dessa maneira, Hercules Florence e seus companheiros chegaram a um local em que o terreno já estava aplainado e limpo. Os membros da tropa aproveitaram para se divertirem; beberam muita cachaça, cantaram, brincaram e dançaram. Na manhã seguinte, o orvalho ensopava as barracas e o chão estava molhado. A temperatura baixa e a umidade tornavam o frio mais intenso nas primeiras horas do dia (Florence, 1977).

Tschudi foi um dos viajantes que mais sentiu as dificuldades das andanças pelas terras tropicais. No seu relato, os reclamos são constantes. Mosquitos, carrapatos, morcegos chupadores de sangue, percevejos causavam um incômodo constante. O calor, a umidade, as más condições dos caminhos e a monotonia da paisagem lhe causavam fadiga. Os ruídos da floresta, como o guincho das aves e o coaxar dos sapos e a escuridão da floresta eram amedrontadores.

A viagem pelos caminhos ruins, em lombo de animais de carga, e em determinados trechos por carroças, sempre foi lembrado. Rituais que faziam parte do viajar e impunham um ritmo diferente para os deslocamentos. Os animais precisavam descansar, ser alimentados ou trocados para que a viagem pudesse prosseguir. As paradas deveriam considerar, a cada etapa, a troca de animais e o reabastecimento do grupo com os víveres necessários para seguir viagem.

Alcides Dessalines D'Orbigny, vindo de Minas Gerais e seguindo rumo ao Rio de Janeiro, salientava que o terreno mudava, "de repente, de natureza e de aspecto". Nessa região, havia uma cadeia de montanhas coroada de florestas virgens, fazendo que a estrada descrevesse várias curvas. No caminho, D'Orbigny chegou a uma venda, uma espécie de estalagem, "onde as mercadorias são colocadas em prateleiras, ou, então, penduradas em barrotes". O negociante ficava atrás do balcão e fornecia aos fregueses cachaça, com "gosto de cobre e de fumaça". Não havia lugar para se assentar nas vendas e os fregueses bebiam de pé. Esses estabelecimentos eram locais de encontro dos negros escravos, "que ali vão deixar, em bebedeiras, os lucros de um trabalho extraordinário ou o fruto de suas frequentes falcatruas" (D'Orbigny, 1976, p. 162).

À medida que se aproximava do Rio de Janeiro, a estrada ficava mais movimentada. Era comum encontrar vendas em distâncias cada vez menores. Tropas circulavam, seguindo do litoral para o interior e vice-versa. Alcides Dessalines D'Orbigny, estando na hospedaria chamada Benfica, situada no alto da serra, pôde visualizar a cadeia de montanhas que atravessava as províncias do Espírito Santo, Rio de Janeiro, São Paulo e Santa Catarina. D'Orbigny dizia que a vista "nada lembra, ali, a fatigante uniformidade" dos bosques franceses de abetos, carvalhos e larícios. Nos trópicos, cada árvore tinha, por assim dizer, formato, folhagem e cor diferentes. O que impressionava era que as famílias de plantas afastadas ali se cruzavam e entrelaçavam, promovendo uma composição de flores coloridas das mais variadas. As trepadeiras, conhecidas por lianas, davam um aspecto interessante às flores, pois pareciam serpentes onduladas. Algumas tinham o formato arabesco ou contorciam-se sobre si mesmas em largas espirais, pendendo como franjas ou arrastando-se em direção ao ramo de outra árvore, "formando uma rede sem fim de galhos, folhas e flores, rede de mil malhas, das quais não se pode adivinhar qual é a primeira e qual é a última" (D'Orbigny, 1976, p. 163).

Disposto a deixar o Brasil pela província de São Paulo, Alcides Dessalines D'Orbigny aproveitou a companhia de um naturalista alemão, que seguia para aquela cidade. Saíram do Rio de Janeiro, "em mulas e escoltados por dois guias". Conhecedores das dificuldades que o caminho impunha aos viajantes, só levaram consigo a bagagem indispensável. Chegando a noite, e não encontrando nem venda nem fazenda, foram obrigados a dormir ao ar livre, "deitados em couros de boi". As mulas ficaram presas para não fugirem e pastavam no entorno, enquanto os guias "preparavam a frugal refeição vespertina". Reiniciando a marcha, passaram por Santa Cruz, onde havia apenas o palácio real, como edificação digna de menção. O terreno na estrada era coberto de areia de granito e a mata era baixa; através de uma planície cortada de brejos chegaram ao engenho de Tuguaí, observando as espécies da fauna e flora locais. A viagem continuou até passar pelo vale de Caçapava, no qual diversas tropas estavam acampadas, seguindo para o Rio de Janeiro. Alcides Dessalines D'Orbigny observou que os paulistas, "ativos e industriosos", não hesitavam em fazer uma "viagem de centenas de léguas, para vender o excedente de seus produtos no mercado do Rio" (D'Orbigny, 1976, p. 172).

Os viajantes continuaram o percurso, fazendo diversas paradas, até chegar à aldeia de Mogi das Cruzes, "habitada por cafuzos, mestiços de negros e índios". Para D'Orbigny, a feição desses homens era "bem bizarra". Eles eram "esbeltos e musculosos, cor de cobre, mais africanos, em geral, do que americanos". O rosto era oval, o nariz chato, os lábios grossos, os olhos negros, os cabelos lisos, fartos e muito compridos. Mais algumas horas de viagem, D'Orbigny e seu companheiro chegaram a São Paulo (D'Orbigny, 1976, p. 174-5).

Os viajantes vindos do Rio de Janeiro para São Paulo entravam na cidade pela região Leste e uma das primeiras construções de destaque que avistavam era a igreja de Nossa Senhora da Penha, onde a população paulista costumava fazer as suas romarias (Zaluar, 1975, p. 123). Em seguida, avançava-se pelo Brás, que, naquele momento, já possuía chácaras e casas aprazíveis. Contudo, nas margens do caminho era possível observar casebres e moradias humildes.

O movimento dos tropeiros pelos caminhos era grande, principalmente aqueles que produziam café. As mulas carregadas eram divididas em grupos, cada um composto de sete animais e sob os cuidados de um escravo, designado como tocador. A tropa era formada por 8 a 12 grupos. Dessa maneira, a comitiva seguia com aproximadamente oitenta cabeças. O chefe da tropa era chamado de arreiador, normalmente um homem livre, que capitaneava escravos e animais, sendo responsável pelas condições dos muares. Alguns cães acompanhavam a tropa e ajudavam pelo caminho. O trecho inicial da viagem era difícil, pois os tocadores tinham de fazer os ajustes para que a carga estivesse arrumada e as mulas não trotassem de forma excessiva ou ficassem feridas com as correias; "um pequeno mundo que se põe em marcha" (Ribeyrolles, 1941, p. 180).

No pouso, as mulas eram descarregadas, sem lhes tirar os arreios, e ficavam pastando. Enquanto isso, os tocadores descansavam, ficando um deles à espreita dos animais e preparando a alimentação. Após o repouso, os arreios das bestas eram retirados e seguia-se a inspeção. As albardas, sela grosseira feita com palha para bestas de carga, eram arranjadas. Fazia-se a refeição e no final da tarde o arreiador reunia as mulas para verificar as ferragens e as feridas dos animais. Feitos todos os ajustes, os animais eram alimentados e voltavam ao pasto. À noite, o arreiador fazia uma refeição e deitava-se entre duas muralhas de fardos. Os tocadores negros se acomodavam da forma como podiam na relva. Na manhã seguinte, o ritual se repetia; serra acima, serra abaixo, a comitiva ia em direção ao seu destino (Ribeyrolles, 1941).

Pelos caminhos, o perigo era constante desde o período colonial, como observou-se. Charles de Ribeyrolles afirmava que o ciúme e a vingança costumavam "abrir covas no deserto", mais que o roubo. A justiça praticamente não existia ou tinha uma ação lenta. Os caminhos poderiam abrigar malfeitores que faziam emboscadas no meio da mata virgem. Esses locais eram ideais para cometer delitos, pois não havia testemunhas, e não raro os cadáveres desapareciam na mata. A vigilância deficitária permitia que o viajante atravessasse o país sem encontrar dificuldade, a não ser aquelas impostas por tribos indígenas e pelos ladrões. "De quem a culpa, se num país onde o povo é dócil, hospitaleiro, humano, há, algumas vezes, dessas tragédias pelas estradas? conjecturava o viajante" (Ribeyrolles, 1941, p. 185).

Sair do meio das florestas e matas sombrias causava uma sensação de bem-estar e liberdade. Os sentimentos eram ambíguos, conforme salienta Karen Macknow Lisboa (1997, p. 112-3):

> prazer e terror, de encantamento e pavor, de libertação e opressão, de vitalidade e melancolia, de variedade e uniformidade, de gozo e rejeição, o que, por fim desvela a própria tensão entre o gosto pelos ambientes naturais semelhantes aos europeus e o desafio que a natureza selvagem dos trópicos provocava nos observadores.

No entanto, como exposto a seguir, essa tensão entre as duas apreensões do mundo natural acabam despolarizando-se diante da empolgação científica que movia o projeto desses viajantes (Lisboa, 1997).

Charles James Fox Bunbury ressaltou que nenhum melhoramento era tão necessário no Brasil como a construção de boas estradas. A falta de caminhos que permitissem uma circulação foi constatada na sua viagem pela região das Minas Gerais. O caminho que interligava a capital do império com a região mineradora não permitia a circulação de veículos de qualquer tipo. Tal situação fazia que todas as mercadorias que circulavam de uma área para outra fossem transportadas por meio de mulas ou cavalos. Aquelas consideradas "as melhores estradas" eram "ruins", segundo o inglês. Na estação chuvosa, eram praticamente intransitáveis, fazendo que, em determinadas situações, os viajantes ficassem parados, aguardando melhores condições para continuar o percurso. Ele felizmente conseguira fazer o trajeto em quinze dias (Bunbury, 1981, p. 40-1).

Nas estradas era fácil encontrar aqui e acolá vendas ou tabernas. Eram construções "miseráveis, simples choupanas ou cabanas, em geral, com um pequeno quarto sujo com chão de barro, para alojar o viajante e sua bagagem". Como se verifica na maioria dos registros de viajantes, os quartos tinham apenas um banco de madeira, por vezes com uma esteira de couro de boi estendida sobre ele. Essa peça servia tanto para cadeira, como mesa ou cama. O recinto, não raras vezes, não tinha janela e a única luz que entrava no ambiente era a que vinha das portas e das frestas do telhado. Era fácil obter pelos caminhos frango com arroz, mas isso não se poderia dizer do leite, que era raro, como também o pão e o vinho; este, apreciado pelos viajantes europeus, quase nunca era encontrado. Por conseguinte, o conselho dado por Charles James Fox Bunbury era o mais comum entre os mais prudentes. O viajante deveria levar sempre consigo uma "boa provisão de biscoitos, ou bolachas, vinho ou aguardente e chá". Da mesma maneira que os demais viajantes, Bunbury afirma que a população se alimentava principalmente de farinha de milho ou de mandioca, que eram consumidas com feijão, carne-seca e bananas (Bunbury, 1981, p. 62-3).

Pelos caminhos era possível encontrar homens e mulheres que seguiam a cavalo para outras regiões. Em Minas Gerais, o traje dos homens, para andar a cavalo, consistia num chapéu de palha, de aba grande, um casaco curto de tecido leve, "bombachas brancas ou azul-escuras, e botas de couro castanho, que vão até acima dos joelhos, e são aí presas por uma tira com uma fivela". Um acessório fundamental era a faca comprida metida na parte superior das botas e um par de pistolas, que ficava no coldre na frente da sela. Charles James Fox Bunbury descreve os mineiros como sendo, na sua maior parte, altos e magros, de "rosto fino e têm a tez morena, olhos e cabelos muito pretos". As mulheres usavam botas e esporas e andavam montadas como os homens (Bunbury, 1981, p. 94). Nesse breve contato, fazia-se a caracterização das pessoas, seus hábitos e costumes, por vezes esquecendo-se de que estes eram apenas fragmentos de uma realidade.

Às vezes, a marcha era feita por cima de sucessivas cadeias de montanhas, altas e íngremes, cobertas de florestas. O tamanho era de proporção gigantesca e com uma vegetação surpreendentemente espessa e exuberante. No seu retorno para o Rio de Janeiro, vindo da região de Minas Gerais e atravessando a Serra Negra, Charles James Fox Bunbury foi apanhado por uma tempestade. Quando chegou à venda da aldeia de Funil estava completamente molhado. O local não oferecia condições adequadas para abrigo, era "uma miserável choupana, que quase nenhuma proteção oferecia contra a chuva". Ao escurecer, o coaxar de sapos de diversas espécies ecoaram de forma intensa (Bunbury, 1981, p. 99).

Em algumas regiões, dependendo das condições do rio e da correnteza, as tropas atravessavam a nado, pois não exigia grande esforço dos animais. Nas margens setentrionais do Paraíba, existiam algumas fazendas cujos proprietários exploravam madeiras. Os índios puris eram utilizados no abate e transporte dos troncos de árvores. Johann Jakob von Tschudi, revelando em suas palavras um tom ácido de crítica, dizia "pelo menos, apresentam alguns traços de civilização, pois são capazes de tais trabalhos". As tribos não eram sedentárias e vagavam pelo mato em busca de caça e pesca. O contato com os brancos fazia-se durante alguns períodos e ele não havia identificado nenhuma ação que o animasse, aquilo que ele considerava como "processo de cultura e civilização dos indígenas" (Tschudi, 1980, p. 34).

Sob uma chuva incessante, Johann Jakob von Tschudi viajou durante duas horas até chegar à fazenda Bom-fim (*sic*), onde encontraram hospedagem. A propriedade pertencia ao Sr. Heckedorn, suíço, que há pouco tempo se estabelecera naquele local. No dia seguinte, ele continuou a visita à região e foi até a fazenda Palmital do Córrego da Anta, a meia légua de distância. Esta fazenda pertencia a um suíço que morava ali há muitos anos, "numa reclusão de misantropo". A chuva novamente se fez presente, obrigando-os a passarem o resto do dia num dos aposentos da fazenda Palmital. Apesar do aguaceiro, Tschudi conseguira obter os animais de que necessitava. O proprietário da fazenda, apesar das maneiras rudes, apresentou-se como um hospedeiro muito prestativo, acompanhando-os durante parte do percurso, merecendo o reconhecimento e a gratidão do Johann Jakob von Tschudi (Tschudi, 1980, p. 35).

A estrada real que levava de Campinas a Limeira era mal traçada, pois seguia um modelo primitivo sem adequar-se ao terreno. A conservação era péssima, mas deveria ser enfrentada por aqueles que tivessem de fazer o percurso. A vila de Limeira era um lugar decadente e destituído de importância, segundo Johann Jakob von Tschudi. As ruas eram miseráveis, destacando-se uma ou outra construção em bom estado. O motivo do declínio era difícil de precisar, mas havia no local muitas plantações. Nesse caminho, Tschudi se alojou no albergue de um alemão chamado Kanneblei, que oferecia aposentos aceitáveis. Prosseguindo suas visitas a diversas fazendas do interior, despachou, no dia seguinte, as bagagens para São João do Rio Claro, juntamente com o guia que o acompanhava (Tschudi, 1980).

Johann Jakob von Tschudi, no caminho de retorno para São Paulo, parou numa venda isolada, nas imediações de Barueri, onde conseguiu um aposento para pernoitar. Contudo, ele foi obrigado a lutar contra a "incrível indolência do vendeiro, a fim de conseguir forragem para os animais e um modesto repasto para mim e meu companheiro preto". Vencido este percalço, mais algumas horas de viagem e chegou a São Paulo, depois de visitar, durante um mês, o interior paulista. Entrou na cidade, pelo caminho hoje conhecido como Avenida da Consolação, passando em frente ao "grande novo cemitério católico, com o protestante ao lado, que ali existe desde 1855" (Tschudi, 1980, p. 206).

Seu registro evidencia a preocupação do período quanto a interligar as cidades do litoral com o interior e efetivar a ocupação do território na região amazônica. A estrada sinuosa, que ligava Vitória a Forte Ambé, tinha mais de 60 quilômetros de extensão. A estrada fora iniciada há alguns anos pelas mãos de um piauiense, que chegara à região com escravos e pretendia fazer um caminho ligando o Norte ao Sul da região. O empreendedor não tivera a sorte desejada. Grandes quantias de dinheiro e esforços foram empreendidos, resultando na abertura de uma trilha que unia o Forte Ambé até a foz do Juá. Em 1889, com a abolição dos escravos, as obras foram paralisadas e ele, gozando de pouca saúde e muito decepcionado, retornou à sua terra natal, o Piauí. Essa saga, que seria a de muitos que procuraram abrir vias de comunicação no meio da floresta, revela a dificuldade para abertura de caminhos, sem o apoio do governo federal (Coudrau, 1977). Na realidade, o que preponderava na região eram trilhas e caminhos em mau estado de conservação como a estrada de Carajás a Ipitanga que, abandonada há dois ou três anos, permitia que sobre ela a natureza se espalhasse com toda a sua pujança, tornando-a intransitável. A estrada poderia ser desobstruída com uma limpeza cuidadosa, retirando as árvores caídas e atravessadas com seus galhos pelo caminho, mas isto não estava sendo feito. O abandono dos caminhos inviabilizava a ocupação dos pequenos núcleos que se formaram na região. Carajás possuía, ainda, a possibilidade de abrigar um centro de colonização, por ser atravessada pela Estrada Pública. Não obstante, Ipitanga não teria a mesma possibilidade por estar afastada da Estrada de Vitória (Coudreau, 1977).

Henri Coudreau visitou Altamira, no segundo semestre de 1896, quando ela era um vilarejo na margem esquerda do rio Xingu. O núcleo fora ocupado pelos escravos do piauiense que procurou abrir uma estrada na região. O local era rodeado por terrenos cultivados que avançavam ano a ano pelo interior. As condições climáticas permitiam uma ventilação permanente, favorável à ocupação e um dos entrepostos mais importante do alto Xingu. A exploração da borracha garantia ao local um bom futuro (Coudreau, 1977). A viagem pela região amazônica guardava imagens sublimes. Pela manhã, um nevoeiro intenso encobria tudo. No decorrer do dia, os vapores esbranquiçados subiam e dissipavam-se no céu. Um dia claro e quente emergia, e, com o passar das horas do dia, tornava-se mais escaldante (Coudreau, 1977).

O avanço dos viajantes pelo interior enfrentou inúmeras dificuldades. Não havia a infraestrutura adequada para circulação. Nas cidades e nas vilas os caminhos eram ruins e as pontes, quando existiam, não eram confiáveis nem suportavam grandes pesos. Muitas delas foram construídas de maneira rudimentar, não recebendo a manutenção devida para atender as necessidades dos habitantes. Condição que ficava mais crítica quando as chuvas torrenciais se encarregavam de destruir as pontes e tornar os caminhos verdadeiros lamaçais. Nessas ocasiões, o órgão municipal proibia a passagem de tropas e boiadas, a fim de preservar as estruturas que haviam restado das inundações. Apesar de, em algumas localidades, existirem reparos constantes, por parte do poder público, com o apoio nem sempre voluntário dos moradores, a falta de infraestrutura era evidente.

O cotidiano dos viajantes, entre caminhos e paragens, não era dos melhores. Nem sempre os locais de pousada eram os mais adequados. Dessa maneira, a narrativa sobre os percursos revela as condições de sobrevivência pelos caminhos, os lugares, as comidas, os prazeres. Na busca de seu destino final, muitos tiveram que dormir em barracas improvisadas, cobertas de forma incipiente. Pelos caminhos a diversão era possível quando alguns tocadores e as pessoas mais alegres davam vazão às tradições culturais, como as cantorias de violas e danças. Medo, pavor, êxtase e melancolia eram sentimentos possíveis de serem experienciados por um viajante no decorrer do seu deslocamento. A natureza poderia causar angústia por lançar o homem no isolamento do mundo natural e da solidão. Nesse ambiente onde a força da natureza pulsava, o homem sentia-se impotente. Pelos caminhos, os viajantes poderiam ter surpresas desagradáveis causadas pela própria natureza. Nos matagais e capoeiras, era comum encontrar animais peçonhentos, que poderiam atacar os viandantes mais incautos.

Para avançar pelo interior, a partir do Rio de Janeiro, era necessário atravessar um conjunto de montanhas. Em direção à região das Minas, observava-se a Serra dos Órgãos, erguendo-se por cima da Serra da Estrela. O caminho exigia um esforço maior dos tropeiros ao seguir com as mulas carregadas, apesar de a estrada ser larga e pavimentada. Como bem observa Rugendas, o viajante deveria rever os seus parâmetros europeus e aceitar os costumes do Brasil. Ressaltava que o europeu deveria "despedir-se, não raro por muito tempo, de todas as facilidades e comodidades da vida europeia e de todos os seus preconceitos" (Rugendas, s.d., p. 22).

Rugendas registra que o único meio de transporte, tanto para os homens como para as mercadorias, era o cavalo ou a mula. Em alguns casos, observavam-se algumas liteiras, porém estas eram poucas e utilizadas por senhoras, que viajavam raramente. Por conseguinte, aqueles que desejassem conhecer o território deveriam aprender a montar a cavalo. O viajante sozinho poderia alugar, para pequenos trajetos, algumas bestas e, se fosse conveniente, poderia juntar-se a "uma tropa regularmente organizada". A viagem poderia ser demorada se o conjunto de pessoas fosse maior e se a bagagem fosse muita. Rugendas aconselhava que se comprassem as bestas necessárias e que fossem escolhidos os animais mais robustos e mansos, tomando o cuidado "para não ser ludibriado". Além disso, era fundamental que se encontrasse um tropeiro "experimentado e honesto, capaz de tratar e guiar os animais durante a viagem". Advertia que qualquer economia nestes itens poderia acarretar consequências desagradáveis, salientando que era "loucura imaginar que qualquer escravo possa ser empregado nesse mister" (Rugendas, s.d., p. 25-7).

Estes cuidados eram precisos, uma vez que os viajantes europeus, segundo ele, seriam incapazes de tratar das bagagens e dos animais, em uma região cujo clima e território desconheciam (Rugendas, s.d.). A forma de viajar, na visão de Rugendas, era similar àquela praticada na Espanha e em Portugal, que se serviam dos "arreeiros e almocreves para o transporte de viajantes e mercadorias". As cangalhas e demais peças dos arreios eram ligeiramente diferentes. O tropeiro tinha como encargo, todas as manhãs, carregar as mulas e prepará-las para a jornada. Durante o percurso, deveria obrigá-las a se manterem em marcha, preferencialmente em linha, com o resto da tropa. Cabia ainda a ele zelar para que os animais e as mercadorias não sofressem quaisquer prejuízos, tarefa difícil, em face das condições do caminho. Ao final do dia, as mulas eram descarregadas com "rapidez e precaução" e soltava-se um pouco a sela, que era retirada em seguida; o "suor e a poeira são limpos com um facão que os tropeiros carregam sempre à cinta", completa o narrador. As mulas se espojavam à vontade, recebendo uma pequena ração de sal e em seguida eram soltas para pastar nos arredores. Caso algum animal ficasse ferido, era examinado e cuidado. Ao anoitecer, os animais eram reunidos e recebiam uma ração de milho e soltos comiam capim nas capoeiras. Os tropeiros, nessas atividades, ocupavam o tempo até a noite e o viajante, não raro, era obrigado a ajudá-los.

No dia seguinte, o tropeiro repetia a mesma operação e poderia guardar surpresas. Era comum, pela manhã, ao ajuntar os animais, faltar alguma mula. Tal situação fazia que os viajantes ficassem "parados durante dias seguidos, pois, como é fácil de imaginar, a perda de uma besta é bastante desagradável em regiões onde não se pode substituí-la" (Rugendas, s.d., p. 27-30).

No Rio de Janeiro, era possível encontrar cocheiros de libré. Os proprietários forneciam as "equipagens de viagem, simples ou pomposas" aos usuários, bem como aos criados vestidos em vários estilos de librés. Necessitando desse serviço, Thomas Ewbank contratou uma carruagem aberta, grande e cômoda, dando início a seu deslocamento. Conforme seu registro, "uma mula nos varais puxava-a por um cinturão largo e preso ao peito", enquanto outra mula de sela era "presa apenas por gancho ao eixo da roda do carro". Os muares eram conduzidos por cocheiro, mulato escuro. Os arreios prateados chamavam a mesma atenção que um chapéu lustroso, com faixa e orlas douradas, que o mulato portava, assim como a camisa amarela, a jaqueta em tom azul-claro, enfeitada de vermelho com gola vermelha e as calças brancas, que iam até as coxas, e as esporas de cobre. A despeito da roupa de destaque, o movimento do chicote no lombo dos animais era, aos olhos de Thomas Ewbank, "monstruoso", pois o mulato agia com "tal ferocidade" que parecia pretender cortar o animal em dois pedaços (Ewbank, 1976, p. 56).

Numa terra tão vasta como o Brasil, as navegações foram uma necessidade e a maneira mais fácil de se avançar pelo território. Como analisado anteriormente, os viajantes tiveram de enfrentar o oceano Atlântico para chegar às terras brasileiras. Além disso, para seguir do Recife para Salvador, de Salvador para o Rio de Janeiro, dentre outras localidades, a via marítima era a mais adequada e disponível para chegar a determinadas regiões. Transportes marítimo, terrestre e fluvial combinavam-se numa nação de dimensões continentais. A definição de rotas de navegação fluvial levava em consideração a questão da segurança das pessoas e mercadorias. Os tipos de embarcação variavam de tamanho e modelo conforme os locais em que navegavam e as mais comuns eram: paquetes, vapores, lanchas, chatas, escunas, sumacas, palhabotes, goletas, canoas, batelões, igarités, chalanas movidas a vapor.

Navegando pelo Tietê, Hercules Florence viu casas e sítios com plantações; e ia fazendo paradas, conforme as quedas d'água exigiam ou o descanso solicitava. Nesse percurso, fez uma parada próxima à vivenda de uma senhora chamada D. Francisca, onde foi recebido "muito amavelmente". Para ele, até aquele momento a viagem tinha sido "um verdadeiro passeio." Diferentemente de outras viagens, nesta havia muitas senhoras, que proporcionavam uma dimensão distinta ao viajar. Assim, os dias se seguiam e quando a tarde chegava, às vezes, eram recebidos nas margens por moradores que já os aguardavam e "dispensavam todos os favores da hospitalidade. Alegria também não faltava". Quando o trajeto era feito pelos rios, eram necessários, além de canoas, experientes remadores. Era fundamental que eles conhecessem os rios, pois assim evitariam qualquer surpresa desagradável. Entrementes, alguns deles, nas paradas dos trajetos, ficavam "completamente embriagados". Outros, depois de um trajeto curto diziam que não queriam deixar parentes e amigos, recusando-se a continuar. Hercules Florence afirmava que esse comportamento se devia ao fato de essa gente receber "metade do salário adiantado e, enquanto tem um real, bebe a mais não poder ou gasta tudo com mulheres" (Florence, 1977, p. 30).

O viajante registrou, na sua viagem pelo rio Tietê, em que ele navegava todo o dia, e só parava para tomar a refeição. Pela manhã, os membros da comitiva almoçavam "farinha de milho desmanchada em água fria e açucarada". Ao meio dia acontecia o jantar. Nessa refeição, comia-se um "prato de feijões feitos de véspera com toicinho" e que, após aquecidos, se misturavam com farinha de milho. No final da tarde, aproava-se e cada remador se ocupava do serviço que o guia havia indicado. Alguns deles ficavam responsáveis por cortar as árvores e limpar o terreno, que serviria de acampamento. Outros buscavam a lenha seca para acender o fogo. As barracas eram armadas e as redes eram suspensas. O responsável pela cozinha preparava a panelada de feijões que poderia ser consumida logo após ou deixada para o dia seguinte. Os mantimentos embarcados não variavam muito; comumente se levava feijão e farinha, sendo a dieta incrementada com caça e pesca, que podiam variar de região para região (Florence, 1977, p. 34-5).

As águas do rio Paraná foram contempladas com alegria pelos remadores que conduziam Hercules Florence. Nas embarcações ocorreu uma verdadeira festa pela mudança do rio Tietê, que dava muito trabalho. Segundo o francês, em viagens como aquela "a vista de um rio em que se tem de navegar, ou da foz de outro que se vai deixar, ou de qualquer paragem notável, de um quadrúpede mesmo, de um pássaro que pela primeira vez se mostre, essa vista rompe a monotonia da jornada." Os remadores começavam a cantar e os proeiros batiam com as mãos na proa, fazendo um batuque cadenciado (Florence, 1977, p. 54). Nas águas do Paraná, o grupo de exploradores costeou a Ilha Grande, onde houvera um núcleo jesuítico. O pouso foi feito num mato de grandes árvores, em terreno elevado. A noite desceu sobre aquele rio que parecia um gigante. O francês disse que ele e os companheiros não ouviam nada, "naquelas horas de melancolia e calma, senão as notas do curiango, pássaro que canta de dia e parte da noite, e o forte e ininterrupto coaxar dos sapos" (Florence, 1977, p. 57). À noite, era fundamental que se armassem os mosquiteiros, pois a nuvem que atacava os humanos era grande, impondo a necessidade de suportar o calor intolerável (Florence, 1977). Navegando pelo rio Morto, sem a menor correnteza, com insignificante baixio e sem grandes receios, os membros da expedição de Hercules Florence trocavam felicitações e deixavam as canoas irem conforme o movimento das águas. Os remadores bebiam e cantavam em sinal de alegria, fazendo disparos de tiros de espingarda. Ao anoitecer, eles viram uma fogueira na margem esquerda do rio, donde partiram salvas que respondiam à deles. Era gente do mato que procurava salsaparrilha com os índios. A festança continuou e, pouco a pouco, cada um foi descansando, "confiados nos vigias, enquanto as canoas desciam calmas e vagarosamente o rio" (Florence, 1977, p. 290).

Henri Coudreau não esconde o receio que sentiu durante sua viagem pelo Xingu. A navegação fluvial era obrigatória e os rios estavam repletos de cachoeiras, muitas delas perigosas como a cachoeira do Camaleão. Avançar pelos rios exigia prática e paciência e, por vezes, alguns deles eram os únicos que poderiam ser utilizados. As viagens tornavam-se, então, demoradas, perigosas e cansativas. Uma verdadeira aventura. Nesses percursos, o viajante tinha que pernoitar à beira do rio ou em ilhotas, sem conforto e sujeito aos incômodos do mundo natural. O árduo trabalho do dia, empregado no transporte, era aliviado com a armação de uma tenda de campanha e o preparo da comida, como o que era feito em outros percursos. Todos os membros da comitiva se sentavam no entorno da panela para consumirem o repasto diário. Por vezes, o cansaço era tanto que a comida era deixada para o dia seguinte e cada um se acomodava em sua rede até adormecer, embalados pelos sons da natureza. No dia seguinte, as redes eram desfeitas, a tenda era dobrada e a viagem prosseguia. O frescor da manhã convidava a todos para que a viagem começasse cedo, mesmo havendo bruma (Coudreau, 1977).

Nem sempre a continuação do percurso era calma, pois muitas vezes a umidade do orvalho caía pela noite e, mesmo com o fogo aceso, não era possível se aquecer. Nos dias mais frios, as pessoas ficavam acocoradas em torno do fogo para aliviar o frio. A má alimentação e as condições impostas pela natureza causavam febres. O viajante continuava o seu deslocamento, tiritando ou com náuseas, fazendo do trajeto um verdadeiro calvário (Coudreau, 1977).

Nos rios era possível encontrar diversas ilhas que faziam da região do Xingu um grande labirinto. Diversos canais poderiam enganar o aventureiro que não tivesse um acompanhante que conhecesse a região, a maior parte deles totalmente inexplorados. Nas margens era possível ver pedras de diversos tamanhos e formatos e encontrar um habitante hospitaleiro. Como registrou Henri Coudreau, numa das pequenas ilhotas pela qual passou, ele encontrou a barraca de Raimundo Marques, ex-seringueiro que estava aos poucos se transformando em comerciante. Permaneceu no local por alguns dias, para que fosse possível fazer os provimentos para a viagem. O viajante reclamou da hospitalidade, afirmando que ela não era "escocesa". As galinhas que ele comprara a 4 mil réis em Belém lhe foram vendidas, a preço "camarada", por 8 mil réis. A camaradagem sugerida pelo vendedor era para que ele não se esquecesse do favor que este fazia e esperava que fosse recompensado em tempo oportuno. Apesar dos percalços, a viagem foi montada e o seringueiro "camarada" com sua família o acompanharam. A mulher do seringueiro seguia junto, pois desejava rever as "malocas familiais" e assim Coudreau prosseguiu viagem com a família indígena (Coudreau, 1977, p. 46-7).

No decorrer da exploração, Raimundo caiu doente e Coudreau registrou o sofrimento do seringueiro, que gemia em sua rede, "inutilizado, depauperado, aniquilado", afirmando "Ah, vida de explorador, vida mais difícil que a de seringueiro!". Estas populações isoladas em áreas distantes eram obrigadas em diversas ocasiões a se utilizarem do rio para chegar aos principais centros, da mesma forma que os viajantes faziam. Apesar de os rios permitirem acesso a diversas partes da área do Xingu, muitos habitantes do local não viajavam, ficando praticamente isolados em suas habitações. Os momentos de viagem pelos rios também comportavam a caça. Henri Coudreau, ao explorar a região do Xingu, caçou nos morros do Carimantiá. A caça servia para retirar o indivíduo do estado de "prostração" e "como diversão", além de permitir o consumo de carne fresca que despertava o indivíduo (Coudreau, 1977, p. 60). A caça era uma alimentação mais rica. A carne de um veado e de um porco-do-mato poderia representar mais de 100 quilos de carne útil. Sem dúvida, este tipo de carne era mais apreciado pelos habitantes da terra e agradava menos aos estômagos europeus (Coudreau, 1977).

Esses momentos aliviavam as dificuldades da exploração, principalmente com a presença de pessoas doentes a bordo. Em tom de desabafo afirmou: "Esta viagem está sendo tão desagradável!". A experiência de seguir com outros no percurso facultou-lhe alertar os que o sucedessem. Os que tiverem o desejo de visitar a região amazônica, dizia o viajante, "desconfiem sobretudo das intenções de certos seringueiros" e da "intromissão do mestiço indígena!". O melhor seria viajar sozinho, "ou com verdadeiros brasileiros de educação e cultura médias". Isto evitava os dissabores do convívio com aqueles que possuíam hábitos bem distintos dos europeus (Coudreau, 1977, p. 76).

Henri Coudreau, nas viagens que fizera pela região amazônica, aprendera que era prudente tomar cuidado para não cair em armadilhas, comuns na região. Aconselhava que aquele que desejasse vir para a região, comprasse a sua canoa e formasse ele próprio a tripulação, sem escutar o palpite de quem quer que fosse. Era conveniente não aceitar passageiro de carona, pois no término da viagem ele poderia exigir "pagamento – e alto! – por todos os desgostos que ele lhe causou." Toda precaução seria necessária, pois o povo era bom e as "classes intelectuais", simpáticas, mas as camadas intermediárias eram compostas por um "misto de vigaristas e de pedantes" (Coudreau, 1977, p. 83).

As embarcações fluviais exigiam cuidados. As canoas necessitavam ser calafetadas e nem sempre havia os materiais adequados, sendo utilizados chumaços de algodão e sacos velhos. Após alguns percursos, era necessário repetir a operação, para garantir a continuidade da viagem (Coudreau, 1977). Henri Coudreau, após meses de viagem, retornou a Porto de Moz na casa de Dona Francisca. Considerava que sua missão tinha chegado ao fim e desejava chegar a Belém, onde previa escrever suas impressões de viagem. Em suma, constara que o Xingu era um rio difícil, fosse para o seringueiro que desejasse explorar os seringais virgens, fosse para o colono em busca da sua liberdade. O Xingu era um "rio com pedágio" (Coudreau, 1977, p. 135). Mas o mais relevante na sua conclusão era que, apesar de ter feito uma carta sobre a região, os modernos atlas como o Hachette ou o Stieler, representavam a região do Tocantins, Araguaia, Xingu e Tapajós, com linhas pontilhadas, o que significava uma região inexplorada. O estado do Pará, tão rico, era ainda incógnito, tudo era uma sombra de silêncio (Coudreau, 1977). Este silêncio parece ter sido comum; conforme os registros dos viajantes, as águas dos rios levavam as canoas e os pensamentos para lugares desconhecidos, por mais que estas vias tivessem sido exploradas.

No Brasil, o transporte ferroviário chegaria na segunda metade do século XIX, permitindo a interligação entre áreas importantes, reduzindo o tempo de viagem e possibilitando uma alternativa para aqueles que sofriam com o enjoo no mar. O trem transformou a paisagem urbana e rural. O assovio da locomotiva e a fumaça que saía pela chaminé acompanhavam o viajante pelo percurso. A viagem de trem era uma das melhores e permitia que os utentes desfrutassem da paisagem. O Brasil foi a primeira nação da América do Sul a possuir estradas de ferro. A primeira, ligando o Rio de Janeiro a Petrópolis, seguida da estrada que ligava às Minas Gerais e por outras que vieram a seguir (Ribeyrolles, 1941).

Johann Jakob von Tschudi registrou a importância da linha férrea da província do Rio de Janeiro, que era, na sua época, a maior do Império. Esta via era conhecida pelo nome de Imperador Dom Pedro II; começava no Campo de Santana, no Rio de Janeiro, e seguia em direção noroeste ao longo da Serra do Mar, atravessando a divisa da serra em Joaquim do Alto e descendo para o Vale do Paraíba até o ponto de junção do rio Paraíba com o Piraí. Para este viajante, o primeiro trecho entre Campo de Santana até Belém era mais bem construído. Já o trecho entre Belém e Mendes, que ficara sob responsabilidade de outro engenheiro, estava em melhores condições. Devido à altura das serras e os fortes declives e acidentes geográficos no percurso, e para evitar vales e correntes de rio, foi necessária a construção de 13 túneis pequenos e um túnel menor. Tschudi visitou esta estrada em outubro de 1861, em companhia do presidente da diretoria da via férrea, que inspecionou durante um dia e meio os trabalhos de grande vulto do segundo trecho. Os métodos tinham sido aplicados de forma adequada. A visita ao pequeno trecho permitiu conhecer os túneis e chegar ao terceiro trecho da estrada, que ainda estava por ser construído (Tschudi, 1980). Johann Jakob von Tschudi salientava que raras vezes uma estrada de ferro tinha gerado "tantas controvérsias, intrigas, suspeitas, cambalachos políticos etc., como esta". A continuidade da construção, bem como os métodos de construção, gerou grandes debates (Tschudi, 1980, p. 116).

No Campo da Aclamação ficava a estação dos caminhos de ferro. O movimento de pessoas e cargas era intenso. Os vagões das locomotivas eram carregados, num movimento contínuo, enquanto os viajantes, na plataforma, aguardavam o embarque ou acabavam de desembarcar. Apesar de a agitação ser grande, não era comparável às estações de Paris e Londres, que tinham um frenesi particular.

A partir de 1850, e após a inauguração da estrada de ferro, a cidade de São Paulo, de feições rurais, passa a ser palco de transformações sociais, econômicas e urbanísticas, advindas do crescimento da exportação cafeeira. Os traços da cidade se alteravam seguindo um planejamento mais racional. Essa transformação garantiu à cidade o destaque de entreposto financeiro e comercial do interior com o litoral, e uma nova sonoridade.

Os primeiros estudos para a construção de uma estrada de ferro, que ligasse São Paulo ao porto de Santos, dataram da terceira década do século XIX. Apesar de os estudos apontarem para a viabilidade da construção, uma vez que o desnível que separava o planalto da baixada santista era acentuado, foi somente a partir de 1850 que Irineu Evangelista de Sousa, o barão de Mauá, efetivou esforços para a construção da linha férrea.

Em 26 de abril de 1856, o Decreto Imperial de número 1759 concedeu à firma inglesa São Paulo Railway Company Ltd. o privilégio de construção da estrada de ferro, que ligaria o porto de Santos, no litoral, a Jundiaí, no interior, passando pela capital. O documento previa ainda que a empresa tinha o prazo de 90 anos para a sua exploração. Em 1860, deu-se o início da construção da ferrovia. No alto da serra foi construída uma base para abrigar a grande quantidade de trabalhadores da São Paulo Railway Co. Ltd., a Vila de Paranapiacaba, também conhecida como a vila dos ingleses, tendo em vista serem eles os responsáveis pelo seu projeto, construção e funcionamento. A inauguração da ferrovia ocorreu em 1867.

O crescimento das estradas foi rápido e vital para o desenvolvimento da cidade. Após a inauguração da São Paulo Railway Company, outras companhias acompanharam a expansão da lavoura cafeeira. Em 1873, surgia a Companhia Ituana, dois anos depois a Companhia Sorocabana e a Companhia Mogiana, e, em 1877, a Companhia do Norte, ligando São Paulo ao Rio de Janeiro.

A Companhia Sorocabana partia da estação da Luz e seguia pelo interior até chegar a Sorocaba, trecho inaugurado para tráfego em 10 de julho de 1875. No final do ano seguinte, os trilhos chegaram à vila de Ipanema, interior de São Paulo, onde se localizava a fábrica de ferro que abastecia a cidade. A Companhia Mogiana de Estrada de Ferro foi organizada com o objetivo de ligar Campinas a Mogi Mirim, com ramal de Jaguari para a cidade de Amparo. Inaugurada em 1875, o seu crescimento seguiu a expansão da lavoura cafeeira. Em 1878, atingia Casa Branca, quatro anos depois alcançava a cidade de São Simão e, finalmente, chegava a Ribeirão Preto em 1883. As ramificações da linha férrea pelo interior acompanharam o movimento da expansão cafeeira, ligando diversos pontos do interior a São Paulo. Os diversos caminhos que seguiam pelo interior convergiam para São Paulo e daí para Santos, por onde escoava a produção cafeeira.

Carl von Koseritz deixou o Rio de Janeiro rumo a São Paulo. O trem partiu às cinco horas da manhã no Campo de Santana. Deixara o Hotel Vista Alegre, vendo o casario brilhar, em meio aos bicos de gás da iluminação. Um funcionário do hotel o acompanhara até a estação e ocupou-se da bagagem. O bilhete da passagem para São Paulo custava 37$300 réis por pessoa, em primeira classe, e por dez quilos de bagagem se pagava 2$300 réis de frete. Somente pela bagagem que se levava no carro, com os viajantes, não era cobrada nenhuma taxa. Para economizar, Carl von Koseritz enviou o que pôde da sua bagagem pelo navio *Rio de Janeiro*, que deveria apanhar em Santos, após visitar São Paulo. A estação de trem lentamente se enchia de vida. Os jornais eram vendidos a preços maiores que os praticados nas ruas do centro. Engraxates admoestavam os viajantes para prestarem os seus serviços e ganharem um tostão, quadro que se repetia diariamente. A plataforma estava repleta de bagagens e pessoas, "tinha-se uma impressão europeia", afirma Koseritz (1972, p. 248-9).

A estação era grande, mas foi rapidamente preenchida pelos viajantes que, com suas mantas pardas, com seus véus brancos sobre os chapéus, suas valises de mão e suas bolsas pouco a pouco chegavam ao local. Um número elevado de funcionários e carregadores, devidamente fiscalizados, também circulava pelo local, junto com aqueles que vinham acompanhando os amigos e parentes para se despedirem no embarque. Carl von Koseritz conseguira reservar dois amplos e cômodos lugares no carro de primeira classe, onde sua bagagem de mão foi posta, "assim como um cesto com o almoço", um cuidado que os passageiros não poderiam esquecer. Não havia restaurantes adequados na Estrada de Ferro Pedro II. Aquele que não levasse consigo a sua refeição, corria o risco de ficar com fome ou ter que "comer muito mal por preço caríssimo, no caminho". No vagão do trem, havia pequenas mesas de parede, que poderiam ser baixadas, quando necessário (Koseritz, 1972, p. 249).

Os trens eram do modelo americano, tendo um largo corredor no meio, para permitir melhor mobilidade no vagão. Ao sinal do apito, que soou às cinco horas, o trem se pôs em marcha, cruzando a cidade banhada pelos raios do sol da manhã. A composição seguia, passando pela estação privativa do imperador e ao longe era possível ver as janelas do palácio de São Cristóvão. O trem ganhava velocidade e, rapidamente, várias estações passavam pelas janelas. Chalés e jardins apareciam enquanto nos subúrbios a natureza ganhava mais presença pelo caminho. A velocidade do trem permitia que o frescor matinal preenchesse os vagões. Após alguns minutos, as vilas desapareciam e o trajeto era marcado por uma continuidade de bosques que cortavam um relevo ondulado, por vezes aparecendo uma fazenda e o gado pastando nas proximidades (Koseritz, 1972).

A primeira parada, de três minutos, era em Belém. O sol já estava presente, revelando o contorno das altas montanhas, enquanto, nos picos, as últimas mantas de névoa se dissipavam. Koseritz entendia que a paisagem era "romântica e selvagem, mas completamente solitária, pois não se vê gado nem casas". O trem ao avançar chegou ao nível médio da serra, de onde era possível ver, no vale, um conjunto de casas brancas de uma colônia italiana. Em seguida, aparecia o túnel, depois mais colônias e fazendas e, assim, uma série de túneis e cenários se apresentava aos olhos dos viajantes que não tinham passado pelo sono. Conforme a contagem de Koseritz, havia dezessete túneis, sendo que o maior era transposto em seis minutos pelo trem, nos demais o tempo era inferior a 4 minutos. Os pés de café eram visíveis na estrada e apareciam em meio a casas de colonos, palmeiras e outras paisagens. Por vezes, pequenas corredeiras de águas emergiam da paisagem. Após o último túnel, via-se a Barra do Piraí. Era um quadro natural que mais belo não se poderia imaginar. Retornando à realidade, afirmava o jornalista alemão, "o homem não vive só de poesia, e devemos cuidar do nosso almoço, enquanto o trem roda sempre à beira do majestoso Paraíba" (Koseritz, 1972, p. 251).

Foi com alegria que Carl von Koseritz desceu na estação de Pinheiros, para tomar um café que parecia feito de "milho" e estava morno, e concluía: "antes isto do que nada". As estações de Volta Redonda e Barra Mansa estavam na marcha do trem. Esta última era um local agradável, onde uma série de grandiosas casas de fazenda servia as famílias que desejavam ficar longe das febres do Rio de Janeiro. Paradas de dois a três minutos eram feitas até chegar à divisa das províncias entre Rio de Janeiro e Minas Gerais. O rio Paraíba era transposto por meio de pontes, com breves paradas, e a fronteira de São Paulo aparecia na sequência. No percurso, a cidade de Queluz mereceu destaque por ser uma vila grande e por ser o ponto de entroncamento de dois sistemas ferroviários. A composição avançava rapidamente em direção à capital da província. Serras, com picos elevados e árvores floridas, formavam a paisagem que preenchia o caminho. Na estação de Cruzeiro, havia grandes armazéns e logo se chegava à Cachoeira, grande estação onde os passageiros que se destinavam à capital faziam baldeação para apanharem o trem da Estrada do Norte. Em sete horas, Carl von Koseritz calculava ter percorrido 266 quilômetros, o que implicava uma média de velocidade de quarenta quilômetros por hora. A cidade de Cachoeira mostrava a sua feição paulista. Havia numa das colinas um hotel que atendia aos passageiros que não trouxessem provisões. Mas, pela exiguidade do tempo de parada, muitos tinham que deixar o almoço pela metade para continuar a viagem. Como Koseritz havia almoçado cedo, teve tempo de transportar sua bagagem com calma e organizá-la no outro trem e providenciar o despacho das malas maiores, tendo em vista a falta de organização. A diferença da qualidade de serviços oferecida pelos empregados da Estrada D. Pedro II e a Estrada do Norte era flagrante. Enquanto na primeira preponderava "a amabilidade e a prestabilidade dos empregados", na segunda o que imperava era "a grosseria, a indiferença e a brutalidade". Os vagões eram elegantes, mas estreitos e incômodos. Como a bitola dos trens era menor, faltava-lhes comodidade. Os gabinetes de toalete eram apertados. Não havia mesas nas paredes do trem e os lugares não eram confortáveis. Havia também dificuldade em se arranjar a bagagem que levavam no carro, e a situação permitia a Koseritz afirmar que "estávamos como sardinhas em lata". O apito soou novamente, o trem iniciou o seu movimento, a segunda etapa da viagem começou fatigante e tediosa. Apesar de a composição atravessar uma região de campos, levemente ondulada, o cansaço da viagem já não permitia ver as belezas. A poeira abundante no caminho trazia mais desconforto (Koseritz, 1972, p. 252-4).

A chegada à cidade de Lorena deu um alento aos viajantes. Em seguida, a parada foi em Guaratinguetá, tão elegante quanto a anterior, sendo considerada por Koseritz, a mais bela depois de Barra Mansa. Mais alguns minutos, aparecia o povoado de Aparecida, onde a velha igreja e o convento despontavam no alto de uma colina. Se não fossem os cafezais, a paisagem para o jornalista alemão lembrava muito o Rio Grande do Sul. Roseira, Pindamonhangaba, Taubaté e Caçapava estavam no percurso da viagem. Esta última vila era um lugar repleto de casas deterioradas sem jardins. A falta de cuidado lembrava a cidade Antonina que visitara anteriormente. O trem prosseguia passando por Jacareí e o rio Tietê se aproximava. As montanhas retornavam à paisagem e o rio era vencido por meio de uma ponte. Guararema e Mogi das Cruzes eram as paradas antes de São Paulo. A primeira era uma vila pequena, sem grandes atrativos; já a segunda, uma localidade agradável, com suas igrejas, brisa fresca e bosques. Passando por Lajeado e Penha, o trem seguia ao destino final. Às seis horas, o trem entrava na grande estação do Norte. Carl von Koseritz desembarcou sua bagagem e entregou o controle de registro para um carregador autorizado, ficando este responsável por conduzi-la ao "Grand Hôtel", onde ele fizera reserva de "aposentos desde a véspera por telegrama" (Koseritz, 1972, p. 255).

Carl von Koseritz ressaltava que a capital e o interior possuíam um conjunto de linhas férreas importantes. Nele funcionavam a Estrada de Ferro do Norte (Rio-São Paulo); a São Paulo Railway Company (Santos-São Paulo); a Companhia Paulista (São Paulo, Jundiaí, Campinas, Rio Claro, Pirassununga, Descalvado); a Companhia Mogiana com a sua linha principal (Campinas-Casa Branca), e suas ramificações (de Casa-Branca para São Simão, de Campinas para Amparo e de Campinas para Penha); a Companhia Sorocabana (São Paulo, Sorocaba, Ipanema, Cerquilho) e a Companhia Ituana com a sua linha (Itu-Jundiaí), e as ramificações de Piracicaba e Itaici. Para ele, as estradas de ferro eram o motivo da riqueza da província que conquistava cada vez mais desenvolvimento.

Em outra ocasião, Carl von Koseritz teve a oportunidade de visitar o imperador em Petrópolis. Para ele era uma oportunidade de conhecer a residência de verão da família real. Apanhou o vapor, do sistema *ferry*, com amplos e bem cômodos salões, contando ainda com uma grande sala para refeição. Em seguida, partia-se da Prainha, e tomava-se a passagem até Petrópolis. A viagem pela baía era deleitável. As ilhas ofereciam um cenário contínuo de suntuosidade, enquanto digeriam uma apetitosa refeição (Koseritz, 1972).

A subida da serra que conduzia a Petrópolis foi transposta com apreensão por Carl von Koseritz. A subida de oitocentos metros foi feita em meio a nuvens, o que causava uma sensação de insegurança. O trem que fazia o percurso era composto de elegantes vagões, com assentos duplos, segundo o sistema americano. O apito dava o sinal de partida e o barulho forte da locomotiva conduzia a composição serra acima. As máquinas, sustentadas por cremalheiras e rodas dentadas, faziam a operação de subida, vencendo a ladeira. O trem seguia por meio de uma floresta escura, repleta de precipícios, permitindo uma singular vista da baía do Rio de Janeiro. Por vezes, era possível ver ao lado a estrada "União e Indústria", pela qual se fazia o trajeto terrestre entre a baixada fluminense e Petrópolis. O movimento de acesso fazia que os vagões se aproximassem do manto de nuvens, enquanto os precipícios ficavam mais profundos e escuros. A chegada à parte alta da serra, em meio ao nevoeiro, permitiu que o trem viajasse mais depressa, sem tanto esforço para a locomotiva. A primeira parada era na Vila Teresa, onde as máquinas eram trocadas e a viagem prosseguia pelo vale do Palatinado até Petrópolis. Esta cidade fazia jus ao nome de cidade imperial, por ostentar várias moradias tipo palácio. Uma população elegante circulava na plataforma da estação indo ao encontro de seus serviçais, que os esperavam. Carl von Koseritz, para retornar ao Rio de Janeiro de Petrópolis, fez o mesmo percurso. O trem o conduziu até a Vila Teresa e de lá a locomotiva fez a viagem dos vagões serra abaixo; esse serviço era oferecido diariamente em dois horários. A descida causava também receio, mas logo se chegava à baixa e o restante do trajeto era feito com tranquilidade (Koseritz, 1972).

A viagem de trem impôs um outro ritmo à viagem. O viajante, que outrora seguia no lombo de um cavalo ou de uma mula, poderia fazer as paragens que desejasse para apreciar a paisagem. Com a chegada do trem, o viajante não era mais o senhor do ritmo da viagem. Ele deveria se submeter às condições que as companhias férreas ofereciam. Além disso, a velocidade do trem, se por um lado permitia que longos percursos fossem feitos em tempo menor, ela também alterou a possibilidade de devaneios perante uma paisagem estática. O trem implica um ritmo de leitura de paisagem mais ágil, menos detalhista. Uma nova forma de aprender e apreender as coisas.

Os caminhos sem nenhuma pavimentação tornavam a viagem mais árdua. É conveniente ressaltar que esta condição imperava praticamente por todo o Brasil. Um relevo acidentado, pedras, riachos e rios pelo trajeto faziam do deslocamento uma aventura que era mais trágica nos períodos de chuva, com enchentes e atoleiros, além do desconforto para os viajantes.

Entre o final do século XIX e o início do século XX, algumas cidades brasileiras se transformariam com grande velocidade. As mudanças produziram o redesenho do espaço urbano, em função da economia e do crescimento demográfico. A relação entre o urbano e o rural se alterava à medida que as cidades sofriam movimentos de expansão. As linhas férreas, que se multiplicavam com intensidade, promoviam um novo traçado para o desenvolvimento das atividades econômicas. A organização espacial da cidade, sobretudo de São Paulo, crescia em função das veias abertas pelas estradas de ferro. Ao longo do caminho se estabelecia uma série de armazéns e fábricas, que cresciam em função da nova dinâmica de transporte. Da mesma forma, com a expansão das vias férreas para o interior do estado, o desenvolvimento das áreas agrícolas passou por um acelerado processo de transformações, que permitiu uma nova articulação das rotas comerciais.

Questões

1 | Analise as condições dos caminhos terrestres, os meios necessários para circulação e os perigos a serem enfrentados numa viagem pelo interior do território brasileiro, durante os séculos XVI e XIX.

2 | Pela falta de provimentos durante a viagem, quais eram os tipos de prática que os viajantes empreendiam para garantir a própria sobrevivência e a dos membros da equipe que os acompanhavam, e quais eram os cuidados que deveriam ter antes de iniciar ou prosseguir a viagem?

9 Hospedagem e hospitalidade

Na bagagem do viajante, além dos pertences pessoais, deveria constar, quando possível, um guia de viagem capaz de orientar espacialmente a expedição e um caderno de notas para registros das impressões e dos diversos detalhes da incursão. Os guias, conforme citado anteriormente, eram publicações que forneciam todos os tipos de informações necessárias para aqueles que desejassem empreender uma viagem. As publicações ofereciam detalhes sobre locais, hospedagem, meios de transporte, história, cultura, entre outros referenciais relevantes para a realização da viagem. As orientações aos viajantes incluíam aspectos importantes, como a questão financeira, uma vez que estes deveriam estar atentos para os sistemas monetários vigentes no país a ser visitado, tendo clareza sobre o valor da moeda para se fazer o câmbio e sobre postos de alfândegas onde essa operação poderia ser feita. A bagagem do viajante deveria conter tudo aquilo que era necessário para o seu dia a dia. Dessa forma, era comum o transporte de vestimentas, utensílios particulares e outros objetos de valor sentimental que aliviariam o possível desconforto de ficar afastado da sua moradia habitual. Muitos cuidavam para que a bagagem fosse devidamente preparada, tomando precauções para que não faltasse nada, a fim de evitar dissabores durante a viagem. Isso, às vezes, tornava a bagagem excessiva (Brilli, 2001).

Entre os séculos XVII e XIX, era comum o uso de malas feitas com estrutura de madeira e recobertas com couro ou tela encerada, sendo providas de reforços em metal e de cintas de couro na parte externa. Na parte interna, havia diversas divisões, conforme as necessidades do usuário. No decorrer do tempo, as malas foram sofrendo alterações no formato e no material. As fechaduras e o reforço dos ângulos das malas também passaram por modificações, para garantir maior segurança e resistência para as bagagens. O viajante poderia levar consigo pequenas malas ou valises que continham os objetos que seriam utilizados com maior frequência durante a viagem. Normalmente, pequenas malas com casacos e chapéus faziam parte da bagagem de mão.

Apesar de os manuais de viagem não aconselharem o viajante europeu a levar consigo sacos de dormir, travesseiros, cobertores e lençóis, alguns viajantes julgavam que estes objetos eram indispensáveis para se realizar uma boa viagem. O viajante precavido também levava, na sua bagagem, guias de viagem, mapas, dicionários, dinheiro e toda a documentação pessoal. Os roubos durante os trajetos e em vilas eram mais frequentes do que se poderia imaginar. Por conseguinte, os manuais de viagem aconselhavam ao viandante que ele dormisse com os objetos de valor ao seu redor. Indicavam a conveniência de ter sempre à mão um punhal ou uma pistola para defender-se dos gatunos, e também forneciam instruções sobre a manipulação de armas de fogo e como deveriam ser carregadas com pólvora seca, para estarem sempre em bom estado. O viajante naturalista carregava, nas bagagens, equipamentos científicos para pesquisas. Normalmente, esta bagagem era composta de barômetro, altímetro, hodômetro, materiais para fazer levantamentos topográficos e pesquisas arqueológicas (Brilli, 2001).

Uma bagagem bem preparada estava associada à ideia da arte de viajar. A *nécessaire de voyage*, termo empregado a partir do século XVIII, era uma referência aos elementos básicos que compunham uma mala para garantir a comodidade da vida doméstica, podendo ser utilizada a qualquer hora do dia (Brilli, 2001). Com o tempo, o tamanho da *nécessaire* diminuiu, em decorrência da redução do número de itens transportados, tornando-se mais funcional. Isso se deveu à melhoria das condições de viagem e das hospedagens, que começaram a oferecer mais serviços aos hóspedes, colaborando na redução de itens na bagagem do viajante. Com o tempo, os manuais aconselhavam que as pessoas viajassem levando somente a bagagem indispensável, tornando a viagem mais cômoda e menos dispendiosa. No início do século XX, a orientação era que bastava levar uma mala de mão contendo o necessário, um saco para a roupa suja, manta, guarda-chuva e bengala entre os objetos indispensáveis. Ao chegar ao local de destino, era possível comprar o restante das coisas que fossem importantes. Uma bagagem reduzida, além de ser mais fácil de ser transportada, evitava também outros problemas. O excesso de bagagem incorria em pagamento de mais impostos, cobrados naturalmente pela alfândega, em especial sobre tabaco e bebidas alcoólicas.

As passagens marítimas para o Brasil, dependendo da região, poderiam ser de primeira, segunda e terceira classe, e os valores poderiam oscilar muito. O quarto de banho era um serviço contratado à parte, e muitos viajantes reclamavam que as banheiras eram pouco limpas. Os empregados das companhias responsáveis pelo transporte recepcionavam os passageiros e registravam os volumes de bagagem que traziam, anotando de onde vinham e para onde iam. Ao passar na alfândega, o viajante era indagado se trazia alguma coisa para despachar. Em caso afirmativo, os volumes eram separados e remetidos à parte. Os oficiais da alfândega poderiam vistoriar as bagagens.

A viagem poderia demorar alguns dias a mais, pois as autoridades portuárias, dependendo da procedência da embarcação, poderiam reter os grupos para que o médico de saúde do porto realizasse a necessária inspeção. Após as malas serem descarregadas no porto, elas poderiam ser despachadas diretamente para o hotel, havendo carregadores e empresas que ofereciam este tipo de serviço. O viajante deveria tomar cuidado, ao desembarcar, com as indicações que recebia para a hospedagem. Nem sempre os valores de diárias mais convidativos eram encontrados nos melhores alojamentos. Às vezes, alguns proprietários apresentavam contas elevadas ao final da hospedagem, alegando os mais variados motivos, tentando enganar o cliente. Era aconselhável que o viajante tomasse referência dos estabelecimentos e, antes de optar pela hospedagem, era prudente fazer uma visita ao cômodo que iria ocupar. Outro ponto a ser considerado era o valor da diária, pois havia proprietários que, conforme a demanda, elevavam os valores ao sabor dos seus interesses. Poderia ocorrer também que o valor da diária, mencionado pelo corretor de viagem, não fosse o mesmo que o hotel praticava; para evitar dissabores era vital fazer todas as verificações antecipadamente.

Os cuidados deveriam se estender também aos guias e cocheiros de carruagens para pequenos transportes pela cidade. Alguns proprietários de hotéis, sabendo da exiguidade de alguns serviços, aproveitavam para explorar os seus hóspedes, cobrando taxas para reservar o serviço.

Em algumas vilas era comum serem oferecidos carros de aluguel com grande insistência, mas, às vezes, o excesso de oferta exigia também o cuidado de se negociar os valores do transporte, pois muitos cocheiros exploravam seus crédulos passageiros. As reclamações dos viajantes eram comuns, porque alguns cocheiros cobravam o dobro do valor pelo serviço prestado. Caso o viajante solicitasse uma tabela de preços para verificar o valor, ele poderia ser insultado pelo condutor, que não aceitava ser questionado. Para evitar maiores aborrecimentos, os viajantes pagavam o valor cobrado por esses exploradores.

Os manuais davam atenção às gorjetas que, apesar de serem voluntárias, constituíam para o viajante um excesso nas suas despesas. Os gastos poderiam acontecer desde o desembarque no navio, quando se gratificava os garçons, os camaristas etc. Para os demais serviços em hotéis era também conveniente gratificar, sem receber, muitas vezes, os agradecimentos devidos. Para este tipo de pagamento, os manuais aconselhavam que se levasse dinheiro trocado e se pagasse o empregado conforme o que fosse devido. Aqueles que não faziam gratificações generosas poderiam, em alguns hotéis, tornar-se objetos de gracejos indelicados.

Havia dificuldade de se encontrar intérprete para os viajantes que não dominavam a língua portuguesa. Caso o viajante tivesse um amigo, este poderia fazer a função de guia e intérprete. Porém, havendo necessidade, recorria-se ao serviço no hotel, nem sempre encontrado e, em caso positivo, os valores eram elevados. Para evitar surpresa, o mais prudente era que o preço do serviço fosse acordado antecipadamente.

Uma das maiores dificuldades nos deslocamentos era conseguir um alojamento adequado. Nem sempre era fácil encontrar um local para pernoitar. O que amenizava esta situação era a hospitalidades das pessoas que acolhiam os viajantes, conforme as suas posses. As condições de viagem poderiam variar conforme o nível social do viajante, bem como a finalidade que o levava a se deslocar. Nem sempre os viajantes que possuíam recursos conseguiam o tipo de comodidade e qualidade de serviços desejados.

No século XIX, a revolução das condições materiais da humanidade impactou a vida das sociedades e da atividade turística. O sistema de transporte ampliou-se e emergiram novas formas de se deslocar, mais rápidas, confortáveis e seguras. Essa situação fez que o sistema hoteleiro ganhasse contornos mais definidos em algumas partes do mundo. Os guias turísticos circularam com mais facilidade e rapidamente incluíram os principais estabelecimentos cujos serviços eram confiáveis. Os locais de hospedagem, quase inexistentes no início do século XIX, em condições precárias de uso, foram recebendo melhor adequação. Os pequenos cômodos, somente com uma porta e na maioria das vezes imundos, localizavam-se nas proximidades dos pastos para garantir acomodação aos viajantes e descanso para os animais. As acomodações pelo caminho eram incertas. Às vezes, as condições de higiene e limpeza não eram as mais adequadas durante o percurso, tampouco nos locais de acolhimento. As acomodações tinham de passar por uma limpeza prévia antes de serem ocupadas e todo o tipo de surpresa era possível.

As hospedarias eram poucas e muitas delas tinham a aparência de uma casa particular. Os viajantes estavam sujeitos a diversas situações de falta de higiene e de promiscuidade nos alojamentos, entre os séculos XVII e XVIII. Os cronistas mencionam condições inadequadas dos quartos, sujeiras da roupa de cama, quando esta existia. Pulgas, percevejos e outros insetos coabitavam com o hóspede na maioria dos estabelecimentos. Os viajantes tinham uma imagem negativa a respeito das hospedagens, cujas acomodações eram responsáveis por transmissão de doenças. Para evitar qualquer tipo de enfermidade, o viajante às vezes era aconselhado a usar sempre um pijama, a fim de livrar-se do contato direto com o colchão ou os lençóis.

Em algumas localidades, o viajante não encontrava instalações adequadas para pernoitar. Ofereciam-lhe uma alcova sem iluminação e um monte de palha para acomodar-se, como se estivesse numa cocheira. Nem todos os fazendeiros eram hospitaleiros. Um deles, proprietário de fazenda na região do rio Urucuia, apesar de habitar uma casa ampla e cômoda, ofereceu a George Gardner um "pequeno rancho em frente à cabana de um dos seus escravos" (Gardner, 1975, p. 185). Para muitos, esta situação, mesmo que totalmente inadequada, era vista com alegria, pois permitia que o indivíduo se jogasse sobre a palha e descansasse.

Se nas grandes vilas e cidades a necessidade de grandes hotéis era patente, pelos caminhos o que importava era a existência de pequenos hotéis, ou hospedarias, que atendessem as necessidades do viajante, por uma ou duas noites. Naqueles idos, os viandantes procuravam segurança e tranquilidade. Ao encontrá-las, o viageiro não deveria se esquecer de fechar bem as janelas e as portas do seu quarto.

No vilarejo de Pompeu, Georg Wilhelm Freireyss hospedou-se por três dias como convidado da proprietária, que o recebera muito bem para uma festa. Ela queria festejar a sua reconciliação com o filho, que se casara contra a vontade dela. Para ser cortês, Freireyss aceitou e contribuiu para engrandecer a festa. Havia queimada no campo e durante a noite "o horizonte estava em chamas e oferecia um espetáculo deslumbrante". O movimento do vento dava um espetáculo à parte. Como as casas estavam afastadas, nada havia a temer. Diz o viajante: "em todos os corações reinava a alegria e somente muito depois da meia-noite separaram-se os convidados". Georg Wilhelm Freireyss registrou a sua estranheza sobre a forma de cumprimento dos brasileiros ao se encontrarem e ao se despedirem. Para ele, era "alguma coisa de particular" quando os amigos e conhecidos se abraçavam nessas ocasiões (Freireyss, 1982, p. 58). Georg Wilhelm Freireyss viajou pela região do rio São Francisco e passou pela cabana chamada Alage (a Lage). Nela habitavam "criminosos que fugiram da justiça e se localizaram aqui, ou são descendentes de criminosos". As habitações eram miseráveis como também o estado das terras que pouco exploravam, sobressaindo apenas o cultivo do milho. Freireyss dizia que, assim mesmo, viajava-se "com toda segurança no meio deles" e os furtos eram desconhecidos. Os habitantes disponibilizaram para os viajantes um grande galinheiro para pernoitarem, o qual foi aceito "por não haver outro lugar". Como o espaço era desprotegido e aberto de todos os lados, eles sentiram frio à noite, apesar de estarem envoltos nas mantas (Freireyss, 1982, p. 60).

Em uma localidade designada de Governo, distante seis léguas do Sumidouro, Georg Wilhelm Freireyss não foi bem acolhido. A fazenda que havia no local não era pequena, mas a hospedagem era péssima. O proprietário estava descontente "com a licença que faculta ao estrangeiro a entrada no Brasil" e fez sentir isso ao viajante. Numa viagem anterior, foi negado a Freireyss e a seu companheiro "até uma esteira para dormirmos". Além disso, os dois foram postos no pior quarto, "sobre cujo soalho tivemos de nos deitar, ao pé de um monte de milho, e sem ceia". O pior era que a "casa estava cheia de ratos, que durante a noite tinham de passar sobre nós para chegar ao milho", o que impediu que eles dormissem. Em viagem posterior, ele foi recebido "um pouco melhor, porém ficamos bem contentes quando deixamos a fazenda atrás de nós" (Freireyss, 1982, p. 26).

Vila Rica era um local muito "desagradável para o estrangeiro", diz Georg Wilhelm Freireyss. Na cidade não havia "nenhuma sociabilidade" e não havia também outro local em que a calúnia fosse tão comum como naquela vila. Era preciso conhecer bem os costumes, sendo necessário andar armado ao afastar-se da vila por causa "dos negros fugidos" que praticavam os seus assaltos nas imediações. Freireyss registrou que faltavam escolas para se aprender a ler e escrever e moral, "constituindo isso um dos importantes obstáculos ao progresso do Brasil" (Freireyss, 1982, p. 44).

A hospitalidade dos brasileiros aumentava conforme o avanço pelo interior. Georg Wilhelm Freireyss mencionou que, à medida que penetrava pelo território, "as despesas diminuíam dia por dia". Tal fato o levou a entender como verdade a frase russa que diz "os povos civilizados são menos hospitaleiros do que os povos atrasados" (Freireyss, 1982, p. 50). No decorrer de sua viagem, Georg Wilhelm Freireyss pernoitou na casa de um mulato, que tinha uma loja, "cheia de ociosos que empregavam o seu tempo no jogo de cartas e a tocar viola, enquanto os escravos lhes preparavam as roças e o sustento" (Freireyss, 1982, p. 50). Este quadro para o viajante era extremamente indesejável, pois a escravidão permitia lucro para poucos e muito tempo a perder naquelas atividades, melhor seria se a escravidão nunca tivesse sido introduzida no Brasil, concluía Georg Wilhelm Freireyss.

Algumas vezes, os viajantes eram surpreendidos por uma realidade diferente daquela que imaginavam. Georg Wilhelm Freireyss, passando pelo interior de Minas Gerais, chegou a uma propriedade que pertencia aos "dois celibatários que nos trataram regularmente bem, apesar de terem a fama de grandes sovinas" (Freireyss, 1982, p. 52). O viajante observou que se colocava "apenas colheres e garfos na mesa", pois cada habitante andava sempre com uma faca. Outro costume que o estrangeiro considerava estranho era o de "apresentar água para lavar as mãos depois das refeições". Mas Freireyss entendia que esta prática advinha do hábito de comer com os dedos. Causava estranheza também, nas grandes propriedades, o anfitrião mandar ao hóspede o escravo com "uma bacia com água quente para lavar os pés". Este costume se devia ao fato de os indivíduos andarem a pé e descalços (Freireyss, 1982, p. 54).

Charles James Fox Bunbury não teve boa impressão sobre hospedagem. Olhando à volta do aposento, reparou que havia vigas toscas e as telhas do telhado estavam à mostra. As paredes eram descobertas e não havia no recinto nada além de um banco, "onde estava feita" a sua cama. Isso o levava a pensar "como semelhante quarto de dormir pareceria estranho na Inglaterra". Ele ressaltava que "viajava luxuosamente", pois uma das mulas trazia roupa de cama e a outra carregava provimentos. No dia seguinte, depois de carregar as mulas, a viagem prosseguiu em meio a matas floridas e rochedos cinzentos (Bunbury, 1981, p. 51-2). Dias depois, já cansado da viagem, ele acordou com o céu coberto de uma espessa neblina, que em breve se dissipou. Na noite anterior, havia se hospedado na venda chamada Lucas, perto do rio Paraíba que, segundo ele, foi a melhor casa em que se hospedara desde que deixara o Rio de Janeiro. O que merecia destaque era o aposento com paredes caiadas, tanto por dentro como por fora; além disso, havia teto. O proprietário estivera na Inglaterra e "falava inglês sofrivelmente bem"; demonstrou muita cortesia, pedindo "desculpas desnecessárias pelo jantar" que servia, e que Bunbury considerou "realmente bom" (Bunbury, 1981, p. 55).

Na continuidade da viagem, Charles James Fox Bunbury cruzou o rio Paraíba e no dia seguinte já estava atravessando a ponte para entrar na província de Minas Gerais. Deste ponto, marchando por cerca de quatro horas, chegou ao Registro de Matias Barbosa, um antigo posto policial, que examinava os passaportes e a bagagem dos viajantes vindos das Minas. O local estava abandonado e ele e seu companheiro prosseguiram, vindo a se hospedar nas proximidades do ribeirão da Viúva, onde se alojou num rancho. As acomodações não eram das melhores, "dentro da casa era intoleravelmente sujo e tinha mau cheiro". O rancho consistia apenas num telhado de madeira apoiado em postes, sem paredes. Nas imediações estava acampado um grupo de tropeiros que levava cães consigo. Os latidos destes animais o incomodaram a noite inteira, juntamente com o frio que o impediu de dormir bem. O frio foi uma das características que observou durante o caminho, apesar de os dias serem quentes, numa temperatura ideal para o deslocamento, mas a temperatura caía ao final do dia. Talvez o viajante não tenha atentado para o fato de que estava em pleno outono dos trópicos, pois viajava em maio (Bunbury, 1981, p. 56).

Hercules Florence deixou São Paulo acompanhado de dois jovens e foi em marcha rumo a Jundiaí. Pelo caminho passou por um ribeirão conhecido por Juqueri, onde, como ouvira dizer, em suas areias rolavam partículas de ouro. Na região, fizeram a refeição numa casinha "onde pela primeira vez comi milho descascado e cozido sem sal, sem preparo algum. É a canjica, de que os paulistas fazem sempre uso no fim da comida". O francês achou esse "manjar singular", mas com o decorrer do tempo ele se habituara com a iguaria e a consumia como se fosse "natural do país", acrescendo que com "açúcar e leite é coisa deliciosa". Chegara de noite à casa de aparentados dos amigos que o acompanhavam. Depois de três dias, os jovens seguiram para Itu, enquanto Hercules Florence permaneceu ali durante um mês, aguardando os demais membros da expedição do barão von Langsdorff para dar continuidade à viagem (Florence, 1977, p. 12).

No país onde abundavam as montanhas as hospedarias eram raras. Pelo caminho, em alguns percursos, a alternativa para descanso era pousar numa venda. Feijão, milho, arroz e carne-seca ainda eram os alimentos que nutriam os viajantes e os únicos disponíveis para a alimentação da população. Era preciso paciência. Para Charles de Ribeyrolles, viajar no Brasil custava mais caro do que na Rússia ou na Inglaterra. Era oneroso, principalmente para os artistas que não tivessem grande orçamento, e em especial quando levavam consigo muito material. Certamente, ficavam logo endividados (Ribeyrolles, 1941).

O hotel onde Johann Jakob von Tschudi se hospedou "apresentava elegante aspecto". O proprietário do estabelecimento era um francês, mas quem estava no comando do negócio era a sua mulher. Contudo, dizia ele que, em nenhuma outra situação, tinha sido "explorado de modo tão impertinente como nesse hotel". Tschudi não poderia afirmar se os preços que pagou eram os mesmos que outros viajantes pagavam, ou se o valor se devia ao fato de ele ser embaixador. Isso o fez lembrar de uma anedota contada na Europa: um hoteleiro "tendo hospedado um monarca, respondeu a seu mordomo, que se queixava da exorbitância da conta: 'Os ovos aqui não são caros, senhor, mas os monarcas, muito raros!'" (Tschudi, 1980, p. 25). Os valores abusivos não foram só observados nesse hotel. Um homem que alugava mulas exigiu um valor tão elevado que "quase se podia comprar animais novos" (Tschudi, 1980, p. 25). Dessa maneira, seguindo conselho de amigos, foi à procura de animais novos na localidade de São Fidélis. A passagem entre Campos e São Fidélis custava 6 mil réis por pessoa, sem direito a alimentação. Na hora da refeição, cada um abria a sua cesta ou embrulho, abria as garrafas e tudo era compartilhado, originando uma refeição agradável, em meio a uma grande animação. Depois de oito horas de viagem, chegaram a São Fidélis. Na localidade não havia hospedaria, e Johann Jakob von Tschudi foi informado que poderia encontrar abrigo na casa de um certo Bernardino. O que de fato aconteceu. Extremamente prestativo, o homem se prontificou a providenciar tudo de que eles necessitavam. Encontrados os animais necessários, Johann Jakob von Tschudi prosseguiu viagem. Munido de uma carta de apresentação, ele procurou um dos mais abastados moradores do lugar, o qual possuía um grande armazém. O rico proprietário estava fora da cidade e só retornaria três dias depois. Sua esposa recebeu os viajantes e assegurou a Tschudi que o marido dela, assim que voltasse, poria suas mulas à disposição, oferecendo-lhe também hospedagem. Todavia, Johann Jakob von Tschudi não desejava perder tanto tempo assim e preferiu continuar a viagem nas condições em que se encontrava (Tschudi, 1980).

As condições climáticas da região de Nova Friburgo atraíam anualmente um grande número de veranistas desejosos de fugir do calor da capital do império. Johann Jakob von Tschudi confessava que preferia Nova Friburgo a Petrópolis para hospedar-se, principalmente pela "descomunal falta de higiene da maioria das hospedarias" deste "tão predileto local de veraneio". A hospedagem do Sr. Leuenroth merecia, segundo ele, "menção honrosa". Como as acomodações da casa não eram suficientes, em face da procura dos veranistas, o Sr. Leuenroth resolveu "adquirir algumas casas de colonos das proximidades do hotel, as quais adaptou às exigências modernas, transformando-as assim em risonhas residências". Mas a ampliação do número de aposentos não foi suficiente para atender as necessidades. Mandou, então, construir um novo edifício. A comida na hospedaria era "limpa, boa e abundante". No que dizia respeito ao "serviço," era um dos "melhores que se poderia encontrar num hotel brasileiro"; Johann Jakob von Tschudi acrescenta a estas informações o seguinte comentário: "é um conceito bastante limitado, visto que é feito por negros, mas para tal não há remédio". As dificuldades que porventura tivessem nas acomodações eram facilmente compensadas pela "amabilidade, a atenção e a delicadeza do hospedeiro e sua família". Outro fator importante para Tschudi, dando mostras de ser econômico, eram os preços módicos, "mais baixos que os de Petrópolis". A hospedaria de Leuenroth não era a única na cidade, outras mereciam também ser mencionadas como as hospedarias de Marie Clair (Claire), Guillaume e Marianne Salusse e Francisco José de Magalhães (Tschudi, 1980, p. 92-3).

O preço abusivo cobrado para se obter aposentos e comidas foi observado em outras localidades. Johann Jakob von Tschudi, visitando o engenheiro Wieland em São Bernardo, que trabalhava na construção da linha férrea, hospedou-se no albergue Sansalá, debaixo de um nevoeiro denso e de uma forte chuva. O dono do albergue, chamado Jean Perraud, cobrava preços "elevados por boa comida e aposentos medianos". Em algumas localidades, os proprietários de hospedagem e de outros serviços duplicavam contas de hóspedes ou clientes conforme sua aparência ou seus recursos (Freireyss, 1982).

No que dizia respeito à hospedagem, Carl von Koseritz afirmou que não poderia fazer um julgamento preciso por conhecê-los superficialmente. Hospedara-se no Hotel Vista Alegre, de Santa Teresa. Todavia, era na área central que se encontravam os hotéis mais bem servidos, tanto no que dizia respeito à estrutura como ao serviço que ofereciam. Dentre eles, destacavam-se: o Hotel Carson, Grand Hôtel, Hotel dos Estrangeiros, Hôtel d'Angleterre, Royal Hôtel e Hôtel de France, todos renomados. Koseritz optara por Santa Tereza, por ser um lugar isolado e não haver casos de febre amarela. Isso se alterou logo em seguida. A esposa do cônsul alemão, senhora Koser, que vivia em frente ao hotel, faleceu vítima da febre. Retornara há pouco tempo de Petrópolis, onde apanhou a febre, e em poucos dias morreu.

Do Hotel Vista Alegre, que ficava no alto do morro de Santa Teresa, Carl von Koseritz podia avistar das janelas e do terraço a cidade do Rio de Janeiro e seus arredores, bem como Niterói. Uma vista do porto, da baía e das fortalezas que fascinava. O local era muito convidativo ao descanso. Ali, poderia respirar ar puro e observar uma vasta mata. O hotel tinha um aspecto agradável. Construído em estilo suíço, possuía três andares. Todos os quartos tinham portas de vidro e venezianas, abertas para varandas de madeira circundando a casa, que era ornada por belos jardins. Os quartos eram bem mobiliados e confortáveis, e os banheiros adequados para uso. Havia campainha elétrica em todos os cômodos, o que permitia chamar os serviçais, sempre corteses e eficientes. A alimentação era outro destaque: à mesa comia-se e bebia-se bem, a preços razoáveis. Esse conjunto de fatores é que o fizera optar pelo estabelecimento, decisão que considerava "acertada", apesar de ele distar da cidade 45 minutos. Ele reconhecia que havia inconvenientes. Em um dos dias, a chuva que se abateu sobre a cidade foi intensa, impedindo que o transporte público, movido a mulas, prosseguisse até o alto de Santa Tereza. Koseritz foi obrigado a descer do transporte e escalar o morro a pé, durante meia hora, em meio à torrente de água. O peso da idade contribuía para o aumento da fadiga, sua roupa estava encharcada, o que lamentou, porque usava as "clássicas calças brancas". Para ele era espantoso que uma chuva forte transformasse as ruas e praças em verdadeiros rios e lagos no Rio de Janeiro; isso o levava a afirmar que "Porto Alegre não é tão ruim assim" (Kozeritz, 1972, p. 32-3). O Hotel Vista Alegre era muito procurado também porque os viajantes fugiam da área central do Rio de Janeiro, infestada pela epidemia de febre. Quando podiam, preferiam se hospedar em Petrópolis (Koseritz, 1972).

Carl von Koseritz se hospedou no Hotel Bragança, onde fizera a reserva de quarto e, naquela noite, foi convidado para jantar na casa do comendador Frederico Roxo. O Hotel Bragança, em Petrópolis, era, para Koseritz, "uma coisa extraordinária". Nele havia fausto e estilo. Possuía mais de cem quartos bem mobiliados, com banheiros, sala de refeições e muitos empregados, que usavam "luvas brancas" e atendiam com um tratamento "altamente fino e aristocrático". Todas essas comodidades foram insuficientes para garantir uma boa estada.

A alimentação não era das melhores. Além disso, "um empregado muito inteligente, que durante o dia já tinha revelado vários traços geniais, pensou que me prestaria um particular serviço se me chamasse às 3 horas da madrugada, para tomar banho." Isso era inconcebível. Pela manhã, ele tomou banho de água fria, que não era de todo mal, depois de vários dias de calor no Rio de Janeiro. Em seguida, Koseritz fez o seu desjejum, consumindo pão fresco e boa manteiga da região. Estava pronto para visitar a cidade e conhecer os seus arredores.

A cidade abrigava estabelecimentos de qualidade, principalmente hotéis, dentre eles o Beresford, o Mac Donalt, o Orléans, sendo o último o mais aristocrático. Neste hotel, vivia a velha condessa de Barral, a quem o imperador visitava quase diariamente, gerando comentários maldosos na imprensa local. Petrópolis era para os jornalistas alemães uma deliciosa cidadezinha, "um pedaço da grande vida europeia transplantado para o Brasil, uma visão quase fabulosa nas atuais circunstâncias". Em torno das 9 horas, Koseritz voltou para o hotel onde foi servido "almoço intragável, com vinho ruim e caro, por distintos criados, enluvados de branco, numa bela mesa". Se ele não tivesse jantado, na véspera, na casa do comendador, estaria com fome. Nem mesmo os ovos quentes tinham um paladar agradável. O salão de refeições também parecia estranho por reinar "sepulcral silêncio; aparentemente nos encontrávamos em um instituto de surdos-mudos, mas a verdade é que os pobres, que ali habitavam há mais tempo, tinham perdido o uso da língua, graças à fome" (Koseritz, 1972, p. 65). Em outras refeições, a decepção foi a mesma. Retornando de outro passeio e desejando fazer um bom almoço, Koseritz ficou frustrado. A comida tinha uma "cor esverdeada, e a única coisa comível foi uma abóbora de água [...]". Os demais hóspedes pareciam "sombras silenciosas", segundo ele, em virtude do progressivo enfraquecimento devido àquele tipo de refeição. A qualidade intragável das refeições tornava insuportáveis, ao hóspede, os movimentos dos criados elegantes que o vigiavam, infatigavelmente, no fundo da sala (Koseritz, 1972, p. 66-7).

Carl von Koseritz, no decorrer da sua permanência na capital imperial, também usufruiu dos serviços de outros hotéis. Ficou hospedado no Grand Hôtel, na Rua Marquês de Abrantes, quase ao fim de Botafogo, próximo à Praia Vermelha. O prédio estava localizado na Chácara das Mangueiras, um dos mais belos palácios do Rio de Janeiro, que pertencera a diversas pessoas importantes, e que fora comprado pelo Conde d'Eu. Este, por sua vez, alugou o edifício Aurélio Vidal, para nele instalar um hotel. A casa estava longe da rua. O acesso a ela era feito por um portão, que se abria sobre uma alameda de mangueiras, que seguia por uma longa extensão. Ao lado corria uma estrada de ferro com troles automáticos, de que os hóspedes se serviam em dia de chuva. Na frente da casa, havia uma grande escada de mármore branco com cinco lances, lembrando o modelo de Versalhes. A decoração, com figuras mitológicas, bancos de mármores, grutas com fontes e vasos tropicais, dava um aspecto luxuriante. Na parte inferior, havia uma grande sala, que ocupava toda a largura da casa, com grandes e largas janelas em arco, que abriam para todos os lados, e onde se poderia fazer uma bela refeição. Da casa, via-se o Pão de Açúcar, o Outeiro da Glória, o Bico do Papagaio, o Corcovado e o mar, com sua presença constante. Na avaliação de Carl von Koseritz, todo o arranjo do hotel era excelente. Os quartos eram "brilhantemente mobiliados; camas magníficas, serviço notável, iluminação a gás, banhos, telefones etc [...]". Não podia reclamar de nada, tudo estava disponível. Além disso, a mesa e os vinhos eram bons, o que o levava a classificar o estabelecimento como "um hotel de primeira ordem e especialmente o hotel frequentado pelos rio-grandenses" (Koseritz, 1972, p. 87-8). Porém, se essa foi a primeira impressão, os seus elogios parariam por ali. Apesar de a colônia rio-grandense se hospedar no Grand Hôtel, ele não indicaria a ninguém aquele estabelecimento, pois a despeito de ser de "imponente aparência" ele era "muito caro e o serviço é muito pior que no hotel de Santa Teresa" (Koseritz, 1972, p. 110). Dias após, Carl von Koseritz deixou o famoso Grand Hôtel, pagando uma "enorme conta, pois o homem sabe bem fazer cálculos [...]". Comparando esse hotel com o de Santa Teresa, afirmava que neste era possível viver bem com 10 mil réis por dia, enquanto no Grand Hôtel gastava-se 20 mil réis, embora almoçasse diariamente no restaurante Petzold e jantasse no restaurante Globo, para gastar menos. Afirmava ele que o Grand Hôtel era um local para os ministros e que um filho de Deus, habituado a certa cozinha, não poderia ali comer. Registrava esse fato para que outros não tivessem a mesma experiência; acreditava que o seu relato seria útil para viajantes futuros.

O viajante procurava as grandes fazendas para encontrar apoio. As grandes propriedades, isoladas no interior, tinham uma feição soberana. Muitas delas eram recentes e foram construídas com a expansão da lavoura cafeeira. Os proprietários recebiam os visitantes de "maneira simples e franca, é o culto da hospitalidade". Todos tinham boa acolhida, com mesa generosa e liberdade para os hóspedes (Ribeyrolles, 1941, p. 191).

Os primeiros hotéis da cidade de São Paulo, com uma infraestrutura razoável, datavam da metade do século XIX. Até aquele momento as pessoas que desejassem se hospedar deveriam portar uma carta de apresentação, a qual serviria para garantir um conforto mínimo, em instalações nem sempre adequadas. A partir de 1854, surgem os primeiros hotéis, como o Hotel Paulistano, de Adolfo Dusser, na Rua São Bento com a Ladeira de São João; o Hotel do Comércio de Hilário Magro, na Rua Floriano Peixoto esquina com o Pátio do Colégio; o Hotel da Província, de Madame Lagarde, na Rua do Comércio e o Hotel Universal no Pátio do Colégio. O crescimento da cidade gerou o estabelecimento de uma rede hoteleira mais bem equipada e preparada para receber os visitantes e hóspedes. Neste rol, pode-se destacar o Hotel das Quatro Nações, posteriormente chamado de Hotel Itália e, mais tarde, Hotel França. Na década de 1860, outro estabelecimento ganhou notoriedade, o Hotel Palm, administrado por Carlos Palm. Johann Jakob von Tschudi hospedou-se no Hotel Palm, que fora recomendado por diversas pessoas. O hotel possuía aposentos medíocres, mas o serviço e a alimentação eram excelentes e acabavam por amenizar o problema da acomodação (Tschudi, 1980). O proprietário do hotel era um antigo colono da fazenda Santa Francisca. Durante alguns anos, tivera um albergue na estrada que ia para Santos.

Contudo, o Grand Hôtel, inaugurado em 1878, propriedade de Frederico Glette, foi o que chamou mais atenção. O imóvel ocupava um quarteirão, tendo como limites as ruas São Bento, Miguel Couto e São José (atual Libero Badaró) e era tido como o melhor hotel do Brasil. Nos anos seguintes, o crescimento dos hotéis na área central e nas adjacências da estação de ferro foi significativo, atendendo o fluxo de cafeicultores e homens de negócios.

Koseritz foi recepcionado por membros da colônia alemã que habitavam a cidade. Gustav Greiner, Wilhelm Cristoffel (chegado há pouco da Europa), os Srs. Georg Seckler, Carl Rath, A. Kuhlmann, Messenberger, Trebitz, O. Schloembaum, Wersing, Schnapp, Sydow, Jacob Friedrich, professor Gladosch e outros cavalheiros. A recepção com tanta distinção não era esperada, mas foi bem aceita. O grupo de alemães já contava com bondes especiais para conduzir Koseritz ao hotel. O percurso foi feito pela Rua do Brás, a ladeira até o palácio do Governo e de lá até a Rua São Bento, onde se localizava o magnífico edifício do Grand Hôtel. Ele foi convidado para uma visita, naquela noite, ao clube Germânia, porém declinara por estar cansado da viagem. O vestíbulo do Grand Hôtel era soberbo. Grandes candelabros a gás pendiam do teto. Uma larga escada de mármore branco dava acesso ao primeiro andar, onde um empregado bem vestido e avisado pela campainha elétrica recebia os recém-chegados. Este hotel pertenceu ao Sr. Glette e foi construído para este fim. Era sem dúvida o melhor do Brasil. Na ocasião pertencia e era dirigido pelo Sr. Schorcht, o antigo gerente do Germânia no Rio de Janeiro. O luxo da casa e dos quartos era indescritível. O serviço era excelente, a cozinha saborosíssima e a adega bem variada. Além disso, ofereciam serviços de correios e telégrafos. Todas estas comodidades custavam 5$000 réis por pessoa, enquanto, no Rio de Janeiro, hotéis de pior qualidade cobravam de 8 a 10$000 réis (Koseritz, 1972, p. 255-6).

Após um de seus passeios pela cidade, Carl von Koseritz voltou ao Grand Hôtel e teve uma surpresa em relação aos tipos de eventos que a hospedagem promovia. A escada de mármore estava forrada de pétalas de rosa. Conforme o costume local, era comum que, quando um estudante da Faculdade de Direito do Largo de São Francisco obtivesse o grau em bacharel, ele fosse saudado pelos pais e irmãos com flores. Naquele momento, o hotel abrigava os pais de dois jovens recém-formados. Para Carl von Koseritz, era um "costume bonito e poético" (Koseritz, 1972, p. 273-4).

As atividades do hotel também estavam movimentadas, pois duas filhas do livreiro Garraux se casaram e as famílias mais importantes de São Paulo foram convidadas. Como hóspede do hotel e curioso, espiou a decoração do ambiente e o que mais lhe chamou a atenção foi "um gigantesco '*bouquet*' de cerca de 3 metros de roda, que estava enfeitando a antessala e que possuía principalmente cravos e violetas" (Koseritz, 1972, p. 271). No derradeiro dia de sua estada no hotel, novamente ficou extasiado com a movimentação, considerando-o cheio de vida. Muitos estudantes vieram para cumprimentar os colegas que foram aprovados nos exames e almoçaram no local, todos manifestando uma grande animação.

O termo *hospitalidade* deve ser considerado na sua profundidade e na sua universalidade. A hospitalidade compreende uma série de comportamentos, como compreensão e estima. Diderot afirma: "hospitalidade [que] é um dos indícios mais significativos do instinto e destinação do homem para a sociabilidade".

Henry Koster, no início do século XIX, registrou a mesa farta dos proprietários de engenho em Pernambuco (Koster, 1942). Em Aracati, no Ceará, o viajante experimentara a mesma acolhida por parte de um comerciante, destacando que este tipo de comportamento era a mostra do estado e das maneiras entre os indivíduos da alta classe social (Koster, 1942).

Louis François de Tollenare, visitando a Zona da Mata em Pernambuco, destacou que o viajante era "recebido com tanta suntuosidade", não se poupando esforços para bem acolhê-lo. Os criados de um senhor de engenho, para bem acomodá-los, armaram as redes e estenderam algumas esteiras sobre os bancos para que pudessem dormir (Tollenare, 1978, p. 88). A recepção dependia das condições do proprietário. Cada um, conforme suas posses, dava alojamento, refeição e poderia ainda acompanhar o viajante em passeios pela região.

Essa impressão negativa foi recompensada por experiências mais agradáveis. Visitando Sumidouro foi bem acolhido e decidiu permanecer no local esperando o seu companheiro, Wilhelm von Eschwege. A continuidade do tratamento cordial durou toda a sua estada, que foi de um mês. No momento da partida, os anfitriões não aceitaram nada pelos mantimentos, lavagem de roupa etc. No seu registro dizia: em geral a hospitalidade era própria dos brasileiros; porém, nas estradas de rodagem, como a que conduzia a Minas Gerais, não havia mais vestígios dela e o estrangeiro era muitas vezes sujeito às mais exorbitantes exigências nos lugares em que pousava (Freireyss, 1982). Contudo, nem todos os habitantes eram hostis aos viajantes. A maioria procurava ser amável, apesar de possuir recursos exíguos (Bates, 1944).

Em sua andança por terras mineiras, Charles James Fox Bunbury passou pela aldeia de Gongo Soco, que se desenvolvera, desde "que a mina de ouro passou para as mãos de uma companhia inglesa". Segundo o olhar daquele observador, os ingleses eram os maiores responsáveis pelo desenvolvimento, tendo "sinais evidentes da ordem e atividade britânicas, que acentuadamente a distinguem das outras aldeias deste país". Após esta observação tendenciosa, o viajante continuou o seu trajeto até chegar à casa de Luís Soares, capitão da milícia. A cortesia do anfitrião foi ressaltada, como também a qualidade da acolhida: era a primeira vez, desde que deixara o Rio, que ele dormia num "aposento asseado e bem mobiliado". A estada ali durou dois dias, tempo para que ele mantivesse conversas com o filho do proprietário, um rapaz inteligente e agradável, que "tinha passado algum tempo na Europa e falava bem o francês". Este o acompanhou numa excursão pelo mato, mas sem grande êxito em termos de pesquisa científica, porque não havia muitas plantas e flores e por não identificar nenhuma novidade. Porém, tivera oportunidade de ver duas minas de ouro numa rocha de quartzo, uma delas estava abandonada e a exploração da outra havia apenas começado. Apesar da acolhida fraterna, Charles James Fox Bunbury notou que, durante sua permanência, não vira nenhuma senhora da família, destacando que, "como penso ser costume do Brasil, moram numa parte separada da casa".

O aposento em que fora acomodado e onde jantava com o anfitrião e seus filhos dava para um pátio quadrado, cercado nos outros lados pela cocheira e demais dependências. No jantar, que era servido por volta das duas horas da tarde, eram servidos legumes, em especial o feijão, "pontas tenras de palmito, com um vinho bem bom e uma espécie de biscoito, em vez de pão" (Bunbury, 1981, p. 72-3).

Hercules Florence admitia haver diferenças entre a hospitalidade nas cidades litorâneas e aquela das vilas e cidades do interior. A vida nas cidades marítimas era mais difícil e o afluxo de estrangeiros maior, permitindo que as hospedagens fossem mais estruturadas. Por conseguinte, era mais fácil encontrar hotéis e hospedarias no litoral que no interior. O viajante sabia que, no interior, havendo morador, ele poderia ser "acolhido e tratado, não tendo mais dó que apresentar-se à sua porta" (Florence, 1977, p. 12). Este tipo de recepção fez que Hercules Florence se lembrasse com saudades do tempo em que ficou hospedado, no interior de São Paulo, na casa do cirurgião-mor Francisco Álvares Machado e Vasconcelos. Segundo ele, o médico era homem instruído, de conversação agradável e de sentimentos altamente recomendáveis e que lhe despendeu uma acolhida esplêndida durante cinco meses (Florence, 1977). Em suas andanças pelo interior do sertão de Cuiabá, Hercules Florence e a expedição de Langsdorff passaram por diversos montes, planícies e muitas rochas. Numa dessas investidas chegou à casa de um alferes de milícias chamado Domingos Monteiro, que os recebeu com "franca hospitalidade brasileira". O anfitrião era estimado pelos vizinhos e vivia "muito aquém do confortável". Porém, a simplicidade do miliciano não impediu que o grupo tivesse uma refeição farta, "como de costume, de seis a oito pratos, sem vinho, colocados sobre uma toalha de algodão grosseiro, alvíssima, porém, e enfeitada com grandes rendados" (Florence, 1977, p. 152-154).

Em uma das visitas pelo interior de Cuiabá, na proximidade da Vila de Guimarães, Hercules Florence visitou a fazenda do Buriti pertencente a uma velha chamada D. Antônia. A proprietária chegou ao local ao mesmo tempo em que eles, sendo carregada por dois negros "numa rede suspensa a uma grossa taquara de Guativoca". Outros negros a acompanhavam, enquanto ela fumava num comprido cachimbo. Negras também seguiam atrás, com cestas, trouxas de roupas e vasilhas de barro. Após as primeiras saudações, a dona e os hóspedes entraram na casa, e acomodaram-se num vasto ambiente que servia como sala de recepção e de jantar. Havia também uma cozinha e, no fundo da propriedade, um engenho de moer cana e uma grande pipa para aguardente. Hercules Florence observou que D. Antônia tinha sua rede armada perto da porta de entrada. Da rede, a velha senhora administrava a casa, dirigindo o trabalho das serviçais, e passava o dia fumando. Contudo, recebeu com a hospitalidade tradicional e ao final, na despedida, tratou-os como se eles fossem velhos amigos. Hercules Florence, ao passar por São Paulo, teve oportunidade de conhecer as maneiras dos habitantes da cidade. Segundo ele, os paulistas eram hospitaleiros, francos e amigos dos estrangeiros, eram extremamente sóbrios. A mesa farta era um dos sinais da hospitalidade, que era seguido dos cuidados afetuosos e tocantes com que o povo brasileiro exercitava este dever de caridade. Comparando com a hospitalidade europeia, os paulistas levavam vantagem. A terra farta produziu mais alimentos do que os habitantes poderiam consumir (Florence, 1977).

Carl Seidler era de opinião semelhante ao se referir aos habitantes sul-rio-grandenses. A hospitalidade era sua maior das virtudes, acolhiam o viajante mitigando a sua fome, independentemente das posses do anfitrião (Seidler, 1980). O naturalista Henry Walter Bates vivenciou também uma boa recepção por parte dos habitantes do Pará. Foi convidado pelo proprietário a entrar na casa para beber algo, enquanto as mulheres já se movimentavam para preparar um café. Após uma conversa amistosa, foi surpreendido com o presente de despedida: um cacho de bananas e alguns ovos; em outra ocasião recebeu um cesto de laranjas para consumir durante a viagem (Bates, 1944).

John Mawe, durante sua estada nas terras brasileiras, passou por São Paulo, onde abundavam as pedras preciosas, o principal objetivo de sua viagem. Porém, os costumes e o caráter dos habitantes chamaram a sua atenção, merecendo que fossem registrados. Ao deixar a cidade, com a mais grata das emoções, registrava de forma especial que a sua estada foi agradável, ao contrário do que imaginara. Conforme as narrativas de outros viajantes e os registros deixados por alguns jesuítas, a cidade era descrita como um local onde reinavam o barbarismo e a falta de hospitalidade, onde se reunia um bando de refugiados, composto de espanhóis, portugueses, mestiços, mulatos e outros. Sua experiência demonstraria que os registros eram inconsistentes e não correspondiam à realidade. Segundo ele, os paulistas não tinham herdado a infâmia, vínculo natural de descendentes de velhacos e vagabundos, que se tornou conhecido em todo o Brasil (Mawe, 1978). Sem dúvida, Mawe tivera contato com registros que apontavam os dois primeiros séculos de ocupação, delineados por muitos escritores de forma intensa, para revelar as dificuldades da ocupação.

A despeito de algumas controvérsias, a cordialidade fazia parte dos hábitos dos brasileiros que não poupavam esforços para agradar os viajantes, principalmente quando estes eram recomendados (Gardner, 1975). A simpatia e a amabilidade eram destacadas, juntamente com a simplicidade verdadeiramente nobre do anfitrião (Ribeyrolles, 1941). O que ficava evidente, nos tratamentos dados aos hóspedes, era que o dono da casa demonstrava um aguçado senso de dever de hospitalidade (Bates, 1944). A gratuidade e a ação cortês eram comuns, bem diferentes do que os europeus experienciavam em seu próprio continente.

Robert Avé-Lallemant, ao subir a Serra de Cubatão e chegar à região do Rio Grande, registrou também a hospitalidade de um jovem proprietário de burros que fazia o transporte de viajantes e mercadorias entre São Paulo e Santos. Aqueles que utilizavam os seus muares tinham excelente hospedagem na sua casa, muito bem arranjada e que poderia alojar aproximadamente quarenta viajantes. Essa situação, que não era comum no caminho dos viajantes, causou satisfação ao médico que estava habituado a pernoitar, conforme ele mesmo destacara, em espeluncas, compartilhando o cômodo com gente estranha (Avé-Lallemant, 1980b).

O viajante Alcides D'Orbigny, ao ser convidado para um jantar na casa de um homem abastado, descreveu o quadro que envolvia a recepção dos visitantes/viajantes. Naturalmente hospitaleiro, o morador mandou servir uma diversidade de carnes e legumes, de gostos variados, mas cozidos juntos. Destacava que:

> ao lado coloca-se sempre indispensável escaldado (flor de farinha de mandioca) que se mistura com caldo de carne ou tomate ou ainda com camarões; uma colher dessa substância farinhosa semilíquida, colocada no prato cada vez que se come um novo alimento, substitui pão, que nessa época não era usado no jantar. (D'Orbigny, 1976, p. 138)

No centro da mesa repousava uma galinha com arroz e um prato de verduras cozidas, extremamente apimentado. O repasto causava estranheza pelo uso sem escrúpulo do molho, preparado à base de pimenta malagueta esmagada, simplesmente, no vinagre, sempre presente na mesa dos brasileiros, independentemente da classe social. Para aliviar o paladar, impregnado pela pimenta, consumiam-se laranjas, segundo ele, "perfumadas e cortadas em quartos e distribuídas a todos os convivas para acalmar a irritação da boca. Como sobremesa, além das laranjas eram servidos ananases, maracujás, pitangas, melancias, jambos, jabuticabas, mangas, cajás, frutas-do-conde etc." (D'Orbigny, 1976, p. 138).

John Luccock foi recepcionado pelo governador Manuel Inácio de Melo e Souza que ofereceu um jantar em sua casa. No seu relato, Luccock afirmou que:

> A parte que maior impressão causou em meu espírito foi a sobremesa na qual se serviram vinte e nove variedades diversas de frutas nacionais, feitas em compota, cultivadas e fabricadas na vizinhança do lugar. Muitas delas eram novas para mim e houve uma espécie de tangerina branca que me atraiu a atenção, tanto pela sua cor singular como pelo seu excelente perfume. (Luccock, 1975, p. 305)

Quando os viajantes chegavam a algum local onde havia autoridade constituída, esta fazia o possível para recebê-los de maneira hospitaleira. Em Sorocaba, Johann Baptist von Spix e Carl Friedrich Philipp von Martius foram recebidos pelo capitão-mor que ofereceu "logo uvas frescas, e, ao provarmos essas frutas, ocorreu-nos esta observação: porque são tão pouco doces aqui nesta terra, ao passo que os ananases na Província de São Paulo primam pela doçura e pelo delicioso sabor" (Spix e Martius, 1981, p. 235).

Ao visitar uma das fazendas de café da província do Rio de Janeiro, Thomas Ewbank apreciou a beleza do lugar, manifestando o desejo de morar naquele vale, longe dos interesses comerciais. O proprietário estava ausente e a esposa dele o "recebeu polidamente". A hospitalidade da anfitriã chamou a atenção, bem como os dois papagaios que estavam com ela. Um deles, por ciúme, tratava de afastar o outro dela e viviam perfeitamente livres, excursionando na parte externa da casa para "gritar e tagarelar com outros pássaros sem dono" (Ewbank, 1976, p. 230). Thomas Ewbank, visitando a região do rio Macacu, registrou que, numa manhã, vira um nevoeiro muito denso. Dois pássaros pequenos subiram em uma árvore que estava diante da casa e uma chuva forte caiu das folhas. Antes de deixar os aposentos em que passara a noite, um escravo trouxe um café forte sem leite, como era costume naquela região e considerado essencial para a saúde.

A residência do seu hospedeiro era uma casa baixa, construída de pedra, com um pátio interno. Numa extremidade de um amplo corredor, havia uma saleta com duas camas e sobre a mesa havia uma imagem da padroeira da família, Nossa Senhora da Conceição, dentro de uma redoma de vidro, com três velas apagadas diante dela. Em outra posição estava a imagem que representava São João Batista. Esse cômodo tinha sido reservado para ele e um amigo que o acompanhava. Como Ewbank era protestante, via com reserva as imagens cultuadas pela população. Ao escrever, na mesa em que as imagens estavam, lembrou que os lavradores gregos e romanos tinham imagens de madeira e cera das divindades pagãs que cultuavam nos seus quartos. Thomas Ewbank e seu companheiro de viagem, estando acomodados nos seus quartos, perceberam que uma tempestade de granizo desabou como se fosse um dos invernos dos Estados Unidos. O ruído das pedras sobre o telhado incomodava. Isso de fato não era o pior. A agonia de Ewbank foi maior quando o barulho do telhado cessou, começando outro no assoalho. Alarmado, chamou o amigo, mas este já estava dormindo. Logo em seguida, desabaram alguns objetos sobre o seu leito. Rapidamente, o americano saltou dos lençóis, percebendo que alguma coisa havia caído sobre a mesa e da mesa para o chão e fugiu guinchando. Nesse momento, o amigo se voltou para ele e disse: "Por que não fica quieto? São apenas ratos". O medo se apossou de Thomas Ewbank que ficou "sentado no escuro, procurando expulsar o animal daninho". Para tanto, assoviou, deu vergastadas com o paletó que de nada adiantaram. A cada momento, mais ratos apareciam e ele os sentia "puxando a minha roupa". Essa experiência inusitada o fez afirmar que tivera "medo de morrer, pois pouco faltava para subirem por meu rosto e minha cabeça". Nunca sentira tanto prazer com o raiar do dia. Era o final da hospedagem naquele local. Os ratos fugiram, mas a experiência não seria esquecida, pois os roedores tinham feito vários estragos nos objetos que estavam no quarto. Ao registrar o fato, pela manhã, na hora do café, o seu interlocutor falou que esses animais abundavam pelo país, mas não habitavam as casas. Ao cair da noite, desciam para fazer suas investidas e no raiar do dia saíam rapidamente. A fazenda onde se hospedara era considerada pequena, com apenas meia légua quadrada de extensão. O local era rodeado por montanhas e florestas. Havia gado, mulas e escravos. Para atender às necessidades da família e dos negros, havia o cultivo de mandioca, café, feijão, e ainda criavam-se porcos. A cana-de-açúcar era produzida em larga escala para se obter o açúcar que era vendido. A plantação era boa e esperava-se obter lucro com o capital investido ali. O engenho era acionado por mulas, como os que os portugueses haviam introduzido nas terras coloniais. O mecanismo era constituído de três cilindros de madeira revestidos de ferro. O suco espremido da cana passava por um barrote e ia em direção a um tacho e de lá para a casa de purga, onde eram produzidos os pães de açúcar. Entre o engenho e a casa ficava a senzala (Ewbank, 1976, p. 273).

Na noite seguinte, os ratos retornaram ao quarto. Entravam e saíam pelos leitos sem maiores problemas. Para Thomas Ewbank, "farejavam e puxavam-nos os sapatos e as roupas, e grunhindo, fugiam como se fossem verdadeiros demônios". O americano estava horrorizado, mas seu amigo se mostrava indiferente ao seu sofrimento. Mediante isso, Ewbank preparou uma armadilha para o amigo. Ao invés de pôr a vela apagada fora da porta, ele a colocou no leito do amigo. Após alguns minutos, os ratos apareceram em grande número sobre o cobertor, procurando pelo sebo da vela. O amigo ralhou e "um abalo convulsivo manda ratos, vela e roupas, tudo para o ar" (Ewbank, 1976, p. 286).

Johann Jakob von Tschudi registrou a operação de descarregar as mulas, para que pudessem atravessar o rio Itabapuana, que não possuía ponte. A carga e os membros da comitiva atravessaram de canoa, tudo feito com muito trabalho, pois entre o descarregar e carregar dos animais levou mais de "duas horas de fadigas, sob um sol causticante". No percurso, levaram mais quatro horas de marchas, avistando uma ou outra fazenda. No final da tarde, chegaram à propriedade do comendador André Gonçalves da Graça, a 10 léguas de Santo Antônio do Muqui. Johann Jakob von Tschudi levava consigo uma carta de apresentação do barão de Itapemirim dirigida ao comendador, como era comum para uma boa acolhida. O comendador não estava em casa e os viajantes foram recebidos pela sua esposa, que fez chegar a carta às mãos do seu marido. Pouco tempo depois, o comendador André Gonçalves da Graça chegou acompanhado de seu genro e, "num gesto verdadeiramente cativante, pôs a sua casa ao nosso dispor". Ele era nascido na província de Trás-os-Montes, em Portugal, e logo cedo se aventurou pelo mar. Trabalhou durante anos fazendo o comércio de escravos entre a costa da África e o Brasil. A atividade, altamente lucrativa, permitiu que se dedicasse à atividade agrícola, adquirindo propriedades. Tschudi também mencionou que, estando hospedado na fazenda de um comendador, um vozerio monótono o despertou antes do amanhecer. As vozes vinham da varanda em frente ao seu aposento. Posteriormente, ficou sabendo que o que ouvira era o "apelo matinal aos escravos", que foi seguido por preces, tendo início mais um dia de trabalho (Tschudi, 1980, p. 15-6).

A amabilidade do comendador fizera que eles demorassem mais que o previsto. A viagem recomeçou em direção sudoeste, para o rio Paraíba do Sul. Nas margens havia dunas estéreis e uma estreita faixa de vegetação arbustiva. Na região, preponderava a pitangueira (*Eugenia pedunculata*) cujo fruto tinha a cor vermelho amarelado. O gosto era "um tanto acre, porém muito agradável, estava justamente amadurecendo". No caminho encontrou grupos de mulheres e crianças que iam à colheita desses frutos e assim passavam um domingo alegre. A pitanga se comia crua, e também poderia ser consumida em geleia. Para ele, ter encontrado o fruto foi providencial, pois foi possível comer uma grande quantidade dele, "que as mulheres nos vendiam por baixo preço", aliviando o calor que sentiam (Tschudi, 1980, p.18).

Às vezes, os moradores se sentiam envergonhados por oferecerem uma refeição simples, em razão de seus exíguos recursos. Para os viajantes, o pouco oferecido era um banquete e sua qualidade, às vezes, era muito melhor que aquela encontrada em hospedagens pelos caminhos. O que ficava evidente era o senso de hospitalidade por parte do dono da casa. A gratuidade da cordialidade dos anfitriões era o que impressionava os viajantes. Muitos deles não exigiam nada em troca e cortejavam o viajante como se ele fosse um rei.

Questões

1 | Analise as condições das acomodações oferecidas aos viajantes no decorrer de suas viagens pelo território brasileiro.

2 | Observe e analise como a hospitalidade brasileira foi descrita pelos viajantes em seus relatos.

3 | Analise o serviço oferecido pelas hospedagens no século XIX em São Paulo e no Rio de Janeiro.

10 Alimentos e sabores do Brasil

A alimentação dos habitantes das terras brasileiras era fruto de uma produção cultural que fundiu hábitos alimentares diversos (Burguière, 1993). A fusão de uma alimentação indígena com as dietas africana e portuguesa permitiu a constituição de um sabor particular, que variou de região para região, conforme a preponderância de uma matriz em relação à outra. Como observou Gilberto Freyre, o Brasil não era um "País de *Cocagne*", onde havia uma alimentação farta, obtida sem esforço. Por outro lado, foi também uma terra de alimentação incerta e vida difícil: "o Brasil dos três séculos coloniais. A sombra da monocultura esterilizando tudo. Os grandes senhores rurais sempre endividados. As saúvas, as enchentes, as secas dificultando ao grosso da população o suprimento de víveres" (Freyre, 1996, p. 3).

A diversidade de preparo também foi responsável por variações no que viria a se constituir como culinária brasileira. Segundo Câmara Cascudo (1983), a culinária africana foi assimilada de maneira decisiva na culinária brasileira. O uso de azeite de coco, o consumo de pimenta malagueta, inhame e de outros condimentos agregara um paladar diferente à cozinha brasileira. A cozinha indígena era simples, marcada pelo consumo de pratos feitos à base de milho, como a pamonha e a canjica, e de diversos derivados produzidos a partir da raiz da mandioca, como a farinha, o beiju, o mingau, a tapioca e a bebida fermentada, conhecida por cauim. Os portugueses foram os responsáveis pela grande circulação de espécies e de alimentos e por introduzirem trigo, cana-de-açúcar, arroz, alface, couve, repolho, nabo, laranja, limão, banana, melancia, melão, entre outras espécies. Animais como galinhas, patos e gansos também foram trazidos para a América portuguesa, com o intuito de ampliar a dieta alimentar.

As terras tropicais despertaram os interesses europeus para as possíveis riquezas naturais, em especial o ouro e recursos que pudessem ser lucrativos. A fauna e flora exóticas permitiram que os europeus e viajantes se deparassem com uma terra exuberante e com sabores bem diferentes daqueles que eram conhecidos. Os hábitos alimentares aparecem como elemento estrutural da identidade das terras coloniais. Sem dúvida, o hábito dos indígenas de comer alimentos frescos, contrastava com a realidade de muitos viajantes que tinham de consumir alimentos que não estavam em condições adequadas. O paladar também servia como um guia para as travessias e andanças pelas terras da América portuguesa.

Num trecho da carta de descobrimento do Brasil, que anunciou a descoberta das terras além do Tratado de Tordesilhas, Pero Vaz de Caminha registrou os portugueses indo buscar alimentos, principalmente os provenientes do mar. Os primeiros jesuítas, direta ou indiretamente, fizeram uma leitura mais demorada sobre algumas espécies da natureza, destacando o seu consumo, dando a conhecer a cultura alimentar da Terra de Santa Cruz e dos sabores novos que experienciavam. A qualidade da terra e a possibilidade de obtenção de grãos alimentícios ocuparam boa parte das descrições sobre a flora. Os viajantes fizeram descrições parciais, passageiras ou completas, tendendo a registrar a especificidade da região e a abundância de espécies, o que permitia ao paladar degustar sabores diferentes dos que normalmente eram conhecidos.

As descrições da flora remetiam à visão utilitária de domínio sobre a natureza. O jesuíta Luís da Grã afirmava que os mantimentos da terra, apesar de quase todos serem úmidos, existiam em abundância. O pescado era muito e tinha bom paladar, bem como a carne de animais que viviam no mato, que eram caçados pelos índios. Os habitantes criavam também porcos, bois, cabras, galinhas e patos em grande quantidade. Porém, destacava ele:

> Pão de trigo não tem senão o de Portugal ainda que em São Vicente se semeia e colhe muito formoso, porém nem ali nem nas outras Capitanias se trabalha para semeá-lo, porque este mantimento da terra de raízes de árvores, a que chamam mandioca é peçonhenta, se se bebe sua água, contudo a farinha que dele se faz

não faz mal a disposição. O aipim se come cru, como muitas outras raízes de que usamos. E desta farinha se faz pão de raízes de que usamos. E desta farinha se faz pão de muitas maneiras. Há com tudo muito milho e arroz muito bom e em muita quantidade (Leite, 1954, vol. 2, p. 130-1).

No início da colonização, algumas regiões se apresentavam como mais favoráveis à ocupação do que outras por serem as mais férteis. A Vila do Espírito Santo era tida, pelo religioso padre Afonso Brás, como a melhor e mais fértil de todo o Brasil. Havia nela muita caça silvestre, muitos porcos monteses e era abastecida de pescado (Leite, 1954).

O principal alimento da terra, naqueles idos, era a farinha de pau, que se fazia de certas raízes da mandioca, as quais, quando comidas cruas, assadas ou cozidas matavam. Para obter a farinha de pau, era necessário deitar a mandioca na água até apodrecer. Estando desfeita, era torrada e, em seguida, consumida em grandes vasos de barro. A mandioca foi considerada o alimento primordial dos trópicos, fato muitas vezes registrado pelos viajantes, até o início do século XX.

O cronista Magalhães Gândavo descreveu o tubérculo de forma pormenorizada, chamando a atenção para as suas funções alimentares e também para o seu preparo, por causa dos elementos tóxicos contidos na sua raiz, como outros viajantes também o fizeram, pois, afinal, a mandioca era o alimento mais importante da terra. Gabriel Soares de Sousa informa sobre as diferentes maneiras de plantá-la e suas variedades:

> Esta árvore lança das raízes naturais outras raízes tamanho e da feição da botijas, outras maiores e menores, redondas e compridas como batatas [...]. E para o gentio saber onde estas raízes estão, anda batendo com um pau pelo chão por cujo tom conhece, onde cava e tira as raízes de três e quatro palmos de altura, e outras se acham à flor da terra às quais se tira uma casca parda que tem, como a dos inhames, e ficam alvíssimas e brandas como maçãs de coco; cujo sabor é mui doce, e tão sumarento que se desfaz na boca tudo em água frigidíssima e mui desencalmada; com o que a gente que anda pelo sertão mata a sede onde não acha água para beber, e mata a fome comendo esta raiz, que é mui sadia, e não faz nunca mal a ninguém que comesse muito dela. (Sousa, 1971, p. 192)

Na maioria dos relatos, há referência à mandioca na dieta alimentar. A farinha de pau, feita das raízes do tubérculo, era o produto mais consumido, puro ou como acompanhamento de carnes e legumes, no período colonial. Tão comum quanto a sua importância para a alimentação era a descrição dos males provenientes da ingestão de produtos indevidamente preparados (Gerbi, 1992).

Conforme os cronistas, a alimentação dos índios era a mandioca, complementada com as diversas espécies de frutas, indícios de que seria possível sobreviver numa terra como aquela. As feições dos aborígenes davam ideia de que, no local, havia recursos para o sustento fácil, bastava explorá-los.

Em razão da variedade de gêneros das raízes da mandioca, era necessário conhecê-los junto aos indígenas para prepará-la e consumi-la. As narrativas a este respeito são revestidas de nuances espetaculares. Sendo, como afirmava José de Anchieta, o principal alimento da terra, a mandioca substituía o trigo europeu, constituindo o pão comum da Terra de Santa Cruz. O religioso descreve a mandioca como uma árvore que cresce com seus ramos e folhas até a altura de 10 a 12 palmos. O cultivo era feito a partir do plantio de uns paus dos ramos de comprimento de um palmo, que, após seis meses, dava grandes raízes. Após feita a extração da raiz da mandioca, ela era deixada na água, segundo ele, até ficarem podres. Em seguida, ela era espremida e fazia-se a farinha. Também era possível fazer outras iguarias. As raízes cruas poderiam ser raladas e espremidas, e depois postas ao fogo para fazer o beiju, que era um mantimento de pouca substância, insípido, mas são e delicado. Outro aspecto que chamava atenção era que as raízes poderiam ficar mais de quatro anos na terra, sem necessitarem de celeiros. Dessa forma, bastava colher quando se desejasse consumir farinha e beijus frescos[1]. A farinha de pau também possuía uma grande durabilidade, poderia ficar armazenada por longos períodos sem que as suas características fossem alteradas.

Contudo, as raízes, conforme alertava também o próprio padre José de Anchieta, eram venenosas e nocivas por natureza se não fossem preparadas pela indústria humana para se comer[2]. Os homens que a consumiam crua ou bebiam da sua água morriam, bem como os animais. O processo de levar ao fogo as raízes é que permitia a obtenção de um alimento saudável, que servia para alimentar os doentes. Havia outras espécies desse tubérculo, como o aipim, que não eram nocivas como a mandioca e preparavam-se de forma similar, assemelhando-se no sabor às castanhas portuguesas[3]. Nos séculos seguintes, os viajantes que visitaram as terras e interagiram com os habitantes de diversas regiões

---

1. Informação da Província do Brasil para nossos Padres – 1585. In: *Cartas Jesuíticas III*, p. 427.
2. Carta ao Padre Geral, de São Vicente ao último de maio de 1560. In: *Cartas Jesuíticas III*, p. 125.
3. Informação da Província do Brasil para nossos Padres – 1585. In: *Cartas Jesuíticas III*, p. 427.

ressaltaram as particularidades da mandioca e o seu consumo, como um elemento da identidade dos trópicos.

Para Charles Ribeyrolles, a mandioca era a raiz de um arbusto do tamanho da oliveira, que se cultivava com facilidade maior que as leguminosas e que permanecia 15 a 18 meses no subsolo. Arrancada, descascada e lavada em água corrente, ela era raspada, comprimida e torrada. O viajante lembrava que essas operações deveriam ser feitas a tempo, "sem o que a fécula se azeda e se perde". O suco da fécula era "um veneno violento; porém, desde que a raspagem a reduz a polpa e que esta polpa se submete a uma torrefação enérgica, todo o princípio tóxico desaparece". O resultado desse processo nas torradeiras era uma farinha seca e branca, que servia de elemento essencial na alimentação brasileira.

Além de fornecer o pão comum da terra, da mandioca extraía-se também uma bebida que causava, segundo muitos religiosos, um vício perigoso entre os índios. O cauim era ingerido em quantidade elevada e, assim, estando embriagados, os indígenas tornavam-se alvos de violências (Leite, 1954, vol. 1, p. 278).

O milho era outro grão utilizado para se fazer pão, sendo consumido em abundância (Leite, 1954, vol. 2, p. 47). Em *Caminhos e fronteiras*, Sérgio Buarque de Holanda oferece algumas referências importantes sobre os tipos de alimentos daqueles que viviam no interior. O milho era um alimento básico e seu consumo estava diretamente ligado à possibilidade do seu cultivo. Do milho obtinham-se farinha para o pão e diferentes tipos de canjicas que eram consumidos de diversas formas (Holanda, 1995).

O cultivo da mandioca era simples, bastava um terreno bem preparado, onde eram distribuídas as plantas em "cinco ou seis polegadas de fundo, por intervalos iguais". Nos intervalos entre uma e outra, era possível semear feijão ou milho. Depois de três meses, colhia-se primeiro o feijão e fazia-se a limpeza. Passados mais três meses, colhia-se o milho, limpava-se o solo mais uma vez. Posteriormente, extraía-se a raiz do solo quando o arbusto estivesse bem cheio de folhas (Ribeyrolles, 1941, vol. 2, p. 45-6). A alimentação era composta ainda de legumes, favas, abóboras e outras espécies que podiam ser colhidas da terra, bem como a mostarda e outras ervas que podiam ser consumidas cozidas. Para beber, além da água, consumiam a água cozida com milho acrescida de mel.

Nos séculos XVII e XVIII, nas chácaras e fazendas próximas às vilas e cidades, eram cultivados vegetais e cereais, e criavam-se animais. No entorno da sede das fazendas, havia numerosas construções, necessárias para garantir a produção e o comércio dos produtos. Armazéns, engenhos, alambiques, outros maquinários e a senzala compunham um complexo produtivo. O cultivo de mandioca, milho, feijão e ervilhas era feito em quase todas as propriedades, que também cultivavam bananas, goiabas, pinhas e marmelos. Ao lado das plantações eram criados aves e porcos, sendo o excedente comercializado em áreas públicas na região central da cidade.

John Mawe, ao visitar São Paulo, notou que as quitandas e o mercado, no início do século XIX, eram bem abastecidos e que a oferta de legumes e de animais era ampla. O que mais o impressionou foi o baixo preço do frango e da carne de porco (Mawe, 1978). Se a oferta de legumes e de carne de frango e porco era significativa, o mesmo não se poderia dizer da criação do gado e da carne bovina. Segundo ele:

> As vacas não são ordenhadas com regularidade; consideram-nas mais como ônus do que como fonte de renda (...). A indústria do leite, se assim podemos qualificar, é conduzida com tão pouco asseio, que a pequena quantidade de manteiga fabricada fica rançosa em poucos dias, e o queijo nada vale. (Mawe, 1978, p. 67)

John Mawe, durante a sua permanência na cidade de São Paulo, degustou com prazer uma variedade de ervilhas, muito gostosa, denominada feijão, cozida ou misturada com farinha de mandioca (Mawe, 1978, p. 72). O prato típico das terras brasileiras era destacado por aqueles que viajavam pelas terras tropicais.

As demais espécies de plantas não eram em grande variedade, se comparadas com os grãos e frutos, no período colonial. Havia abóboras, favas, ervilhas, feijões e legumes que eram consumidos o ano todo[4]. Com o decorrer dos anos, a circulação de espécies da Europa e do Oriente para o Brasil permitiu que uma diversidade de plantas se aclimatassem, favorecendo a ampliação dos recursos alimentares tropicais[5].

Johann Baptist von Spix e Carl Friedrich Philipp von Martius registraram a simplicidade da cozinha brasileira e a sobriedade nas refeições, o que favorecia a saúde do povo de um país tão quente. Na refeição feita no meio do dia, o brasileiro degustava poucos pratos, não ingeria muita bebida alcoólica e bebia muita água. À noite, consumia poucos alimentos; às vezes, bebia uma xícara de chá ou

---

4. Informação da Província do Brasil para nossos Padres – 1585. In: *Cartas Jesuíticas III*, p. 430.
5. Informação da Província do Brasil para nossos Padres – 1585. In: *Cartas Jesuíticas III*, p. 430.

de café e evitava, sobretudo, o consumo das frutas frescas (Spix e Martius, 1981). Para os dois pesquisadores, as condições em que viviam os habitantes do sertão era lastimável, "visto a miséria em que geralmente vive a gente do sertão". Os recursos alimentares eram poucos, às vezes, havia um pouco de feijão e mandioca, ervas e, se fosse possível, um pedaço de carne. Uma dieta que estava longe de ser a mais adequada para garantir o sustento (Spix e Martius, 1981, p. 261).

Os condimentos naturais também aguçaram o paladar dos viandantes. Portugal introduziu nas terras tropicais diversas especiarias, que foram rapidamente incorporadas no preparo de alimentos. A pimenta, preciosidade do comércio de especiarias de Portugal, apesar de ser utilizada em grande quantidade pelos indígenas, é pouco mencionada. Anchieta se refere a ela como artigo de contrabando das naus francesas, indicando o seu elevado valor comercial.

A partir da segunda metade do século XVI, o cultivo da cana-de-açúcar passou a ser preponderante em diversas regiões, em função do valor elevado do açúcar no mercado europeu. A cana-de-açúcar era tratada nas primeiras décadas após a descoberta como tempero, e transformou-se na principal mercadoria da terra. Cultivada em quase todas as capitanias do Norte e do Sul, a cana era o produto que sustentava a economia mercantil portuguesa. Apesar de a produção açucareira voltar-se basicamente para o comércio exterior, o seu consumo interno era significativo na produção de bebidas, conservas e doces. As frutas eram consumidas ao natural ou em doces. Em *Informação da Província do Brasil de 1585*, o padre José de Anchieta destaca que o açúcar era utilizado para fazer diversos doces como laranjada, cidrada, aboboradas e talos de alface e outras conservas[6].

A diversidade de frutas disponível fez das terras tropicais um dos locais de sabores mais exóticos. As frutas foram notadas pela sua diferença em relação àquelas consumidas na Europa. As frutas cítricas são as mais mencionadas, sempre destacadas pelas suas variedades e pelo fácil cultivo. Laranjeiras, cidreiras e limoeiros eram encontrados na maioria das propriedades, que cresciam sem grandes cuidados[7]. As laranjas nos cachos causavam um deleite aos que apreciavam a árvore. Debret registrou que, em uma de suas viagens, o fruto foi oferecido às crianças e mães que se encontravam na embarcação e elas ficaram espantadas por "achá-las já tão doces e perfumadas quanto as que comemos em França, de apa-

---

6. *Cartas Jesuíticas III*, p. 428.

7. Informação da Província do Brasil para nossos Padres – 1585. In: *Cartas Jesuíticas III*, p. 429.

rência mais madura". Contudo, dever-se-ia tomar cuidado com a acidez da casca que seria "capaz de pretejar a boca de uma pessoa delicada" (Debret, 1978, p. 117). Auguste de Saint-Hilaire não escondeu a sua predileção pela laranja seleta de casca lisa e grossa que, segundo ele, "não existe talvez no mundo fruto mais delicioso" (Saint-Hilaire, 1975a, p. 298). De fato, o que havia eram vários tipos de laranja que foram identificados pelos viajantes, alguns mais comuns, outros com mais suco e doce e também as qualidades que tinham um sumo desenxabido (Vilhena, 1921, p. 755). Daniel Parish Kidder, ao visitar uma fazenda, demonstrou seu deslumbramento com o laranjal, "era o maior que jamais vi em qualquer terra", pelos seus cálculos a extensão dele era de aproximadamente mil alqueires. Plantavam-se na propriedade diferentes espécies (Kidder, 1980, p. 155-6).

Os pés de limoeiros existiam em grande quantidade no litoral (Léry, 1980). Henry Walter Bates destacou o uso do sumo do limão no preparo do peixe (Bates, 1944). As qualidades dos limões eram bem variadas. O limão doce, conhecido na Europa, tinha suco abundante e doce quando chegado ao extremo da sua maturação, sendo possível de ser encontrado por preço baixo e utilizado nas compotas (Debret, 1978). Os frutos das terras tropicais faziam jus à antiga imagem paradisíaca. Sabores, sumos, cores e cheiros encantavam paladares, olhares e olfatos. Uma verdadeira festa dos sentidos se fazia presente na degustação de frutas.

A banana, fruta típica das regiões de clima quente, estava disseminada por todo o território, principalmente na faixa litorânea. Foi citada como planta comum dos quintais, juntamente com outras espécies[8]. Além de ser comum, a banana foi associada à "figueira que dizem de Adão", sadia para os homens enfermos e encontrada em fartura por todo o ano (Brandão, 1943, p. 207). A banana proveniente da Ásia e das ilhas Atlânticas adaptou-se facilmente ao solo americano, passando a constituir um dos elementos básicos da alimentação, em especial para suprir a fome. A abundância de espécies de bananas fez que diversos pratos fossem criados tendo como base essa fruta, que era consumida com carne, com farinha, e ainda assada ou frita. Jean de Léry destacou, na metade do século XVI:

> O fruto, a que os selvagens chamam pacó [...] tem mais de meio pé de comprimento e se assemelha ao pepino, sendo como este amarelo, quando maduro [...]. A fruta é boa; quando chega à maturidade tira-se-lhe a casca como o figo fresco e

---
8. Informação da Província do Brasil para nossos Padres – 1585. In: *Cartas Jesuíticas III*, p. 415-20 e 430.

sendo gomosa como este parece que se saboreia um figo [...] é verdade que são mais doces e mais saborosos do que os melhores figos de Marselha. Deve portanto a pacova figurar entre as frutas melhores e mais lindas do Brasil. (Léry, 1980, p. 129-30)

Pero de Magalhães Gândavo, alguns anos mais tarde, também ressaltou a planta como uma fruta que garantia o sustento de muitas pessoas na terra. O sabor da fruta era evidenciado com uma casca que parecia "pele como de figo (ainda que mais dura) a qual lhe lançam fora quando a querem comer; mas faz dano à saúde e causa febre a quem se desmanda nela" (Gândavo, s.d., p. 36-7). Outros viajantes destacaram a fruta e a beleza da planta com seus grandes cachos que podiam garantir o sustento de muitas pessoas, o tronco e o enrolamento das folhas largas e compridas. Principalmente naquelas regiões onde a pobreza era elevada e havia apenas farinha com banana para alimentar várias bocas, sobretudo os escravos (Queiroz, 1961). A variedade de bananas era motivo para se efetuar o registro, quando comparada a outras partes do mundo. A fruta não faltava em nenhuma das mesas.

Carl Seidler, em 1826, fazia menção ao clima do Rio de Janeiro, pouco propício à produção de maçãs, peras, cerejas e ameixas, frutas que eram apreciadas pelos europeus. Contudo, as laranjas, abacaxis, mangas e cajus eram superiores em qualidade, de sabor agradável e exalavam um forte perfume. Outra fruta saborosa era a banana, tida como "extremamente útil" porque servia "de principal alimento aos negros e classes mais pobres e da qual também às vezes fazem uma cerveja muito espumante" (Seidler, 1980, p. 69).

Nas andanças pelo interior, os recursos para os viajantes eram poucos. Quanto mais afastados dos grandes centros e povoamentos, mais rareava a possibilidade de ter algum tipo de conforto. Saint-Hilaire, ao fazer a sua viagem pelo Vale do Paraíba, ressaltou que pela estrada não havia grandes recursos, apesar de existir um número elevado de vendas que ofereciam aos clientes vasilhames de barro, fumo e outros sortimentos. Para ele, era uma felicidade quando nesses locais se podia "encontrar uma dúzia de bananas ou uns queijos" (Saint-Hilaire, 1975a, p. 42-3). Em outras referências, Saint-Hilaire sempre observava que as casas eram cercadas de bananeiras e outras árvores frutíferas, constituindo um grande recurso para os moradores. Cultivavam-se diversas castas de bananas (Constatt, 1975). Ele, passando por Minas Gerais, afirmava que eram "cultivadas quatro variedades de bananeiras"; as chamadas São Tomé, de bagos pequenos e gosto agradável; as bananas-da-terra, cujos frutos, maiores e menos delicados, são comidos depois de cozidos; a variedade Maranhão, com frutos ainda maiores que as bananas-da-terra; e, enfim, a quarta, chamada farta-velhaco, cujos cachos e frutos são ainda maiores que as da terra (Saint-Hilaire, 1974a, p. 116).

A fruta era apreciada ao natural, mas também havia outras formas de degustá-la. Louis François de Tollenare registrou que a banana consumida crua "não lisonjeou o meu paladar; mas assado como batata as substitui perfeitamente; preparam-no de muitas outras maneiras; mas então não é o gosto da fruta e sim a arte do doceiro que se aprecia" (Tollenare, 1978, p. 43-4).

Saint-Hilaire, na sua viagem pelo interior de Minas Gerais e São Paulo, salientou o valor módico dos víveres vendidos. Contudo, as mercadorias escasseavam quando a circulação de tropas era reduzida e não era possível obter milho, arroz ou farinha. Isso fazia que os deslocamentos fossem penosos e cheios de privação e, por outro lado, revelavam a "penúria reinante" em algumas regiões. Quando a carne e outros alimentos faltavam, a banana, a goiaba e o peixe supriam a falta de outros comestíveis (Saint-Hilaire, 1975a, p. 73).

José de Anchieta, ao registrar as várias frutas exóticas das terras brasileiras, salientou que os frutos tropicais eram melhores que os de Portugal. Mangabas, mocujês, cajus, araticum, ananases, entre outros tinham paladar diferente dos encontrados em terras lusitanas, possível de se compreender somente por meio de analogias[9]. Pero de Magalhães Gândavo, em 1558/1572, destaca o paladar do ananás:

> Outra fruta há nesta terra muito melhor, e mais prezada dos moradores de todas, que se cria em uma planta humilde junto do chão: a qual planta tem umas pencas como erva-babosa. A esta fruta chamam ananases, nascem como alcachofras, os quais parecem naturalmente pinha, e são do mesmo tamanho, e alguns maiores. Depois que são maduros, tem um cheiro mui suave e comem-se aparados feitos em talhadas. São tão saborosos, que a juízo de todos não há fruta nesse Reino que no gosto lhe faça vantagem, e assim fazem os moradores por eles mais, e os tem maior estima que outro nenhum pomo que haja na terra. (Gândavo, s.d., p. 34)

---

9. Informação da Província do Brasil para nossos Padres – 1585. In: *Cartas Jesuíticas III*, p. 430.

Para Gabriel Soares de Sousa, o ananás tinha beleza, sabor e aroma. Para degustá-lo, bastava descascar a fruta e lançar fora a casca e "a ponta de junto do olho por não ser tão doce". Em seguida, cortava-se o fruto em talhadas redondas como se fazia com a laranja. Ficava "o grelo que vai correndo do pé e até ao olho e, quando se corta, fica o prato cheio de sumo que dele sai como é de cor dos gomos da laranja e alguns há de cor mais amarela e desfaz-se todo o sumo na boca como o gomo de laranja, mas é muito mais sumarento" (Sousa, 1971, p. 134). O padre Fernão Cardim referiu o ananás ressaltando o seu consumo elevado, tanto ao natural como em conserva: "Há tanta abundância desta fruta que se cevam os porcos com ela, e não se faz tanto caso pela muita abundância: e também se fazem em conserva, e cruas desenjoam muito no mar" (Cardim, 1978, p. 115).

O abacaxi também despertou a atenção de outros viajantes. Atraía com outras frutas tropicais os olhos daqueles que estavam principalmente habituados aos sabores europeus. Theodor von Leithold e Ludwig von Rango, ao registrarem os abacaxis, destacaram sua abundância, sendo geralmente comidos em *"beignert"* ou como torta de maçãs, sendo então muito gostoso (Leithold e Rango, 1966, p. 19-20). Jean-Baptiste Debret, em 1816, registrava as propriedades do ananás, "Ananás coroado, vermelho escuro, muito perfumado, ananás de cor verde, mesmo gosto [...] serve-se o ananás à mesa no seu estado de maturação ou em fatias cristalizadas [...]. Faz-se na Bahia um grande comércio com o xarope desse fruto, empregado como poderoso diurético [...]" (Debret, 1978, p. 23). Os membros da expedição austríaca, Johann Baptist von Spix e Carl Friedrich Philipp von Martius, ao passarem por Araçoiaba da Serra, registraram o ananás como uma fruta que se adapta facilmente às condições da terra e do clima da região. A espécie poderia ser encontrada pelos campos, em plantações, e atingiam um bom tamanho e sabor excelente. Em geral, eram servidos ao natural ou em compota, como sobremesa, e até se fazia dele um vinho muito agradável e saudável (Spix e Martius, 1981).

Em 1821, Maria Graham (1990) registrou em seu diário de viagem um dos jantares do qual participara. O cardápio da festa era rico e reunia diversos tipos de alimentos; como abacaxis e bananas eram abundantes, compunham o repasto com maçãs e peras. Enquanto os brasileiros preferiram os gêneros vindos do estrangeiro, ela e os estrangeiros davam preferência às produções do país.

Outros frutos tornaram-se mais conhecidos e foram tidos como exóticos e diferentes, conforme a região do território. D. Frei João de São José Queiroz

(1961), ao realizar a sua visita pastoral pelo interior do Pará em 1763, apresenta o açaí como uma fruta muito apreciada na região. A árvore, similar a uma palmeira, que do tronco saía uma ou duas varas, como se fosse um cacho cheio de bagos, era o açaí. Estes bagos eram consumidos com água e açúcar, que acrescentavam ao pequeno fruto um paladar agradável. Luís dos Santos Vilhena (1921) também elogia o fruto destacando o seu sabor, desde que bem preparado.

Hercules Florence, em 1828, registrou de forma detalhada o preparo do açaí:

> Derramando-se uma porção de açaí em gamela com água e esfregando os cocos com as mãos, destaca-se a película e tinge-se a água de uma só cor negro-carmínea. Passando tudo por um pano, faz-se bebida muito agradável com consistência e gosto aproximado do leite. Pondo-lhe um pouco de açúcar, é refresco da melhor qualidade. A gente pobre adiciona-lhe um bocado de farinha de mandioca e tem assim nutrição tão simples quão substancial. Esta combinação é, como o guaraná, invento dos indígenas. (Florence, 1977, p. 303-4)

Henry Walter Bates, ao visitar a ilha nos arredores de Baião no Pará em 1848, reforça sua importância como componente alimentar dos povos da região:

> O açaí é o mais usado, mas este forma um artigo universal do regime em todas as partes da região. O fruto, que é perfeitamente esférico, é do tamanho de uma cereja, contendo pouca polpa entre a casca e o caroço. Faz-se com ele, juntando água, uma bebida espessa, violeta. Que mancha os lábios como amoras. O fruto do miriti é também alimento comum, embora a polpa seja ácida e desagradável, pelo menos para o paladar europeu. (Bates, 1944, p. 159)

Robert Avé-Lallemant, ao visitar o Pará, constatou que o calor nas ruas de Belém tornava a caminhada uma tarefa difícil. O alívio, para as temperaturas elevadas, era o açaí. Ao meio-dia ouvia:

> sempre, a cada momento, pregão penetrante, percorrendo toda a modulação da escala: Acaí! Açaí! Todo estranho julga nesse pregão qualquer remédio para o povo, e quando chama a pregoeira de açaí, preto ou fusca, e examina o segredo, encontra numa panela um molho cor de vinho, um caldo de ameixas. Esse molho cor de vinho e na margem do rio Pará exatamente mesmo que o mate no Rio Grande do Sul e nas repúblicas espanholas, o café fraco para as mulheres do norte e o chá para as damas histéricas. Mais ainda do que isso, é, em suma, principal alimento do povo. (Avé-Lallemant, 1961, p. 33)

O fruto era encontrado nas palmeiras, abundantes na região, sendo possível encontrar em todas as estações do ano. Meninos subiam pelo tronco e com o peso do corpo iam ao topo para apanhar os cachos maduros. As bagas eram maceradas e ficavam na água. Em seguida, eram esmagadas, até que a polpa se desprendesse, formando um "molho cor de vinho com água". A polpa era misturada à farinha de mandioca e adoçada com um pouco de açúcar. Como bem ressaltou Avé-Lallemant, "um caldo meio ralo, que, na primeira prova, achei logo muito saboroso, perfeitamente comparável com o das nossas cerejas pretas" (Avé-Lallemant, 1961, p. 33).

O caju, que frutificava em árvores altas, chamava a atenção pela mudança de cor. Quando madura, a fruta ficava amarela, quando degustada, tinha um sabor acidulado. Com o seu sumo se fazia refresco muito apreciado (Léry, 1980). Na ponta havia um pomo que criava uma castanha, similar à fava, "o qual nasce primeiro, e vem diante da mesma fruta como flor; a casca dele é muito amargosa em extremo, e o miolo assado é muito quente de sua propriedade e mais gostoso que a amêndoa" (Gândavo, s.d., p. 37). As castanhas conquistaram rapidamente o paladar dos europeus e viajantes. Além de assadas, elas poderiam ser comidas cruas ou deitadas em água e piladas, podendo se fazer com elas diversos doces (Gândavo, s.d.).

O padre Fernão Cardim, ao fazer suas visitas pelo interior da Bahia, registrou o seu deleite em comer debaixo de um cajueiro, a fruta da árvore. Salientava o paladar agradável e o sumo que ela produzia, bem como a castanha. Contudo, se o líquido da fruta caísse num tecido, advertia: "põe nódoas em roupa de linho ou algodão que nunca se tira" (Cardim, 1978, p. 275). As castanhas, depois de assadas, poderiam ser guardadas por vários anos, como observou Johann Nieuhof, que afirmava ser a fruta muito apreciada chegando a população a "brigar por sua causa" (Nieuhof, 1942, p. 299-300).

Os coqueiros, que existiam na orla marítima, além de propiciarem uma paisagem indescritível, davam cocos, fruto de forma oval que possuía uma casca muito fibrosa. A água que ficava na parte interna do fruto era muito apreciada. O príncipe Maximiliano de Wied-Neuwied alterou a sua opinião sobre o sabor da água de coco. Estando na Bahia, salientou que os altos coqueiros que vira tinham frutos com água apreciável, bem diferente daqueles que eram vendidos na Europa, cujo gosto era insípido, pois já chegavam velhos ao continente europeu. Na Bahia, os cocos eram colhidos antes de estarem completamente maduros e "a água tem agradável sabor agridoce e é muitíssimo fresca e refrigerante". Muitas eram as iguarias preparadas com o coco. Dizia o príncipe que ralado e cozido era misturado ao feijão preto e "dá gosto muito bom, também fazem dele, com açúcar e outros ingredientes, doces ótimos, que infelizmente não suportam uma viagem à Europa" (Wied-Neuwied, 1940, p. 199).

Jean-Baptiste Debret destacou o coco dendê de casca lisa e com caroço oleoso. O sabor lembrava a manteiga fresca, às vezes, sendo utilizado no seu lugar. O azeite era engarrafado e atendia ao uso doméstico na Bahia, onde era comumente usado nas refeições. Diversos tipos de cocos foram registrados pelos viajantes, que descreveram os frutos nas suas diferenças de forma, odor e sabor, amplamente consumidos ao natural ou como doce (Debret, 1978). Como afirmou o príncipe Maximiliano de Wied-Neuwied, a família das palmeiras foi um bem que a Providência fez às regiões equatoriais, pois permitia que muitas pessoas se alimentassem (Wied-Neuwied, 1940). Além disso, algumas espécies de coqueiros poderiam fornecer folhas para o abrigo humano e possuíam um fruto comestível, o palmito (Kidder, 1980).

A falta de alimentos no sertão fazia que a população consumisse palmitos, gabirobas e outras frutas silvestres, quando não havia milho ou mandioca. O período prolongado de uma alimentação deficitária fazia que o estado de magreza fosse acentuado e, na maioria das vezes, os habitantes tinham uma pele pálida, não escondendo os sofrimentos causados pela fome (Saint-Hilaire, 1975a).

A mangueira, vinda da Ásia, chamava a atenção pelo fruto ser maior que os pêssegos e possuir uma casca lisa como a da maçã (Vilhena, 1921). As árvores eram imensas e produziam uma quantidade grande de frutos (Tollenare, 1978). A polpa alaranjada tinha um sumo abundante, de paladar agradável. Debret afirmou que se comia com o maior "prazer quando os pedaços são previamente mergulhados na água fresca, perdendo um pouco de sua essência oleosa" (Debret, 1978).

A mangaba era outra fruta que não passou despercebida aos olhos dos viajantes. As árvores cresciam cerca de doze pés de altura e davam frutos duas vezes por ano, altamente apreciada por se comer toda, sem deitar nada fora, ter "muito bom gosto, sadias e tão leves que por mais que comam, parece que não comem frutas" (Cardim, 1978, p.51). A mangabeira, segundo o padre Fernão Cardim, era na feição parecida com a macieira e a folha se assemelhava à dos freixos. Eram para ele, árvores graciosas e sempre verdes: "dão duas vezes fruto no ano: a primeira de botão, porque não deitam então flor, mas o mesmo botão é a fruta; acabada esta camada que dura dois ou três meses, dá outra, tomando primeiro flor, a qual é toda como de jasmim, e de tão bom cheiro, mas mais esperto" (Cardim, 1978, p. 184). Lembravam na consistência a ameixa. O cheiro agradável e o sabor suave se compunham com a propriedade de auxiliar no processo digestivo e fazer bem ao estômago (Sousa, 1971). Spix e Martius, ao chegarem à fazenda do Rio Formoso, na Bahia, foram recebidos pelos sertanejos com amabilidade. Estes ofereceram uma limonada feita com mangaba, abundante na região nordeste do Brasil. Era costume dos habitantes prepararem esse refresco "agradável e nutritivo que, entretanto, tomado em demasia dá colorido amarelo à pele e à esclerótica" (Spix e Martius, 1981, p. 225). Da fruta também se fazia doce, amplamente consumido e, segundo Robert Avé-Lallemant (1961), já conhecido na Europa.

O maracujá era uma fruta que foi registrada com uma série de detalhes. O fruto foi associado, na sua forma, à laranja; às vezes de cor amarela e outras preta. O padre Fernão Cardim, ao descrevê-lo, afirma que dentro havia "uma substância de pevides e sumo com certa teia que as cobre, e tudo junto se come, e é de bom gosto, tem ponta de azedo, e é fruto de que se faz caso" (Cardim, 1978, p. 63-4). O fruto no seu interior possuía sementes envoltas em polpa que poderiam ser consumidas às colheradas ou, como registrou Debret, quando maduro, podia-se "chupar o glúten [...] açucarado que envolve suas sementes"(Debret, 1978, p. 234-6). O cheiro despertava ainda mais a atenção do degustador. Gabriel Soares, no seu registro descreveu "uma flor branca muito formosa e grande que cheira muito bem, donde nascem umas frutas como laranjas pequenas, muito lisas por fora, a casca é da grossura da das laranjas de cor verde clara; o que tem dentro se come, que além de ter bom cheiro tem suave sabor"(Sousa, 1971, p. 132). Do fruto também se faziam doces cristalizados.

Ambrósio Fernandes Brandão, no *Diálogo das grandezas do Brasil*, redigido em 1618, mencionou que havia quatro castas diferentes:

> uma chamada maracujá-açu, por grande, e o segundo maracujá-peroba, excelente para conserva, a terceira maracujá-mexiras, a quarta maracujá-mirim, por pequena, que todas fazem mui boas latadas e dão igual sombra [...]. Parece-me que vos não lembrais das latadas das nossas parreiras, porque nestas terras as tenho visto. Sim, lembrava [...] porque deveis de saber que toda sorte de vindonha se dá nela em grandes maneiras, e somente se servem de parreiras, as quais dão muitas uvas ferraes, e outras brancas maravilhas, com levarem duas e ainda três vezes fruto no ano. (Brandão, 1943, p. 201-2)

O araçá é um fruto que poderia ser de cores diferentes, com alguma ponta de agro e apreciado por muitos. O seu formato lembrava as nêsperas e a sua ponta, apesar de azeda, era utilizada para fazer doces, em especial a marmelada. Segundo Jean-Baptiste Debret, o araçá-do-campo, de cor amarela, era muito apreciado pelos "franceses, que o comem com vinho e açúcar, pela semelhança de gosto com groselha branca e de aroma com o morango" (Debret, 1978, p. 237).

A jaqueira era uma árvore que chamava atenção pelo seu porte grandioso. As jacas eram consideradas "frutos monstruosos", que pesavam cerca de uma arroba. A casca áspera causava um pouco de repulsa, porém a parte interna guardava bagos cobertos de polpa, muito doces e comestíveis (Vilhena, 1921, p. 753). Louis François de Tollenare, nas suas notas de viagem, afirmou que "A árvore mais curiosa que encontrei na minha excursão foi a jaqueira". O fruto era enorme e oblongo, com um sabor ligeiramente adocicado a princípio, mas, "por falta de acidez se torna em breve insípido [...]" (Tollenare, 1978, p. 43-6).

O guaraná era um fruto consumido por tribos indígenas, que posteriormente se espalhou por entre os colonos. O arbusto do guaraná foi descrito como uma árvore que produzia sementes maduras nos meses de outubro e novembro. As sementes eram postas a secar, a operação tornava a casca externa mais solta. Em seguida, as sementes eram esfregadas umas às outras, desprendendo a parte externa. As sementes limpas eram postas num pilão de pedra ou sobre uma chapa de grés aquecida na parte inferior. Após esse processo, as sementes eram reduzidas a pó, o qual poderia ser misturado com um pouco de água e fervida. As sementes maceradas pelo pilão eram expostas ao sereno até que ficassem no ponto de amassar a pasta de cor escura. Poder-se-ia juntar à massa algumas sementes, sendo posteriormente enrolada na forma cilíndrica. Exposta ao sol ou permanecendo no interior das moradias, a massa cilíndrica endurecia, sendo empacotada em largas folhas de tabaco. Conforme a necessidade, ralava-se parte da massa endurecida e consumia-se com água e açúcar ou com cacau e farinha de mandioca (Spix e Martius, 1981). Enquanto bebida, foi apreciada pelo paladar refrescante. O guaraná, consumido comumente na região do Amazonas, conquistou o mercado na segunda metade do século XIX. Oscar Canstatt, no final da década de 1860, refere-se à "droga produzida pela floresta brasileira" (Constatt, 1975, p.III).

Os frutos brasileiros eram normalmente referidos nos relatos pelo paladar agradável que possuíam. Saint-Hilaire (1936) destacou a camarinha. Jean-Baptiste Debret descreveu o cambucá, um fruto de casca espessa, suco doce e cujo cheiro se assemelhava ao do abricó. Lembrava que somente a mucilagem, que envolvia o caroço, é que deveria ser consumida (Debret, 1978). Pelos caminhos, nas matas havia uma quantidade significativa de frutas silvestres, saborosas e apreciadas pelos viajantes, quando estes se aventuravam a degustá-las. Ortizes, pequiás, jabuticabas, amoras, pitangas, cajás, entre outras, eram encontradas (Vilhena, 1921, p. 519). Johann Jakob von Tschudi, na viagem que empreendeu pelas províncias do Rio de Janeiro e São Paulo, passou pela região do litoral norte de São Paulo na época em que as pitangueiras estavam amadurecendo. A população da região, principalmente mulheres e crianças, fazia a colheita do fruto de um vermelho amarelado e de gosto levemente acre. Os viajantes se sentiram beneficiados em atravessar aquela área nesse período, "pois naquele calor escaldante, comemos com grande prazer pitangas, que as mulheres nos vendiam por baixo preço" (Tschudi, 1980, p. 18).

O cacau foi registrado por Johann Baptist von Spix e Carl Friedrich Philipp von Martius. Em 1819, passando por Manaus, eles descreveram os frutos como sendo semelhantes a pequenas abóboras. Este, partido ao meio, tinha amêndoas que raladas e passadas numa peneira davam um suco adocicado, de sabor muito apreciável e refrescante (Spix e Martius, 1981).

A melancia era consumida por homens e animais. John Luccock, nos seus deslocamentos pelo Rio de Janeiro e partes meridionais do Brasil, evidenciou que o consumo de melancia era "altamente refrigerante, tanto para os homens como para os cavalos" (Luccock, 1975, p. 140). O príncipe Maxiliano de Wied-Neuwied, que visitou o Brasil, observou no sul da Bahia e nordeste de Minas Gerais que os escravos eram "tratados geralmente com doçura [...]. Na hora do maior calor do dia, levam-lhes nas roças em que trabalham, grandes vasilhas do melhor leite, e dão-lhe em abundância excelentes melancias, muito refrescantes". Sem dúvida, este cuidado representava uma situação pontual, longe de ser observado em outras partes do território, onde o trato para com os escravos era menos benevolente (Wied-Neuwied, 1940, p. 375).

Francis Castenau, nas suas andanças pela região central do Brasil, foi convidado para um jantar de gala, no palácio do governador. Na cerimônia, registrou um "espetáculo curioso"; para sobremesa, "em cima da mesa foram postas enormes melancias, cortadas simplesmente em duas metades; cada conviva tomava conta de um desses enormes pedaços, que lhes topava a cara como uma máscara e de cujo fundo saíam estranhos ruídos produzidos pela sucção" (Castelnau, 1949, p. 367).

Os viajantes procuravam reencontrar os sabores das suas terras de origem. Quando tinham oportunidade de experimentar algo que lhes agradava, registravam com satisfação. Auguste de Saint-Hilaire, em 1819, em sua viagem pelo distrito dos diamantes, registrou a expansão de pomares com frutas europeias. A região era:

> propícia à cultura das árvores frutíferas da Europa [...] experimentei grande satisfação vendo em um pomar, misturado às grumixameiras [...] às bananeiras, às jabuticabeiras: macieiras, pereiras, damascos, pessegueiros, grande número de pés de abricós e castanheiras novos [...]. Comi um damasco e manga, achando-as excelentes. (Saint-Hilaire, 1974a, p. 112)

Ao chegar à região do rio Jaguariaíva e Castro, em 1820, Saint-Hilaire degustou frutas que também eram comuns na Europa. Na localidade, degustara cerejas e ameixas "que os dão desde o mês de janeiro, e eu comi ainda nos primeiros dias de fevereiro, ameixas muito boas para a espécie a que pertenciam" (Saint-Hilaire, 1979, p. 43-4). Em Caxambu, também lhe foram oferecidas ameixas, cerejas, pêssegos e figos que lhe pareceram excelentes (Saint-Hilaire, 1979).

Em Goiás, no ano de 1819, Auguste de Saint-Hilaire foi convidado para um jantar no palácio do governador. Sobre a mesa havia uma bandeja com "esplêndidas uvas moscatéis, as quais como o vinho, foram inutilmente cobiçadas pela maioria dos convivas. Eu, porém fui mais favorecido, achei-as excelentes". Esse privilégio conferido aos visitantes não era comum à população, pois ainda era considerado "um artigo de luxo". Embora as vinhas produzissem boas uvas, de boa qualidade, e o fabrico do vinho tenha dado resultado, ainda era caro, sendo que Saint-Hilaire atribuía esta situação à "indolência do povo do lugar" (Saint-Hilaire, 1975b).

Os frutos europeus, que se aclimatavam no território brasileiro, foram constatados pelos viajantes. Carl Seidler, no registro que realizou sobre os dez anos que permaneceu no Brasil, dá conta de que, nos arredores de Cerrito, no Rio Grande do Sul, visitou um proprietário que o fez conhecer o jardim. Para sua surpresa, ele se deparou com um "pomar plantado inteiramente à europeia". Nele havia um canteiro de "morangos", permitindo que fossem colhidos. Eram os primeiros morangos que Carl Seidler via no Brasil, demonstração de que esta e outras frutas, que faziam parte dos hábitos europeus, eram possíveis de serem cultivadas nos trópicos (Seidler, 1980, p .142).

Azpicuelta Navarro, num registro conciso, delineia os tipos de carnes. Havia muita caça: aves; antas, que, segundo ele, se assemelhavam parte a uma mula e parte a um boi; porcos monteses; tatus; lagartos; raposas; lebres e coelhos também eram caçados, junto ainda de diversas castas de macacos. Veados, gatos monteses, onças e tigres também eram perseguidos e mortos como as perdizes, pardais, faisões e outras aves (Leite, 1954). Essas carnes reforçavam a dieta alimentar que Anchieta cita como carnes do mato, sendo, em alguns casos, mais comuns que a pesca (Leite, 1954). Como visto anteriormente, os registros feitos pelos viandantes, desde o início apontavam para uma variedade ampla de espécies, sendo que boa parte dela possuía boa carne.

Carnes de animais de criação também eram consumidas, pois estes animais eram criados com facilidade. A flora abundante fornecia ao gado alimentação farta nos campos do litoral. Bates, em sua estada em Ega durante nove anos (1850-1859), descreveu:

> Durante a maior parte do ano comíamos carne de tartaruga, em Ega. A tartaruga gigante do Amazonas atinge enormes proporções no trecho superior do Rio, chegando a medir quando adulta quase um metro de comprimento por sessenta centímetros de largura e constituindo um respeitável fardo mesmo para o índio mais robusto. Toda casa tem no quintal um pequeno tanque (chamado curral), onde é mantido um estoque desses quelônios na estação da chuva. (Bates, 1944, p. 55)

Como bem observou Arno e Maria José Wehling, os habitantes do sertão comiam:

> quase tudo o que a natureza oferecia: cobras, sapos, ratos, raízes de guaribá, brotos de samambaia, içás (formigas muito apreciadas) com carne de macaco, bicho-de-taquara (considerado de sabor semelhante aos miolos de boi), [...] frutas silvestres (jabuticabas, pitangas, ananás e araçás), além de carne de caça (anta, paca e veado) e pesca. (Wehling e Wehling, 1994, p. 257-8)

Esses hábitos foram impostos pelas condições do meio e pelas dificuldades encontradas em várias regiões. Não havia possibilidade de escolha, e o paladar do habitante e também dos viajantes tinha que assimilar os sabores exóticos.

O que impressionava alguns viajantes era o consumo de carne de porco pelas diferentes classes sociais. Thomas Ewbank, a respeito dessa dieta alimentar, salientou: "E que carne de porco! É tudo gordura" (Ewbank, 1976, p. 106). Era surpreendente verificar que, enquanto no Oriente havia proibição ao consumo de carne de porco, por causa do clima, nas terras tropicais se consumia tanto. Ao contrário, os médicos afirmavam que as carnes eram adequadas para consumo e que a saúde da população não ficava comprometida com a sua ingestão.

Além dos animais, insetos também eram utilizados na dieta alimentar dos jesuítas, como incorporação de uma cultura alimentar indígena, que revelava a ausência de interdições nesse sentido, pois a formiga e o *rahu* também se moviam sobre a face da terra.

Irmão Anchieta, atuando no Colégio de São Paulo de Piratininga, recém-fundado, relata que pelos idos de setembro de 1554, ele e seus companheiros esperavam por certo gênero de formigas, "as quais quando fazem enxame são os filhos um pouco grandes, e estas temos cá por manjar delicado, e não pensamos que temos pouco quando as temos" (Leite, 1954, vol. 2, p. 123). Mas, não só as formigas eram úteis à alimentação. Os *rahu*, espécie de lagarta, eram consumidos com frequência:

> Criam-se em canas [taquaras] uns bichos roliços e longados, todos brancos, da grossura dum dedo, que os índios chamam rahu e costumam comer assados e torrados. E há-os em tanta quantidade que deles se faz banha semelhante à do porco, e serve para amolecer o coiro e para comer. Destes insetos uns se tornam borboletas, outros saem ratos que fazem os ninhos debaixo das mesmas canas, e outros se transformam em lagartas que devoram as ervas (Leite, 1954, vol. 3, p. XII).

Em 2 de abril de 1827, Langsdorff escreveu uma carta à Academia de Ciências de São Petersburgo, sobre os inconvenientes de navegar pelos rios, pelo enxame de mosquitos que cobria a todos da expedição. As formigas também estavam nas margens dos rios e incomodavam bastante. A alimentação era deficiente e conforme dizia "mal se podiam levar até à boca duas colheradas de favas frias com sebo (nossa única, habitual e diária alimentação), sem engolir também mosquitos". A água do rio Paraguai era uma das piores, porque estava carregada de todos os corpos estranhos, "folhagem e raízes apodrecidas, peixes em decomposição e a fétida urina de centenas de jacarés", o aspecto da água "coberta por uma espuma repugnante" provocava "asco só de olhar, e quase completamente inservível para beber-se" (Becher, 1990, p. 9-12).

Se as formigas eram uma praga para determinados cultivos, por outro poderiam ser um "petisco". Georg Wilhelm Freireyss afirma que o tipo de formiga que os habitantes chamavam de "tanajura" servia de alimento à gente. Em outubro, essas formigas, que têm asas, abandonam os formigueiros velhos, sendo consumidas por pássaros e homens. Era uso torrar-se com "gordura os grossos abdomens das fêmeas, cheios de ovos, que segundo a opinião de todos é um verdadeiro petisco". O tórax com a cabeça e asas, jogava-se fora (Freireyss, 1982, p. 56).

A pesca, pela extensão da faixa litorânea, dos rios e lagoas de água doce, era também fonte abundante para a alimentação. A imensa variedade de peixes e seu caráter ímpar também constou dos relatos dos viajantes. Dentre os peixes, o padre Azpilcueta Navarro descreveu a piranha com especial atenção, pois esta corta o anzol com os dentes como uma navalha. Ciente do aspecto inacreditável da sua informação, acrescenta que o seu testemunho é de vista, concluindo: "vi com meus olhos, porque de outra maneira apenas acreditaria" (Leite, 1954, vol. 2, p. 249).

Com o mesmo olhar curioso e vivaz, Anchieta destacou a diversidade de animais aquáticos, que contribuíam de forma acentuada para enriquecer a dieta alimentar da época. Interessado, principalmente naqueles animais que vivem na água e na terra, a narrativa do jesuíta aponta para uma seleção de espécies passíveis de serem consumidas na alimentação. Contudo, nem sempre a caracterização destas espécies era fácil, pois, em virtude de algumas peculiaridades, era difícil a classificação, como observa o loiolista:

> Há um certo peixe (que chamamos peixe-boi e os índios iguaraguâ), frequente na vila do Espírito Santo e noutras povoações para norte, onde não há frio ou é pouco e se faz sentir com menor rigor do que entre nós. Muito grande no tamanho, alimenta-se de ervas, como mostram as mesmas ervas pastadas nos rochedos à beira dos mangues. No corpo é maior que o boi, cobre-se de pele dura, parecida na cor à do elefante. Tem no peito dois como braços, como que nada, e em baixo deles as tetas, com que alimenta os filhos. A boca é em tudo igual à do boi. É muito bom para se comer e mal se pode distinguir se é carne ou se antes se deve considerar peixe. A gordura, que está pegada à pele e sobretudo junto a cauda, derretida ao fogo, torna-se líquida e pode-se bem comparar à manteiga, não sei se ainda melhor, e usa-se em vez de azeite para temperar comidas. Todo o corpo é travado de ossos

sólidos e duríssimos, que podem fazer as vezes de marfim (Leite, 1954, vol. 3, p. III-IV).

Henry Koster, ao ser hospedado num engenho nos arredores do rio Cunhaú, no Rio Grande do Norte, ficou surpreendido com a ceia que lhe ofereceram. Ele se preparou para jantar, mas foi chamado apenas a uma hora da madrugada. Entrou na sala de jantar e a mesa estava "inteiramente coberta de pratos incontáveis, suficientes para vinte pessoas". Sentou-se ao lado do anfitrião e iniciou a degustação das iguarias até estar "perfeitamente saciado". Pensando que havia terminado, logo em seguida veio outro "serviço, igualmente profuso, de galinhas, pastéis etc., e ainda apareceu um terceiro, tendo pelo menos dez espécies diferentes de doces" (Koster, 1942, p. 102).

Um quadro do ambiente das refeições foi feito por John Luccock, com detalhes. Segundo ele, antes de servir o jantar, os convidados, quando eram só homens ficavam livres, "perambulando à toa ou recostando-se em cadeiras, mesas, camas ou esteiras, no soalho". Muitos deles ficavam à vontade, tirando o casado e os sapatos, bem como outras peças se o calor fosse intenso, "guardando apenas o traje que a decência requer". Quando estavam presentes senhoras, havia mais consideração pelo decoro. A disposição à mesa lhe parecia estranha. Duas situações poderiam ser observadas, ou todas as damas ficavam juntas de um lado e os cavalheiros de outro, ou a "dona da casa sentava-se ao lado do marido, tendo junto dela uma outra senhora, e, então, o marido desta, de tal maneira que duas esposas fiquem sempre no meio de seus respectivos cônjuges". Esta etiqueta era indicativa de uma "precaução zelosa", que não era tão descabida, numa sociedade como a brasileira. A presença de moças solteiras à mesa era sinal de "confiança notável e de grande respeito pela reunião" (Luccock, 1975, p. 83-5).

O dono da casa sentava-se à cabeceira e serviam-se diferentes iguarias. Nos dias santos, só eram servidos peixes. Os pratos eram trazidos um por um, servia-se uma porção a cada um sucessivamente. Ninguém recusava o alimento, como também não principiava a comer antes de que o último estivesse servido. Em se terminando de servir o último, todos iniciavam a refeição. Para Luccock, eles comiam "muito e com grande avidez e, apesar de embebidos em sua tarefa, ainda acham tempo para fazer grande bulha". A altura da mesa era elevada, assim o prato ficava no nível do queixo. Era comum que a pessoa espalhasse seus cotovelos ao redor do prato e, colocando o pulso junto à beirada deste, despejava o conteúdo todo em sua boca, num pequeno movimento hábil (Luccock, 1975, p. 83-5).

Nessas ocasiões, era servido vinho tinto fraco, mas, como este era ingerido em grande quantidade, o efeito era desastroso, porque os convivas ficavam barulhentos, exagerando na gesticulação, com garfos e facas na mão, "de tal maneira que um estrangeiro pasma que olhos, narizes e faces, escapem ilesos". A refeição era demorada, às vezes, ficava-se à mesa por cerca de duas horas. John Luccock entendia que não havia "grande limpeza nem boas maneiras, durante a refeição". Isso se deveria ao fato de os pratos não serem trocados, "sendo entregues ao copeiro segurando-se o garfo e faca numa mesma mão". A utilização dos dedos com tanta frequência era outro aspecto da falta de higiene. Porém, entre amigos, havia a prática de comerem do mesmo prato, sendo comum "que os dedos de ambos se vejam simultaneamente mergulhados num só prato" (Luccock, 1975, p. 83-5).

Thomas Lindley também registrou uma de suas refeições com um senhor de engenho. Ele fora recebido de forma acolhedora e "os alimentos bem cozidos (para o país) e toleravelmente asseados". O jantar foi no chão, "sendo estendidas umas esteiras e, sobre elas, uma toalha limpa". Não havia luxo, a louça e os talheres utilizados eram suficientes, fato que considerou digno de menção porque era raro (Lindley, 1969, p. 42). Ao passar por Cuiabá observou que, "apesar de estarem à disposição garfos e facas, os convidados comeram da maneira como estavam habituados. Pegavam um pedaço de carne e o colocavam na palma da mão, acrescentando verdura e farinha. Em seguida, regavam o bocado com azeite ou sopa, formando um bolo que levavam à boca" (Lindley, 1969, p. 137).

Em um jantar na casa do capitão do Forte do Mar, em Salvador, o viajante comentou que os pratos utilizados para o serviço eram simples, porém superiores a outros que vira. Os convidados que compartilharam daquela refeição eram "bem mais finos embora eles tivessem o horrível costume do país, qual seja, o de comer com as mãos, em vez de usar facas e garfos, posto que não houvesse falta desses utensílios". Lindley registrou a operação que lhe causava estranheza:

> Primeiro tomam entre os dedos um pouco de carne (que é sempre tão bem passada que se separa facilmente) e, depois, legumes e farinha. Mergulham isso no molho

> ou na sopa, que tem em abundância nos seus pratos, esmagam o conjunto na palma da mão, fazendo um bolo mais ou menos do tamanho de um pequeno sabonete, o qual, assim pronto levam imediatamente à boca, preparando outro enquanto comem. (Lindley, 1969, p. 137)

Por mais "repugnante" que pudesse parecer, essa situação não foi exagerada, advertia ele, "não lhe estou carregando as tintas".

A prática era difundida por todas as classes e até perante estranhos, quando utilizavam faca e garfo, logo se cansavam com "um estilo tão pouco usual, lento e enfadonho; abandonam involuntariamente o talher e recaem no hábito antigo, com redobrada avidez". Lindley salientava que, da mesma forma que o Oriente, era apresentada água antes e depois das refeições, "mas isto não desculpa, de modo algum, esse costume bárbaro e pouco asseado" (Lindley, 1969, p. 63).

Não era incomum num jantar, onde estivessem diversos convivas, alguns deles usarem da mesma faca. Henry Koster alertava para o fato de que um pedaço saboroso não estava seguro no prato, "podendo ser frequentemente arrebatado e mesmo substituído por outro, em troca" (Koster, 1942, p. 268-70).

Após a refeição, em casas mais abastadas e com uma etiqueta mais elaborada, era habitual "um giro do paliteiro ao redor da mesa". A peça era normalmente chamativa e poderia ser encontrada de diversas formas. Thomas Ewbank observou a prática, sendo-lhe oferecido um paliteiro de prata "com palitos de espinhos de laranjeiras". O formato do mesmo poderia ser um "porco-espinho, do qual os palitos se erguem como espinhos"; ou um "disco do sol no qual os palitos são os raios"; ou ainda um "abacaxi nas mãos de um Apolo" (Ewbank, 1976, p. 63).

Após o jantar, servido no começo da tarde, o brasileiro descansava. Jean-Baptiste Debret dizia que os habitantes "com a boca abrasada pelo estimulante dos temperos e literalmente queimada pelo café fervendo" procuravam um cômodo à sombra e, semidespidos, descansavam por 2 ou 3 horas, "adormecendo afinal, banhados de suor". Por volta das seis horas da tarde acordavam e o tempo já estava mais brando, segundo ele: "com a cabeça um pouco pesada, cansada da digestão, manda trazer um enorme copo de água que bebe, enxugando lentamente o suor que lhe orvalha o peito" (Debret, 1978, p. 141).

Jean-Baptiste Debret identificou que a hora do jantar variava, de acordo com a profissão do dono da casa. No Rio de Janeiro, era prática comum dos empregados jantarem às duas horas da tarde, depois da saída do escritório. O negociante inglês, por sua vez, deixava sua loja na cidade por volta das cinco horas e jantava por volta das seis horas. No passado, reconhecia que o brasileiro jantava ao meio-dia e o negociante à uma hora. Esse horário deveria ser sempre respeitado, pois havia inconvenientes em desrespeitá-lo. Debret dizia que era muito importante, principalmente para o estrangeiro que "desejasse comprar alguma coisa numa loja, evitar de perturbar o jantar do negociante pois este, à mesa, sempre mandava responder que não tinha o que o cliente queria". Não era usual o visitante se apresentar em uma casa na hora do jantar, "porque não se era recebido durante o jantar dos donos". Outras razões confirmavam o inconveniente, entre elas era o hábito de ficar à vontade sob uma temperatura elevada, não sendo levado em consideração nenhum tipo de etiqueta (Debret, 1978, p. 137).

A natureza dos trópicos permitia que os viajantes naturalistas tivessem contato com diferentes espécies, convivendo juntas, num mesmo espaço. Esta composição *sui generis* permitia um colorido, marcado por vários tons de verde, que impressionava ainda mais com as flores e os pássaros, que compunham a paisagem. Porém, sabores exóticos e inusitados poderiam surpreender os viajantes nos seus deslocamentos. Hábitos alimentares, normalmente distintos daqueles que os europeus praticavam e que foram ressaltados pela diferença que representavam. Compartilhar sabores era compartilhar saberes.

Questões

1 | A alimentação tropical era considerada farta, principalmente nas grandes propriedades. Analise os hábitos culinários da população brasileira destacados pelos viajantes.

2 | Os frutos, os vegetais e os animais nativos foram registrados pelos viajantes de diferentes maneiras. Fale sobre a impressão deles acerca do uso desses produtos na alimentação.

3 | Elabore um quadro sinóptico dos principais alimentos descritos pelos viajantes e pesquise sobre a presença destes na culinária brasileira nos dias atuais.

11 Atrativos culturais

Georg Wilhelm Freireyss entendia, pela sua experiência, que, no modo de viver e mesmo no que dizia respeito à religião, o brasileiro era muito mais tolerante que o português. Cabia ao viajante ser prudente e agir sempre conforme os costumes do lugar porque poderia haver variações. Um amigo de Freireyss, querendo mostrar a sua amizade, quis espargi-lo com água benta. Não compreendendo o que o amigo desejava, Freireyss recuou bruscamente, até que sentiu a água fria no rosto. Como ele era o único estrangeiro no lugar, todos repararam nele e "imediatamente espalhou-se o boato" de que ele, "por causa do medo que tinha mostrado, estava possuído de um espírito maligno, a quem a água benta horrorizava". O caso ganhou uma proporção tão grande, que chegaram a mandar um religioso para salvar a sua alma. Mediante a situação, Freireyss preferiu "abandonar para sempre e de noite aquele lugar" (Freireyss, 1982, p. 112). Em um país católico, profundamente marcado por rituais e superstições, todos os atos poderiam ser compreendidos a partir de um referencial religioso subjetivo e que não escondia o preconceito para com pessoas de outras religiões.

Jean-Baptiste Debret dizia que "todo brasileiro, um pouco supersticioso", conservava em casa uma pequena imagem de Santo Antônio carregando um menino Jesus nos braços. No dia do santo, arranjava-se o altar "sobre o qual se coloca a imagem ridiculamente enfeitada com fita de várias cores". No entorno da imagem eram postas velas acesas e flores que eram oferecidas pelos fiéis. Contudo, quando acontecia "uma desgraça, na casa", o primeiro castigo que se impunha ao santo era a privação do menino Jesus, que lhe era retirado dos braços. Caso a desgraça se repetisse ou se tornasse mais grave, retiravam-se todas as fitas, amarravam a imagem e a mergulhavam "num poço, de maneira a ficar com os pés molhados". Assim permanecia a imagem até o problema ser resolvido. Persistindo os males sobre a pessoa ou a casa, a imagem era mergulhada "mais profundamente na água até o queixo". Esta não era a última etapa; se as "calamidades continuassem", retiravam a imagem de Santo Antônio do poço e a abandonavam "com desprezo num recanto qualquer, até que uma nova desgraça reanime a superstição do dono da casa que, dominado pelo hábito", implorava a milagrosa proteção do santo restituindo-lhe as honras devidas (Debret, 1978, p. 62-3).

A superstição era identificável em pequenos gestos do dia a dia. Jean-Baptiste Debret, ao passar pelas ruas do Rio de Janeiro, constatou as superstições existentes na sociedade. Uma negra católica liberta, quitandeira, tinha por hábito, ao abrir sua quitanda, colocar uma pequena cruz de madeira no meio de sua banca, "na convicção de com isso realizar bons negócios". Ela não era a única a fazer tal ritual, adotado por outros também, colocavam cruzes de madeira de proporções significativas na porta de seu comércio (Debret, 1978, p. 168).

Auguste de Saint-Hilaire, demonstrando ser um viajante cauteloso, percebeu que os habitantes pobres do interior do território traziam "ao pescoço não somente um rosário, mas também vários amuletos". Precavido e tendo o "temor de parecer ignorante ou indiscreto", não perguntou para que esses amuletos serviam. Por ocasião da sua estada em Batatais, indagou a um homem por que portava "um comprido dente suspenso ao pescoço". Este lhe declarou que era um "dente de lobo", e que não havia "melhor preservativo contra mau-olhado" (Saint-Hilaire, 1976, p. 111). Estas eram algumas práticas que despertavam o olhar do viajante, mas que eram vistas como práticas comuns pela população, sendo condenadas por alguns e toleradas por muitos.

Algumas práticas populares foram recolhidas por Thomas Ewbank em seu registro. O americano dizia que o cavalo-marinho era um "peixinho curioso", que, quando seco, era aplicado à pele, servindo como elemento poderoso na remoção da "dor de cabeça assim como demônios". A figa também era difundida entre a população. À cozinheira negra, que prestava serviços para os proprietários da casa que hospedou o viajante, Thomas Ewbank indagou se ela trazia algum tipo de amuleto. Esta, sem demonstrar nenhuma cerimônia, "tirou do seio uma figa de osso", afirmando que na sua terra natal usava um "dente para este mesmo efeito". Era comum que os escravos, quando conseguiam algum dinheiro, o gastassem na compra de uma figa, "que às vezes é feita de raiz de jacarandá" (Ewbank, 1976, p. 188).

Outra superstição difundida na terra era o mau-olhado. A população acreditava que as crianças poderiam adoecer por causa de "forças terrenas e extraterrenas que lhes invejam a beleza". O "olho gordo" não era uma prerrogativa só das bruxas, mas também de "senhoras elegantes". Quando uma mulher perdia o seu cabelo ou este se tornava prematuramente cinzento, as pessoas acreditavam ser o efeito do "olhar de alguma invejosa". Thomas Ewbank registra que uma jovem senhora, que vivia nas cercanias de onde se hospedara, acabara de perder as tranças compridas e macias. Indagada sobre o que teria acontecido, ela dizia saber "muito bem qual é a pessoa de sua amizade responsável pelo desastre". Outra situação curiosa, que poderia indicar "olho gordo", era quando um estranho acariciava a cabeça de uma criança e dizia que ela era bonita. Os pais ficavam inquietos se ele não concluísse "pedindo a Deus ou aos santos que a abençoe, isto sendo a prova de que não lhe está dirigindo um mau-olhado" (Ewbank, 1976, p. 189).

Muitos dos viajantes que passaram por São Paulo eram protestantes (anglicanos, luteranos, calvinistas, presbiterianos e metodistas). As igrejas reformadas da Europa e América do Norte possuíam um caráter mais individualista e introspectivo, expresso na relação direta do indivíduo com Deus. Para eles, as manifestações religiosas católicas tendiam a um exagero. Daniel Parish Kidder foi um deles e, ao registrar o número de igrejas da cidade, afirmava que havia 12 igrejas, aí incluídas as capelas dos conventos. Permanecendo na cidade, o visitante teve oportunidade de assistir a uma celebração na Igreja da Sé, segundo ele, era bastante ampla e, "por ocasião de nossa visita cerca de vinte clérigos cantavam a missa". Era grande a assistência, com acentuada predominância de mulheres. Segundo o pastor americano, o púlpito ficava de lado e o fundo da igreja era invariavelmente ocupado pelo altar-mor. A assistência não tinha onde sentar a não ser no piso de terra, de madeira ou de mármore, conforme a suntuosidade do templo (Kidder, 1980, p. 209-10). Na igreja, o sermão era o recurso mais fácil e eficaz de comunicar às pessoas as novidades e divulgar posições políticas. O sermão funcionava como um instrumento de ataque e defesa no âmbito político.

Aos domingos a população ia à igreja com suas melhores roupas; aqueles que podiam trajavam pano de algodão tingido, com capa ou manto. Muitos que assistiam ao culto levavam cadeiras para melhor se acomodarem. Salienta Daniel P. Kidder (1980) que parte das músicas tocadas, durante as cerimônias, eram conhecidas na França como peças licenciosas e profanas.

As grandes festas da igreja eram celebradas com vastos aparatos. Lentamente a população que habitava as regiões mais afastadas chegava ao local da cerimônia. Os mais favorecidos vinham a cavalo e as mulheres seguiam em liteiras conduzidas por bestas ou escravos. Os colonos mais ricos revezavam entre si os gastos mais elevados da festa, externando a sua bondade e o seu poder perante a população. Após a celebração religiosa, música, danças e espetáculos eram acompanhados de fogos de artifício. Nessas ocasiões, a ingestão de alimentos e bebidas alcoólicas era elevada. Os excessos da bebida faziam que atos de violência acontecessem. Em se permitindo a participação de escravos e o consumo de bebidas, a tendência era que os casos de destempero fossem maiores. Apesar de pequenos entraves, as festas eram o momento de congraçamento do corpo social (Rugendas, s.d., p. 193).

Nos cultos religiosos, as mulheres compareciam ornadas com joias, como forma de demonstrar a sua posição social. O cuidado estendia-se também aos escravos e, em especial, às escravas, fato que despertava o interesse dos viajantes. Kidder observou que o ouro e a pedraria adquiridos para refulgir nos salões eram vistos cintilando pelas ruas, em curioso contraste com a pele negra das domésticas, efêmeras e humildes representantes da abastança da família (Kidder, 1980, p. 211).

John Mawe, no seu registro, salientou que as diversas ordens religiosas ofereciam bons membros para a sociedade, pois eles estavam livres da carolice e da falta de liberdade características nas colônias espanholas da América que visitara. A cidade era aclamada pela tolerância, assegurando ao viajante que nenhum estrangeiro seria molestado, enquanto se portasse como cavalheiro, e não insultasse a religião estabelecida (Mawe, 1978).

Nas ocasiões festivas, como as procissões, a população manifestava a sua religiosidade dando mostras de felicidade pela celebração. Esses momentos de sociabilidade eram uma das poucas ocasiões em que a população se reunia. Para que as celebrações ocorressem de maneira adequada, os camaristas determinavam que os caminhos e a frente das moradias fossem limpos para a passagem das procissões no decorrer do ano. A Câmara também zelava para que a população comparecesse à celebração, obrigando os moradores locais a participarem ou exigindo esclarecimentos sobre os motivos de sua ausência. Caso contrário, ficavam sujeitos ao pagamento de multa. Desde os primeiros anos da vila, o comparecimento às procissões era obrigatório, ficando o faltoso, naqueles idos, passível de ser penalizado.

As procissões religiosas eram eventos grandiosos. A cidade preparava-se para a procissão, limpando os caminhos e paramentando as sacadas das casas, local ideal para apreciar o espetáculo. O solene cortejo tinha como intenção demonstrar a profunda veneração e o fervor religioso da população. Homens e mulheres apresentavam-se vestindo as melhores roupas. Nos dias solenes, a população que habitava no entorno visitava a cidade, participando ativamente do cortejo. As procissões eram comuns, e muitas delas eram realizadas à custa dos cofres municipais, sendo praticadas já no século XVIII. As procissões de São Sebastião, do Corpo de Deus, de Santa Isabel e do Anjo Custódio eram extremamente concorridas. Por ocasião das festas, eram preparadas luminárias, com tigelinhas de azeite para enfeitar a fachada das casas, conforme referido em parágrafo anterior. As celebrações religiosas eram necessárias não só pelo aspecto espiritual, de renovação e demonstração da fé, mas também pelo temporal. Era por ocasião das missas e festas religiosas que a população se reunia, momento utilizado pelo poder público para fazer a pregação, quando eram divulgadas as decisões da Câmara que afetavam a vida dos moradores. A religiosidade, expressada durante as cerimônias, ganhava colorido próprio com a pompa exterior, às vezes mais valorizada que a própria cerimônia.

A cada mês, uma ou mais festas religiosas aconteciam na cidade do Rio de Janeiro, como em outras localidades. As grandes festas eram as procissões de São Jorge, do Corpo de Deus, da Natividade, da Sexta-Feira Santa, da Assunção, entre outras, que marcavam o calendário litúrgico. Nessas festas, despendiam-se tempo e dinheiro. Os negros participavam dos grandes cortejos, seguindo-os com tochas. Pelas ruas, devidamente preparadas, passavam os relicários, sob o dossel da bandeira, carregados por religiosos. Cerimônia que seguia um ritual metódico, acompanhado por fiéis que andavam pelas ruas ou observavam, de forma respeitosa, da sacada das varandas de suas moradias. Para Charles de Ribeyrolles, a população do Rio de Janeiro, apesar de não poder ser chamada de beata, acompanhava as romarias de forma compenetrada e circunspecta (Ribeyrolles, 1941).

Jean-Baptiste Debret entendia que as festas do Natal e da Páscoa constituíam ocasiões de divertimento, quando havia interrupção no trabalho das administrações e nos negócios do comércio. O descanso era aproveitado pela sociedade. Os fazendeiros visitavam suas propriedades, os artífices aproveitavam o período para descansar na propriedade de um amigo no meio rural. Para estes, era preciso apenas levar "sua esteira e sua roupa pelo escravo". Na hora de dormir, as esteiras eram desenroladas e o leito estava formado em qualquer parte da casa. No dia seguinte, era só enrolar as esteiras e passear pelos arredores ou banhar-se num rio. Esse exercício matinal abria o apetite para o almoço. Após o almoço, as pessoas se divertiam até a uma hora da tarde, quando se jantava. O jantar era farto e demorava. Por volta das quatro horas as pessoas se recolhiam para a sesta e dormiam até as sete horas. Depois da Ave-Maria, começavam outros divertimentos movidos pelo som do violão e pelas narrativas das pessoas mais velhas. Debret, nesse "ligeiro esboço", dava "uma pobre ideia das brilhantes recepções realizadas". Às vezes, havia variação da jornada com pescarias, passeios a cavalo, caçadas e outras distrações. Assim as semanas do Natal e da Páscoa eram aproveitadas pelos brasileiros (Debret, 1978, p. 162-4).

Auguste de Saint-Hilaire, que visitou a cidade de São Paulo pela Semana Santa de 1822, ficou surpreso com a pouca atenção dos fiéis durante os serviços religiosos, pois ninguém se compenetrava do espírito das solenidades. Segundo o autor, os homens mais distintos participavam delas apenas por hábito. O povo comparecia como se tratasse de um folguedo. O que causava estranheza ao viajante era que os fiéis não respeitavam o espaço da igreja e do culto. No ofício de Endoenças, a maioria dos presentes recebia a comunhão da mão do bispo, sem maior atenção. Olhavam à direita e à esquerda, conversavam antes desse momento solene e recomeçavam a conversar logo depois. O número de pessoas que circulava pelas ruas nem sempre era sinal de devoção; as ruas viviam apinhadas de gente que corria de igreja a igreja, somente para vê-las, sem o menor sinal de fervor.

O pastor Daniel Parish Kidder notou que quem desejasse encontrar, "já não digo estímulo", mas ao menos lugar para um culto mais espiritual, precisaria ser singularmente fervoroso. Essas cerimônias, por sua complexidade, detalhamento e pelo número de pessoas que nelas participavam, exigiam uma regulamentação igualmente complexa. As festas da igreja eram efetivamente um espaço religioso que mesclava o mundo em sagrado e profano. Nessas comemorações, procurava-se dar sentido à vida, reorganizando e consolando as relações humanas. Nesse momento, a sociedade reafirmava os laços de solidariedade, ao mesmo tempo em que utilizava sua força questionadora para avaliar a ordem estabelecida.

As festas públicas, em especial as religiosas, foram revestidas de grande fausto. O cortejo, ou procissão, seguia pelas ruas da cidade, com todos os elementos de um espetáculo, onde a cenografia era fundamental. Muitas dessas cerimônias exigiam um planejamento e regulamentação complexos. As ruas, por onde as procissões passavam, eram ricamente decoradas com colchas nas janelas, flores e o chão decorado. Após a realização dos ofícios religiosos, tinham início as danças e comemorações profanas. As procissões surgiam, portanto, como um belo exemplo da religiosidade de então, em que preponderava a exteriorização do luxo e o esplendor no culto. Eram manifestações de fé obrigatórias e, quando representadas nas ruas e áreas públicas, eram motivo para que todos comparecessem. O evento era um espetáculo que impressionava os fiéis e, ao ser repetido anualmente, confirmava a força da crença e o esforço dos religiosos para que a devoção não terminasse. As procissões acendiam as chamas da fé e tinham uma intensidade significativa, numa cidade onde se praticavam rituais religiosos indígenas e africanos.

A presença do catolicismo português era muito forte. As manifestações da fé eram externadas de forma intensa e pomposa, tanto nas missas como nos funerais, e as procissões eram compostas de alegorias, levando a refletir sobre a vida e a morte.

Nas festas, indivíduos das mais diversas condições participavam cantando, dançando e manifestando a força do catolicismo barroco. As confrarias, organizadas por leigos, eram de diversos tipos, destacando-se entre elas as irmandades e as ordens terceiras. Elas reuniam membros de diversas origens sociais, estabelecendo vínculos de solidariedade, tendo como objetivo praticar a devoção a um santo protetor e empreender ações beneficentes destinadas àqueles que compunham a confraria, como auxílio na doença, na invalidez e na morte. Muitos dos moradores acabavam por filiar-se a uma ou mais irmandades, o que constituía prestígio social. Elas eram muitas desde o período colonial e revelavam a diversidade da fé que animava os paulistas: Nossa Senhora da Assunção, Santíssimo Sacramento, Santo Antônio, Nossa Senhora da Conceição de Itanhaém, Nossa Senhora do Rosário dos Homens Pretos, Pardos e Brancos, Nossa Senhora do Carmo, Nossa Senhora do Monte Serrate, Santo Amaro de Ibirapuera, São João Batista e São Francisco.

Na noite de 13 de junho, aniversário de Santo Antônio de Pádua, havia grandes festas, seguindo a tradição portuguesa. Era quando se faziam fogueiras, estouravam-se rojões, os sinos tocavam; havia músicas e danças por toda a cidade. Os fogos eram constantes e Thomas Ewbank, que viu a festa, disse que "não poderiam tratá-lo com maior quantidade de compostos sulfurosos". Para um protestante como ele, as festas católicas eram muitas e sempre celebradas com muita alegria. Ewbank desabafou: "estou exausto desta algazarra sagrada da cidade, de suas festas santas e suas barracas eclesiásticas" (Ewbank, 1976, p. 271).

No centro da cidade do Rio de Janeiro é que aconteciam as principais cerimônias religiosas. Na rua Direita, quando havia um evento desse tipo, as mulheres começavam a ocupar as varandas, vestidas a rigor e com todos os adornos que lhes davam distinção e *status*. A procissão deveria sair, mas o céu estava escuro e dava mostras de que choveria, o que de fato aconteceu, dispersando aqueles que estavam reunidos para assistir ao evento (Ewbank, 1976). Thomas Ewbank, em conversa com amigos, ficou sabendo que nas igrejas havia ofertas votivas por curas milagrosas, mas ele não tinha visto, pois estes objetos, que antes eram pendurados nos altares, agora ficavam restritos às sacristias e corredores laterais. Para conhecer esta particularidade, foi acompanhado e conduzido a um local onde os objetos se encontravam. O que observou não era condizente com o que ele esperava. No recinto, acerca de três metros do chão, havia uma série de vigas de madeiras, onde estavam penduradas as ofertas, por meio de cordões e fitas. Havia também um grande número de placas votivas, com o nome do devoto que a oferecia e o nome do santo que o havia curado. Estas placas eram pequenas tábuas pintadas, com 20 centímetros de comprimento e 13 de largura, em molduras douradas, como também as letras. Em algumas havia um desenho que representava a localização da moléstia ou havia a imagem de um enfermo deitado. Era comum também ver a imagem de santos, monges e freiras beatificados dizendo "o que fazer a seus amigos sofredores". Além das placas votivas pela cura de uma doença havia aquelas que agradeciam o "milagre" e as salvações em naufrágios (Ewbank, 1976, p. 119-20). A religiosidade popular chamou a atenção dos viajantes, por ser diferente daquela praticada em seus países de origem. Era curioso para Thomas Ewbank que se associasse um santo a um rito, conforme uma intenção. Exemplo disso era o caso de Santa Gertrudes, uma santa favorita no Rio de Janeiro, "que, como destruidora de camundongos e ratos, não tem concorrência". São Francisco era responsável pela "destruição de outros vermes e não empregariam santos de hábitos mais delicados e refinados para extirpar os mais repugnantes animais". O que os viajantes desconheciam era que cada santo tinha atributos que eram cultuados e, conforme as transformações ocorridas na sociedade, uns se tornavam populares e outros perdiam sua posição (Ewbank, 1976, p. 143).

Nas festas de santos, a população comprava contas e medalhas, acreditando que estas curassem o mal de que sofriam. Desta forma, cada santo era comemorado de forma efusiva por haver auxiliado ou que o fizesse no futuro, quando algum infortúnio atingisse o fiel (Ewbank, 1976). Por ocasião das comemorações de Nossa Senhora das Dores havia sempre grandes festas. A celebração ocorria por sete dias, que correspondiam às sete dores de Nossa Senhora. Os jornais anunciavam e convocavam os fiéis para acompanharem as procissões. O proclama oficial visava a solicitar à população a retirada de objetos colocados nas portas das casas, a fim de que o cortejo fluísse livre de empecilhos; que os fiéis fossem "pontuais em preparar os anjos, a fim de imprimir maior esplendor à procissão". Conforme o costume, o início da cerimônia era às quatro horas da tarde e as ruas já estavam cobertas de folhas de mangueiras para receber a procissão. Na igreja, estando já os preparativos finalizados, conforme observou Thomas Ewbank numa visita à sacristia, o recinto ficava "apinhado de irmãos ocupados, como artistas em um teatro antes de levantar o pano". Na parte externa, a cavalaria e a infantaria com bandeiras e música já estavam a postos. Pelo caminho um estandarte carmesim era carregado pelos membros da irmandade e outros que acompanhavam a pomposa comitiva. Conduziam também um crucifixo de prata, entre dois ramalhetes fúnebres, seguido por uma plataforma apoiada sobre os ombros de seis fiéis, portando sobre ela a imagem de Cristo caminhando para o Calvário. Outras figuras menores, como anjinhos e ornamentos, como uma lança, um cálice, um rebenque e tocheiros eram levados pelos fieis (Ewbank, 1976, p. 159).

Por fim, vinha a imagem de Nossa Senhora conduzida com respeito e segurança pela rua, recebendo a reverência de todos. Ao toque de trombetas o cortejo seguia pelas ruas acompanhado por padres, um dos quais levava o ostensório contendo a hóstia. Os devotos seguiam respeitosamente o percurso, dando demonstrações públicas da sua crença. Ao cair da tarde, a procissão ganhava um efeito mágico, resultado das candeias acesas, a iluminarem a encenação com suas luzes e sombras. Thomas Ewbank classificou o evento como sendo "eclesiástico-histriônico"; porém, embora modesto, era uma demonstração de fé da população (Ewbank, 1976, p. 160-1).

As brigas e algazarras em tais eventos, em muitos casos, eram devidas ao uso excessivo da aguardente, bastante difundida naquele período. A aguardente era consumida por pessoas de todas as classes sociais e o que variava era a quantidade ingerida. Apreciada pelos populares, a aguardente não era desprezada pela elite, que se cercava de alguns requintes para consumi-la durante as comemorações. O fato era que a bebida incentivava comportamentos indesejáveis. Tão inconvenientes como algumas danças praticadas pelos habitantes do trópico.

A dança do lundu causava certa estranheza aos viajantes. As mulheres permaneciam de um lado do recinto, sentadas no chão. Os homens, às vezes, tomavam a posição oposta e ficavam sentados em bancos de madeira. Formavam-se os pares que se dirigiam ao centro do recinto. No movimento da dança, os parceiros impulsionavam para frente o baixo-ventre (umbigada), um gesto considerado extremamente sensual, mas também indecente aos olhos mais conservadores. Os divertimentos dos negros eram, por muitos, associados a manifestações de desordem. Sobre este assunto, Rugendas alega que a embriaguez era a causa de comportamentos desregrados. A briga com faca, causando ferimentos graves e assassínios, era associada aos negros. Se o delito fosse condenável pela autoridade pública, o proprietário do escravo fazia o possível para livrá-lo das autoridades, "para trocá-lo ou vendê-lo, furtivamente, enviando-o para uma região longínqua". Este comportamento, mais comum do que o esperado, permitia que muitos colonos se valessem dessas oportunidades para aumentar o número de seus escravos (Rugendas, s.d., p. 255).

As festas religiosas eram momentos de intercâmbio cultural entre as camadas que compunham a sociedade, extremamente multifacetado e dinâmico como observou Mary Del Priore (1994b, p. 70): "podiam ser um espaço de solidariedade, alegria, prazer, criatividade, troca cultural e, ao mesmo tempo, um local de luta, violência, educação, controle e manutenção dos privilégios e hierarquias". Nessas ocasiões, as irmandades reuniam, entre os seus membros, os recursos necessários para a assistência, os quais eram distribuídos durante a festa. As principais comemorações religiosas da cidade eram muito concorridas: Cinzas, Semana Santa (Passos, Endoenças[1], Enterro) e Corpo de Deus; as festas em homenagem aos Santos Reis, Santana, São Jorge, Santo Antônio, São João e a do Divino Espírito Santo, e a outros santos protetores. Na segunda metade do século XIX, as irmandades sofreram alterações, permitindo que o ingresso fosse

----
1. Solenidades religiosas da Quinta-feira Santa.

mais flexível, diversificando a forma de beneficiar os membros mais pobres, com o auxílio que garantia o ensino gratuito aos filhos dos irmãos pobres.

O dia de São Paulo Apóstolo, padroeiro da cidade de São Paulo, era festejado com intensidade. O bispo, em edital, dava as ordens para a comemoração. A solenidade era marcada por missa, sermão, procissão e exposição de relíquias. O pastor metodista, Daniel Parish Kidder, ao presenciar a solenidade de comemoração do santo padroeiro da cidade, assistiu à missa na igreja da Sé. Nesta ocasião, teve a oportunidade de ouvir o sermão, cujo foco era uma exaltação ao caráter de São Paulo. Extremamente crítico ao ritual católico, afirmou que o orador não tinha primado, nem pela elegância da dicção, nem pelo entusiasmo que são necessários nesses casos. Segundo ele, o padre recitou um sermão decorado, demonstrando não haver se preparado bem, ou então, era dotado de muito má memória, porquanto atrás dele havia outro, com o manuscrito na mão. Entre o orador e o "ponto" havia uma cortina que o escondia do público. Quando, porém, seus serviços se tornaram necessários, precisou de mais luz, o "ponto", pondo de lado a cortina, surgiu com toda a importância de suas funções (Kidder, 1980, p. 210).

As homenagens ao Divino Espírito Santo eram uma das grandes festas da cidade de São Paulo. No Sábado de Aleluia, saíam das igrejas as folias que recolhiam os donativos e anunciavam a festa. O culto ao Divino Espírito Santo era um dos mais antigos, remontava à tradição portuguesa. Em Portugal, o culto ao Espírito Santo datava do século XII e fora instituído pela rainha Dona Isabel como cumprimento de uma promessa atendida. O festejo celebrado pela nobreza não demorou a chegar às práticas populares. Sua introdução nas terras brasileiras deu-se no período colonial, fazendo parte das celebrações relativas ao ciclo da Ressurreição. A procissão era um espetáculo marcado por pompa e luxo. O imperador do Divino e sua corte seguiam pelas ruas com o seu cortejo, acompanhado da bandeira e do mastro com a pomba branca de asas abertas, elementos imprescindíveis.

A celebração previa que a bandeira do Divino e o imperador percorressem a cidade, tendo como destaque uma criança eleita a cada ano. A duração da festa variava. Fazia as celebrações oficiais, como as missas solenes, o Te-Déum e as novenas; em seguida, armava-se o império para que as homenagens fossem feitas pelos súditos. O cortejo seguia com música e danças pelas ruas, onde era possível ver barracas de comida e bebida, e a festividade terminava com fogos de artifício espocando pelos ares. A festa do Divino reunia o religioso e o profano com a participação popular, constituindo troca e circulação cultural. A celebração continuava com as cavalhadas, as danças e os cantos que ficaram conhecidos como as Folias do Divino, revelando o lado festivo da comemoração. Os festejos ficavam ao encargo das irmandades, tendo muitas delas o nome de irmandades do Divino Espírito Santo. A festa era planejada com detalhes e contava com a participação da população, que contribuía com recursos para a celebração.

Na data, a população dos arredores seguia para a cidade, a fim de participar da celebração do império do Divino. Esta se iniciava com novenas, e a procissão era o momento mais importante do culto religioso. A cidade se preparava para receber o cortejo, decorando as ruas e as janelas das casas, da mesma forma como já referido em parágrafos anteriores. Terminadas as práticas religiosas, começavam a música e as danças, normalmente na praça fronteiriça à igreja. O repicar dos sinos e a celebração das pessoas davam o tom do evento. Dentre os principais elementos decorativos e de atração utilizados nas festas, pode-se destacar as luminárias e o fogo de artifício, práticas introduzidas pelos portugueses, no período colonial.

Nessas ocasiões, acorria uma grande multidão para assistir ao evento. Muitos moradores do entorno vinham à cidade para acompanhar as festividades. A aglomeração era inevitável, pessoas e animais disputavam o espaço. A folia e a cantoria que seguiam a festa religiosa confirmavam vínculos e relações sociais. O compartilhamento de alimentos dava um sentido de igualdade, que, na maioria das vezes, não existia no cotidiano da cidade.

No interior, os fazendeiros tinham a sua capela, na qual faziam as suas orações e celebrações. O padre da região, a cada dois ou três domingos, fazia as cerimônias sagradas. No sábado à noite, já se reuniam os negros para cantarem, enquanto se rezava na capela, e, no dia seguinte, havia a celebração da qual participavam os proprietários e os escravos (Ribeyrolles, 1941). Prática importante, marcando o ritmo da jornada de trabalho dos negros e que terminava com a hora das vésperas, quando se fazia uma curta oração para depois desejar a todos boa noite (Kidder e Fletcher, 1941, vol. I, p. 156-7). O protestante Thomas Lindley manifestava de forma crítica a prática de recitação do Rosário, da qual foi obrigado a participar. O capitão Matos, morador da Bahia, que, segundo o autor, nunca tinha "qualquer ideia além das de sua profissão", dedicava as suas noites à cerimônia do Rosário. Lindley diz que costumava "suportar essa caceteação no Forte do Mar" onde estivera, pois essa prática era simplificada. As pessoas presentes faziam a reza de 150 Ave-Marias e, após cada dezena, um Pai-Nosso, "terminando a prece de forma semelhante à da ladainha de nossas igrejas". Contudo, na casa do capitão Matos era diferente. Este iluminava o seu oratório, reunindo operários e escravos e, além das rezas citadas, acrescentava novas preces a todos os santos do calendário. A função completa ocupava duas horas inteiras, sendo que parte desse tempo era ocupada por um cântico, afirmando ele que "apesar do desprezo em que tenho esse exagero de superstição, tal repetição monótona me ataca os nervos, e sinto-me feliz quando o sono dá-me uma folga por vinte quatro horas" (Lindley, 1969, p. 90-1).

Thomas Ewbank afirma ser prudente "guardar silêncio sobre as questões eclesiásticas, pois não cabe a um leigo nelas se imiscuir". Porém, no Brasil, era algo impossível de ser seguido, pois a religião estava em toda a parte, dizia: "Nada se pode fazer, nem observar sem deparar-se com ela de uma forma ou de outra". Ela fazia parte da vida pública e privada e estava presente nas festas e nas procissões, que constituíam os principais divertimentos populares. Nesta ocasião, os santos eram conduzidos pelas ruas, sendo acompanhados por religiosos e fiéis, com grandes folguedos. O viajante que negligenciasse tais fatos estaria omitindo "os atos mais populares" e relegaria ao esquecimento os protagonistas favoritos do drama nacional (Ewbank, 1976, p. 18). Este viajante teve oportunidade de participar de algumas manifestações religiosas, das quais fez considerações que sinalizavam para uma cultura distinta da dele.

Thomas Ewbank, estando em companhia de amigos católicos, foi forçado a assistir a uma missa na igreja do Outeiro da Glória. Protestante e questionador, aproveitou para manifestar a sua opinião, dando ênfase à contrariedade que o dominava. O vigário que celebrou o ofício era amigo da família. Para Ewbank, ele leu "serviço religioso em latim, com voz grave e monótona"; em algumas partes, somente o movimento dos lábios indicava a leitura. Os gestos do religioso eram impressionantes, "salvo os sinais da cruz, mesura, reverências e beijos, que eram bastante pueris a meus olhos e não poderiam mesmo ser feitos de forma mais graciosa por um homem vestido de mulher, com espectadores às suas costas". Por último, não escondendo a sua aversão dizia que o culto terminava "antes que o cansaço ou a indiferença fizessem desejar seu fim" (Ewbank, 1976, p. 57).

Para Thomas Ewbank, os brasileiros eram preocupados com as roupas enquanto estavam vivos ou quando eram enterrados. As famílias faziam questão de enterrar os seus mortos com seus melhores trajes, pois eles deveriam seguir "para o outro mundo em atitudes e trajes convenientes". As mulheres casadas eram enterradas com "vestido preto, véu preto, braços cruzados e as mãos descansando no cotovelo oposto; as solteiras, vestidas de branco, véus e grinalda de flores brancas, as mãos fechadas como em adoração, com folhas de palmas entre elas" (Ewbank, 1976, p. 58-9).

Os habitantes dos trópicos, tanto quanto os de outras sociedades, tinham necessidade de entretenimento e ócio. O jogo do entrudo foi introduzido na colônia na primeira metade do século XVIII, por imigrantes portugueses vindos das ilhas da Madeira, Açores e Cabo Verde. A brincadeira consistia numa guerra entre os participantes da folia, em que se atiravam limões de cera, contendo no interior ou água de cheiro ou urina. Na brincadeira também era possível lançar cal e polvilho, manifestação que daria origem ao nosso carnaval.

A festa do carnaval na cidade possuía singularidades, notadas pelos viajantes. John Mawe registrou, na primeira década do século XIX, o hábito de as pessoas, de todas as idades, atirarem umas sobre as outras frutas artificiais, tais como limões e laranjas, feitas de cera, com grande habilidade e cheias de água perfumada. Mawe assim descreveu o evento: "as senhoras, em geral, começam o brinquedo, os cavalheiros revidam com tanta animação, que raramente param antes de trocarem dúzias, e ambas as partes ficam tão molhadas como se tivessem sido pescadas de um rio" (Mawe, 1978, p. 73).

Os limões de cheiro, como eram conhecidos, normalmente eram feitos pelos foliões nas suas residências, a partir de formas de madeira. O formato da fruta era esculpido na madeira, que se transformava em um molde em negativo, deixando um furo na parte superior para que a cera ou a mistura de cera e parafina fosse derramada. O molde deveria estar umedecido para evitar a aderência da mistura fundida. Em seguida, derramava-se a cera bem quente, espalhando-a por toda a superfície interna, que endurecia rapidamente. O fruto, retirado da forma, era oco na parte interna, sendo preenchido com água perfumada, o orifício era posteriormente fechado com cera. A brincadeira era criticada por muitos, que viam na manifestação atos de violência. A propaganda negativa da brincadeira ressaltava os aspectos maléficos do entrudo, tendo como exemplo mais notório a morte do arquiteto francês Grandjean de Montigny, em 1850, vítima do líquido dos limões de cera. Independentemente de ser condenada, a prática do arremesso de limões continuou.

Thomas Ewbank, com ingenuidade, circulava pelas ruas da cidade onde via expostas, sobre pratos, pequenas bolas feitas de cera, que lembravam frutas.

Contudo, não atentou para que serviam. Na mesma ocasião, notou que o "amido" da região era em pó, diferentemente daquele existente nos Estados Unidos, que era granulado. Esses dois elementos não passavam de constatações até que um dia, na casa de amigos, foi vítima das brincadeiras do entrudo. Estava tomando o café da manhã com amigos e observou que uma pessoa passou pela outra e esvaziou um cilindro de pó de "amido", para grande espanto seu. A operação foi feita sem ruído e a vítima não percebeu o que havia acontecido, "senão quando um punhado de pó foi-lhe aplicado ao rosto e às orelhas". Rapidamente a pessoa cuspiu e levantou-se atrapalhada, sendo surpreendida com o esguicho do líquido que saía de uma garrafa de água-de-colônia. O infeliz não escondeu a sua ira, enquanto os demais, que estavam na sala, se divertiam com tal peraltice. Thomas Ewbank, sem saber o que estava acontecendo, perguntou a si próprio "o que significaria tal coisa". Enquanto procurava na sua mente uma explicação para o fato, sentiu caírem da sua testa algumas partículas de pó de amido. Ao erguer a mão, verificou que também tinha sido alvo da brincadeira. Começou a gritar e levantou-se, esboçando movimento para sair do recinto. O seu esforço fora em vão, as portas por onde poderiam escapar estavam fechadas à chave e foi cercado por um grupo de meninas que o acertavam com amido e água, impedindo-o de esquivar-se. Apesar de protestar, o seu reclamo não foi atendido, ao contrário, serviu para que novos ataques fossem feitos. Após alguns instantes, um "armistício" foi celebrado para aquele dia e Thomas Ewbank descobriu que aquilo era a prévia para o entrudo que começaria no dia seguinte. Era prática, observou o viajante: "os membros de todas as classes, dentro ou fora das casas, empoeiram e borrifam uns aos outros, sendo habitual fazer um pouco disso no dia anterior, à guisa de prefácio" (Ewbank, 1976, p. 81).

Thomas Ewbank, tendo como intenção se recompor, retirou-se do recinto. Porém, ao dar alguns passos, foi acertado por uma série de bolas coloridas, com líquido, semelhante às que vira na cidade. Procurou o percurso da sala ao quarto para se esquivar dos ataques e, chegando ao seu destino, trancou a porta para não ter mais surpresas desagradáveis. Desconhecendo o que era o "entrudo", depois de estar no quarto, procurou um dicionário, que explicava a origem da palavra: vinha do latim e referia-se a um festival de bacantes, no qual as pessoas brincavam, festejavam e faziam travessuras, "molhando e empoeirando, umas às outras". Procurou saber dos habitantes e de pessoas mais informadas sobre a origem da festa, mas foi em vão (Ewbank, 1976, p. 81-2).

O costume bizarro não poupava ninguém. O vigário foi visitar a casa onde Ewbank estava e foi "recebido com água de colônia". Todavia, a sua sotaina foi poupada em relação ao amido. O religioso, em conversa, mencionara que por várias vezes sofrera o ataque, mesmo depois de ter recebido juras solenes de que não seria atacado. Tal fato levou Thomas Ewbank a questionar sobre as falsas promessas que se faziam. Indagando sobre isso, obteve a seguinte resposta: "As mentiras do entrudo não são pecados". O entrudo era assim uma festa, na qual tudo poderia acontecer e todo o cuidado era pouco, porque os gatunos aproveitavam o período para fazer furtos. O padre, ciente disso, não ficou para jantar com a família, pois temia que seus aposentos viessem a ser roubados. Como bem observou Thomas Ewbank, a vida era uma mistura: "tragédia e comédia, morte e divertimentos, farsas e funerais, andam juntos" (Ewbank, 1976, p. 86).

Henry Koster também teve oportunidade de ver uma festa de entrudo. Quando estava em Bom Jardim, Pernambuco, depois de um jantar, os que estavam à mesa pegavam "a farinha, as bananas, o arroz e outras guloseimas da mesa" para atirarem "à cabeça uns dos outros". Atônito, Koster registrou: "Depressa os uniformes elegantes foram desaparecendo e foi em mangas de camisa que começou a guerra civil com alma e coração". Ao final, todos alegres, cansados e sujos procuravam as redes, "abundantemente espalhadas para os hóspedes". Porém, um capitão, que participava da brincadeira, apanhou um enorme jarro de água que estava num dos cantos de um aposento, e começou a lançar o líquido sobre as pessoas, o que obrigou os viajantes a procurarem refúgio debaixo de cadeiras e mesas (Koster, 1942, p. 273).

Nos saraus, que se realizavam pela cidade, era possível apreciar o talento musical dos paulistas. As modinhas portuguesas e brasileiras, na maioria das vezes anônimas, agradavam ao público pela letra ou pela melodia. Os temas das cantigas eram essencialmente românticos, tratando do amor desprezado, do ciúme, da despedida (Spix e Martius, 1981, p. 141-2). Os saraus musicais eram frequentes no século XIX. Pequenos grupos se reuniam num espaço reservado para ouvir piano, bandolim, entre outros instrumentos musicais (Saint-Hilaire, 1987, p. 43). Havia também, nesses encontros, jogos de família, leitura, declamação de versos e dança de quadrilha.

Nas festas em Minas Gerais, Alcides Dessalines D'Orbigny observou que era prática comum que se brindasse com vinho e que cada um tomasse um gole, exaltando "a saúde de um dos convivas, que, por sua vez, responde aos brindes".

O início do brinde era feito pelo dono da casa, passando-se depois para as pessoas mais importantes. D'Orbigny salientava que, muitas vezes, um único copo de vinho servia para vários brindes, e anunciavam-se os nomes das pessoas que se queria homenagear (D'Orbigny, 1976, p. 146-7). O barão von Tschudi foi convidado para uma festa que reuniu personagens de destaque na vida da cidade. Um momento de diversão na medida do quanto é possível alguém divertir-se nas severas e cerimoniosas reuniões brasileiras (Tschudi, 1980).

Em frente ao Palácio do Governo de São Paulo, no atual Pátio do Colégio, havia uma sala de espetáculos que foi visitada por Saint-Hilaire. O edifício era de uma casa pequena de um só pavimento, baixa, estreita, sem ornamentos, pintada de vermelho e com três amplas janelas. Apesar de o ambiente ser pequeno e comportar apenas três fileiras de camarote, o asseio na parte interna era impecável. O que também não passou desapercebido foi o gosto discutível da pintura do teto e das cortinas. Na plateia, eram dispostos bancos em frente ao palco estreito e comprido. Neste espaço, ocorria a representação da peça *O Avarento* e de uma pequena farsa. Segundo Saint-Hilaire (1976), os atores eram na maioria mulatos, e as atrizes prostitutas. Extremamente conservador, Saint-Hilaire afirmava que o talento das atrizes era igual ao grau de sua moralidade, acrescentando que a atuação delas era como a de marionetes movidas por um cordel.

Carl von Koseritz na capital do império, Rio de Janeiro, participou de uma das comemorações da Independência e, ao mesmo tempo em que registrou o evento, teceu comentários ácidos aos organizadores e ao governo. Informou que, durante o dia, ocorreram as festividades oficiais com um Te-déum. Ao cair da noite, nos bairros populares, a festa estava agitada. A iluminação dava à cidade um aspecto diferente. No Rocio, as luzes brilhavam mais, pois era o centro da festa, onde havia um ou outro edifício público mais iluminado. As casas que ficavam no entorno da praça também estavam iluminadas, como o jardim e a estátua de D. Pedro I, que se encontrava no local. Uma grande quantidade de pessoas se reunia no local para apreciar o evento. Contudo, não havia outro entretenimento, a não ser a iluminação a gás e a música que tocava em dois coretos.

Koseritz, que em outra ocasião já se manifestara em relação ao trabalho tosco da estátua, aproveitou o ensejo para salientar o grotesco grupo de pessoas que compunha o pedestal "com as suas figuras estranhas e sem gosto". Do alto escuro, o fundador do Império, D. Pedro I, olhava para baixo, que naquele momento era um mar de luzes em meio à multidão em movimento. Em tom questionador, Koseritz afirmava: "se ele fosse de carne e osso, em vez de bronze, um sorriso meio triste e meio desdenhoso teria cruzado os seus lábios característicos, porque nestes 61 anos pouco se conseguiu com a independência do país". Reconhecia que D. Pedro I tinha uma natureza despótica e nobre, como também acreditava que ele, se tivesse governado por mais vinte ou trinta anos, "teria feito muito melhor pelo país". Sem dúvida, o jornalista alemão que visitava o Rio de Janeiro nutria respeito pela figura de D. Pedro I, porém não lhe atribuía grandes feitos de governo.

Entendia que os organizadores talvez tivessem tido medo de que a estátua "se risse das insensatas futilidades", que se desejava com a da Independência do Brasil, e desta forma deixaram parte da escultura no escuro, como também fizeram com a estátua de José Bonifácio, no Largo de São Francisco. O patriarca da Independência "não era nenhuma natureza paciente, e poderia não gostar, saltar do pedestal e meter a sua pena de bronze nas costas dos presentes". No seu conjunto, os festejos, para ele, se destacavam mais por uma impressão "grotesca do que grandiosa" (Koseritz, 1972, p. 190-1).

O jogo era uma prática disseminada pelo Rio de Janeiro, conforme os viageiros registraram. Na capital do império eram comuns os "jogos em benefício de tudo" e normalmente havia uma nova extração e uma razão para fazê-la. Pelas ruas, rapazes vendiam bilhetes, entrando nas lojas e visitando os mercados, abordando indiscriminadamente os transeuntes. Os negociantes dessas práticas possuíam diversos agentes para venderem os bilhetes, ora em benefício de uma igreja, ora em benefício a uma obra de caridade. Nos jornais eram publicados os nomes dos premiados. O ponto, que por vezes foi salientado, era que as loterias se valiam "das paixões e superstições dos pobres para arrancar-lhes a pele". Thomas Ewbank soubera durante a sua estada em casa de amigos no Rio de Janeiro, que uma pobre lavadeira que visitava o palácio regularmente para pedir esmolas, encontrava-se desesperada, pois perdera tudo o que possuía. "Seu bilhete saíra branco!" A infortunada mulher dizia que tinha evocado uma série de santos e fizera votos, valera-se também de amuletos, talismãs e toda a sorte de adivinhações, porém reclamava de "nenhum deles ter feito coisa alguma por ela!" (Ewbank, 1976, p. 153). Thomas Ewbank acompanhou uma quermesse, a qual considerou um evento pitoresco. Num dos pregões, doces cristalizados foram postos em leilão. O leiloeiro, um fiel que nem sempre possuía as habilidades necessárias, fazia o que podia para atingir seus objetivos. No evento, havia muitos rapazes que participavam, com muito mais vontade de brincar que de fazer a compra. Esse comportamento contrariava o leiloeiro, pouco afeito a brincadeiras. Em uma das operações este procurou por lances entre os presentes, fazendo diversos movimentos para conquistar melhores ofertas. Um homem, que estava silencioso, fez uma oferta e "foi declarado o arrematante". O artigo lhe foi entregue, porém este não tinha o dinheiro para fazer o pagamento. Isso foi alvo de risos, uma vez que o leiloeiro não escondeu a sua cólera.

A quermesse continuou e todas as pessoas que estavam no ambiente voltaram os olhos para o nicho que estava por detrás dos responsáveis pelo leilão. Um religioso estava incumbido de passar a mercadoria para o leiloeiro. Eis que uma galinha viva apareceu e foi arrematada por um valor alto. Em seguida foi um galo, cujo canto alguns rapazes imitaram, provocando o riso frouxo. Pequenas disputas e trocas de farpas ocorriam entre o leiloeiro e os compradores. Quando um bolo foi a leilão, os lances foram feitos e a iguaria foi vendida, por um valor elevado. O comprador ao receber o produto disse que o bolo "estava mal cozido e por isso não queria" levá-lo. O leiloeiro novamente enrubesceu, mas controlando a sua insatisfação disse para todos que o bolo "era muito duro para os dentes daquele sujeito, querendo insinuar que não estava ao alcance de sua bolsa" (Ewbank, 1976, p. 237).

A quermesse também tinha seus mistérios. O leiloeiro apresentou um pacote de conteúdo desconhecido, recusando-se a abrir e a dizer o que tinha. O leilão iniciou e os lances foram dados. Ao final, a operação havia rendido 300 réis e o conteúdo misterioso era "uma galinha assada". Os fiéis faziam lances elevados, demonstrando o seu apreço pela igreja. Thomas Ewbank constatou que grande parte dos artigos "vendidos nestes leilões eclesiásticos" eram comprados "a preço de atacado pelos dirigentes da festividade e revendidos com lucros variando de 50 a 500 por cento, não sendo os donativos trazidos pelos fiéis suficientes e nem sempre aproveitáveis" (Ewbank, 1976, p. 238).

Quando ocorria alguma festividade, os padres apreciavam muito se os vizinhos da igreja organizassem espetáculos para auxiliar nas comemorações. Dessa maneira, espetáculos de teatro, bem como apresentações de "mágica natural e fantasmagórica", acrobacias, danças e outras atuações circenses, entre outras, aconteciam no local. Fogos de artifício, música e dança, bem como a oferta de barracas vendendo iguarias e bebidas faziam a festa da quermesse. Em alguns estabelecimentos havia pequenas estrofes jocosas para chamar a atenção dos clientes, sendo uma delas a seguinte:

> Quem bons petiscos
> Quiser chuchar
> Peça que tudo
> Se lhe há de dar.
> (Ewbank, 1976, p. 254-5)

Nessas ocasiões, as brincadeiras eram constantes. Havia aqueles que se vestiam de bufão ou arlequim para chamar a atenção do público e arrancar risos e gargalhadas. Faziam as danças mais estranhas e cômicas possíveis e trocavam de indumentária para evidenciar quem estavam satirizando. Uma série de piruetas e vozes alegravam os presentes (Ewbank, 1976).

Pequenos prazeres e distrações também eram comuns no cotidiano. Thomas Ewbank, logo após a sua chegada, realizou um passeio pela cidade. Era uma tarde de domingo e fazia muito calor. Pelo caminho encontrou poucas pessoas e as janelas das moradias estavam abertas, sendo possível avistar "famílias jogando cartas e xadrez".

Numa festa de aniversário, nos arredores de Recife, Henry Koster teve oportunidade de interagir com o grupo daquela região. Era o dia do aniversário de nascimento de um dos anfitriões. Muitos eram os convidados. As mulheres, como era costume, ficaram numa sala e os homens em outra, jogando e conversando vivamente. No jantar, a separação entre homens e mulheres também aconteceu, e todos consumiram diversas iguarias. Alguns homens, que gostavam de maior intimidade, não se sentaram à mesa e ficaram a servir as damas presentes. Após o jantar, houve um baile das sete até as duas da madrugada (Koster, 1942).

Os viajantes eram convidados para bailes, participando da sociabilidade local. Auguste de Saint-Hilaire foi convidado em Porto Alegre, por um francês, para passar a tarde em uma casa onde devia realizar-se um pequeno baile. O viajante aceitou o convite e foi ao salão bem mobiliado e forrado de papel francês. Como a maior parte dos casais presentes era de parentes e amigos, não havia grande luxo nos trajes. Algumas senhoras tocavam o piano e, por fim, a festa terminou "entre pequenos jogos de salão" (Saint-Hilaire, 1987, p. 38).

Carl Seidler, nas imediações de São José em Santa Catarina, bateu à porta de uma família humilde, onde foi recebido e convidado a passar o resto da noite na casa. Enquanto a mulher preparava o jantar, o marido foi percorrer outras casas para convidar os seus vizinhos a irem bailar na sua. Em pouco mais de meia hora, várias pessoas chegaram, vestidas de traje noturno, para dançar, "com muitas fitas multicores e todos ao que parece muito contentes com a nossa visita noturna". O encontro no início estava muito rígido e cerimonioso, mas com o consumo de diversas garrafas de cachaça, a inibição diminuiu (Seidler, 1980, p. 231).

Em Belém do Pará, Henry Walter Bates participou de um baile de máscaras. O grupo era formado por, aproximadamente 30 ou 40 moças e rapazes fantasiados "com muito gosto" e "disfarçados com uma espécie de máscara de gaze". O grupo com os músicos passava nas casas dos amigos e alegrava muitas pessoas com suas danças. Os principais, que normalmente abrigavam em suas salas de visitas este tipo de festejo, apreciavam muito (Bates, 1944, p. 11-2).

As diversões faziam parte da sociabilidade da corte, sendo o teatro uma das importantes atividades de lazer. A inauguração do Real Teatro de São João, em 12 de outubro de 1813, passou a ser um marco das manifestações, dando uma nova pulsação à vida da corte. John Luccock, comerciante inglês que passou pela cidade do Rio de Janeiro durante o período de transformações promovidas pela presença da família real, destacava com deleite as diversões que pudera ver com as encenações realizadas no teatro:

> Nas peças que se representavam, ridicularizavam-se as maneiras, vícios, dialeto e outras peculiaridades da colônia, o que corrigiu os gostos do público. Este por tal forma já progredira, que, embora sem grande confiança, ousava aplaudir, ao apreciar; mas não se fiava bastante em si mesmo para se atrever a exprimir seu desagrado. (Luccock, 1975, p. 163)

Posteriormente à sua chegada ao Rio de Janeiro, e ainda não estando recuperado da viagem, Carl von Koseritz registrava que, na noite anterior, assistira à representação do *Excelsior*, um "bailado" que fazia sucesso em outras grandes cidades do mundo. A companhia se apresentava por conta do empresário Ferrari, da ópera italiana, e chamava a atenção pelo cenário magnífico do espetáculo. A representação ocorrera no Teatro Imperial D. Pedro II, que poderia abrigar até 6 mil espectadores, "mas nada bonito nem elegante". Para Koseritz, o teatro externamente parecia um telheiro e por dentro o seu arranjo deixava muito a desejar. Fazendo comparação, o teatro de Porto Alegre era mais elegante, porém menor, pois nele cabiam apenas mil pessoas. No Teatro D. Pedro II havia camarotes de "1ª e 2ª ordem", além de galerias espaçosas que substituíam a 3ª ordem, todas as posições com preços elevados. A encenação a que assistira era a penúltima, pois o espetáculo já estava em cartaz há mais de seis meses, com casa cheia. A iluminação da plateia não era das melhores, porém a do palco era adequada. Ao lado desse teatro, havia uma grande sala em que se vendiam "refrescos, bebidas, pastéis etc." Nos intervalos, os empregados ofereciam esses produtos aos espectadores. Nos camarotes, reinava o maior luxo. Damas e cavalheiros ricamente vestidos em trajes de gala chamavam a atenção daqueles que estavam na plateia. Esta, por sua vez, era composta na maioria das vezes por famílias, que ocupavam estes lugares por economia. No Rio de Janeiro, os costumes eram mais francos. Segundo Koseritz, não tinham nenhuma *pruderie*, no que dizia respeito às famílias. Nos bondes, quando havia poucos lugares, as senhoras se assentavam ao lado de homens desconhecidos e o mesmo acontecia nas plateias dos teatros. O bailado *Excelsior* teve uma atuação brilhante, mesmo não tendo uma só palavra pronunciada em cena. Dançarinas faziam as suas evoluções, com ricos vestidos que ficavam mais belos com os efeitos da iluminação. O motivo do bailado era a luta da treva, representada por um cavaleiro da Idade Média, contra a luz, personificada pelo Gênio do Progresso (Koseritz, 1972, p. 130-1).

Carl von Koseritz, ao assistir a ópera *Lohengrin*, comentou o custo elevado dos camarotes no Rio de Janeiro; que eram de 40$000 réis. Ele preferiu as varandas, que eram vendidas a 8$000 réis, o que considerava bastante caro. O Teatro Imperial, que podia acomodar 6 mil pessoas, estava todo iluminado. Ante tal situação, Carl von Koseritz comentou que "o estrangeiro que pensa ter chegado a um país meio selvagem ficará muito admirado de encontrar aqui um teatro que não faria má figura em qualquer capital da Europa". Nos camarotes, as senhoras vestiam trajes de gala de veludo e sedas, com decote e braços nus, ornadas por brilhantes. Os cavalheiros usavam uniformes cintilantes ou casacas, trazendo ao peito as condecorações. A família imperial, com os camareiros e as damas de honra, ocupavam o grande camarote. A iluminação, a orquestra e a companhia, que, naquele ano, não eram "de primeira ordem mas que poderia ser exibida em qualquer grande cidade europeia" permitia um grande espetáculo e causou boa impressão a Koseritz: "e me fez sentir que não somos mais selvagens". Os cantores possuíam qualidades diferentes, a orquestra era boa, e os cenários e vestiários esplêndidos. Poderia ser aplaudida em qualquer grande teatro europeu, "com exceção do Scala, do Drury Lane, do teatro de São Petersburgo e das Óperas de Paris e de Berlim" (Koseritz, 1972, p. 212-3). Porém, a companhia não tivera a recepção merecida.

As festas e as procissões revelavam uma sociedade que apreciava o espetáculo e que fundia elementos culturais diversos. As procissões desfilavam pelas ruas da cidade conforme o cerimonial estabelecido pelas irmandades. Os sentimentos eram externados com pompa, demonstrando seu poder pelo conjunto de práticas que empreendiam. A religiosidade definia um viver religioso que conjugava uma moral austera com dimensão lúdica da celebração. Para o viajante, a festa era um importante fato simbólico, para conhecer a cultura dos habitantes da região. As músicas e as danças tinham uma função de relevo numa sociedade em que compartilhar sentidos fazia parte da sociabilidade e da integração social. A teatralidade da sociedade definia papéis sociais e fazia que um conjunto de códigos fosse compartilhado. A festa, como observou Mary Del Priore, permitia o lúdico e a inversão. A festa amenizava as dificuldades da existência, permitindo a ironia. O rir purgava os males da vida e a viagem era alegria.

Os relatos descrevem de forma precisa as etapas da viagem. O objetivo deles era traçar um registro sobre as paisagens e regiões visitadas, não se limitando a um conjunto coerente do mundo natural. O olhar deveria ultrapassar este limite. Os sentidos humanos permitiam captar mais do que era registrado. Por conseguinte, era fundamental que a dimensão da experiência fosse mais próxima do real, incluindo a convivência, dando aos deslocamentos uma dimensão especial.

A viagem comporta três fases importantes: a partida, o desenvolvimento e o retorno. A partida era certa, o desenvolvimento era uma aventura e o retorno, uma incerteza. Nesse ritmo, os deslocamentos foram feitos no decorrer do século XVI ao século XX pelas terras brasileiras. Viagens que, além da poesia, fornecem uma visão sobre as condições dos deslocamentos, ao mesmo tempo em que possibilitam uma discussão antropológica sobre o ato de viajar e os viajantes no Brasil. Elementos fundamentais para que se discuta a dimensão do turismo no século XXI.

Questões

1 | Observe e analise a realização das festas religiosas no Brasil, segundo os relatos dos viajantes.

2 | As festas populares causavam estranheza a alguns viajantes que não estavam habituados aos costumes locais. Observe e analise a celebração do carnaval no século XIX, assim como a impressão dos viajantes a respeito dessa manifestação popular.

Palavras finais

Viagem de volta

A intenção deste trabalho foi a de compreender melhor as formas de viajar e as leituras feitas pelos viajantes entre os séculos XVI e XX. Para tanto, julgou-se importante selecionar textos que tratavam da questão do deslocamento e da interpretação que os viajantes fizeram, fosse ela uma forma de registro pessoal ou de conteúdo técnico, visando aos interesses de uma instituição.

Este estudo aborda narrativas de viagens, observando nelas aspectos de importância para a atividade turística, ao mesmo tempo em que procura resgatar, nessas mesmas narrativas, suas múltiplas dimensões, significações e experiências. Viajar era um desafio, ao cruzar o oceano ou ao avançar pelo território. As diversas paradas, os caminhos e descaminhos pelo sertão liberaram muitas lembranças. Nos registros são recuperados aspectos singulares de um mundo cultural diferente, procurando fixar as experiências do deslocamento, bem como as visões de mundo existentes em outras terras. Nesse sentido, a pesquisa dá visibilidade a importantes aspectos das experiências e representações que os viajantes fizeram da cultura material e imaterial, sendo possível articular os registros com os temas de interesse da atividade turística, revelando um jogo complexo de posturas e gestos. Cada registro marcou a presença do viajante e sua identidade no mundo; ao se deslocar, o viajante ia elaborando representações de pessoas e lugares, positivas e negativas, organizando e apresentando um novo mundo. Registros densos, mas sempre abertos a questionamentos, pela forma como foram sendo construídas as crônicas e as narrativas (Belluzo, 1994).

Privilegiou-se, nas categorias de análise, registros que possibilitassem uma melhor compreensão sobre as condições de viagem. Cada viajante enfrentou situações diferentes nas viagens marítimas, fluviais e terrestres. A experiência com hospedagem, alimentação e hospitalidade foram das mais variadas, considerando as regiões que percorreram e os segmentos da população com que interagiram. Dessa forma, foi necessário selecionar algumas passagens em detrimento de outras que também poderiam ser utilizadas para dar a dimensão da contribuição da leitura dos viajantes para aquele aspecto. Este estudo não foi dedicado a classificar e comparar o modo de elaboração dos textos dos viajantes. A reflexão, às vezes, enfatiza aspectos que, para o autor, não tinham relevância, pois ele pretendia apenas registrar alguma peculiaridade. Tem-se ciência de que nenhum dos relatos teve como intenção dar conta de todas as informações da viagem. Assim sendo, os elementos apresentados, longe de constituir um estudo definitivo, são apenas uma tentativa de leitura mais atenta para esses registros que, às vezes, fazem referências mínimas, aos problemas e assuntos que se pretende analisar. Assim, este estudo é dedicado à apresentação de nossa visão sobre os deslocamentos humanos que, com o passar do tempo, se transformaram em viagens, dando ensejo à gênese do turismo.

Charles James Fox Bunbury, ao finalizar a sua obra, mencionou que ficara pouco tempo no Rio de Janeiro, depois que retornara de Minas Gerais. Tinha o desejo de visitar a Bahia e Pernambuco, mas tendo conseguido uma passagem no paquete *Pandora*, optou por retornar diretamente para a Inglaterra. Ele, como outros viajantes, se entristeceu ao terminar a sua viagem. Uma aventura inesquecível. Estavam cientes de que o que viram era pouco, tendo em vista o manancial de terras e gentes. Nas suas palavras: "Não foi sem pesar que olhei pela última vez para o belo cenário da baía do Rio e que, finalmente, me despedi deste interessante país, em que tinha passado mais de ano e meio, com tanto prazer e guardado em minha mente tantas imagens agradáveis que dificilmente se desvanecerão" (Bunbury, 1981, p. 107).

Da mesma maneira, ao fazermos as considerações finais, não temos a intenção de concluir, mas ressaltar que há muito para ser estudado sobre esse tema.

Os relatos de viagem, como muitos pesquisadores já destacaram, contribuíram para elaborar as representações sobre as terras e a gente do Brasil. Era pelo olhar e pela palavra dos viajantes que as terras brasileiras seriam apresentadas à Europa. Espanto, deslumbramento e incógnitas construíram o imaginário europeu. As viagens permitiram, por meio das experiências e relatos, saberes concretos sobre o Novo Mundo. A coleta de informações e de dados foi utilizada na composição de relatos que poderiam ganhar o formato de livros ou se transformar em crônicas de jornais. Esse tipo de leitura ganhava cada vez mais a atenção do público que, sem dúvida, ficava encantando pelo mundo fascinante apresentado nas narrativas. Muitos viajantes entendiam que os seus relatos poderiam revelar as riquezas existentes do outro lado do Oceano Atlântico aos seus compatriotas, que não tinham possibilidade ou vontade de empreender uma viagem. Outros procuraram mostrar os problemas de uma nação que proclamara a Independência em 1822 tendo ainda um percurso curto de liberdade. Da mesma forma, aqueles que compartilhavam de ideais republicanos, e que visitaram o Brasil antes de 15 de novembro de 1889, diziam que o atraso do país se devia ao modelo político. Controvérsias à parte sobre a questão política, havia uma convergência nos relatos que perdurou até a primeira metade do século XX. A população estava dispersa por um vasto território, as comunicações eram inexistentes ou difíceis, a educação era deficiente. Esses fatores, agregados a outras questões de ordem produtiva e econômica, comprometiam o desenvolvimento do Brasil.

A leitura dos textos dos viajantes permite olhar o Brasil de fora, discutir os aspectos que atraíram a atenção deles para as terras brasileiras. Os registros feitos pelos viajantes constituem indícios importantes para identificar como as populações sobreviviam em diversas partes do território. O esquema de percepção da natureza era mais simples que a percepção do outro. O olhar atento sobre o mundo natural tinha como intenção descobrir espécies, registrar variedades e detalhes condicionados a uma experiência. Os registros resultavam de comparações, ressaltando o tamanho e a qualidade do objeto observado. A natureza tropical emergia sempre com diferenças claras, como grande astronomia, flores de variedades infinitas, folhas e troncos variados, diversas espécies de aves e animais, confirmando a admiração do observador. Como pôde-se verificar, no conjunto de relatos que analisamos, não há um modo de ver homogêneo. Pode-se mesmo afirmar que entre alguns registros não há coerência, em razão da experiência pela qual cada um passou. Em alguns relatos é possível identificar que o viajante procurou registrar os limites do seu campo visual, definindo o arcabouço de conhecimento que detinha.

O olhar para o "outro" exigia uma operação mais complexa, pois era preciso compreender as relações sociais e os processos culturais da sociedade, nem sempre tão fáceis de serem compreendidos pelos viajantes. Mas, os viajantes, principalmente os do século XIX, tiveram como propósito compreender a forma de vida e suas relações com o ambiente dos trópicos. O homem num *habitat* diferente. Essa situação também foi influenciada pelo tempo de estada nas terras brasileiras; houve contatos superficiais e contatos mais aprofundados, dependendo do tempo de permanência na "terra dos brasis". Há nos relatos formas diferentes na ordenação dos temas: muitos deram ênfase ao formato de diário, registrando a cada dia as impressões que certamente julgaram dignas de nota. Outros seguiram os modelos dos ideais científicos, apresentando dados coerentemente, para depois tecer os comentários de forma analítica. Neste caso, os viajantes, ou naturalistas, esclareceram sobre suas prioridades, tais como: classificar as espécies e enviar para as instituições que os patrocinavam, juntar exemplares para estudo ou para constituir um acervo de coleção. Isso exigia recursos e um planejamento adequado, pois grande parte do material coletado deveria ser preservado e acondicionado para que chegasse à Europa, sendo necessárias, então, condições financeiras para fazê-lo. Muitos desses viajantes, ao se aventurarem pelo interior do Brasil, não encontraram o mínimo conforto, facilmente obtido em algumas cidades europeias e norte-americanas.

Nesse sentido, os relatos de viagens contribuíram para a compreensão das diversas realidades existentes no mundo e as possíveis articulações entre elas. Da mesma forma, permitiu que a ciência ganhasse uma nova dimensão; esses novos estudos, elementos e fenômenos observados, deveriam articular-se com os saberes existentes. Os relatos de viagem permitiram a reelaboração do conhecimento científico, na medida em que os sistemas de explicação foram revistos e ampliados, contribuindo para o desenvolvimento da humanidade.

Nem todos os viajantes tiveram a preocupação de confirmar as informações que recebiam ou de consultar outros autores que tivessem conhecimento sobre o tema ou pudessem ampliar a reflexão. Outro aspecto importante a ser destacado é que o viajante naturalista tinha uma percepção diferente dos viajantes do período. A formação mais elaborada, o senso científico e crítico permitiram que se consolidasse uma visão mais técnica, em função do pensamento racional (Leite, 1997). Pode-se destacar ainda que os viajantes perceberam fragmentos de realidades diferentes colhidas em diversas regiões. Fragmentos que não foram articulados na sua complexidade nem analisados a partir de uma visão mais abrangente.

Ao finalizar este estudo, é possível também identificar que, além da forma de se deslocar ter se alterado e com ela o modo de viajar, é também possível perceber que ocorreu uma transformação do viajante enquanto observador. Ele paulatinamente se descobre como sujeito cognoscente em busca de aventura, prazer, cultura, saber e outras experiências que a viagem permite. Muitos viajantes estavam predispostos a incorporar novos usos e costumes, porém grande parte deles manteve-se refratária a abdicar do seu padrão cultural, e este fato influenciava na sua convivência diária com a população e na percepção que tiveram do "outro" e da sociedade.

Não se pode deixar de registrar que as condições de viagem fizeram que muitos viajantes adoecessem. O percurso a ser seguido, em determinados momentos, ficou dependente das condições de saúde do viajante. Normalmente, poderiam ocorrer paradas mais longas em locais que possuíssem melhores condições para suprir as necessidades do doente e garantir o seu restabelecimento. Muitos viajantes não conseguiram concluir a sua viagem. Foram vítimas das dificuldades do percurso, como afogamento ou febre, muito comuns em diversas regiões, aspectos que evidenciam os riscos encontrados pelos caminhos. Deve-se considerar que, além dos registros que passaram para a posteridade, há aqueles que nunca foram escritos, além do incalculável número de viajantes que morreram nas terras brasileiras de forma incógnita.

O Brasil continua a fascinar os viajantes. O clima, a natureza, os habitantes e seus costumes; as particularidades do processo histórico fizeram e fazem das terras brasileiras, ontem como hoje, um local atraente e cheio de atrativos. Um convite a reiterados deslocamentos. Acredita-se que a sociedade do século XXI, com todas as transformações e avanços tecnológicos, poderá facultar mais deslocamentos aos homens, numa velocidade e conforto nunca vistos. Muitas descobertas estão por vir, o que torna sempre sedutores os relatos de viagem, como fonte de pesquisa.

Referências

ABREU, J.C. de. *Caminhos antigos e povoamento do Brasil.* Rio de Janeiro: Civilização Brasileira/MEC, 1975.

_____. *Capítulos de história colonial: 1500-1800.* Belo Horizonte: Itatiaia, 1988.

ABREU, M.A. *A evolução urbana do Rio de Janeiro.* Rio de Janeiro: IplanRio & Zahar, 1987.

ACAYABA, M.M. (coord.) *Equipamento, usos e costume da Casa Brasileira.* São Paulo: Museu da Casa Brasileira, 2000. 5 vols.

ACOT, P. *História da ecologia.* Rio de Janeiro: Campus, 1990.

AGASSIZ, L; AGASSIZ, E.C. *Viagem ao Brasil.* Belo Horizonte/São Paulo: Itatiaia/Edusp, 1975.

AGUIAR, P. de. *Mandioca: pão do Brasil.* Rio de Janeiro: Civilização Brasileira, 1982.

AGUIRRE, J.F. Diário de J. F. de Aguirre. (1792) In: FRANÇA J.M.C.(org.). *Visões do Rio de Janeiro Colonial. Antologia de textos (1531-1800).* Rio de Janeiro: Ed.Uerj/J. Olimpio, 1999.

ALENCASTRO, L.F. (Org.). *História da vida privada no Brasil. Império: a Corte e a modernidade nacional.* São Paulo: Cia. das Letras, 1997.

_____. *Império: a corte e a modernidade.* v. 2. São Paulo: Cia. das Letras, 1997.

_____. *O trato dos viventes: formação do Brasil no Atlântico Sul Séculos XVI e XVIII.* São Paulo: Companhia da Letras, 2000.

ALEXANDRE, V. O processo de independência do Brasil. In: BETHENCOURT, F. (org.) *História da expansão portuguesa: do Brasil para a África (1808-1930)*. Espanha: Círculo de Leitores, 1998, vol. IV, p. 10-45.

_____. *Velho Brasil, novas Áfricas: Portugal e o Império (1808-1975)*. Porto: Edições Afrontamento, 2000.

ALFREDO, J. *Uma excursão à Europa*. Curitiba: Requião, s.d.

ALMEIDA, F. *História da igreja em Portugal*. Porto/Lisboa: Civilização Editora, 1970, tomos 1 e 2.

ALMEIDA Jr., J.M. *Monographia do municipio da cidade de São Paulo*. São Paulo: Jorge Seckler, 1882.

ALVES, O.R. *Os homens que governaram São Paulo*. São Paulo: Nobel/Edusp, 1986.

AMADO, J. *As viagens dos alimentos. As trocas entre os continentes*. São Paulo: Atual, 2000.

AMADO, J.; FIGUEIREDO, L.C. *A magia das especiarias: a busca de especiarias e a expansão marítima*. São Paulo: Atual, 1999.

AMARAL, T. *História de São Paulo*. São Paulo/Rio de Janeiro: Alves & Cia., 1895.

ANCHIETA, J. de, S. J. *Cartas, informações, fragmentos históricos e sermões do Padre Joseph de Anchieta (1584-1586)*. Rio de Janeiro: Civilização Brasileira, 1933.

_____. *Nóbrega e os outros, por Joseph de Anchieta*. Rio de Janeiro: Ministério da Educação e Saúde, 1946.

_____. *Cartas*. São Paulo: Loyola, 1984.

_____. *Textos históricos*. Prefácio e introdução de Hélio Abranches Viotti. São Paulo: Loyola, 1989.

ANDERSON, E. *Plants, Man and Life*. Boston: Little Brown and Co., 1952.

ANDRADE, J.V. *Fundamentos e dimensões do turismo*. São Paulo: Ática, 1992.

ANTONIL, A.S.J. *Cultura e opulência do Brasil*. Belo Horizonte: Itatiaia, 1982.

ARAÚJO, R.M.B. *A vocação do prazer: a cidade e a família no Rio de Janeiro republicano*. Rio de Janeiro: Rocco, 1993.

ARGAN, G.C. *História da arte como história da cidade*. São Paulo: Martins Fontes, 1998.

ARIÈS, P.; CHARTIER, R. *História da vida privada: da Renascença ao Século das Luzes*. São Paulo: Cia. das Letras, 1991.

ARMITAGE, J. *História do Brasil*. São Paulo/Belo Horizonte: Edusp/Itatiaia, 1981.

ARROYO, L. *Igrejas de São Paulo*. São Paulo: Companhia Editora Nacional, 1966.
ARRUDA, M.I.M. *Cartas inéditas de Friedrich von Martius*. São Paulo: USP, 2003. Disponível em: http://www.ufpa.br/bc/. Acessado em: 3 fev. 2004.
ASSUNÇÃO, P. *A terra dos Brasis: a natureza da América Portuguesa vista pelos primeiros jesuítas (1549-1596)*. São Paulo: Annablume, 2001.
_____. *Negócios jesuíticos: o cotidiano da administração dos bens divinos*. São Paulo: Edusp, 2003.
_____. *São Paulo imperial: a cidade em transformação*. São Paulo: Arké, 2004.
AVÉ-LALLEMANT, R. *Viagem pelo norte do Brasil no ano de 1859*. Rio de Janeiro: MEC/INL, 1961.
_____. *No Rio Amazonas (1859)*. Belo Horizonte/São Paulo: Itatiaia/Edusp, 1980a.
_____. *Viagens pelas províncias de Santa Catarina, Paraná e São Paulo (1858)*. Belo Horizonte/São Paulo: Itatiaia/Edusp, 1980b.
ÁVILLA, A. *O lúdico e as projeções do mundo barroco*. São Paulo: Perspectiva, 1979.
AZEVEDO, A. (org.). *A cidade de São Paulo*. São Paulo: Companhia Editora Nacional, 1958.
AZEVEDO, C. *Onda negra, medo branco*. Rio de Janeiro: Paz e Terra, 1987.
BACHELARD, G. *A água e os sonhos: ensaios sobre a imaginação da matéria*. São Paulo: Martins Fontes, 1989.
_____. *A poética do espaço*. São Paulo: Martins Fontes, 1988.
BACON, F. *Ensaios*. Lisboa: Guimarães Editores, 1992.
BAKHTIN, M. *Estética da Criação Verbal*. São Paulo: Martins Fontes, 1992.
_____. *A cultura popular na Idade Média e no Renascimento: o contexto de François Rabelais*. São Paulo: Hucitec; Brasília, EdUnb, 1999.
BARBINAIS, L.G.L. *Nouveau voyage au tour du monde*. Amsterdan, s.e., 1728.
BANGERT, W.V. *História da Companhia de Jesus*. São Paulo: Loyola, 1985.
BARLÉU, G. *Historia dos feitos recentemente praticados durante oito anos no Brasil*. Belo Horizonte/São Paulo: Itatiaia/Edusp, 1974.
BARREIRO, J.C. *Imaginário e viajantes no Brasil do século XIX: cultura e cotidiano, tradição e resistência*. São Paulo: Editora Unesp, 2002.
BARRETO, L.F. *Os descobrimentos e a ordem do saber*. Lisboa: Gradiva, 1987.
_____. *Damião de Góes: os caminhos de um humanista*. Lisboa: CTT Correios de Portugal, 2002.

BARROW, J. *A Voyage to Cochinchina in the Years 1792 and 1793*. London: T. Cadell and W. Davis, 1806.

BARTHES, R. L'effet du réel. In: _____. *Le bruissement de la langue*. Paris: Seuil: Essais critiques IV, 1984.

BASTIDE, R. *As religiões africanas no Brasil*. São Paulo: Pioneira/Edusp, 1971.

_____. *Images du nordeste mystique en noir et blanc*. Paris: Pandora Editions, 1978.

BATES, H.W. *O naturalista do rio Amazonas*. São Paulo: Companhia Editora Nacional, 1944.

BECHER, H. *Barão Georg Heinrich Langsdorff: pesquisas de um cientista alemão no século XIX*. Brasília: UnB, 1990.

BEIGUELMAN, P. *A formação do povo no complexo cafeeiro: aspectos políticos*. São Paulo: Pioneira, 1968.

BELLUZO, A.M.M. (Org.). *O Brasil dos viajantes*. São Paulo: Metalivros, 1994. 3 vols.

BÉLY, L. *Le voyage à l'epoque moderne*. Paris: Presses de L'Université de Paris-Sorbonne, 2004.

BENCI, J. *Economia Christã dos senhores no governo de escravos*. Porto: s.e., 1954.

BENI, M.C. *Política e Planejamento de Turismo no Brasil*. São Paulo: Aleph, 2006.

BERMAN, M. *Tudo que é sólido desmancha no ar*. São Paulo: Cia. das Letras, 1986.

BERTHIAUME, P. *L'aventure américaine au XVIIIe siècle. Du voyage à l'écriture*. Otawa/Paris/Londres: Les Presses de l'Université d'Otawa, 1990.

BERTRAND, G. (dir). *La culture du voyage: pratiques et discours de la Renaissance à l'aube du XXe siècle*. Paris: L'Harmattan, 2004.

BETTENDORFF, J.F. Chronica da missão dos padres da Companhia de Jesus no Estado do Maranhão. In: *Revista do Instituto Histórico e Geográfico Brasileiro*. Rio de Janeiro, tomo LXXII, 1910.

BICALHO, M.F. *A cidade e o Império: o Rio de Janeiro no século XVIII*. Rio de Janeiro: Civilização Brasileira, 2003.

BIGNAMI, R. *A imagem do Brasil no Turismo*. São Paulo: Aleph, 2002.

BITTENCOURT, F. *Os fundadores*. Rio de Janeiro: Imprensa Nacional, 1935.

BITTENCOURT, G.M. *A Missão Artística Francesa de 1816*. Petrópolis: Museu de Armas Ferreira da Cunha, 1967.

BLOCH, M. *Apologie pour l'histoire ou métier d'historien*. Ed. Crítica de Etienne Bloch. Paris: Armand Colin, 1993.

BORMANN, A. *Die Lehre vom Fremdenverhehrs*. Berlim: [s.e.], 1930, p.10.

BOSCHI, C.C. *Os leigos e o poder*. São Paulo: Ática, 1986.

BOSI, A. *Dialética da Colonização*. 3.ed. São Paulo: Cia. das Letras, 1995.

BOSI, E. *Memória e sociedade: lembranças de velhos*. 3.ed. São Paulo: Cia. das Letras, 1994.

BOTTON, A. *L'art du voyage*. Paris: Mercure de France, 2002.

BOURDIEU, P. *O poder simbólico*. Rio de Janeiro: Bertrand Brasil, 1998.

BOXER, C.R. *A idade de ouro no Brasil*. São Paulo: Companhia Editora Nacional, 1969.

BOYER, M. *Histoire du tourisme de masse*. Paris: PUF, 1999.

_____. *Histoire de l'invention du tourisme*. Paris: L' aube, 2000.

_____. *Histoire Génerale du Tourisme: du XVIe au XXIe siècle*. Paris: L'Harmattan, 2005.

BRANDÃO, A.F. *Diálogos das grandezas do Brasil*. Rio de Janeiro: Oficina Industrial Gráfica, 1943.

BRANDÃO, C.A. *A formação do homem moderno vista através da arquitetura*. São Paulo: Humanitas, 1999.

BRANDÃO, C.R. *A cultura na rua*. Campinas: Papirus, 1989.

BRILLI, A. *Quand voyager était un art*. Paris: Gérard Monfort, 2001.

BROTERO, F.A. *Compendio de Botanica ou Noçoens Elementares desta Sciencia segundo os melhores Escritores modernos, exposta em Lingua Portugueza*. Paris: [s.e.], 1788.

BRUNO, E.S. *História e tradições da cidade de São Paulo*. São Paulo: Prefeitura de São Paulo/Hucitec, 1984. 3 vols.

BUNBURY, C.J.F. *Viagem de um naturalista inglês ao Rio de Janeiro e Minas Gerais: 1833-1835*. Belo Horizonte/São Paulo: Itatiaia/Edusp, 1981.

BURGUIÈRE, A. (Org.). *Dicionário das Ciências Históricas*. Rio de Janeiro: Imago, 1993.

BURKE, P. (Org.). *A escrita da história: novas perspectivas*. São Paulo: Unesp, 1992.

_____. *Cultura popular na Idade Moderna: Europa, 1500-1800*. São Paulo: Cia. das Letras, 1995.

_____. *O que é história cultural?* Rio de Janeiro: Zahar, 2005.

BURMEISTER, H. *Viagem ao Brasil: através das províncias do Rio de Janeiro e Minas Gerais*. Belo Horizonte/São Paulo: Itatiaia/Edusp, 1952.

BURNS, P.M. *Turismo e antropologia*. São Paulo: Chronos, 2002.

BURTON, R. *Viagem de canoa de Sabará ao Oceano*. Belo Horizonte/São Paulo: Itatiaia/Edusp, 1977.

CALVINO, I. *As cidades invisíveis*. São Paulo: Cia. das Letras, 1990.

CAMARGO, H.L. *Uma pré-história do Turismo no Brasil*. São Paulo: Aleph, 2007.

CAMINHA, P.V. *Carta do Descobrimento do Brasil*. São Paulo: Museu Paulista, 1975.

CAMPOS, C.M. *Os rumos da cidade: urbanismo e modernização em São Paulo*. São Paulo: Senac, 2002.

CANAVARROS, O. *O poder metropolitano em Cuiabá e seus objetivos geopolíticos no extremo oeste (1727 – 1752)*. São Paulo, 1998. Tese (Doutorado em História). Universidade de São Paulo.

CANDIDO, A. *Literatura e sociedade*. São Paulo: Companhia Editora Nacional, 1976.

CANDLER, J.; BURGESS, W. *Narrative of a recent visit to Brazil*. London: Edward Marsh, 1853.

CARDIM, Pe. F. *Tratado da terra e da gente do Brasil*. São Paulo: Companhia Editora Nacional, 1978.

CARDON, C.E. *Los Naturalistas en la America Latina*. Ciudad Trujillo: [s.e.], 1949.

CARDOSO, A.S. J. *Cartas de Santo Inácio de Loyola*. São Paulo: Loyola, 1990. 2 v.

CARDOSO, C.F.; VAINFAS, R. (Orgs.). *Domínios da História: ensaios de teoria e metodologia*. Rio de Janeiro: Campus, 1997.

CARDOSO, J.L. *O pensamento econômico em Portugal nos finais do século XVIII. 1780-1808*. Lisboa: Editorial Estampa, 1989.

CARVALHO, J. *Estudos sobre a cultura portuguesa do século XVI*. Coimbra: Universidade de Coimbra, 1947-1948. 2 vols.

CARVALHO, R. *História natural em Portugal no século XVIII*. Lisboa: Instituto de Cultura e Língua Portuguesa, 1987.

CASCUDO, L.C. *História da alimentação no Brasil: cardápio indígena, dieta africana, ementa portuguesa*. vols. 1 e 2. Belo Horizonte: Itatiaia, 1983.

CASSIRER, E. *A filosofia do Iluminismo*. São Paulo: Editora da Unicamp, 1997.

CASTELNAU, F. *Expedição às Regiões Centrais da América do Sul*. v. 2. São Paulo: Cia. Ed. Nacional, 1949.

CASTRO, H.M. da C.M.G. de. *Das cores do silêncio: os significados da liberdade no sudeste escravista (Brasil século XIX)*. Rio de Janeiro: Arquivo Nacional, 1995.

CAVALCANTI, N.O. *A cidade de São Sebastião do Rio de Janeiro: as muralhas, sua gente, os construtores.1710-1810*. Rio de Janeiro, 1997. Tese (Doutorado em História). UFRJ/ IFCS.

CERTEAU, M. *A Escrita da História*. Rio de Janeiro: Forense-Universitária, 1982.

_____. *A invenção do cotidiano: artes de fazer.* Petrópolis: Vozes, 1994.

_____. *A invenção do cotidiano: morar, cozinhar.* Petrópolis: Vozes, 1996.

CHABAUD, G.; COHEN, E. et al. *Les Guides imprimés du XVIe au XXe siècle. Villes, paysages, voyages*, Paris: Belin, 2000.

CHALHOUB, S. *Visões de liberdade: uma história das últimas décadas da escravidão na Corte.* São Paulo: Cia. das Letras, 1990.

CHAMBERS, R. Invitation au voyage, In: *Romantisme*, n.4, 1972.

CHANEY, E. *The Grand Tour and the Great Rebellion. Richard Lassels and the "voyage of Italy" in the Seventeenth century.* Genève: Slatkine, 1985.

CHARTIER, R. *A história cultural entre práticas e representações*. Lisboa: Difel, 1990.

_____. *A Ordem dos Livros*. Tradução de Mary del Priore. Brasília: UnB, 1994.

_____. *Cultura escrita, literatura e história*. Porto Alegre: Art med, 2001.

_____. *Leituras e leitores na França do Antigo Regime.* São Paulo: Editora Unesp, 2004.

CHAUNU, P. *A civilização da Europa das Luzes.* Lisboa: Estampa,1985.

CHENET, F. L'artiste chargé de mission. Le rôle de l'artiste dans quelques missions scientifiques. In: MOUREAU, F. (Org.) *L'oeil aux aguets ou l'artiste en voyage.* Paris: Klincksieck, 1995, p.136-7.

CINTRA, A. *Brasil Reino e Brasil Independente*. São Paulo: Renascença, 1945.

CLAUDON, F. *Le voyage romantique: des itinéraires pour aujourd'hui.* Paris: Philippe Lebaud, 1986.

CLETO, M.P. et al. *Roteiros e notícias de São Paulo colonial (1751-1804)*. São Paulo: Governo do Estado, 1977.

COARACY, V. *Memórias do Rio de Janeiro.* Rio de Janeiro: Livraria José Olympio Editora, 1965.

COLLINGWOOD, R.G. *Ciência e Filosofia: a ideia de natureza.* Lisboa: Presença, 1986.

CONCEIÇÃO, A, Frei. *Primazia seráfica na regiam da América, novo descobrimento de Santos, e veneráveis religiosos da ordem seráfica*. Lisboa Ocidental: Na Oficina de Antonio de Souza da Silva, 1733.

CONSTATT, O. *Brasil, a terra e a gente*. Rio de Janeiro: Conquista, 1975.

CONZEN, M.P. *The Making of the American Landscape*. Boston: Unwin Hyman, 1990.

CORBIN, A. *Território do vazio: a praia e o imaginário ocidental*. São Paulo: Cia. das Letras, 1989.

COREAL, F. *Voyages de François Coreal aux Indes Occidentales, contenant ce qu'il y a vil de plus remarquable pendant son séjour depuis 1666 jusqu'a 1697*. Paris: [s.e.], 1722.

CORREA FILHO, V. *História de Mato Grosso*. Rio de Janeiro: INL, 1976.

CORREA, M. Terra carioca: fontes e chafarizes. *Revista do Instituto Histórico e Geográfico Brasileiro*, vol. 170. Rio de Janeiro: 1935, p. 1-214.

CORTÁZAR, J.Á.G. *Los viajeros medievales*. Madrid: Santillana, 1996.

CORVOL, A. *L'Homme aux bois. Histoire des Relations de l'Homme et de la Forêt, XVIIe-XXe siècles*. Paris: Fayard, 1987.

COSTA, E.V. *Da senzala à colônia*. 3.ed. São Paulo: Brasiliense, 1989.

COSTA, M.F. *História de um país inexistente: o Pantanal entre os séculos XVI e XVIII*. São Paulo: Estação Liberdade/Kosmos, 1999.

COSTA, M.F.; DIENER, P. *Cuiabá: rio, porto, cidade*. Cuiabá: Secretaria Municipal de Cultura de Cuiabá, 2000.

COUDREAU, H. *Viagem ao Xingu*. Belo Horizonte/São Paulo: Itatiaia/Edusp, 1977.

COUTO, J. *A construção do Brasil*. Lisboa: Cosmos, 1998.

CRISTÓVÃO, F. (coord.). *Condicionantes culturais da literatura de viagens*. Coimbra: Almedina, 2002.

_____. *O olhar do viajante dos navegadores aos exploradores*. Coimbra: Almedina, 2003.

CROUZET, D. A respeito de alguns olhares de viajantes franceses sobre o Brasil (cerca de 1610-cerca de 1720). In: *Naissance du Brésil moderne 1500-1808*. Paris: Presses de La Sorbonne, 1998, p. 67-117.

CRULLS, G. *A aparência do Rio de Janeiro: notícia histórica e descritiva da cidade*. Rio de Janeiro: José Olympio, 1949.

CUNHA, M.C. *Antropologia do Brasil: mito, história, etnicidade*. São Paulo: Brasiliense, 1987.

CUNHA, O.S. *O naturalista Alexandre Rodrigues Ferreira*. Belém: MPEG, 1991. (Coleção Alexandre Rodrigues Ferreira)
CURTO, D.R. *O discurso político em Portugal (1600-1650)*. Lisboa: Projeto Universidade Aberta, 1988.
D'ALINCOURT, L. *Memória sobre a viagem do Porto de Santos à cidade de Cuiabá*. Belo Horizonte/São Paulo: Itatiaia/Edusp, 1975.
D'ABBEVILLE, C. *História da missão dos padres capuchinhos na Ilha do Maranhão e terras circunvizinhas*. Belo Horizonte/São Paulo: Itatiaia/Edusp, 1975.
DABADIE, F. *A Travers L'Amérique du Sud*. Paris: Ferdinand Sartorius éditeur, 1858.
DAHER, A. As singularidades da França equinocial. História da missão dos padres capuchinhos no Brasil (1612-1615). In: LESTRINGANT, F. *La France-Amérique (XVIe-XVIIIe siècle)*. Paris: Honoré Champion, 1998, p. 289-313.
DALRYMPLE, A. *Essay on Nautical Surveying*. Londres: William Ballintine, 1806.
DANCE, S.P. *The Art of Natural History*. Nova York: Arch Cape Press, 1990.
DARNTON, R. *O grande massacre dos gatos*. Rio de Janeiro: Graal, 1986.
DAUMARD, A. et al. *História social do Brasil: teoria e metodologia*. Curitiba: Editora da UFPR, 1994.
DAVATZ, T. *Memórias de um colono no Brasil (1850)*. Belo Horizonte/São Paulo: Itatiaia/Edusp, 1980.
DEAN, W. *A industrialização de São Paulo*. São Paulo: Difel, [s.d.].
DEBRET, J.B. *Viagem pitoresca e histórica ao Brasil*. Belo Horizonte/São Paulo: Itatiaia/Edusp, 1978.
DELÉAGE, J.P. *Une histoire de l'écologie*. Paris: Seuil, 1991.
DELUMEAU, J. *História do medo no Ocidente: 1300-1800*. São Paulo: Cia. das Letras, 1989.
_____. *Uma história do paraíso: o jardim das delícias*. Lisboa: Terramar, [s.d.].
DELUZ, C. Partir c'est mourir un peu. Voyage et déracinement dans la société médiévale. In: *Voyages et voyageurs au Moyen Age – XXVIe Congrès de la SHMES Limoges-Aubazine*, mai 1995, Société des Historiens Médiévistes de l'Enseignement Supérieur Public, Publications de la Sorbonne, Paris, 1996. p. 291-303.
DENIS, F. *Brasil*. Belo Horizonte/São Paulo: Itatiaia/Edusp, 1980.
DEUS, F.G.M. *Memórias para a história da capitania de São Vicente*. Belo Horizonte: Itatiaia, 1975.

DIAS, J.S.S. *Os descobrimentos e a problemática cultural do século XVI*. Lisboa: Editorial Presença, 1982.

DICK, M.V.P.A. *A dinâmica dos nomes na cidade de São Paulo 1554-1897*. São Paulo: Annablume, 1997.

DOM PEDRO II. *Diário da viagem ao Norte do Brasil*. Bahia: Publicações da Universidade da Bahia, 1959.

DOMINGUES, A.D. *Viagens de exploração geográfica na Amazônia em fins do Século XVIII: política, ciência e aventura*. Lisboa: Analecta Transmarina, 1991, p. 58-71.

DOMINGUES, F.C. *A vida a bordo na Carreira da Índia (Século XVI)*. Lisboa: Instituto de Investigação Científica Tropical, 1988.

DOMINGUES, F.C.; BARRETO, L.F. (ed.), *A Abertura do Mundo: Estudos de História dos Descobrimentos Europeus em Homenagem a Luís de Albuquerque, vol. I.* Lisboa: Presença, 1986.

D'ORBIGNY, A. *Viagem pitoresca através do Brasil*. Belo Horizonte/São Paulo: Itatiaia/Edusp, 1976.

DOSSE, François. *A história em migalhas*. São Paulo/Campinas: Ensaio/Ed. Unicamp, 1992.

DOUVILLE, J.B. *30 mois de ma vie, ou quinze mois avant et quinze mois après mon Voyage au Congo, accompagné de pièces justificatives, détails nouveaux et curieux sur les moeurs et les usages des habitants du Brésil et de Buenos-Ayres, et d'une description de la colonie patagonia*. Paris: Dentu et Delaunay Librarie, 1833.

DROUIN, J.M., De Lineu a Darwin: os viajantes naturalistas. In: SERRES, M. (dir.). *Elementos para uma história das Ciências II: do fim da Idade Média a Lavoisier*. Lisboa: Terramar, 1996.

DU GUAY-TROUIN, R. *O corsário: uma invasão francesa no Rio de Janeiro*. Rio de Janeiro: Bom Texto, 2002.

DUBY, G. *A Europa na Idade Média*. São Paulo: Martins Fontes, 1988.

_____. *História da vida privada*. São Paulo: Cia. das Letras, 1993.

DUCHET, M. *Le partage des savoirs: discours historique et discours ethnologique*. Paris: La Découverte, 1984.

DUCHET, R. *Le tourisme à travers les âges*. Paris: Vigot, 1999.

DUPRONT, A. *Du sacré. Croisades et pèlerinages, images et langages*. Paris: Gallimard, 1987.

EARLE, A. *A narrative of a nine months' residence in New Zealand in 1827: together with a journal of a residence in Tristan D'Acunha, an island situated between South

America and the Cape of Good Hope. London: Longman, Rees, Orme, Brown, Green & Longman, 1832.

EDMUNDO, L. *A corte de D. João no Rio de Janeiro*. vol. 3. Rio de Janeiro: Imprensa Nacional, 1940.

ELIAS, N. *A sociedade da Corte*. Lisboa: Estampa, 1995.

ELIAS, N. *O processo civilizador: uma história dos costumes*. Rio de Janeiro: Jorge Zahar, 1994.

ENGELS, F. *A situação da classe trabalhadora na Inglaterra*. São Paulo: Global, 1985.

ESCHWEGE, W.L. von. *Pluto Brasiliensis*. Belo Horizonte/São Paulo: Itatiaia/Edusp, 1979.

EWBANK, T. *Vida no Brasil*. Belo Horizonte/São Paulo: Itatiaia/Edusp, 1976.

FAORO, R. *Os donos do poder*. São Paulo: Globo, 2000.

FARGE, A. et al. *História das mulheres: do renascimento à idade moderna*. Porto: Afrontamento, 1994.

FARGE, A. *Lugares para a história*. Lisboa: Teorema, 1999.

FAUSTO, B. *História do Brasil*. São Paulo: Edusp, 1996.

FEBVRE, L. Civilization: évolution d'un mot et d'un groupe d'idées. In: *Pour une histoire à part entière*. Paris: Éditions de l'École des Hautes Études en Sciences Sociales, 1982, p.481-528.

_____. *O Problema da descrença no século XVI: a religião de Rabelais*. Lisboa: Editorial Início, [s.d.].

FERLINI, V.L.A. *A civilização do açúcar, século XVI a XVII*. São Paulo: Brasiliense, 1984.

FERREIRA, A.R., *Viagem filosófica pelas capitanias do Grao Pará, Rio Negro, Maranhão*. Rio de Janeiro: Conselho Federal de Cultura, 1971.

FERREIRA, M.R. *História do urbanismo no Brasil (1532-1822)*. São Paulo: RG editores, 1999.

FERREIRA, V.M. *Fascínio da cidade*. Lisboa: Centro de Estudos Territoriais (ISCTE)/ Ler Devagar, 2004.

FERRETI, E.R. *Turismo e meio ambiente*. São Paulo: Roca, 2002.

FERREZ, G. *O Brasil do Primeiro Reinado visto pelo botânico William John Burchell 1825-1829*. Rio de Janeiro: Fundação Nacional Pró-Memória, 1981.

FERRI, M.; MOTOYAMA, S. (eds.). *História das ciências no Brasil*. São Paulo: EPU/Edusp, 1979-1981.

FICK, B.W. *Los libros de viajes en la España medieval*. Santiago do Chile: Editorial Universitaria, 1976.

FIELDING, H. *Diário de uma viagem a Lisboa*. Lisboa: Publicações Europa-América, [s.d.].

FLANDRIN, J.L.; MONTANARI, M. (Dir.). *História da alimentação*. São Paulo: Estação Liberdade, 1998.

FLEMING, P. *Un aventurier au Brésil*. Paris: Phébus, 1990.

FLORENCE, H. *Viagem fluvial do Tietê ao Amazonas de 1825-1829*. São Paulo: Cultrix/Edusp, 1977.

FONSECA, P.M. *Vida do venerável Padre Belchior de Pontes, da Companhia de Jesus da Província do Brasil*. São Paulo: Melhoramentos, [s.d.].

FONTAINE, L. *Le Voyage et la mémoire. Colporteurs de l'Oisans au XIXe siècle*. Lyon: Presses Universitaires de Lyon, 1984.

FOUCAULT, M. *A ordem do discurso*. São Paulo: Edições Loyola, 1996.

_____. *A arqueologia do saber*. 5.ed. Rio de Janeiro: Forense Universitária, 1997.

FRANÇA, J.M.C. (org.). *Visões do Rio de Janeiro Colonial. Antologia de textos (1531-1800)*. Rio de Janeiro: Ed. UERJ/ J. Olimpio, 1999.

FRANCO, F.A.C. *Dicionário de bandeirante e sertanistas do Brasil*. São Paulo: Comissão do IV Centenário, 1954.

FREIREYSS, G. W. *Viagem ao interior do Brasil*. Belo Horizonte/São Paulo: Itatiaia/Edusp, 1982.

FREITAS, A.A. *Tradições e Reminiscências paulistanas*. São Paulo: Governo do Estado, 1978.

FREITAS, M.V. *Charles Frederick Hartt, um naturalista no Império de Pedro II*. Belo Horizonte: Ed. UFMG, 2002.

FREITAS, M.C. (Org.). *Historiografia brasileira em perspectiva*. São Paulo: Contexto, 1998.

FREYCINET, L. de. *Voyage autour du Monde fait par ordre du Roi*. Paris: Pillêt Aîné, 1825.

FREYRE, G. *Casa-grande & Senzala*. Rio de Janeiro: Record, 1996.

_____. *Sobrados e mocambos*. Rio de Janeiro: José Olympio, 1968.

FREIREYSS, G.W. *Viagem ao interior do Brasil*. Belo Horizonte/São Paulo: Itatiaia/Edusp, 1982.

FRIDMAN, F. *Donos do Rio em nome do rei: uma história fundiária da cidade do Rio de Janeiro*. Rio de Janeiro: Zahar/Garamond, 1999.

FRIEIRO, E. *Feijão, angu e couve: ensaio sobre a comida dos mineiros.* 2.ed. São Paulo: Itatiaia, 1982.
FURTADO, C. *Formação econômica do Brasil.* 26.ed. São Paulo: Nacional, 1997.
GÂNDAVO, P.M. História da Província de Santa Cruz. In: *O Reconhecimento do Brasil, Direcção de Luís de Albuquerque*, Lisboa: Alfa, [s.d.].
GARÇON, M. *Voyage d'une hollandaise en France en 1819.* Paris: Jean-Jacques Pauvert, 1966.
GARDNER, G. *Viagem ao interior do Brasil.* Belo Horizonte/São Paulo: Itatiaia/Edusp, 1975.
GAY, P. *O cultivo do ódio.* São Paulo: Cia. das Letras, 1995.
GENDRIN, V.A. *Récit historique, exact et sincère, par mer et par terre, de quatre voyages faits au Brésil, au Chili, dans les Cordillères de Andes, à Mendoza, dans le Désert, et à Buenos-Aires.* Versalhes: Gendrin, 1856.
GERBI, A. *La Naturaleza de Las Indias Nuevas.* México: Fondo de Cultura Económica, 1992.
GERSON, B. *História das Ruas do Rio de Janeiro.* Rio de Janeiro: Lacerda, 2000.
GIARETTA, M.J. *Turismo da juventude.* São Paulo: Manole, 2003.
GINZBURG, C. *A micro-história e outros ensaios.* Lisboa: Difel, 1991.
GIORDANI, M.C. *História da Grécia.* Rio de Janeiro: Vozes, 1984.
GIUCCI, G. *Viajantes do maravilhoso: o novo mundo.* São Paulo: Cia. das Letras, 1992.
GODINHO, V.M. *Mito e mercadoria, utopia e prática de navegar.* Lisboa: Difel, 1990.
GÓIS, D. *Descrição da cidade de Lisboa.* Lisboa: Livros Horizonte, 2001.
GONÇALVES, I. *Imagens do mundo medieval.* Lisboa: Livros Horizonte, 1988.
GORENDER, J. *O escravismo colonial.* São Paulo: Ática, 1985.
GRAHAM, M. *Diário de uma viagem ao Brasil e de uma estada nesse país durante parte dos anos de 1821, 1822, 1823.* Belo Horizonte/São Paulo: Itatiaia/Edusp, 1990.
GREENBLATT, Stephen. *Possessões maravilhosas.* São Paulo: Edusp, 1996.
GRUZINSKI, S. *La pensée métisse.* Paris: Fayard, 1999.
HALBWACHS, M. *A memória coletiva.* São Paulo: Vértice, 1990.
HAZARD, P. *O pensamento europeu no século XVIII (de Monstesquieu a Lessing).* Lisboa: Presença, 1983.

HELLER, A. *Uma teoria da história*. Rio de Janeiro: Civilização Brasileira, 1993.
HIBBERT, C. *The Grand Tour*. Nova York: G. P. Putnam, 1969.
HOBSBAWN, E. *A Invenção das Tradições*. Rio de Janeiro: Paz e Terra, 1984.
_____.*Sobre história*. São Paulo: Cia. das Letras, 1998.
HOBSBAWM, E.; RANGER, T. *A invenção das tradições*. Rio de Janeiro: Paz e Terra, 1984.
HOLANDA, S.B. *Monções*. São Paulo: Alfa Ômega, 1976.
_____. *Raízes do Brasil*. Rio de Janeiro: José Olympio, 1983.
_____. (Dir.). *História geral da civilização brasileira*. São Paulo: Difel, 1985.
_____. *O extremo oeste*. São Paulo: Brasiliense, 1986.
_____. *Caminhos e fronteiras*. São Paulo: Cia. das Letras, 1995.
_____. *Visão do paraíso*. São Paulo: Brasiliense, 1996.
HOLMAN, J. *A voyage round the world, including travels in Africa, Asia, Australia, America, etc. etc., from 1827 to 1832. Vol. 1*. Londres: Smith, Elter and Co., 1834.
HOMEM, M.C.N. *O palacete paulistano e outras formas urbanas de morar da elite cafeeira: 1867-1918*. São Paulo: Martins Fontes, 1996.
HOMERO. *Odisseia*. São Paulo: Cultrix ,1997.
HOORNAERT, E. *Formação do catolicismo brasileiro*. Petrópolis: Vozes, 1974.
HUGUES, G. (org.) *Voyageurs et voyages*. Provence: Université de Provence, 1999.
HUIZINGA, J. *Homo ludens: o jogo como elemento da cultura*. São Paulo: Perspectiva, 1996.
HUMBOLDT, A. *Ensayo politico sobre el reino de la Nueva España*. Tomo 1. Paris: [s.e.], 1822.
ISABELLE, L.F.A. *Viagem ao Rio da Prata e ao Rio Grande do Sul*. Rio de Janeiro: Zelio Valverde, 1949.
JENKINS, A.C. *The Naturalists. Pioneers of Natural History*. Londres, 1978.
JULIA, D.; BOUTRY, P. *Pèlerins et pèlerinages dans l'Europe Moderne*. Rome: École Française de Rome, 2000.
JUNIUS. *Em São Paulo: notas de viagem*. São Paulo: D'Olivaes Nunes Editor, 1883.
KIDDER, D.P. *Reminiscências de viagens e permanências nas províncias do sul do Brasil*. Belo Horizonte/São Paulo: Itatiaia/Edusp, 1980.
KIDDER, D.P.; FLETCHER, J.C. *O Brasil e os brasileiros: esboço histórico e descritivo*. São Paulo: Companhia Editora Nacional, 1941. 2 vols.
KIPLING, J.R. *As crônicas do Brasil*. Trad. por Luciana Salgado. São Paulo: Landmark, 2006.

KOK, G.P. *O sertão itinerante: expedições da capitania de São Paulo no século XVIII*. São Paulo: Hucitec/Fapesp, 2004.
KOSERITZ, C. von. *Imagens do Brasil*. Belo Horizonte/São Paulo: Itatiaia/Edusp, 1972.
KOSTER, H. *Viagens ao nordeste do Brasil*. São Paulo: Cia. Ed. Nacional, 1942.
KURY, L. *Histoire naturelle et voyages scientifiques (1780-1830)*. Paris: L'Harmattan, 2001.
LAMBERT, J. *Os dois Brasis*. São Paulo: Nacional, 1971.
LANGHANS, F.P.A. *Uma visita ao Rio de Janeiro em 1817*. Lisboa: Escritório de Propaganda e Expansão Comercial, 1959.
LAPA, J.R.A. *A economia colonial*. São Paulo: Perspectiva, 1973.
LARRÈRE, C.; LARRÈRE, R. *Du bon usage de la nature*. Paris: Aubier, 1997.
LASHLEY, C.; MORRISON, A. *Em busca da hospitalidade: perspectiva para um mundo globalizado*. São Paulo: Manole, 2004.
LASSUS, Y. *Les naturalistes français en Amérique du Sud XVIe-XIXe siècles*. Paris: CTHS. 1995.
LAURANT, J.P. *Le voyage*. Paris: Philippe Lebaud, 1995.
LE GOFF, J. *A civilização do ocidente medieval*. Lisboa: Editorial Estampa, 1984.
_____. *Reflexões sobre a história*. Lisboa: Edições 70, 1986.
_____. *Por amor às cidades*. São Paulo: Editora da Unesp, 1988.
_____. *História e memória*. Campinas: Editora da Unicamp, 1990.
_____. *A história nova*. São Paulo: Martins Fontes, 1998.
LE GOFF, J.; NORA, P. *História: novos problemas*. Rio de Janeiro: Francisco Alves, 1976.
_____. *História: novos objetos*. Rio de Janeiro: Francisco Alves, 1988.
LEAL, M.L.M.S. *A história da gastronomia*. Rio de Janeiro: Ed. Senac Nacional, 1988.
LECOUTEUX, C.L. *Au-delà du merveilleux, Essai sur les mentalités du Moyen Âge*. Paris: Presses de l' Université de Paris-Sorbonne, 1998.
LEFEBVRE, H. *O direito à cidade*. São Paulo: Moraes, 1991.
LEITÃO, C.F.M. *História das expedições científicas no Brasil*. São Paulo: Cia. Ed. Nacional, 1941.
LEITE, I.B. (Org.). *Negros no Sul do Brasil: invisibilidade e territorialidade*. Florianópolis: Letras Contemporâneas, 1996.
LEITE, M.L.M. *Livros de viagem (1803-1900)*. Rio de Janeiro: Editora UFRJ, 1997.

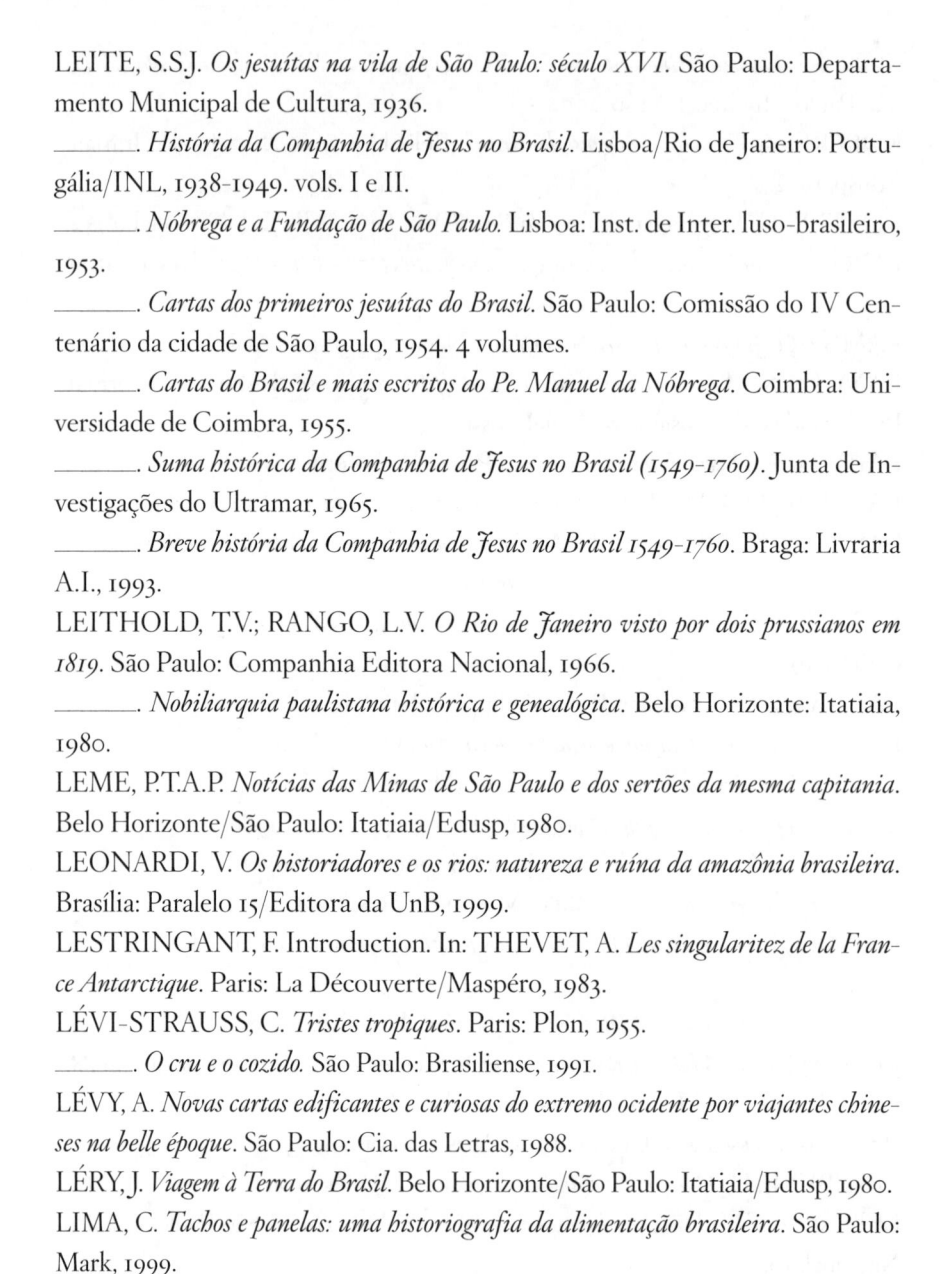

LEITE, S.S.J. *Os jesuítas na vila de São Paulo: século XVI*. São Paulo: Departamento Municipal de Cultura, 1936.

_____. *História da Companhia de Jesus no Brasil*. Lisboa/Rio de Janeiro: Portugália/INL, 1938-1949. vols. I e II.

_____. *Nóbrega e a Fundação de São Paulo*. Lisboa: Inst. de Inter. luso-brasileiro, 1953.

_____. *Cartas dos primeiros jesuítas do Brasil*. São Paulo: Comissão do IV Centenário da cidade de São Paulo, 1954. 4 volumes.

_____. *Cartas do Brasil e mais escritos do Pe. Manuel da Nóbrega*. Coimbra: Universidade de Coimbra, 1955.

_____. *Suma histórica da Companhia de Jesus no Brasil (1549-1760)*. Junta de Investigações do Ultramar, 1965.

_____. *Breve história da Companhia de Jesus no Brasil 1549-1760*. Braga: Livraria A.I., 1993.

LEITHOLD, T.V.; RANGO, L.V. *O Rio de Janeiro visto por dois prussianos em 1819*. São Paulo: Companhia Editora Nacional, 1966.

_____. *Nobiliarquia paulistana histórica e genealógica*. Belo Horizonte: Itatiaia, 1980.

LEME, P.T.A.P. *Notícias das Minas de São Paulo e dos sertões da mesma capitania*. Belo Horizonte/São Paulo: Itatiaia/Edusp, 1980.

LEONARDI, V. *Os historiadores e os rios: natureza e ruína da amazônia brasileira*. Brasília: Paralelo 15/Editora da UnB, 1999.

LESTRINGANT, F. Introduction. In: THEVET, A. *Les singularitez de la France Antarctique*. Paris: La Découverte/Maspéro, 1983.

LÉVI-STRAUSS, C. *Tristes tropiques*. Paris: Plon, 1955.

_____. *O cru e o cozido*. São Paulo: Brasiliense, 1991.

LÉVY, A. *Novas cartas edificantes e curiosas do extremo ocidente por viajantes chineses na belle époque*. São Paulo: Cia. das Letras, 1988.

LÉRY, J. *Viagem à Terra do Brasil*. Belo Horizonte/São Paulo: Itatiaia/Edusp, 1980.

LIMA, C. *Tachos e panelas: uma historiografia da alimentação brasileira*. São Paulo: Mark, 1999.

LIMA, O. *D. João VI no Brasil*. Rio de Janeiro: Topbooks, 1996.

LINDLEY, T. *Narrativa de uma viagem ao Brasil*. São Paulo: Companhia Editora Nacional, 1969.

LIPOVETSKY, G. *A sociedade da decepção*. São Paulo: Manole, 2007.

LISBOA, B.S. *Discurso histórico, político e económico dos progressos, e estado actual da Filozofia Natural Portugueza acompanhado de algumas reflexoens sobre o estado do Brasil.* Lisboa: na Officina de Antonio Gomes, 1786.

LISBOA, K.M. *A Nova Atlântida de Spix e Martius: natureza e civilização na Viagem pelo Brasil (1817-1820)*. São Paulo: Hucitec, 1997.

LIVET, G. *Historie des routes & de transports en Europe*. Strasbourg: Presses Universitaires de Strasbourg, 2003.

LODY, R. *Devoção e Culto à Nossa Senhora da Boa Morte*. Rio de Janeiro: Altiva, 1981.

LONDOÑO, F.T. *A outra família*. São Paulo: Loyola, 1999.

LOYOLA, I. *Cartas de Santo Inácio de Loyola*. São Paulo: Loyola, 1988. 2 vols.

LUCCOCK, J. *Notas sobre o Rio de Janeiro e partes meridionais do Brasil*. Belo Horizonte/São Paulo: Itatiaia/Edusp, 1975.

MAC CANNEL, J. *The Tourist. A new theory of the leisure class*. New York: Schocken Books, 1976.

MACKAY, D. Agents of Empire: the Banksian collectors and evaluation of new lands. In: MILLER, D.P.; REILL, P.H. (ed.). *Visions of Empire: voyages, botany, and representations of nature*. Cambridge: Cambridge Un. Press, 1996.

MAÇZAK, Antoni. *Travel in early modern Europe.* Cambridge: Polity Press, 1995.

DEUS, F.G.M. *Memórias para a História da Capitania de São Vicente*. Belo Horizonte/São Paulo: Itatiaia/Edusp, 1975.

MAIA, T. *O folclore das tropas, tropeiros e cargueiros no Vale do Paraíba*. São Paulo: Secretaria de Estado da Cultura, 1981.

MALERBA, J. *A corte no exílio: Civilização e poder no Brasil às vésperas da Independência (1808-1821)*. São Paulo: Cia. das Letras, 2000.

MARAVALL, J.A. *Estado moderno y mentalidad social (siglos XV a XVII)*. Tomo 1. Madri: Alianza, 1986.

MARCÍLIO, M.L. *A cidade de São Paulo: Povoamento e População (1750-1850)*. São Paulo: Pioneira/Edusp, 1974.

MARINS, P.C.G. *Através da rótula: sociedade e arquitetura urbana no Brasil, séculos XVII a XX*. São Paulo: Humanitas, 2001.

MARQUES, M.E.A. *Província de São Paulo*. Belo Horizonte/São Paulo: Itatiaia/Edusp, 1980. II tomos.

MARTIN, A.R. *Fronteiras e nações*. São Paulo: Contexto, 1994.

MARTIN, E.S. *O caminho do Eldorado:a descoberta da Guiana por Walter Ralegh em 1595*. Porto Alegre: Artes e Ofícios, 2002.

MARTIN, H. *Mentalités médiévales, XIème - XVème siècle*. Paris: Presses Universitaires de France, 1996.

MARTINS, A.E. *São Paulo antigo*. São Paulo: Comissão Estadual da Cultura, 1973.

MARTINS, C. (org). *Patrimônio Cultural: da memória ao sentido do lugar*. São Paulo: Roca, 2006.

MARTINS, L.L. *O Rio de Janeiro dos viajantes: o olhar britânico (1800-1850)*. Rio de Janeiro: Jorge Zahar, 2001.

MARX, K. *O Capital*. Rio de Janeiro: Bertrand Brasil, 1988.

MARX, M. *Cidade Brasileira*. São Paulo: Melhoramentos/Edusp, 1980.

MATIAS, M. *Turismo: formação e profissionalização: 30 anos de história*. São Paulo: Manole, 2002.

MATTOSO, J. *O essencial sobre a cultura medieval portuguesa: séculos XI a XIV*. Lisboa, Instituto Nacional: Casa Moeda, 1993.

MAXWELL, K. *Marquês de Pombal, paradoxo do Iluminismo*. Rio de Janeiro, Paz e Terra, 1997.

MAWE, J. *Viagens ao interior do Brasil*. Belo Horizonte/São Paulo: Itatiaia/Edusp, 1978.

MELLO, E.C. *Rubro veio: o imaginário da restauração pernambucana*. Rio de Janeiro: Topbooks, 1997.

_____. *O negócio do Brasil: Portugal, os Países Baixos e o Nordeste (1641-1669)*. 2.ed. Rio de Janeiro: Topbooks, 1998a.

_____. *Olinda Restaurada: guerra e açúcar no nordeste (1630-1654)*. Rio de Janeiro: Topbooks, 1998b.

MELLO, J.S. *Emboabas*. São Paulo: Governo do Estado de São Paulo, 1979.

MELLO, P.C. *A economia da escravidão nas fazendas de café: 1850-1888*. Rio de Janeiro: PNPE/Anpec, 2 vol., 1984.

MELLO-LEITÃO, C. de. *História das expedições científicas no Brasil*. São Paulo: Companhia Editora Nacional, 1941.

MENEZES, R. *Histórias da História de São Paulo*. São Paulo: Melhoramentos, 1954.

MICELI, P.C. *O ponto onde estamos*. São Paulo: Scritta, 1994.

MILANI, R. *Esthétiques du paysage: art et contemplation*. Paris: Actes Sud, 2005.

MILLIET, S. *Roteiro do café e outros ensaios*. 4.ed. São Paulo: Hucitec, 1982.

MIRANDA, T. R. *"Ervas de Ruim Qualidade": a expulsão da Companhia de Jesus e a aliança anglo-portuguesa: 1750-1763*. São Paulo: FFLCH-USP, 1991.

MOLLAT, M. *A Europa e o Mar*. Lisboa: Presença, 1995.

_____. *Los exploradores del siglo XIII al XVI: primeiras miradas sobre nuevos mundos*. México: Fondo de Cultura Económica, 1990.

MONTEIRO, J.M. *Negros da terra: índios e bandeirantes nas origens de São Paulo*. São Paulo: Cia. das Letras, 1994.

MONTEJANO, J.M. *Estrutura do mercado turístico*. São Paulo: Roca, 2002.

MORAES, A.J.M. *Festas e tradições populares do Brasil*. Belo Horizonte/São Paulo: Itatiaia/Edusp, 1979.

_____. *História do Brasil Reino e do Brasil Império*. Belo Horizonte/São Paulo: Itatiaia/Edusp, 1982.

MORE, T. A Utopia. In: *Pensadores*. São Paulo: Nova Cultural, 1985.

MORSE, R. *Formação Histórica de São Paulo*. São Paulo: Difel, 1970.

MOTA, C.G.(org.). *1822: Dimensões*. São Paulo: Perspectiva, 1986.

MOTA, C.G.; NOVAIS, F. *A independência política do Brasil*. São Paulo: Hucitec, 1996.

MOURA, C.E.M. *Vida cotidiana em São Paulo no século XIX*. São Paulo: Ateliê Editorial/Unesp/Imprensa Oficial, 1998.

MOURA, D.A.S. *Sociedade movediça: economia, cultura e relações sociais em São Paulo – 1808-1850*. São Paulo: Unesp, 2005.

MOURA, P.C. *São Paulo de outrora (evocações da metrópole)*. Belo Horizonte: Itatiaia, 1980.

NEME, M. *Notas de revisão da história de São Paulo*. São Paulo: Anhembi, 1959.

NEVES, L.M.B.P.; MACHADO, H. *O Império do Brasil*. Rio de Janeiro: Nova Fronteira, 2000.

NEWTON, A.P. (ed.). *Travel and travellers of the Middle Ages*. s.l. Routledge, 1996.

NIEUHOF, J. *Memorável viagem marítima e terrestre ao Brasil*. São Paulo: Martins Fontes, 1942.

NÓBREGA, M. *História do Rio Tietê*. Belo Horizonte/São Paulo: Itatiaia/Edusp, 1981.

NORTON, L. *A corte de Portugal no Brasil*. São Paulo/Brasília: Companhia Editora Nacional/INL, 1979.

_____. *A descoberta do homem e do mundo: experiência e destino*. São Paulo: MINC-Funarte/Cia. das Letras, 1998.

NOVAES, A. (org.). *Portugal e Brasil na crise do antigo sistema colonial*. São Paulo: Hucitec, 1983.

OHLER, N. A pilgrim's guide to Santiago de Compostela. In: *The medieval traveler*. Suffolk: The Boydell Press, 1998, p. 184-198.

OURSEL, R. *Les pélerins au Moyen Age. Les hommes, les chemins, les sanctuaires*, sine nominee. Paris: [s.e.], 1963.

OVÍDIO. *A arte de amar*. Porto Alegre: L&PM, 2001.

PARKS, G.B. Travel as Education. In: *The Seventeenth Century. Studies in the History of English Thought and Literature from Bacon to Pope*. Stanford: Stanford University, 1951.

PECKOLT, T. *História das plantas medicinais e úteis do Brasil (1888-1914)*. 8 vols. Rio de Janeiro: Laemmert & Cia. vol. 1 (1888), vol. 2 (1889), vol. 3 (1890), vol. 4 (1891), vol. 5 (1893), vol. 6 (1896), vol. 7 (1899), vol. 8 (1914).

PFEIFER, I. *A Woman's Journey Round The World. From Vienna to Brazil, Chili, Tahiti, China, Hindostan, Persia, and Asia Minor*. London: Nathaniel Cookie, 1854.

PESAVENTO, S.J. (coord.). *O espetáculo da rua*. Porto Alegre: Editora da UFRGS, 1996.

PHILLIPS, J.R.S. *La expansión medieval de Europa*. Madrid: Fondo de Cultura Económica, 1994.

POHL, J.E. *Viagem no interior do Brasil*. Belo Horizonte/São Paulo: Itatiaia/Edusp, 1976.

PÓLO, M. *O livro das maravilhas*. Trad. de Elói Braga Jr. 4.ed. Porto Alegre: L&PM, 1994.

PONTING, C. *A Green History of the World: The Environment and the Collapse of Great Civilizations*, New York: St. Martin's, 1991-1993.

PORTER, R. *A história do corpo*. Lisboa: Difel, 1990.

PORTO, A.R. *História da cidade de São Paulo*. São Paulo: Chartago, 1996.

PORTUGUEZ, A.P. (org.). *Turismo, memória e patrimônio cultural*. São Paulo: Roca, 2004.

POTELET, J. *Le Brésil vu par les voyageurs et les marins français (1816-1840)*. Paris: L'Harmattan, 1993.

PRADO Jr., C. *Evolução política do Brasil*. 6.ed. São Paulo: Brasiliense, 1969.

_____. *História econômica do Brasil*. São Paulo: Brasiliense, 1986.

_____. *Formação do Brasil Contemporâneo*. São Paulo: Brasiliense, 1996.

_____. *A cidade de São Paulo. Geografia e história*. São Paulo: Brasiliense, 1998.

PRATT, M.L. *Os olhos do império: relatos de viagem e transculturação*. Bauru/São Paulo: Edusc, 1999.

PRESTES, M.E.B. *A investigação da natureza no Brasil Colônia*. São Paulo: Annablume, 2000.

PRIORE, M. *Ao sul do corpo: condição feminina, maternidades e mentalidades no Brasil Colônia*. Rio de Janeiro/Brasília: José Olympio, 1994a.

_____. *Festas e utopias no Brasil Colonial*. São Paulo:Brasiliense, 1994b.

_____. História do Cotidiano e da Vida Privada. In: CARDOSO, C. F.; VAINFAS, R. (Orgs.). *Domínios da História*. Rio de Janeiro: Campus, 1997, p. 259-274.

_____. *Revisão do paraíso: os brasileiros e o estado em 500 anos de História*. Rio de Janeiro: Campus, 2000.

_____. *História do cotidiano*. São Paulo: Contexto, 2001.

PUNTONI, P. *Povos indígenas e a colonização do sertão Nordeste do Brasil, 1650-1720*. São Paulo: Hucitec, 2002.

QUEIROZ, D. Frei J.S.J. *Visitas pastorais*. Rio de Janeiro: Melso, 1961.

QUEIROZ, M.J. *A Comida e a Cozinha: iniciação à arte de comer*. Rio de Janeiro: Forense-Universitária, 1988.

QUESADA, M.A.L. *El mundo de los viajeros medievales*. Madrid: Anaya, 1992.

REIS FILHO, N.G. *Contribuição ao estudo da evolução urbana do Brasil. 1500-1720*. São Paulo: Edusp, 1968.

REIS, J.J. *A morte é uma festa: ritos fúnebres e revolta popular no Brasil do século XIX*. São Paulo: Cia. das Letras, 1991.

REJOWSKI, M. *Turismo no percurso do tempo*. São Paulo: Aleph, 2002.

RENAULT, C. *O dia a dia no Rio de Janeiro segundo os jornais: 1870-1889*. Rio de Janeiro: Civilização Brasileira, 1982.

RENAULT, D. *Indústria, escravidão, sociedade*. Rio de Janeiro: José Olympio, 1976.

RENDU, A. *Études topographiques, médicales et agronomiques sur le Brésil*. Paris: J.-B. Bailliére, 1848.

REVEL, J. (Org.). *Jogos de escalas: a experiência da microanálise*. Rio de Janeiro: FGV, 1998.

REVEL, J.F. *Um banquete de palavras. Uma história da sensibilidade gastronômica*. São Paulo: Cia. das Letras, 1996.

RIBEYROLLES, C. *Brasil Pitoresco*. Sao Paulo: Martins Fontes, 1941. 2 vols.

RICE, H. *Exploração na guiana brasileira*. Belo Horizonte/São Paulo: Itatiaia/Edusp, 1978.

RICHARD, J.R. *Les récits de voyages et de pèlerinages*. Turnhout: Brépols, 1981.

_____. Pilgrimage, christian. In: FRIEDMAN, J.B.; FIGG, K.M. (ed.). *Trade, travel and exploration in the Middle Ages: An encyclopedia*. Nova York: Garland Publishing, 2000, p. 478-483.

RITCHIE, C.I.A. *Comida y civilización*. Madri: Alianza, 1986.

ROCHE, D. *História das coisas banais: nascimento do consumo nas sociedades do século XVIII ao XIX*. Rio de Janeiro: Rocco, 2000.

RODRIGUES, J.W. *Tropas paulistas de outrora*. Coleção Paulística, vol. X, São Paulo, 1978.

RODRIGUES, J.H. *História da história do Brasil – primeira parte: historiografia colonial*. São Paulo: Companhia Editora Nacional, 1979.

RONAN, C.A. *História ilustrada da ciência*. Rio de Janeiro: Jorge Zahar Editor, 1987.

ROUANET, M. H. *Eternamente em berço esplêndido: a fundação de uma leitura nacional*. Sao Paulo: Siciliano, 1991.

ROUDAUT, J. Quelques variables du récit de voyage. In: *La Nouvelle Revue Française*, n.377, p. 58-70, 1984.

ROUSSEAU, J.J. *Discours sur l'origine et les fondements de l'inégalité parmi les hommes et Discours sur les sciences et les arts*. Paris: Garnier-Flammarion, 1971.

_____. *Emílio ou da educação*. São Paulo: Martins Fontes, 2004.

ROUX, J.P.R. *Les explorateurs au Moyen Âge*. Paris: Fayard, 1985.

RUGENDAS, J.M. *Viagem pitoresca através do Brasil*. São Paulo: Círculo dos Leitlores, [s.d.].

SAHLINS, M. *Ilhas de História*. Rio de Janeiro: Jorge Zahar, 1990.

SAINT-HILAIRE, A de. *Viagem à província de Santa Catarina*. São Paulo: Cia. Editora Nacional, 1936.

_____. *Segunda viagem do Rio de Janeiro a Minas Gerais e São Paulo*. Belo Horizonte/Itatiaia; São Paulo: Edusp, 1974a.

_____. *Viagem pelo Distrito Diamantino e Litoral do Brasil*. Belo Horizonte/São Paulo: Itatiaia/Edusp, 1974b.

_____. *Viagem pelas Províncias do Rio de Janeiro e Minas Gerais*. Belo Horizonte/São Paulo: Itatiaia/Edusp, 1975a.

_____. *Viagem à Província de Goiás*. Belo Horizonte/São Paulo: Itatiaia/Edusp, 1975b.

_____. de. *Viagem à província de São Paulo e resumos das viagens ao Brasil, província Cisplatina e Missões do Paraguai*. Belo Horizonte/São Paulo: Itatiaia/Edusp, 1976.

_____. *Viagem no interior do Brasil.* Belo Horizonte/São Paulo: Itatiaia/Edusp, 1979.

_____. *Viagem ao Rio Grande do Sul.* Porto Alegre: Martins Livreiros, 1987.

SANT'ANNA, N. *São Paulo no século XVIII.* São Paulo: Secretaria da Cultura, Ciência e Tecnologia, 1977.

SANTOS, F.A.N. Fontes e chafarizes do Rio de Janeiro. In: *Revista do Patrimônio Histórico e Artístico Nacional,* vol. 10. Rio de Janeiro, 1946, p.1-133.

SANTOS, L.G. *Memórias para servir a história do Reino do Brasil.* Belo Horizonte/São Paulo: Itatiaia/Edusp, 1981. Tomos I e II.

SANTOS, M. *A natureza do espaço: técnica e tempo, razão e emoção.* São Paulo: Hucitec, 1996.

SANTOS, P.F. *Formação de cidades no Brasil colonial.* Rio de Janeiro: Editora UFRJ, 2001.

SCARANO, J. *Devoção e Escravidão: A Irmandade de Nossa Senhora do Rosário dos Pretos no Distrito Diamantino no Século XVIII.* São Paulo: Conselho Estadual de Cultura, 1975.

SCHAFF, A. *História e verdade.* São Paulo: Martins Fontes, 1991.

SCHAMA, S. *Paisagem e Memória.* São Paulo: Cia. das Letras, 1996.

SCHIAVO, C.; ZETTEL, J. (coord.). *Memória, cidade e cultura.* Rio de Janeiro: Ed. UERJ, 1997.

_____. *Retrato em branco e negro.* São Paulo: Cia das Letras, 1987.

SCHWARCZ, L.M. *O espetáculo das raças: Cientistas, instituições e questão racial no Brasil, 1870-1930.* São Paulo: Cia. das Letras, 1995.

SEIDLER, C. *Dez anos no Brasil.* Belo Horizonte/São Paulo: Itatiaia/Edusp, 1980.

SENNET, R. *Carne e pedra: o corpo e a cidade na civilização ocidental.* 2.ed. Rio de Janeiro: Record, 2001.

SEPP, A.S.J. *Viagem às missões jesuíticas e trabalhos apostólicos.* Belo Horizonte/São Paulo: Itatiaia/Edusp, 1980.

SEVCENKO, N. *Literatura como missão.* São Paulo: Brasiliense, 1983.

_____. (Org.). *História da vida privada no Brasil.* v. 4. São Paulo: Cia. das Letras, 1998.

_____. *Pindorama revisitada: cultura e sociedade em tempos de virada.* São Paulo: Peirópolis, 2000.

SHORE, W. *The Nature of Nature: New Essays from America's Finest Writers on Nature.* Nova York: Harcourt Brace, 1994.

SILVA, M.B.N. (Coord.). *Cultura e sociedade no Rio de Janeiro (1808-1821)*. Rio de Janeiro: Companhia Editora Nacional, INL, 1977.

_____. *O império luso-brasileiro, 1750-1822*. Lisboa: Editorial Estampa, 1986.

_____. *Vida privada e cotidiano no Brasil na época de d. Maria I e d. João VI*. Lisboa: Estampa, 1993.

SILVA, M. da G.L. *Cidades turísticas: identidades e cenários de lazer*. São Paulo: Aleph, 2004.

SIMÕES, M. *A literatura de viagens nos séculos XVI e XVII*. Lisboa: Editorial Comunicação, 1985.

SIMON, W.J. *Scientific Expeditions in the Portuguese Overseas Territories (1783-1808)*. Lisboa: Instituto de Investigação Científica Tropical, 1983.

SINGER, P. *Desenvolvimento econômico e evolução urbana*. São Paulo: Cia. Editora Nacional, 1968.

SODRÉ, N.W. *História da imprensa no Brasil*. 2.ed. Rio de Janeiro: Graal, 1977.

SOUSA, G.S. *Tratado descritivo do Brasil em 1587*. São Paulo: Cia. Editora Nacional/Edusp, 1971.

_____. *Notícia do Brasil*. São Paulo: MEC, 1974.

SOUSA, R.F. *Da Mantiqueira aos Andes: impressões de viagens*. São Paulo: Record, 1939.

SOUZA, L.M. *Desclassificados do ouro*. Rio de Janeiro: Graal, 1982.

_____. *Desclassificados do ouro: a pobreza mineira do século XVIII*. Rio de Janeiro: Graal, 1986.

_____. *O diabo e a Terra de Santa Cruz*. São Paulo: Cia. das Letras, 1986.

SOUZA, L.M.; NOVAIS, F.A. (orgs.). *História da vida privada no Brasil: cotidiano e vida privada na América portuguesa*. São Paulo: Cia. das Letras, 1997.

SPIX, J.B.; MARTIUS, C.F.P. *Viagem pelo Brasil: 1817-1820*. Belo Horizonte/São Paulo: Itatiaia/Edusp, 1981.

STADEN, H. *Duas viagens ao Brasil*. Belo Horizonte/São Paulo: Itatiaia/Edusp, 1974.

STAFFORD, B.M. *Voyage into substance: art, science, nature and the illustred Travel account*. Cambridge Mass.: Mit Press, 1984.

STAROBINSKI, J. *As máscaras da civilização. Ensaios*. São Paulo: Cia. das Letras, 2001.

STEWART, C.S. *A visit to the South Seas in the U.S. Ship Vicennes, during the years 1829 and 1830; with notices of Brazil, Peru, Manulla, the Cape of Good Hope, and St. Helena*. Londres: Fisher, Son, & Jackson, 1832.

SÜSSEKIND, F. *O Brasil não é longe daqui: o narrador e a viagem*. São Paulo: Cia. das Letras, 1990.

SWARBROOKE, J. *Turismo sustentável: setor público e cenários geográficos*. São Paulo: Aleph, 2000a.

_____. *Turismo Sustentável: turismo cultural, ecoturismo e ética*. São Paulo: Aleph, 2000b.

TAUNAY, A.E. *História seiscentista da vila de São Paulo*. São Paulo: Tipografia Ideal – Heitor L. – Canton, 1926, t. I (1600-1653).

_____. *A missão artística de 1816*. Rio de Janeiro: Publicação da Diretoria do Patrimônio Histórico Artístico Nacional, 1956.

_____. *História da cidade de São Paulo sob o império*. São Paulo: Secretaria Municipal de Cultura, 1977.

_____. *Relatos sertanistas*. Belo Horizonte/São Paulo: Itatiaia/Edusp, 1991.

TENGARRINHA, J. *Historiografia portuguesa hoje*. São Paulo: Hucitec, 1999.

THIBAUDET, A. Le genre littéraire du voyage. In: *Réflexions sur la critique*. Paris: Gallimard, 1939, p. 7-22.

THOMAS, K. *O homem e o mundo natural: mudanças de atitudes em relação às plantas e aos animais (1550-1800)*. São Paulo: Cia. das Letras, 1996.

TINHORÃO, J.R. *As festas no Brasil Colonial*. Rio de Janeiro: Editora 34, 2000.

TOCQUEVILLE, A. *Viagens à Inglaterra e à Irlanda*. São Paulo: Imaginário/Primeira Linha, 2000.

TODOROV, T. *A conquista da América*. São Paulo: Martins Fontes, 1983.

TOLLENARE, L.F. *Notas dominicais tomadas durante uma viagem em Portugal e no Brasil em 1816, 1817 e 1818*. Recife: Secretária do Departamento de Cultura, 1978.

TOVAR, J.R.T. (ed.). *Libros españoles de viajes medievales*. Madri: Taurus, 1986.

TOWNER, J. The Grand Tour. A Key Phase in the History of Tourism. In: *Annals of Tourism Research*, Inglaterra, XII, 1985.

TREASE, G. *The Grand Tour. A History of the Golden Age of Travel*. Londres: Heinemann, 1967.

TRIGO, L.G.G. *Viagem na memória*. São Paulo: Senac, 2000.

TSCHUDI, J.J. von. *Viagem às províncias do Rio de Janeiro e São Paulo*. Belo Horizonte/São Paulo: Itatiaia/Edusp, 1980.

T'SERSTEVENS, A. (ed.). *Los precursores de Marco Polo*. Barcelona: Orbis, 1986.

TURNBULL, J. *Voyage round the world, in the years 1800, 1801, 1802, 1803, and 1804; in which the author visited the principal islands in the Pacific ocean, and the*

English settlements of Port Jackson and Norfolk Island. Londres: Printed for R. Phillips by T. Gillet, 1805.

URBAIN, J.D. *L'Idiot du voyage. Histoires de tourists*. Paris: Plon, 1991.

_____. *Sur la plage: mœurs et coutumes balnéaires*. Paris: Payot, 1994.

_____. *Secrets de voyage, menteurs, imposteurs et autres voyageurs invisibles*. Paris: Payot, 1998.

URRY, J. *O olhar do turista: lazer e viagens nas sociedades contemporâneas*. São Paulo: Studio Nobel, 2001.

VAINFAS, R. *Ideologia e escravidão: os letrados e a sociedade escravista no Brasil Colonial*. Petrópolis: Vozes, 1986.

VAINFAS, R. (dir.). *Dicionário do Brasil Colonial.*(1500-1808). Rio de Janeiro: Objetiva, 2000.

VALLEJO, E.A. *Viajes y descubrimientos en la Edad Media*. Madri: Síntesis, 1994.

VARNHAGEN, F.A. *História Geral do Brasil*. Belo Horizonte/São Paulo: Itatiaia/Edusp, 1981.

VASCONCELLOS, C.M. *Turismo e Museus*. São Paulo: Aleph, 2006.

VASCONCELOS, S. de, S. J. *Crônica da Companhia de Jesus (1663)*. Petrópolis: Vozes, 1977. 2 volumes.

VAZ, F.A.L. *Instrução e economia: as ideias económicas no discurso da ilustração portuguesa*. Lisboa: Colibri, 2002.

VENAYRE, S. *La gloire de l'aventure*: *genèse d'une mystique moderne 1850-1940*. Paris: Aubier, 2002.

VENTURA, R. *Estilo tropical: história cultural e polêmicas literárias no Brasil, 1870-1914*. São Paulo: Cia. das Letras, 1991.

VERDON, J. *Voyager au moyen âge*. Paris: Perrin, 1998.

VEYNE, P. *Como se escreve a história*. Brasília: UnB, 1992.

VICENTE, A. *As mulheres portuguesas vistas por viajantes estrangeiros*. Lisboa: Gótica, 2001.

VIEIRA, A. *Do Éden à Arca de Noé: o madeirense e o quadro natural*. Centro de Estudos de História do Atlântico, Secretaria Regional do Turismo e Cultura, 1998.

VILHENA, L.S. *Notícias soteropolitanas e brasílicas*. Salvador: Imprensa Oficial do Estado, 1921. 2 vols.

VINCENT, B. *1492 – Descoberta ou Invasão?* Rio de Janeiro: Jorge Zahar, 1992.

VISSER, M. *O ritual do jantar: as origens, evolução, excentricidades e significado das boas maneiras à mesa.* Rio de Janeiro: Campus, 1998.

VOLPATO, L.R.R. *A conquista da terra no universo da pobreza: formação da fronteira oeste do Brasil, 1719-1819.* São Paulo: Hucitec, 1987.

VOVELLE, M. (Dir.). *O homem do iluminismo.* Lisboa: Presença, 1997.

WALSH, R. *Notícias do Brasil.* Belo Horizonte: Itatiaia, 1985.

WEHLING, A.; WEHLING, M.J.M.C.M. *Formação do Brasil Colonial.* Rio de Janeiro: Nova Fronteira, 1994.

WERNET, A. *A igreja paulista no século XIX.* São Paulo: Ática, 1987.

WETHERELL, J. *Brazil. Stray Notes from Bahia Being Extracts from Letters, & C., During a Residence of Fifteen Years.* Liverpool: Webb and Hunt, 1860.

WHITE, H. *Trópicos do discurso: ensaios sobre a crítica da cultura.* São Paulo: Edusp, 1994.

WIED-NEUWIED, Príncipe M. de. *Viagem ao Brasil.* São Paulo: Editora Nacional, 1940.

WILCKEN, P. *Império à deriva: a corte portuguesa no Rio de Janeiro, 1808-1821.* Rio de Janeiro: Objetiva, 2005.

WOLFZETTEL, F. *Le discours du voyageur. Le récit de voyage en France du Moyen Âge au XVIIIe siècle.* Paris: PUF, 1996.

YÁZIGI, E. *Turismo uma esperança condicional.* São Paulo: Plêiade, 1998.

YOUNG, A. *Voyages en France.* Paris: Colin, 1976.

ZALUAR, A.E. *Peregrinação pela Província de São Paulo (1860-1861).* Belo Horizonte/São Paulo: Itatiaia/Edusp, 1975.

ZEMELLA, M.P. *O abastecimento da capitania das Minas Gerais no século XVIII.* São Paulo: Hucitec/Edusp, 1990.

ZUMTHOR, P. *Tradição e esquecimento.* São Paulo: Hucitec, 1997.

_____. *A letra e a voz.* São Paulo: Cia. das Letras, 1993.

Fontes Manuscritas e Impressas

ANRJ – Arquivo Nacional do Rio de Janeiro

– O novo conhecimento geográfico do mundo. In: *Gravura e conhecimento do mundo: o livro impresso nas colecções da BN.* Lisboa: Biblioteca Nacional, 1998, p. 135.

- Le siècle du voyage. In: *Sociétés & Représentations*. Paris: ISOR/credhess, 2006, n. 21.
- *Fuga da família real para o Brasil: carta de Dom Manuel de Meneses para o Conde dos Arcos (vice-rei)*. Janeiro 27, 1808, Códice 730, fl. 11.
- *Narração histórica da Entrada Pública da Sereníssima Princesa Real na Corte do Rio de Janeiro no dia 6 de Novembro do ano de 1817*, p. 231, v. 232. – Cód. 807, v. 1.

BA – Biblioteca da Ajuda – Portugal

– Cota 54-VI-12, n. 107
– Cota 54-VI-12, n. 109

BACL – Biblioteca da Academia das Ciências de Lisboa

- VANDELLI, D. *Viagens Filosóficas ou Dissertação sobre as importantes regras que o Filósofo naturalista nas suas peregrinações deve principalmente observar por D. V.*, 1779, série vermelha, Ms. 405.

BNL – Biblioteca Nacional de Lisboa – Portugal

– *A Sensibilidade Nacional e Estrangeira – homenagem a sempre saudosa memória da muito alta e muito augusta senhora D. Leopoldina Carolina Josepha – Imperatriz do Brasil - no dia do seu depósito no convento das religiosas d'Ajuda*. Lisboa: Impressão Régia, 1827.
- *Preparatórios para receber a família real portuguesa*, janeiro, 16 de 1808 - Mss II-35, 4,1.

BNRJ – Biblioteca Nacional do Rio de Janeiro

- *Cópia do decreto que o príncipe regente de Portugal foi servido deixar em Lisboa para a boa direção do Governo na sua ausência para o Rio de Janeiro, 25 de novembro de 1807*. Manuscrito, I-3, 19, 69.

Impressos

- Cartas de Luiz Joaquim dos Santos Marrocos escritas do Rio de Janeiro à sua família em Lisboa, de 1811 a 1821. In: *Anais da Biblioteca Nacional do Rio de Janeiro*. Vol. 56. Rio de Janeiro: Serviço Gráfico do Ministério da Educação, 1939.
- *Anais da Biblioteca Nacional do Rio de Janeiro*, vol.32. Rio de Janeiro: Oficinas Gráficas da Biblioteca Nacional, 1914, pp.494-506.
- *Atas da Câmara da Cidade de São Paulo (1562-1596)*. 2.ed. São Paulo: Divisão do Arquivo Histórico do Estado de São Paulo, 1967.
- *Atas da Câmara Municipal de São Paulo*. Vol. XXII. São Paulo: Divisão do Arquivo Histórico do Estado de São Paulo, s.d.
- *Coleção de leis e ordens régias do Brasil.* Rio de Janeiro: Imprensa Nacional, 1891. 1808-1821.
- *Discurso em que o Exmo. Presidente Rafael Tobias de Aguiar abriu a sessão da Assembléia Provincial no dia 2 de fevereiro de 1835.* São Paulo: Typographia do Governo, 1835.
- *Documentos interessantes - Atas do Conselho da Presidência da Província de São Paulo ano de 1824 – 1829.* p. 84.
- *Documentos interessantes - Atas do Conselho da Presidência da Província de São Paulo ano de 1824 – 1829.* São Paulo: Departamento do Arquivo do Estado de São Paulo, 1961.

Índice remissivo

A

Academia de Ciências 57, 59, 64, 256, 64
Agricultura 103, 111, 117, 174
Alimentação 9, 81, 96, 97, 98, 100, 103, 125, 174, 193, 202-3, 221, 223-4, 226, 240-1, 244, 250, 255-7, 288
Alimentos 2, 30, 66, 80-2, 85, 94, 97, 127, 183, 188, 221, 230, 238, 241-3, 246-7, 250, 259, 266, 274
Almoço 101, 108, 148, 172, 207-8, 224, 268
Alojamento 215, 216, 228
Amabilidade 111, 209, 222, 231, 235, 251
Amazônia 73-4, 141
América 12, 28, 30, 33-5, 37-8, 43, 46-7, 51, 53-4, 57, 61, 63, 67-70, 72-6, 79, 88, 102, 120, 142, 153, 158, 165, 179, 183, 205, 238, 265-6
  América portuguesa 30, 33, 34, 37, 39, 47, 51, 53, 61, 120, 142, 158, 238

Animais 3, 33-4, 38, 43, 47, 49, 66, 70, 81-2, 85, 87, 94-100, 104-6, 120, 124, 127-8, 132, 142, 144, 147, 158-160, 163-4, 173-4, 178, 187-9, 191, 193, 195-6, 198-200, 217, 220-1, 234, 238, 240-2, 253, 255-7, 271, 274
Anotações 35, 46, 63
Aqueduto 130, 134, 163
Armas 5, 121, 123, 188, 202, 214
Arquitetura 77, 92, 160, 162, 170
Artista 18, 42, 62-4, 99, 142, 221, 271
Árvores 87, 94, 96, 100, 111-2, 121-3, 126-31, 133-4, 139, 173-4, 176, 178, 195, 197, 201, 208, 238, 245, 249-51, 254, 289
Astronomia 13, 30
Atlântico 10, 28, 31, 61, 92, 104, 200, 289
Atrativos naturais 16, 119
Aventura 4, 7, 9, 11, 20, 26, 28-30, 35, 37, 40, 46, 50, 55, 62, 64, 76-7, 82, 86, 88, 104, 109, 183-4, 211, 285, 288, 291

B

Bagagem 18, 45, 69, 94-5, 97, 99, 111, 137, 192, 194, 199, 207, 213-4, 220
Bairros 156-7, 163, 170, 178, 279
Bandeirantes 174, 182
Banho 6, 215, 224
Barulho 146, 164, 180, 233, 210
Batuque 189, 201-2
Bebidas 119, 139, 215, 243, 266, 281, 284
Becos 159, 172
Biblioteca 16, 19, 36, 71
Bondes 164, 226, 284
Bosques 127, 178, 191, 208
Botânica 56, 58, 65, 69, 72-3, 77

C

Cabana 141, 186, 194, 206, 210, 217-8
Caça 124, 132, 146, 195, 201, 239, 255
Cachoeira 75, 94, 103, 110-2, 129, 187, 190, 202, 208-9
Cadeia 101, 149, 151, 153, 176, 178-9, 191, 195
Café 90, 106, 127, 145, 193, 208, 230, 232-4, 243, 248-9, 151
Cais 148-9, 151, 165, 170
Calçamento 100, 170-1, 177-8, 180, 146
Calendário 82, 267, 275, 116
Câmaras 159, 182
Canoas 96, 99, 102, 110-1, 138, 141, 176-7, 188, 190, 200-2, 204
Cansaço 80, 184, 202, 209, 275
Capital 46, 54, 65, 68, 92, 107-8, 129, 159, 164, 172, 174, 190, 194, 206, 208, 210, 222, 224, 234, 279, 280, 284
Cardápio 164, 247

Carga 3, 81, 87, 95-6, 99, 105, 110, 112, 184, 189, 190-1, 193, 205
Carnes 82, 231, 239, 255-6
Carregamento 80-1, 84, 170
Cartografia 4, 12, 31, 109
Casebre 155, 193
Cavalhada 102, 274
Celebração 265-7, 271, 273-4
Cerimônia 253-4, 266-71, 274, 108
Cheiro 9, 46, 92, 104, 131, 133, 159, 164, 170, 180, 220, 244, 246, 251, 253, 276
Choupana 163, 176, 187, 194
Chuva 48, 60-1, 87-8, 96-7, 116, 130-1, 154, 159, 181, 186, 195-6, 198, 211, 215, 222-3, 225, 233, 255
Ciência XV, XVII, 256, 288, 290
Científico XIII, XVI, 11, 14, 32, 36, 38-9, 45, 47, 56-9, 64, 120, 188, 214, 290
Cipós 131, 133, 176
Civilizações 12, 41
Colônia 35, 52, 60, 74, 144, 159, 172, 208, 225-6, 266, 276-8, 283
Colonização 34, 162, 182, 197, 239
Comemoração 273-4
Comerciante XIX, 3, 9, 59, 103, 107, 169, 203, 283, 228
Comércio 2, 8, 26-7, 53, 66, 71, 80, 86, 98, 101, 143, 146, 150, 168, 172, 179, 181, 189, 226, 235, 242-3, 247, 264, 268
Conforto 5, 8, 27, 52, 74, 87, 93, 100, 118, 119, 153, 157, 158, 187, 202, 209, 211, 226, 245, 290-1
Cordialidade 97, 231, 235
Cortejo 267, 269, 271, 273-4
Cotidiano 6, 8, 27, 36, 67, 95, 137, 147, 173, 198, 274, 282
Crimes 98, 149
Cristão 6-8, 79, 83, 85, 102, 122
Crônica 41, 43, 77, 288, 289, 91

D

Decoração 157, 165, 225, 227
Descanso 22, 118, 130, 145, 182, 187, 200, 217, 221, 223, 268
Desenho 42, 48, 61, 63, 65-7, 77, 133, 166, 270
Deslocamento 1, 2, 4-10, 14-7, 23, 26-7, 29-30, 33-5, 38, 41, 43, 49-52, 69, 77, 79, 83, 91, 104, 112
Diários 14, 29-30, 32, 42, 46, 50, 59
Dinheiro 102, 168, 177, 186, 197, 214, 216, 265, 267, 281
Distração 86, 88, 90
Diversidade XIX, XXIII, 19, 26, 41, 56, 112, 115, 119-20, 122, 126, 136, 142, 231, 237, 242-3, 257, 269
Divertimento 4, 6, 19, 268
Doces 150, 164, 232, 243, 245, 249-52, 258, 280
Doenças 70-1, 80, 82, 118-9, 160, 163, 188, 217

E

Educação 15-8, 20, 23, 41, 97, 204, 272, 289, 314
Embarcações 4-5, 11, 26, 30, 56, 59, 61, 71, 79, 80-6, 93, 99, 103, 107-8, 111, 127, 134, 188, 201, 204
Enjoo 80, 89-90, 204
Entrudo 276-8
Escravos 96, 99, 105-6, 132, 135, 143-151, 159, 167, 169, 175, 188, 191, 193, 197, 217, 219, 234-5, 245, 253, 265-6, 272, 274-5, 296
Espaço 18, 33, 37, 75, 77, 79, 81, 86, 88, 124, 126, 130, 136, 152, 157-8, 160, 164, 170-1, 173, 179-180, 211, 218, 261, 268, 272, 274, 278-9, 295, 315

Espaço urbano 18, 33, 37, 75, 77, 79, 81, 86, 88, 124, 126, 130, 136, 152, 157-8, 160, 164, 170-1, 173, 179-80, 211, 218, 261, 268, 272, 274, 278-9, 295, 315
Esquadra 61, 84
Estabelecimento 4, 13, 21, 31, 51, 149, 153, 158, 162, 168-9, 221, 223, 225-6
Estaleiro 189
Estrada 245, 20, 98-9, 100, 105-6, 123, 127, 134, 188-9, 191-2, 196-8, 205-6, 208, 210, 225-6
Estrada de ferro 20, 98-100, 105-106, 123, 127, 134, 188-9, 191-2, 196-8, 205-6, 208, 210, 225-6, 245
Estrangeiro 58, 94-5, 97-8, 143, 146, 164, 188, 218-9, 228, 247, 259, 261, 263, 266, 284
Exótico 25, 34, 41, 63, 77, 128
Expedições 9, 12, 33, 35, 38, 40, 43, 53, 56-7, 64, 82, 110, 112, 181, 307, 310
Exploração 314
Explorador 64, 203
Exportação 106, 177, 189, 205

F

Fábulas 4, 104
Fachadas 156, 162, 166-7
Fadiga 191, 223
Fantástico 77
Fauna 36, 39-40, 54, 56-8, 63, 67, 73, 120-2, 124, 126, 136, 173, 192, 238
Fazenda 36, 39, 40, 54, 56-8, 63, 67, 73, 120-2, 124, 126, 136, 173, 192, 238
Febre 72, 111, 119, 164, 223, 245, 291
Ferragens 188-9, 193
Festas 9, 26-7, 93, 266-275, 278, 285, 317
Festejo 82, 273, 283

Flecha 190
Flora 36, 39-40, 54, 56-8, 63, 67, 76, 126, 136, 173, 192, 238, 255
Flores 43, 104, 109, 112, 127, 131, 135, 192, 227, 229, 261, 264, 269, 276, 289
Fluvial 48, 66, 109, 200, 202, 304
Fogueira 84, 96, 202
Folguedos 275
Fortificações 44, 139
Fotografia 49, 91, 109
Frescor 133, 202, 207
Frete 207
Furtos 218, 278

G

Geográfica 12, 38-9, 44, 45, 131, 160, 302
Grand Tour IX, 16-8, 20, 25, 41-44, 299, 306, 317
Guerreiros 26, 141

H

Habitação XIV, 2, 98, 144, 153, 156-7
Habitantes IX, XVIII, XX, XXV, 18, 31, 33, 36-7, 39, 46-9, 52, 55, 59, 60, 63-4, 67, 70-1, 85, 87, 97-8, 102-3, 113, 115, 118, 122, 126-7, 135, 137-8, 140, 142, 147, 151-2, 157, 159-60, 163, 167, 175-7, 179-82, 185-6, 190, 198, 203, 218, 228, 230, 237-8, 240, 243, 250-1, 255, 257, 260, 264, 272, 276-7, 285, 291
Hidroavião 109-10
Hospedagem 97
Hospedaria 106, 191, 221-2
Hóspede 217, 219, 224, 227

Hospitalidade IX, XXV, 45, 55, 85, 94, 101, 175, 201, 203, 213, 219, 226-32, 235-6, 288, 307
Hostilidade 183
Hotel 227, 106, 133, 207, 209, 215-6, 221-7

I

Iguarias XXV, 240, 250, 258, 281-2
Ilhas 9, 11, 19, 26, 30-1, 58, 61, 67, 75, 84-7, 93, 100, 103-4, 109, 112, 127, 130, 134, 190, 203, 210, 244, 276
Iluminismo 42, 298, 310
Ilustração XVIII, 39, 43, 318
Imagem IX, XVIII, XXI, XXIV, XXV, 29, 34, 37, 44, 48-9, 52, 67, 86-7, 113, 119, 137-8, 173, 217, 233, 244, 263, 264, 270-1, 296
Imigração 73, 151
Imperador 165, 167, 205, 207, 210, 224, 273
Imperialismo 46-7
Império 5-6, 46, 53, 57, 59, 70-71, 76, 107-8, 118, 129-30, 164, 194, 222, 273-4, 279-80, 313, 316-7
Indígenas 34, 52, 58, 70, 75, 83, 85, 102, 109, 112, 125, 138-42, 152, 182, 184-8, 190, 193, 196, 238, 240-1, 243, 248, 252, 269, 313
Índios XV, 82-3, 85, 102-3, 112, 120-2, 125, 138-42, 178-9, 181, 186-7, 190, 192, 195, 202, 238, 240-1, 256-7, 311
Infraestrutura XIV, XXIV, XXV, 6, 104, 156, 158, 180, 183, 197-8, 226
Insalubre 71, 118, 180
Instrução 71, 118, 318
Inundações 198

J

Jar 67
Jardim Botânico 72
Jardins 67, 92, 101, 120, 127, 129, 156, 160, 162, 207, 209, 223
Jornada 97, 199, 201, 268, 274
Jornais 37, 44, 49, 76, 166, 207, 271, 280, 289, 313

L

Lavoura 72, 145, 206, 226
Lazer XIII, XIV, XVI, XXV, 4, 17, 22, 82, 90, 283, 316, 318
Leito 86, 97, 233-4, 268
Leitores 32, 36-7, 39-40, 43-4, 48, 50, 62, 76, 150, 299
Leitura XIX, XX, XXI, XXIII, 1, 17, 19, 27, 29, 32, 36-8, 45-7, 52, 72, 83, 93, 137, 139, 142, 211, 238, 275, 278, 288-9, 314
Liberdade 2, 16, 18, 22, 47, 52, 139, 144, 151, 175, 179, 194, 204, 226, 266, 289, 299
Linha férrea 205-6, 222
Literatura IX, 25, 76, 298, 315
Litoral 314
Livro IV, XXI, 3, 6, 36-7, 44, 50, 59, 70, 72, 74-6, 319-20
Localização 4-5, 10-2, 30, 32, 109, 117, 160, 164, 270
Locomotiva 20, 204, 210-11
Loja 149, 165-6, 168, 219, 261

M

Mapa 134
Mar XIV, XV, XVI, 3-6, 12, 14, 26-27, 29-30, 61, 69, 77, 80-1, 83, 86-92, 104, 107-9, 112, 119, 120, 127-8, 130, 133-4, 138-9, 146, 160, 163, 167, 180-1, 184, 189, 204, 225, 235, 238, 247, 279
Maravilhoso 27, 29, 119, 128, 305
Mercadorias XIV, XV, 3, 5, 8-9, 20, 30, 80-1, 85, 93, 101, 149, 161, 177, 184-5, 187, 188-9, 191, 194, 198-200, 231, 246
Meridiano 19
Mineralogia XVII, 58, 100
Miséria 75, 86, 91, 151, 169, 243
Missionários 32, 51, 182
Moradia 2, 15, 42, 66, 74, 148, 155, 174, 213
Motivações 76, 78
Muares 105, 188, 193, 200, 231
Mulas 95, 99-102, 104-6, 147, 164, 184, 192-4, 198-9, 219, 221, 223, 234
Mulatos 118, 147, 170, 178, 231, 279
Museus 318

N

Naturalista 39, 56-8, 61, 69, 117, 131, 136, 141, 192, 214, 230, 290, 296-7, 301, 304, 320
Natureza XI, XVI, XVII, XVIII, XXIV, XXVI, 15, 28, 31, 33, 36-7, 39, 41-4, 47-50, 56, 63, 64, 66-7, 71, 73, 77, 87, 99, 102, 104, 111, 112, 115, 117-20, 123, 124-6, 128, 132-5, 149, 152-3, 157, 161, 173, 180, 182-3, 185, 188, 191, 194, 197-8, 202, 207, 238, 240, 255, 261, 280, 289, 291, 295, 299, 308-9, 313, 315
Navegação 10-2, 14, 20, 64, 79, 81, 88, 90, 103, 112, 200
Negociantes 3, 169, 210, 280
Negros 37, 99, 105, 118, 123, 131, 141-8, 151, 166, 178, 191-3, 218, 222, 230, 234, 245, 267, 272, 274
Nordeste 36, 251, 253, 296, 307, 310

O

Ocidente XVIII, 6, 8, 301
Oralidade 45
Oriente 8, 11, 14, 21, 27, 59, 242, 256, 260
Ouro XV, 34-5, 82, 119, 164, 166, 174-5, 183, 185, 187, 220, 228-9, 238, 266, 297, 316

P

Paladar 256, 101, 224, 232, 237-8, 243, 246, 248-50, 252, 255
Pânico 60, 82, 87, 124
Paraíso 10, 34, 119, 135, 301, 306, 313
Passageiro 129
Passagem 2, 17, 59, 61, 76, 83, 86, 96, 101, 109, 111, 129, 168, 173-4, 178, 182, 198, 207, 210, 221, 266, 288
Passaporte 83, 187
Pássaros 94, 124-5, 189, 233, 257, 261
Passeio 129, 132, 147-8, 164, 168, 178, 200, 224, 282
Pedras preciosas 59, 164, 230
Peixes 33, 73, 88, 129, 139, 141, 256-8
Peregrinação 319
Peripécias XVII, 26, 66, 76
Piloto 59, 84
Pintores 43, 63, 66
Pintura 43, 63, 119, 279
Pitoresco 63, 72, 102, 104, 127, 280
Planejamento 80, 155, 171, 182, 205, 269, 290
Planta 131, 244-6
Plataforma 205, 207, 211, 271
Porto 3-4, 59, 68, 83-4, 87, 89-93, 99-100, 102, 107, 109, 130, 134, 160, 162, 165, 176, 179, 189, 206, 215, 223, 300
Pousada 198
Povoação 95

Praia 85, 89, 91, 93, 100, 119, 128-31, 133, 139, 160, 162-3, 167, 188, 300
Provisão 187, 194

Q

Quartos 194, 217, 223-5, 227, 232-3

R

Recreação XVII, 22, 90
Refeição 96, 108, 143, 145, 192-3, 201, 207, 210, 220-1, 224-5, 228-9, 235, 242, 258-60
Relatos XVI-VIII, XX, XXI, XXIII-VI, 10, 14, 18-9, 23, 26-30, 32-40, 42, 44-7, 49,-51, 56-7, 62, 73, 75, 77, 79, 116, 120, 125, 132, 136, 138, 144, 152, 160, 180, 183, 236, 252-3, 257, 285, 288-91, 313
Religioso 7, 8, 14, 26, 33, 54, 82, 88, 116, 119-20, 123, 239-40, 263, 267-8, 273-5, 278, 281, 285
Remador 190, 201
Repasto 101, 196, 202, 232, 247
Residência XIV, 22, 59, 64, 101, 128, 158, 210, 233
Restaurante 108, 225
Revistas 39, 49, 73, 76, 79, 126, XI
Ritual 86, 92, 193, 264, 267, 273, 319
Rochedos 112, 127, 134, 219, 257
Rural 9, 91, 148, 185, 204, 211, 268

S

Sabor 215, 232, 237, 239-40, 245, 247-53, 255
Salão 129, 224, 282
Selvagem 102, 120, 135, 141-2, 147, 194, 208, 284

Serra 94, 189, 191, 193, 198, 205-6, 208, 210-1
Sertão 35, 119, 175, 181-3, 185, 229, 239, 243, 250, 255, 287, 307, 313
Simplicidade 149, 229, 231, 242
Singularidade 31
Sociabilidade 9, 90, 144, 180, 218, 228, 266, 282-3, 285
Subjetividade XIX, 36, 38

T

Teatro 68, 271, 281, 283-4
Telhado 96, 148, 154, 159, 167, 194, 219-20, 233
Temor 87, 89, 186, 264
Testemunho XIX, 4, 41, 62, 86, 122, 257
Tipografia 18, 66, 172
Tombadilho 88, 108
Trajeto 7, 69, 80, 82, 103, 106, 108-9, 129, 184, 187-9, 194, 201-2, 208, 210-1, 228
Transeunte 14, 168, 172
Transporte XIV, XXV, 5, 9, 18, 20-2, 45, 53, 101, 105, 128, 143, 151, 157, 188, 195, 198-9, 202, 204, 211, 213, 215-6, 223, 231
Tribo 72, 141-2, 186
Tripulação 55, 80-4, 87, 107-8, 112, 204
Tropas 60, 61, 98, 101-2, 146, 182, 188-9, 192, 195, 198, 246, 309

Tropeiros 95, 102, 106, 173, 184, 189-90, 193, 198-9, 220, 309
Tropical 67, 87, 92, 116, 119, 126, 129, 135, 158, 161, 261, 289, 318
Trópicos XVI, XX, 33, 37, 47, 52, 59, 63, 70, 87, 93, 118, 134, 143-4, 150, 161, 191, 194, 220, 239, 241, 255, 261, 276, 290
Túnel 92, 205, 208
Turista 16, 318
Turístico XIII, XIV, 311

U

Universidade VII, XI, 57-8, 64, 73, 298, 301-2, 308, XI
Urbano 91-2, 151, 157-8, 163, 166, 170-1, 211

V

Vapor XVI, 20, 86, 88, 105, 107, 110, 129, 200, 210
Veraneio 6, 222
Viandante 66, 96, 98, 126-7, 176, 183, 214
Vila 8, 11, 20, 106, 153, 178, 185, 196, 206, 208-9, 218, 230, 239, 257, 267, 308, 317
Vilarejo 123, 197, 217